D1665662

Albrecht Mendelssohn Bartholdy
Graduate School of Law

Schriften der Albrecht Mendelssohn Bartholdy
Graduate School of Law

herausgegeben von | edited by

Prof. Dr. Stefan Oeter,
Lehrstuhl für Öffentliches Recht, Völkerrecht und ausländisches
öffentliches Recht, Universität Hamburg

Prof. Dr. Tilman Repgen,
Lehrstuhl für Deutsche Rechtsgeschichte, Neuere Privatrechtsgeschichte und Bürgerliches Recht, Universität Hamburg

Prof. Dr. Hans-Heinrich Trute,
Lehrstuhl für Öffentliches Recht, Medien- und Telekommunikations-
recht, Universität Hamburg

Band | Volume 9

Anna-Lena Otzen

Aequitas und aequitas cerebrina bei Christian Thomasius

Eine Einordnung in sein Naturrecht

Nomos

Onlineversion
Nomos eLibrary

Die Deutsche Nationalbibliothek verzeichnet diese Publikation in
der Deutschen Nationalbibliografie; detaillierte bibliographische
Daten sind im Internet über http://dnb.d-nb.de abrufbar.

Zugl.: Hamburg, Univ., Diss., 2022

ISBN 978-3-8487-7516-3 (Print)
ISBN 978-3-7489-3366-3 (ePdf)

Danksagung

Die vorliegende Arbeit wurde der Juristischen Fakultät der Universität Hamburg im Wintersemester 2021/2022 als Dissertation vorgelegt.

Zunächst danke ich meinem Doktorvater Herrn Prof. Dr. Tilman Repgen für sein Vertrauen in mich und die stets kritische und konstruktive Betreuung meiner Arbeit. Ohne seine geduldige Unterstützung hätte diese Arbeit nicht entstehen können. Mein Dank gilt auch Herrn Prof. Dr. Dr. Milan Kuhli für die zügige Erstellung des Zweitgutachtens. Ferner bedanke ich mich bei der Albrecht Mendelssohn Bartholdy Graduate School of Law, die diese Arbeit nicht nur großzügig finanziell gefördert, sondern auch mit einem vielfältigen Lehrprogramm begleitet hat.

Bedanken möchte ich mich auch bei meinem früheren Lehrer Herrn Dr. Jens Gerlach, der mir in der Schule die Freude an den antiken Sprachen vermittelt hat und bei der Übersetzung des Quellentextes geholfen hat, wenn ich mit meinem Latein am Ende war.

Besonderer Dank gebührt meinen Eltern und Brüdern, die mich durch ihre immerwährende Unterstützung und Rückhalt gefordert und gefördert haben. Mein bisheriger Werdegang und diese Untersuchung wären ohne sie nicht möglich gewesen. Gleichermaßen gilt mein Dank Hannes, der mich täglich dazu motiviert, über mich hinauszuwachsen. Danke an Brian für eine phantastische Promotionszeit, die unser Studium zu einem krönenden Abschluss gebracht hat.

Hamburg, im Oktober 2022   *Anna-Lena Otzen*

Inhaltsverzeichnis

Abkürzungsverzeichnis

ADB	allgemeine Deutsche Biographie
a.E.	am Ende
art.	articulus
Bd.	Band
bk.	book
cap.	caput
chap.	chapter
concl.	conclusio
disp.	disputatio
epist.	epistula
ex.	exercitatio
Hervorh.	Hervorhebung
HRG	Handwörterbuch zur deutschen Rechtsgeschichte
ill.	illatio
Kap.	Kapitel
lib.	liber
lit.	littera
m.w.N.	mit weiteren Nachweisen
NDB	Neue Deutsche Biographie
Orig.	Original
princ.	principium
p.	page
s.v.	sub voce
Sp.	Spalte
thes.	thesis
tit.	titulus
tom.	tomus
ZNR	Zeitschrift für Neuere Rechtsgeschichte
ZRG	Zeitschrift der Savigny-Stiftung für Rechtsgeschichte
ZStW	Zeitschrift für die gesamte Strafrechtswissenschaft

Einleitung

Was ist die *aequitas?* Die deutsche Übersetzung dieses Begriffes – Billigkeit – ist jedem Studenten der Rechtswissenschaft durch die Definition der Sittenwidrigkeit bekannt, soll doch das Anstandsgefühl aller billig und gerecht Denkenden nicht verletzt werden.[1] Auch an deutschen Gerichten findet der Begriff keine geringe Verwendung. So sind allein im vergangenen Jahr unzählige Entscheidungen ergangen, die sich im Rahmen von Leistungsbestimmung oder Kostenerstattung auf die Billigkeit stützten.[2] Doch wann denkt man billig oder gerecht? Wo liegt der Unterschied zwischen diesen Begriffen? Dies ist eine Frage, mit der sich Juristen stets befasst haben und bis heute befassen, wie die Fülle an Literatur beweist, die im letzten Jahrhundert und den Jahrhunderten davor erschienen ist.[3] Im *Handwörterbuch zur deutschen Rechtsgeschichte* lässt sich

---

1 Ständige Rechtsprechung, vgl. RG Urt. v. 30.04.1901, VI 443/00, RGZ 48, 114, 124; BGH Urt. v. 09.07.1953 – IV ZR 242/52, BGHZ 10, 228. Siehe neuerdings auch BGH Urt. v. 08.03.2021 – VI ZR 505/19, NJW 2021, 1669, 1670 Rn. 17.

2 Vgl. die Entscheidungen des BVerfG Beschl. v. 24.06.2021 – 2 BvR 341/12, BeckRs 2021, 17831, Rn. 4; BGH Urt. v. 18.05.2021 – II ZR 41/20, NJW 2021, 2647, 2648 Rn. 11; BGH Beschl. v. 08.03.2021 – KVR 96/20, NZKart 20210 305, 306 Rn. 2; BGH Beschl. v. 27.01.2021 – XII ZB 336/20, NJW 2021, 1954, 1955 Rn. 21; LG Mannheim Urt. v. 09.12.2020 – 14 O 207/20 Kart, NJOZ 2021, 157, 159 Rn. 21; LAG Schleswig-Holstein Beschl. v. 20.10.2020 – S SaGa 4/20, BeckRS 2020, 28416 Rn. 27; OVG Magdeburg Beschl. v. 06.10.2020 – 1 L 23/20, BeckRS 2020, 28489 Rn. 44; OVG Lüneburg Beschl. v. 03.09.2020 – 10 ME 174/20, NJW 2020, 3264 Rn. 2; OLG Hamburg Beschl. v. 13.01.2020 – 15 U 190/19, NJW 2020, 546, 547 Rn. 8 ff.

3 So beispielsweise *Grotius*, De aequitate, indulgentia et facilitate, in: *Grotius* (Hg.), De iure belli ac pacis libri tres, Den Haag 1680; *Oldendorp*, Wat byllick unn recht ys. Eyne korte erklaring allen stenden denstlick, Rostock 1529. Aus dem letzten Jahrhundert sind hervorzuheben *Kiss*, Billigkeit und Recht, Archiv für Rechts- und Wirtschaftsphilosophie Bd. 3, Heft 4 (1909/1910); *Gillis*, Die Billigkeit. Eine Grundform freien Rechts, Berlin 1914; *Rümelin*, Die Billigkeit im Recht. Rede gehalten bei der akademischen Preisverteilung am 7. November 1921, Tübingen 1921; *Wohlhaupter*, Aequitas canonica. Eine Studie aus dem kanonischen Recht, Paderborn 1931; *Gramsch*, Die Billigkeit im Recht, Stuttgart 1938; *Schotte*, Die Aequitas bei Hugo Grotius, Köln 1963; *Albrecht*, Die Stellung der römischen Aequitas in der Theorie des Civilrechts mit Rücksicht auf die zeitgemäße Frage der Codifikation, Leipzig 1969; *Horn*, Aequitas in den Lehren des Baldus, Köln/Graz 1968, S. 21 f.; *Hering*, Die Billigkeit im kanonischen Recht, in: *Hering/Fechner* (Hg.), Ae-

folgender Definitionsversuch finden: „Billigkeit drückt die Ausrichtung einer generellen oder einer speziellen Entscheidung am Maßstab einer Richtigkeit im Ergebnis, an Wünschbarkeit des mit der Entscheidung bewirkten Erfolges aus." Dabei wird sie einerseits als „Korrektur eines für unangemessen gehaltenen Ergebnisses", andererseits als „deckungsgleich mit dem Recht" empfunden.[4] Im *Neuen Pauly* spricht *Tilman Repgen* von einer „Rechtsquelle [...], die neben der positiven Rechtsordnung Gültigkeit beansprucht und die Einzelfallentscheidung mitprägt" und teilt ihr die Erscheinungsformen „sowohl ein Auslegungsmittel für die positiven Gesetze als auch eine ergänzende Rechtsnorm zur Korrektur im Einzelfall" zu.[5] Anhand dieser Definitionen lässt sich die grobe Funktion der *aequitas* umreißen, nicht jedoch ihre Herleitung und Begründung. Doch gerade dies ist bedeutsam, um eine inflationäre Verwendung des Begriffes, der zu einer bedeutungslosen Worthülse verkommt, zu vermeiden. Mit dieser Frage, was unter dem Begriff der *aequitas* zu verstehen ist und welche Prinzipien ihm zugrunde liegen, hat sich vor etwas mehr als 300 Jahren Christian Thomasius an der Universität Halle befasst. Seine Darstellung soll in der vorliegenden Arbeit näher beleuchtet werden, um das Wesen der *aequitas* ausschnittsweise besser verstehen zu können.

A. Fragestellung

Die Billigkeit ist ein aus dem deutschen Recht nicht wegzudenkender Begriff, doch welche Grundsätze verbergen sich dahinter und mit welcher Begründung wird auf sie zurückgegriffen? Um diese Frage zu beantworten, bedarf es einer Untersuchung der Begriffsgeschichte von Billigkeit bzw. *aequitas*. Auf diese Weise lässt sich ermitteln, welche Vorstellungen zu welcher Epoche der *aequitas* zu Grunde lagen und wie sich ihre Bedeutung im Wandel der Zeit zugrunde lagen. Bei der Frage nach der *aequitas* handelt es sich um einen Ausschnitt der Dogmengeschichte des Privatrechts, der bis heute nicht vollständig rekonstruiert ist. Die vorliegende Arbeit soll ein Beitrag zu einer solchen Rekonstruktion leisten, indem

---

quitas und Toleranz, Bonn 1971; *Hoyningen-Huene*, Die Billigkeit im Arbeitsrecht, München 1978. Kürzlich erschienen ist der Sammelband von *Armgardt/Busche*, Recht und Billigkeit, Tübingen 2021.

4 *Becker*, s.v. Billigkeit, in: *Cordes* (Hg.), HRG, 2., völlig überarbeitete und erweiterte Aufl., Berlin 2008, Sp. 587.

5 *Repgen*, s.v. Billigkeit, in: *Landfester* (Hg.), Der neue Pauly, Stuttgart 1999, Sp. 516.

sie sich der Frage widmet, was Thomasius unter der *aequitas* verstanden hat, und wie sich dieser Begriff in seine Rechtslehre einordnen lässt. Dabei soll bewusst keine vollständige Rekonstruktion des *aequitas*-Begriffes vorgenommen werden, weil dies den Rahmen des Dissertations-Projekts sprengen würde und zudem die Gefahr einer oberflächlichen Betrachtung bestünde. Stattdessen soll ein Ausschnitt der Begriffsgeschichte der *aequitas* beleuchtet werden, um auf diese Weise zu einem besseren Verständnis ihres Bedeutungsgehaltes beizutragen. Im Fokus der Untersuchung steht also nicht, eine eigenständige Behauptung über das Wesen der *aequitas* zu treffen, sondern sie stattdessen durch die Augen eines anderen Juristen zu betrachten.

Diese ausschnittsweise Rekonstruktion soll anhand der Aussagen von Christian Thomasius erfolgen, der in der Wende vom 17. zum 18. Jahrhundert an den Universitäten in Leipzig und Halle wirkte und sich in seinen Werken mit der *aequitas* und der Variante der *aequitas cerebrina* befasste. Seinen Blick auf die *aequitas* in Erfahrung zu bringen ist deshalb von Interesse, weil sein Wirken in die Anfangsphase der Aufklärung fällt. Diese kulturelle Bewegung erfasste im 17. Jahrhundert von England ausgehend Europa und zielte darauf ab, den Menschen aus überlieferten, seine Freiheit und Entfaltung hemmenden Bindungen zu befreien.[6] Als eine zentrale Leitidee der Aufklärung lässt sich das neuartige Verhältnis zur Tradition hervorheben, wodurch das Gegebene an zwingender Kraft verlor und weite Bereiche im Lichte der kritischen Vernunft betrachtet wurden.[7] Im Zeichen der Aufklärung wurde neben anderen gesellschaftlichen Bereichen auch das Rechtssystem in Angriff genommen. Wurde die *ratio* des *Corpus iuris* bis dato nicht angezweifelt und als sinnvoll und richtig angesehen, wurde nun der Maßstab der aufgeklärten Vernunft an diese Texte gelegt, woraus eine rechtspolitische Kritik des positiven Rechts erfolgte und das römische-kanonische Recht nicht mehr allein als bindend empfunden wurde.[8]

Thomasius wird als bedeutender Initiator dieser Vorgänge im deutschen Recht angesehen und es herrscht unbestritten Einigkeit darüber, dass er einen entscheidenden Beitrag zum Aufkommen der deutschen Aufklärung

---

6 *Conrad*, Deutsche Rechtsgeschichte, Bd. 2: Neuzeit bis 1806, Karlsruhe 1966, S. 375.
7 *Simon*, s.v. Aufklärung, in: *Cordes* (Hg.), HRG, 2., völlig überarbeitete und erweiterte Aufl., Berlin 2008, Sp. 332.
8 *Coing*, Europäisches Privatrecht, Bd. 1: Älteres Gemeines Recht (1500 bis 1800), München 1985, S. 72.

leistete.[9] Weil nicht zählen sollte, wer etwas gesagt habe, sondern, was der Betreffende sagt, gilt er als „Vater der deutschen Frühaufklärung".[10] Auch kann er als „Hauptinitiator der Aufklärung in Deutschland" angesehen werden, weil er als erster Denker der Frühaufklärung die „Verbesserung des Verstandes in praktischer Absicht als Selbstbefreiung durch kritische Eklektik" konzipierte.[11] Neben anderen Juristen seiner Zeit setzte unter anderem Thomasius einen neuen Anfang, weil deren „eklektische Philosophie bewusst und polemisch mit der späthumanistischen und konfessionalistischen Bindung an einen autoritativen Traditionsstrang [...] brach und mit der Doppelaxt des rationalen Naturrechts und der ausdifferenzier-

---

9 Vgl. die Bezeichnung als „unumstrittener Wortführer der deutschen Frühaufklärung" bei *Luig*, Wissenschaft und Kodifikation des Privatrechts im Zeitalter der Aufklärung in der Sicht von Christian Thomasius, in: *Horn* (Hg.), Europäisches Rechtsdenken in Geschichte und Gegenwart, München 1982, S. 178. bzw. als aufgrund seines Naturrechtsdenkens als „einer der großen deutschen Aufklärer", vgl. *Bühler*, Die Naturrechtslehre und Christian Thomasius (1655-1728), Regensburg 1991, S. 11. Die Beschreibung als „Mitbegründer der deutschen Frühaufklärung" lässt sich finden bei *Lück*, Zur Einführung: Christian-Thomasius-Jahr und Christian-Thomasius-Stätten in Halle an der Saale, in: *Lück* (Hg.), Christian Thomasius (1655-1728). Wegbereiter moderner Rechtskultur und Juristenausbildung, Hildesheim 2006, S. 13. Außerdem war er eine „Leitfigur der deutschen Frühaufklärung", vgl. *Kaufmann*, Das Decorum: Grundlage oder Folgeerscheinung des Rechts?, in: *Lück* (Hg.), Christian Thomasius (1655-1728). Wegbereiter moderner Rechtskultur und Juristenausbildung, Hildesheim 2006, S. 29. Vgl. auch die Bezeichnung als „Zentralfigur der deutschen Frühaufklärung" bei *Döring*, Christian Thomasius und die Universität Leipzig am Ende des 17. Jahrhunderts, in: *Lück* (Hg.), Christian Thomasius (1655-1728). Gelehrter Bürger in Leipzig und Halle, Stuttgart 2008, S. 73. Außerdem hatte Preußen mit Thomasius schon anfangs des 18. Jahrhunderts „den ersten bedeutenden Vertreter einer aufgeklärten Jurisprudenz aufzuweisen", siehe *Kroeschell*, Deutsche Rechtsgeschichte. Band 3: Seit 1650, 5., durchges. Aufl., Köln/Weimar/Wien 2008, S. 65. Zudem gilt er als „Vater der deutschen Aufklärung" bei *Hähnchen*, Rechtsgeschichte. Von der Römischen Antike bis zur Neuzeit, 5. Aufl., Heidelberg 2016, S. 236. Siehe auch die Bezeichnung als „Begründer der der deutschen Frühaufklärung" bei *Kurbacher*, Zur Kritik der gedankenlosen Billigkeit (aequitas cerebrina), in: *Armgardt/Busche* (Hg.), Recht und Billigkeit, Tübingen 2021, S. 463.

10 *Luig*, Christian Thomasius, in: *Stolleis* (Hg.), Staatsdenker im 17. und 18. Jahrhundert, 2., erw. Aufl., Frankfurt a. M. 1987, S. 230.

11 *Schneiders*, Die wahre Aufklärung. Zum Selbstverständnis der deutschen Aufklärung, Freiburg 1974, S. 14. Darauf bezugnehmend auch *Grunert*, Normbegründung und politische Legitimität. Zur Rechts- und Staatsphilosophie der deutschen Frühaufklärung, Tübingen 2000, S. 169 f.

ten Klugheitslehre eine neue Grundlegung der politisch-sozialen Theorie erstrebte".[12]

Da der Aufklärung ein derart prägender Einfluss auf sämtliche Bereiche der europäischen und auch deutschen Geschichte zugeschrieben wird, ist dies eine kultur-, aber vor allem auch rechtsgeschichtlich bedeutende Epoche. Es stellt sich daher die Frage, welche Rolle die *aequitas* in dieser Zeit eingenommen hat. Welche Ideen verbargen sich hinter ihr und trug auch sie emanzipatorische Elemente in sich, die vorgegebene Traditionen oder Autoritäten hinterfragten? Zählt dazu auch, dass sie tatsächlich zur Korrektur als unbillig erachteter Ergebnisse herangezogen werden konnte? Dies sind Fragen, denen es in der vorliegenden Arbeit nachzugehen gilt. Thomasius hat sich in seinen Werken ausführlich zur *aequitas* und ihrer Variante, der *aequitas cerebrina*, befasst, weshalb im Folgenden untersucht werden soll, zu welchen Erkenntnissen Thomasius gekommen ist.

B. *Methodik*

Nun stellt sich die Frage, wie Thomasius' Verständnis von der *aequitas* greifbar werden kann. Dies ist in erster Linie durch eine Analyse einschlägiger Quellen, in denen Thomasius zu Wort kommt, möglich. Die Untersuchung muss somit im Wege einer Quellenexegese erfolgen, wobei die einschlägigen Quellen identifiziert, erfasst und interpretiert werden müssen.[13] Als Quellen eignen sich sämtliche Werke Thomasius'. An dieser Stelle soll jedoch noch nicht die einschlägige Quelle identifiziert werden. Dies erfolgt erst im folgenden Teil, weil dort auch die Geeignetheit des Quellenmaterials thematisiert wird, um im zweiten Teil dann anhand der Quellen die Untersuchung vorzunehmen.

---

12 *Dreitzel,* Justis Beitrag zur Politisierung der deutschen Aufklärung, in: *Bödeker/ Herrmann* (Hg.), Aufklärung als Politisierung - Politisierung der Aufklärung, Hamburg 1987, S. 165.
13 Vgl. dazu die kurzen Anweisungen zum Umgang mit Quellen des römischen Rechts, wobei ebenfalls eine Quellenidentifikation, -erfassung und -interpretation erforderlich ist bei *Becker,* Kurzanleitung zur Quellenexegese im Römischen Recht. Mit einem Beispiel zum System der Schuldverhältnisse, 9. Aufl., Berlin 2019, S. 2-3.

C. *Einordnung in den Forschungsstand*

Sowohl zu Thomasius als auch zur *aequitas* existiert eine umfangreiche Menge an Literatur[14]. Anders sieht es bei der Kombination beider Themenbereiche aus. Zwar hat Thomasius' Stellung zur *aequitas* gelegentlich Erwähnung gefunden, eine umfangreiche Untersuchung seiner Ansichten ist hingegen bisher ausgeblieben. So beschränken sich die bisherigen Erkenntnisse darauf, dass Thomasius sich auf die *aequitas* berufen hat. Zu nennen ist hier zunächst *Eugen Wohlhaupter*, der in seinem umfangreichen Werk von 1931 zur *aequitas canonica* auch die protestantischen Gegner dieser *aequitas* betrachtete und in diesem Zusammenhang auch Thomasius ansprach. Allerdings beließ er es bei einer Benennung der Klassifikationen der *aequitas* durch Thomasius und stellte lediglich fest, dass Thomasius im Wege der subtilen *aequitas cerebrina* das kanonische Recht kritisiert hat. Auf welche Grundlagen Thomasius die *aequitas* und *aequitas cerebrina* stützt, untersuchte *Wohlhaupter* hingegen nicht.[15] Auch in der Dissertation von *Takashi Izumo* zur Gesetzgebungslehre bei Thomasius aus dem Jahre 2015 fand die *aequitas* Erwähnung. Hier beließ es *Izumo* bei der Feststellung, dass Thomasius die *aequitas* als Interpretationshilfe herangezogen hat. Eine Begriffsbestimmung blieb aus. Stattdessen behauptete *Izumo*, dass Thomasius gerade nicht erklärt habe, was die naturrechtliche *aequitas* sei.[16] Die *aequitas* fand auch Erwähnung in dem 2020 in dritter Auflage erschienenen Werk *Recht und Wissenschaft* von *Jan Schröder*. Dort ging er auch auf die geschichtliche Entwicklung der *aequitas* als Rechtsquelle und Interpretationsmittel ein und stellte in dem Zusammenhang ohne weitere Erläuterungen fest, dass *Thomasius* der *aequitas* neben dem Naturrecht keine selbstständige Rolle beigemessen habe.[17] Auch in seinem bereits 1997 erschienenen Aufsatz hat *Schröder* die Stellung der *aequitas* als Rechts-

---

14 Siehe zur Thomasius-Literatur die Bibliographie bei *Heiner Lück*, der mit Blick auf sämtliche von Thomasius aufgegriffene Themen eine „Bestandsaufnahme" der Forschungsliteratur zu Thomasius vornimmt: *Lück*, Neuere Forschungen zu Christian Thomasius, in: *Lück* (Hg.), Christian Thomasius (1655-1728). Gelehrter Bürger in Leipzig und Halle, Stuttgart 2008 Außerdem *Grunert*, Bibliographie der Thomasius-Literatur 2002-2005, in: *Lück* (Hg.), Christian Thomasius (1655-1728). Wegbereiter moderner Rechtskultur und Juristenausbildung, Hildesheim 2006.

15 *Wohlhaupter*, Aequitas canonica (Fn. 3), S. 110-112.

16 *Izumo*, Die Gesetzgebungslehre im Bereich des Privatrechts bei Christian Thomasius, Frankfurt a. M. 2015, S. 84.

17 *Schröder*, Recht als Wissenschaft. Geschichte der juristischen Methodenlehre in der Neuzeit (1500 - 1990), Bd. 1: 1500-1933, 3., überarb. und wesentlich erw. Aufl., München 2020, S. 115.

quelle und Interpretationsmittel im Laufe der Jahrhunderte betrachtet, wobei eine auf Thomasius gemünzte Untersuchung ausblieb.[18] Keines der benannten Werke nimmt die *aequitas* und ihre Wahrnehmung durch Thomasius in den Blick und stellt seine Darstellung in den Kontext seiner anderen Werke, weshalb bereits an dieser Stelle die Lücke deutlich wird, die es noch zu füllen gilt. Dasselbe gilt auch für Thomasius' Ansichten zur *aequitas cerebrina*, die er gemeinsam mit der *aequitas* untersucht hat. In diesem Zusammenhang ist zunächst die Dissertation von *Wolfgang Ebner* aus dem Jahre 1971 zu erwähnen, der sich dort auch der *aequitas cerebrina* widmete. Allerdings wurden dort nicht ihre Wesenszüge herausgearbeitet, sondern allein, warum Thomasius die *laesio enormis* als *aequitas cerebrina* bezeichnet hat, ohne deutlich zu machen, welche Vorstellungen dieser Bezeichnung zugrunde liegen.[19] Das gleiche gilt für den Aufsatz von *Thomas Ahnert*, der sich weniger mit der *aequitas cerebrina*, als mit der mittels dieser kritisierten *laesio enormis* befasste.[20] An dieser Stelle ist auch der Aufsatz von *Clausdieter Schott* aus dem Jahr 1977 zu erwähnen, der sich mit der geschichtlichen Entwicklung des Begriffes befasste und sich in einem Abschnitt Thomasius' Perspektive betrachtete. Dabei gab er jedoch überwiegend deskriptiv Thomasius' Kernthesen wieder, ohne dem Leser das Wesen der *aequitas cerebrina* näherzubringen.[21] Zuletzt haben *Hubertus Busche* und *Matthias Armgardt* ein Sammelband mit dem Titel *Recht und Billigkeit* herausgegeben, in dem sich *Frauke Kurbacher* mit der *Kritik der gedankenlosen Billigkeit* befasst hat. Auch sie widmete sich in einem Abschnitt Thomasius' Aussagen zur *aequitas cerebrina* und geht dabei insbesondere auf das Wesen der *aequitas cerebrina* ein, ohne jedoch alle seine Thesen in den Blick zu nehmen.[22]

Thomasius' Ansichten zur *aequitas* und *aequitas cerebrina* haben in den letzten Jahrzehnten immer wieder Eingang in die Forschungsliteratur gefunden. Dabei spielten seine Thesen allerdings nur eine nebensächliche Rolle und dienten der Illustration seiner Gesetzgebungslehre oder einer allgemeineren Untersuchung der *aequitas*. Der Fokus lag jedoch bisher

---

18 *Schröder*, Aequitas und Rechtsquellenlehre in der frühen Neuzeit, in: Quaderni fiorentini per la storia del pensiero giuridico moderno, vol. 26, Meiland 1997.
19 *Ebner*, Kritik des römischen Rechts bei Christian Thomasius, Frankfurt a. M. 1971, S. 30-39.
20 *Ahnert*, Roman Law in Early Enlightenment Germany, Ius Commune (1997).
21 *Schott*, Aequitas Cerebrina, in: Rechtshistorische Studien, Köln/Wien 1977, S. 154-159.
22 *Kurbacher*, Zur Kritik der gedankenlosen Billigkeit (aequitas cerebrina) (Fn. 9), S. 463-473.

nie auf der *aequitas* durch Thomasius' Augen und welche Motive dahin-terstanden. Vor dem Hintergrund des aktuellen Forschungsstandes kann also keine eindeutige Aussage darüber getroffen werden, was Thomasius mit der *aequitas* oder *aequitas cerebrina* meint und wo sie sich in seiner Rechtslehre verorten lassen. Es besteht eine Lücke, die es durch die vorliegende Arbeit zu füllen gilt.

D. Gang der Darstellung

Die Arbeit unterteilt sich in zwei Teile. Der erste Teil dient der spezifische-ren Einführung in die Untersuchung. Hierbei sollen die geeigneten Quel-len vorgestellt und dargelegt werden, warum diese tatsächlich Rückschlüs-se auf Thomasius' Ansichten zur *aequitas* und *aequitas cerebrina* zulassen.

Der zweite Teil macht den Hauptteil der Arbeit aus und nimmt eben diese Ansichten in den Blick. Dieser Teil setzt sich aus zwei Abschnitten zusammen. Abschnitt A. befasst sich in vier Unterabschnitten mit Thoma-sius' Charakterisierung der *aequitas*. Zu Beginn steht der Unterabschnitt I., in dem untersucht werden soll, wie Thomasius das Naturrecht und das positive Recht voneinander unterscheidet. Dies ist nötig, weil Thomasius selbst die *aequitas* im Lichte des Naturrechts und des positiven Rechts betrachtet und daher zunächst eine Begriffsbestimmung erfolgen kann. Auf Grundlage dieser Klarstellung kann dann unter II. untersucht werden, welche Rolle die *aequitas* im Naturrecht einnimmt. In III. werden die an-thropologischen Grundlagen der *aequitas* untersucht, da Thomasius ihren Ursprung in der menschlichen Seele sieht. Die Darstellung der *aequitas* findet in IV. ihren Abschluss, wo zu untersuchen ist, welche Bedeutung die *aequitas* im positiven Recht hat.

Im Mittelpunkt des anderen Abschnittes B. steht als quasi-Gegenstück der *aequitas* die *aequitas cerebrina*. In acht Unterabschnitten werden Tho-masius' Thesen zu diesem Phänomen betrachtet. In I. werden die Grundla-gen der *aequitas cerebrina* durch eine Gegenüberstellung mit der *aequitas* und *iniquitas* betrachtet. Dem folgt in II. wiederum eine Untersuchung der anthropologischen Grundlagen, um kenntlich zu machen unter welchen (allgemein menschlichen) Bedingungen die *aequitas cerebrina* in der Seele entsteht. Dem folgt in III. ebenfalls unter Bezugnahme auf anthropologi-sche eine Betrachtung der Folgen der *aequitas cerebrina*. In Anschluss an die allgemeinen, anthropologischen Grundlagen soll in IV. dann unter-sucht werden, wo Thomasius die spezifisch juristischen Gründe für die *ae-quitas cerebrina* sieht. Dem schließt sich in V. eine Darstellung der verschiedenen Erscheinungsformen der *aequitas cerebrina* im Recht an, wobei zum einen auf den Unterschied zwischen gesetzgebender, beratender und urteilender *aequitas cerebrina* entsprechend der agierenden Juristen einzugehen ist, zum anderen auf die theoretische und praktische *aequitas cerebrina* des Richters und zuletzt unter Berücksichtigung ihrer Vermittlung gegenüber anderen Personen die offenkundige und subtile *aequitas cerebrina* zu betrachten ist. In VI. soll auf die Verbreitung der *aequitas cerebrina* durch die katholisch gegründeten, aber auch protestantischen Universitäten eingegangen werden. In VII. steht Thomasius' Suche nach Behandlungsmöglichkeiten im Mittelpunkt, wobei sowohl die personellen als auch die sachlichen Mittel in den Blick genommen werden, um letztlich dieselben Grundsätze zu reproduzieren, die Thomasius bereits im Rahmen der praktischen *aequitas cerebrina* dargelegt hat. In VIII. soll schließlich Thomasius' Betrachtung der *aequitas cerebrina* abgeschlossen werden. Dort soll noch einmal deutlich werden, dass Thomasius die *aequitas cerebrina* nicht bei der Kollision unterschiedlicher Meinungen heranzieht, sondern er stattdessen gerade auch das Nebeneinander unterschiedlicher und widersprüchlicher Rechtsansichten gestattet, weil die *aequitas cerebrina* nicht als Gütekriterium entsprechend bestimmter Meinungen fungiert, sondern eben gerade als naturrechtlicher Maßstab, der auf das Recht und seine Anwendung angelegt wird.

1. Teil: Einführung in die Untersuchung

Da sich die vorliegende Untersuchung mit der Frage befasst, was Thomasius unter der *aequitas* bzw. *aequitas cerebrina* verstanden hat, muss nun festgestellt werden, auf welcher Grundlage die Beantwortung dieser Frage geschehen kann. Zu Beginn der Untersuchung bedarf es also einer Auswahl der geeigneten Quellen, in denen sich Aussagen zur *aequitas* finden lassen (A). Hierbei ist allerdings wichtig, dass diese nicht unreflektiert herangezogen werden, denn bisweilen bestehen Zweifel über die Urheberschaft von frühneuzeitlichen Dissertationen (B). Nach Feststellung der geeigneten Quellen soll zuletzt der Aufbau der vorliegenden Arbeit erklärt werden (C), um sodann im nächsten Teil die hauptsächliche Untersuchung anzustellen.

A. Geeignete Quellen

Zunächst gilt es festzustellen, welche Quellen sich zur Erforschung der *aequitas* bei Thomasius anbieten. Die *aequitas* findet zwar in zahlreichen seiner Werke Erwähnung, wird aber zumeist nicht auf ihre Bedeutung untersucht.[23] Des Weiteren wurden unter seinem Vorsitz jedoch drei Dissertationen in den Jahren 1706, 1717 und 1725 veröffentlicht, die sich aus-

---

23 So etwa in *Thomasius*, Institutiones iurisprudentiae divinae. In positiones succincte contractae, in quibus hypotheses Illustris Pufendorfii circa doctrinam iuris naturalis apodicte demonstrantur et corroborantur, praecepta vero iuris divini positivi universali primum a iure naturali distincte secernuntur, et perspicue explicantur, Frankfurt/Leipzig 1688, lib. 2, cap. 1, § 182, S. 41 sowie lib. 2, cap. 5, § 6, S. 216 und lib. 2, cap. 11, § 112, S. 318; *Thomasius*, Fundamenta iuris naturae et gentium. Ex sensu communi deducta, in quibus ubique secernuntur principia honesti, iusti ac decori. Cum adiuncta emendatione ad ista fundamenta Institutionum iurisprudentiae divinae, Halle/Leipzig 1705, lib. 2, cap. 2, § 21, S. 213; *Thomasius*, Primae lineae de iureconsultorum prudentia consultatoria, Halle/Leipzig 1705, cap. 8, § 74, S. 136 und cap. 9, § 40, S. 150; *Thomasius*, Introductio in philosophiam moralem. Sive de arte rationaliter et virutose amandi, tanquam unica via ad vitam beatam, elegantem ac tranquillam perveniendi, Halle 1706, cap. 7, § 32, S. 169.

weislich ihres Titels mit der *aequitas* bzw. *aequitas cerebrina* befassen.[24] Daher bieten sich diese Dissertationen zunächst als Quelle zur Untersuchung der *aequitas* an. Bei näherem Hinsehen zeigt sich jedoch, dass die jüngste Dissertation sich nicht mit der *aequitas* selbst befasst, sondern lediglich untersucht, ob das gegenständliche Gesetz aus dem *Codex Iustinianus* billig ist. Welche Vorstellungen der *aequitas* zu Grunde liegen, wird jedoch nicht deutlich, weshalb Sie in der vorliegenden Arbeit auch nicht als Quelle berücksichtigt werden soll. Auch die Dissertation von 1717 befasst sich inhaltlich kaum mit Aussagen zur *aequitas*, sondern stellt im Wesentlichen eine Analyse der dort gegenständlichen Codex-Stelle dar. Lediglich in den Paragraphen 3 und 4 befinden sich Aussagen zur *aequitas* und *aequitas cerebrina*, die Aufschluss über ihre Bedeutung geben, weshalb zumindest diese Paragraphen für die folgende Untersuchung von Bedeutung sind. In erster Linie soll jedoch die Dissertation *De aequitate cerebrina legis II Codicis de rescindenda venditione et eius usu practico* aus dem Jahre 1706 als Quelle herangezogen werden. Ihr erklärtes Ziel war es ausweislich ihres Titels, die *aequitas cerebrina* und den praktischen Gebrauch eines Gesetzes über die Aufhebung eines Verkaufes ebenfalls aus dem *Codex Iustinianus* (C.4.44.2) darzustellen. Da sie sich im ersten Kapitel gänzlich der *aequitas* bzw. *aequitas cerebrina* widmet, eignet sie sich vorrangig als Quelle, um die Bedeutung beider Begriffe zu untersuchen. Darüber hinaus findet sich auch in der Dissertation von 1717 ein expliziter Hinweis darauf, dass auch die Erkenntnisse aus der vorangegangenen Dissertation zu berücksichtigen sind, um die *aequitas* vollständig zu erfassen.[25] Der vorliegenden Arbeit soll also die Dissertation von 1706, ergänzend auch die von 1717 als Grundlage dienen.

---

24 Vgl. *Thomasius*, De aequitate cerebrina Legis II C. de rescindenda venditione eiusque usu practico, Halle 1706; *Thomasius*, De aequitate cerebrina et exiguo usu practico Legis Anastasianae. Occasione iuris provincialis Prutenici, Lib. IV. Tit. VI Art. V § 3, Halle 1717; *Thomasius*, De singulari aequitate legis unicae Cod. Quando Imper. inter pupillos &c. gnoscat &c. eiusque usu practico, Halle 1725

25 *Thomasius*, De aequitate cerebrina [1717] (Fn. 2), § 4, S. 7: „Plura de hac aequitate qui legere cupit, consulat citat. dissert. ubi exactissime singula huc pertinentia pertractata inveniet." – Wer mehr über die Billigkeit zu lesen wünscht, möge die zitierte Dissertation zurate ziehen, wo hierzu sehr sorgfältig auf einzelne untersuchte Gegenstände eingegangen wird.

B. Urheberschaft von Thomasius' Dissertationen

Um vor allem aus der Dissertation von 1706 auch Rückschlüsse auf Thomasius' Ansichten zur *aequitas* ziehen können, muss er auch als ihr Urheber angesehen werden. Die Annahme einer solchen Urheberschaft Thomasius' ist aber nicht ohne weiteres möglich, denn das Titelblatt weist neben Thomasius als Präses auch *Johann Friedrich Stützing* als Respondenten der Dissertation aus. Auf welchen dieser beiden Beteiligten ist nun der Inhalt des Werkes zurückzuführen? Hierbei steht weniger die Verfasserfrage im Raum, als die der Urheberschaft, also wessen Gedanken das Werk tatsächlich repräsentiert. Bereits im 18. und 19. Jahrhundert wurde erkannt, dass zwischen Verfasserschaft und geistiger Urheberschaft unterschieden müsse, womit allerdings auch die pauschale Annahme einherging, dass Thomasius als geistiger Urheber der unter seinem Vorsitz erschienenen Dissertationen anzusehen sei.[26] Insbesondere in den letzten Jahrzehnten ist die Autorschaft von Dissertationen jedoch differenzierter betrachtet worden.[27] Für die 150 unter Thomasius' Vorsitz veröffentlichten Disserta-

---

26 So *Schrader*, Geschichte der Friedrichs-Universität zu Halle. Erster Teil, Berlin 1894, S. 17; *Hugo*, Beyträge zur civilistischen Bücherkenntnis der letzten vierzig Jahre. Erster Band 1788-1807, Berlin 1828, S. 137 f.; *Michaelis*, Raisonnement über die protestantischen Universitäten. Vierter Teil, Frankfurt/Leipzig 1776, S. 14. Anders erkannte *Ewald Horn*, dass keine einheitliche Regel aufgestellt werden könne und mal der Praeses, mal der Respondent die Disputation geschrieben habe. So untersuchte er schon intensiver die Autorschaft von Dissertationen in *Horn*, Die Disputationen und Promotionen an den deutschen Universitäten. Vornehmlich seit dem 16. Jahrhundert, Leipzig 1893, S. 51–81.

27 Als wegweisend kann hier zunächst *Getrud Schubart-Fikentscher* genannt werden, die sich in ihrem noch heute viel beachteten Werk mit der Autorschaft von frühneuzeitlichen Dissertationen auseinandersetzte *Schubart-Fikentscher*, Untersuchungen zur Autorschaft von Dissertationen im Zeitalter der Aufklärung, Berlin 1970. Hierauf aufbauend, aber unter Erwägungen einer Gemeinschaftsarbeit siehe *Buchholz*, Recht, Religion und Ehe. Orientierungswandel und gelehrte Kontroversen im Übergang vom 17. zum 18. Jahrhundert, Frankfurt a. M. 1988, S. 5 ff. Zur Problematik der Autorschaft in der frühen Neuzeit siehe auch *Rasche*, Die deutschen Universitäten und die ständische Gesellschaft, in: *Müller/Liess/vom Bruch* (Hg.), Bilder, Daten, Promotionen, Stuttgart 2007, v.a. S. 189-201. Zur Unsicherheit über die Autorschaft siehe *Marti*, Disputation und Dissertation in der Frühen Neuzeit und im 19. Jahrhundert, in: *Prinz/Schiewe* (Hg.), Vernakuläre Wissenschaftskommunikation, Berlin/Boston 2018, S. 273. Zu theologischen Dissertationen an der Universität Halle, wo auch Thomasius lehrte, siehe *Appold*, Orthodoxie als Konsensbildung. Das theologische Disputationswesen an der Universität Wittenberg zwischen 1570 und 1710, Tübingen 2004, S. 13. Mit Blick auf Thomasius siehe *Dreitzel*, Christliche Aufklärung durch fürstlichen Absolutis-

tionen[28] bedeutet das, dass sich die geistige Urheberschaft nicht einheitlich Thomasius oder einem der Respondenten zuschreiben lässt. Daher herrscht auch bei der Dissertation von Thomasius/*Stützing* Unsicherheit und Uneinigkeit über die Autorschaft.[29] Diese zu ermitteln kann und soll auch nicht Gegenstand dieser Arbeit sein, da es den Umfang der Arbeit sprengen würde. Für die vorliegende Arbeit ist es darüber hinaus nicht wichtig, wer Verfasser oder Urheber der Quelle ist. Um sich ein Bild über Thomasius' Verständnis der *aequitas* machen zu können, reicht es nämlich aus, dass er dem Inhalt der Dissertation von 1706 zumindest zustimmt. Hier sei darauf verwiesen, dass der Präses sich die „Dissertationen seiner Kandidaten gewissermaßen" zueignete, die „ihm als Vertreter und Verantwortlichen" zugeordnet werden konnten und „unter seinem Namen in das Schrifttum" eingingen.[30] Eine solche „Zueignung" ist auch bei Thomasius erkennbar.

Einen Hinweis hierfür liefert zunächst das Thema der Dissertation, das sich nahtlos in Thomasius' wissenschaftliches Werk einordnen lässt. Unter seinem Namen erschienen zahlreiche Abhandlungen über einzelne römische Rechtsnormen und deren praktischen Gebrauch, den Thomasius für gering erachtete.[31] Dieser Thematik lassen sich auch alle drei Dissertationen über die *aequitas* einordnen, so dass sich ein Schema der kritischen Betrachtung des römischen Rechts erkennen lässt, was zumindest auf einen starken Einfluss auf den Inhalt der Dissertationen durch Thomasius schließen lässt. Diese Einordnung in den Gesamtkontext anderer Dissertationen, weist darauf hin, dass die Dissertation dem Arbeitskreis des Präses entstammt und seinen fachlichen Interessen entspricht.[32] Auch wenn durch die Themenwahl häufig eher die Auffassung des Präses ausgedrückt worden sein wird, wird das Indiz der Themenwahl im Zusammenhang

---

mus, in: *Vollhardt* (Hg.), Christian Thomasius (1655-1728), Tübingen 1997, S. 20. Ebenso mit weiteren Untersuchungen *Izumo*, Die Gesetzgebungslehre im Bereich des Privatrechts bei Christian Thomasius (Fn. 16), S. 33 ff.

28 Zur Bibliographie *Lieberwirth*, Christian Thomasius. Sein wissenschaftliches Lebenswerk, Weimar 1955, S. 147-152.

29 Einer Autorschaft Thomasius' zustimmend *Schott*, Aequitas Cerebrina (Fn. 21), S. 154. Eine Autorschaft ablehnend *Izumo*, Die Gesetzgebungslehre im Bereich des Privatrechts bei Christian Thomasius (Fn. 16), S. 38 f. Ebenfalls einer Autorschaft kritisch gegenüberstehend *Kurbacher*, Zur Kritik der gedankenlosen Billigkeit (aequitas cerebrina) (Fn. 9), S. 464.

30 *Schubart-Fikentscher*, Autorschaft von Dissertationen (Fn. 27), S. 96 f.

31 Einen Überblick liefert *Luig*, Wissenschaft und Kodifikation des Privatrechts im Zeitalter der Aufklärung in der Sicht von Christian Thomasius (Fn. 9), S. 181 ff.

32 *Schubart-Fikentscher*, Autorschaft von Dissertationen (Fn. 27), S. 64.

mit anderen Hinweisen die Autorschaft erhellen können, denn letztlich wird dadurch nur deutlich, wer das Thema veranlasst hat.[33]

Weiterhin können auch Hinweise auf Schriften des Präses innerhalb einer Dissertation auf seine Autorschaft hinweisen.[34] Zwar braucht das noch kein Beweis für seine Autorschaft zu sein, weil der Kandidat sich durch angeführte Präses-Werke abgesichert und empfohlen haben wird, aber wenn diese Werke in der 1. Person angeführt werden, liegt darin ein Hinweis auf die Präses-Autorschaft.[35] In der Dissertation von 1706 lassen sich zwar Verweise auf andere Werke Thomasius' finden, allerdings verweist der Verfasser nicht auf „seine" Werke, sondern die des Präses.[36] Auf der anderen Seite lässt sich aber ein solcher Hinweis in den *Notae ad Pandectas* finden, wo Thomasius darauf verweist, was er bereits in der Dissertation von 1706 gesagt hat.[37] Auf diese nimmt auch der Verfasser in der wenige Jahre später erschienenen Dissertation von 1717 Bezug, indem er auf den Präses verweist.[38] Wird der Präses als Autor einer Dissertation bezeichnet, obwohl diese (wie im vorliegenden Fall) noch nicht so lange zurückliegt, ist auch hier erkennbar, dass der Präses als Autor galt, da der Kandidat (*Stützing*) eigentlich noch bekannt sein sollte.[39]

Ein weiteres Indiz für Thomasius' Autorschaft ist die kritische Bezugnahme auf andere Autoren und das Selbstbewusstsein mit Blick auf die

---

33 *Schubart-Fikentscher*, Autorschaft von Dissertationen (Fn. 27), S. 64.
34 *Schubart-Fikentscher*, Autorschaft von Dissertationen (Fn. 27), S. 65.
35 *Schubart-Fikentscher*, Autorschaft von Dissertationen (Fn. 27), S. 65. Anders *Dreitzel*, Christliche Aufklärung durch fürstlichen Absolutismus (Fn. 27), S. 20, der es ohne nähere Erläuterungen als Indiz gegen die Autorschaft Thomasius' sieht, wenn er im Text zitiert wird.
36 Vgl. *Thomasius*, De aequitate cerebrina [1706] (Fn. 24), cap. 1, § 7, Fn. f), S. 7: „Vide **Dn. Praesid.** [eigene Hervorh.] Logic. [...]." – Siehe des **Herren Präses'** Logik [...].
37 *Thomasius*, Notae ad singulos pandectarum titulos, varias iuris Romani antiquitates, imprimis usum eius hodiernum in foris Germaniae ostendentes. In usum auditorii Thomasiani, Halle 1713, lib. 18, tit. 5, S. 204: „In dissertatione peculiari de aequitate cerebrina l. 2. C. de rescindenda venditione **docui** [eigene Hervorh.] capite 2. doctores communi consensu defendere veram aequitatem & humanitatem dictae l. 2. [...]." – In der eigentümlichen Dissertation über die *aequitas cerebrina* von C.4.44.2. **habe ich gelehrt**, dass die Gelehrten mit gemeinen Sinn die *aequitas* und Menschlichkeit des besagten 2. Gesetzes verteidigt haben [...].
38 *Thomasius*, De aequitate cerebrina... [1717] (Fn. 24), § 4, S. 7: „[...] uti a **Dn. Praeside** [eigene Hervorh.] in dissert. de Aequit. cerebr. Leg. 2. C. de Rescind. Vend. appelatur [...]. – [...] Wie vom **Herrn Präses** in der Dissertation über *die aequitas cerebrina* von C.4.44.2 angesprochen wurde [...].
39 *Schubart-Fikentscher*, Autorschaft von Dissertationen (Fn. 27), S. 65 f.

eigene Leistung. So weist der Verfasser in der Dissertation von 1706 darauf hin, dass über die *aequitas* viel geredet werde, was den heutigen Ansprüchen aber nicht mehr genüge, und dass beispielsweise der Bologneser Jurist *Alberto Bolognetti* die *aequitas* untersucht habe, allerdings nicht mehr den heutigen Ansprüchen entsprechend.[40] Und auch in der Dissertation von 1717 meint der Verfasser mit seiner Arbeit „keine Arbeit zu vergeuden" und „etwas Lohnendes zu tun" die *aequitas* zu untersuchen.[41] Zudem führt er an, dass nicht wenige von den wichtigsten Rechtsgelehrten sich darüber ausgelassen haben, dass die *lex Anastasiana* einem göttlichen Weisheitsspruch zuzuschreiben sei.[42] Solche, gegenüber anderen kritische Äußerungen stellen darüber hinaus für *Schubart-Fikentscher* ein Indiz für

---

40 *Thomasius*, De aequitate cerebrina [1706] (Fn. 24), cap. 1, § 1, S. 1: „De aequitate multa differere solent Scriptores iuris civilis, sed non ubique ea cura, quae satisfaciat gustui hodierno. Extat Alberti Bologneti, Bononiensis, liber de lege, iure & aequitate primo romae publicatus […], erudite quidem pro tenebris illorum temporum, sed confuse nimis pro luce hodierna." – Über die *aequitas* pflegen die Verfasser des *ius civilis* vieles zu reden, aber nicht überall mit der Sorgfalt, die den heutigen Geschmack befriedigt. Es ragt das zuerst in Rom veröffentlichte Buch über das Gesetz, Recht und *aequitas* des *Alberto Bolognettus* aus Bologna heraus […], gewiss gebildet für die Finsternis jener Zeit, aber ungeordnet für das heutige Licht.

41 *Thomasius*, De aequitate cerebrina [1717] (Fn. 24), § 1, S. 3: „Quare operae pretium sine dubio faciam, si sensum Legis propius inspiciam […] aequitatis rationem a tot tantisque ICtis summis ad coelum usque elatam laudibus, et tantum non pro divina venditatam, cum viridi, quae passim celebratur, huius iuris observantia, examinare instituam." – Ich werde zweifelsohne etwas Lohnendes tun, wenn ich den Sinn des Gesetzes näher begutachte und beginnen werde […] die Lehre der *aequitas* selbst, die von so vielen und so großen hochrangigen Rechtsgelehrten in höchsten Tönen bis in den Himmel gelobt und beinahe als göttlich angepriesen wurde, mit einer grünenden Observanz dieses Gesetzes, wie sie in aller Munde ist, abzuwägen. [Anmerkung zur grünenden Observanz: Entsprechend der Lehre der *viridis observantia* sollten nur diejenigen Rechtsquellen beachtlich sein, die auch in der Praxis tatsächlich gebraucht waren. Durch den Begriff sollte eine Übereinstimmung der Rechtslage mit der Rechtswirklichkeit ausgedrückt werden, vgl. *Oestmann*, Rechtsvielfalt vor Gericht. Rechtsanwendung und Partikularrecht im Alten Reich, Frankfurt a. M. 2002, S. 117; *Oestmann*, Gemeines Recht und Rechtseinheit: Zum Umgang mit Rechtszersplitterung und Rechtsvielfalt in Mittelalter und Neuzeit, in: *Schumann* (Hg.), Hierarchie, Kooperation und Integration im europäischen Rechtsraum, Berlin 2015, S. 21].

42 *Thomasius*, De aequitate cerebrina [1717] (Fn. 24), § 2, S. 5: „& haud pauci ex gravissimis ICtis eandem veluti divino adscribendam Oraculo piis prosecuti sunt meditationibus […]." – Und nicht wenige von den bedeutendsten Rechtsgelehrten haben sich in ihren frommen Betrachtungen darüber ausgelassen, dass dieselbe [Constitutio] geradezu einem göttlichen Weisheitsspruch zuzuschreiben sei […].

die Urheberschaft Thomasius dar, weil sich „nur ein sicher stehender, erkennbar temperamentvoller Präses" solche Aussagen leisten könne.[43]

Spielen rechtspolitische Ziele in die Dissertation hinein, ist auch dies ein Indiz dafür, dass dem Präses zumindest ein Hauptgewicht an der Arbeit zuzurechnen ist.[44] Hierunter fallen beispielsweise der Verweis darauf etwas „Neues" zu vertreten oder Kritik an gesellschaftlichen Zuständen oder Vorschläge etwas auf rechtlicher Ebene zu verändern.[45] Daher lässt es auf Thomasius schließen, wenn er sagt, dass er untersuchen werde, ob die „von den Rechtgelehrten genug verwirrten Sachen enthüllt werden können"[46] und er im weiteren Verlauf die *aequitas cerebrina* auf ein unförmiges und unsicheres Recht zurückführt.[47] Weil der Verfasser sich hier beherzt gegen bestehende Ansichten und die bestehende Rechtslage ausspricht, kann dies tatsächlich für eine Autorschaft von Thomasius sprechen.

Zuletzt fällt in der älteren Dissertation auf, dass sämtliche Aspekte, die zur Erläuterung der *aequitas* im Naturrecht und wie diese anthropologisch begründet ist, herangezogen werden, bereits in anderen Werken von Thomasius gegenständlich sind.[48] Diese inhaltliche Verwobenheit, die wie eine Weiterentwicklung bisheriger Thesen von Thomasius wirkt, ist ebenfalls als Indiz für seine Autorschaft zu werten. Selbst wenn er selbst die Dissertation nicht verfasst hat, baut diese auf seinen Thesen auf und bringt somit zumindest mittelbar seine Gesinnung zum Ausdruck. Insbesondere weil die Dissertation von 1706 sich in den Kontext seines restlichen Werkes integrieren lässt, aber auch wegen der kritischen Stellung, die in der Dissertation bezogen wird, ist der vorliegenden Arbeit davon auszugehen, dass Thomasius als geistiger Urheber der Dissertationen von 1706 und 1717

---

43 *Schubart-Fikentscher*, Autorschaft von Dissertationen (Fn. 27), S. 71 f.
44 *Schubart-Fikentscher*, Autorschaft von Dissertationen (Fn. 27), S. 72.
45 *Schubart-Fikentscher*, Untersuchungen zur Autorschaft von Dissertationen im Zeitalter der Aufklärung (Fn. 27), S. 72.
46 *Thomasius*, De aequitate cerebrina [1706] (Fn. 24), cap. 1, § 1, S. 2: "Tentabimus, an rem a Dd. satis intricatam paucis evolvere possimus." – Wir werden untersuchen, ob wir die von den Gelehrten genug verwirrte Angelegenheit enthüllen können.
47 *Thomasius*, De aequitate cerebrina [1706] (Fn. 24), cap. 1, § 8, S. 8: „Quis iam miretur frequentiam aequitatis cerebrinae in iure tam informi, & tam incerto?" – Wer wundert sich schon über die Häufigkeit der *aequitas cerebrina* in einem so unförmigen und so unsicheren Recht?
48 So wird sich später noch zeigen, dass sich die Lehre der *aequitas* auf Thomasius' naturrechtlichen Regeln und der Abhängigkeit des Menschen von Willen und Verstand stützt, siehe unten S. 42 ff. und S. 81 ff.

anzusehen ist. Im weiteren Verlauf wird demzufolge unterstellt, dass die Aussagen in den Dissertationen von Thomasius selbst stammen.

C. Überblick und Einbeziehung der Quellen

Die Dissertation von 1706, die als Hauptquelle dienen soll, setzt sich aus drei Kapiteln zusammen, die sich ihren Überschriften zufolge mit der *aequitas cerebrina* im Allgemeinen, der *aequitas cerebrina* des Gesetzes C.4.44.2 und mit dem Nutzen dieses Gesetzes befassen. Für die vorliegende Arbeit ist einzig das erste Kapitel von Relevanz, weil es nicht Ziel ist, Thomasius' Stellungnahme zu dem spezifischen Gesetz zu erforschen[49], sondern vielmehr sein Verständnis für die *aequitas* und *aequitas cerebrina* zu ergründen. Hierfür eignet sich insbesondere das erste Kapitel, weil Thomasius dort in 25 Paragraphen die *aequitas* und *aequitas cerebrina* in Hinblick auf ihre Bedeutung, Einordnung und Auswirkungen positiven Recht, also der Rechtswirklichkeit darstellt. Da Thomasius in den beiden anderen Kapiteln dagegen nicht die *aequitas* an sich untersucht, sondern nur die *aequitas cerebrina* eines bestimmen Gesetzes, sollen allein Thomasius' allgemeine Ausführungen zur *aequitas* betrachtet werden. Auch in der Dissertation von 1717 befasst sich Thomasius mit der *aequitas cerebrina* einer Codex-Stelle (C.4.35.22) und setzt sich dort vornehmlich mit dem Gesetz selbst auseinander. Allein im dritten und vierten Paragraphen erklärt er knapp die *aequitas* und *aequitas cerebrina*.

Im nächsten Teil soll nun die Rolle von *aequitas* und *aequitas cerebrina* in der Rechtslehre des Thomasius untersucht werden. Ohne auf die weitere Prüfung vorgreifen zu wollen, wird sich zeigen, dass Thomasius die *aequitas* als eine mit dem Naturrecht gleichgesetzte Norm begreift, und dass

---

49 Für Untersuchungen über Thomasius' Position zu den Normen des römischen Rechts sei insbesondere auf *Klaus Luig* verwiesen, der sich mehrfach mit der Bewertung von C.4.44.2 durch Thomasius befasst hat vgl. *Luig*, Zur Bewertung von Christian Thomasius' Strafrechtslehren als Ausdruck liberaler politischer Theorie, Studia Leibnitiana Bd. 12, Heft 2 (1980); *Luig*, Bemerkungen zum Problem des gerechten Preises bei Christian Thomasius (1655-1728), in: *Pollok* (Hg.), Tradition und Entwicklung, Passau 1981; *Luig*, Der gerechte Preis in der Rechtstheorie und Rechtspraxis von Christian Thomasius (1655-1728), in: Diritto e potere nella storia europea, Florenz 1982. Darüber hinaus existieren auch zwei Dissertationen, die sich mit Thomasius' Kritik am römischen Recht in der Dissertation von 1717 befassen, ohne dabei den Begriff der *aequitas* zu erläutern, vgl. *Beaucamp*, Die Lex Anastasiana von Thomasius zum BGB, Köln 1994; *Rennpferdt*, Lex Anastasiana. Schuldnerschutz im Wandel der Zeiten, Göttingen 1991.

er die *aequitas cerebrina* nicht nur als Gegenstück der *aequitas* versteht, sondern auch als einen Indikator für einen naturrechtswidrigen Umgang mit dem Recht, den es aufzuheben gilt. Dabei wird auffallen, dass Thomasius in der *aequitas* und auch *aequitas cerebrina* wesentliche Elemente seiner früheren Hauptwerke zusammenfasst. So bringt er beide sowohl mit seinen Theorien von Verstand und Willen des Menschen sowie mit den daher erforderlichen Normen des Naturrechts in Verbindung. Die Dissertation von 1706 stellt also eine übersichtliche Zusammenfassung seiner wesentlichen Thesen und deren Zusammenhang mittels der *aequitas* dar. Daher soll die von Thomasius vorgegebene Struktur auch in der vorliegenden Arbeit (weitestgehend) beibehalten werden, um seine Erklärung der *aequitas* und *aequitas cerebrina* möglichst originalgetreu zu rekonstruieren. Dies dient darüber hinaus auch dem besseren Verständnis der *aequitas*, denn im nächsten Teil gilt es zu klären, was Thomasius mit den Begrifflichkeiten *aequitas* und *aequitas cerebrina* meint, um dann auf ihre Grundlagen und Herleitung zu sprechen zu kommen. In Anlehnung an Thomasius' Aufbau soll also im nächsten Teil zunächst die *aequitas* untersucht werden. Der darauffolgende Abschnitt fokussiert sich sodann auf die *aequitas cerebrina* und wird entsprechend Thomasius' Reihenfolge zunächst darlegen, was genau er unter dem Begriff versteht und wie sie entsteht, um sodann konkrete Beispiele zu erläutern, anhand derer Thomasius eine *aequitas cerebrina* im rechtlichen Umfeld verdeutlicht.

2. Teil: *Aequitas* und *aequitas cerebrina*

Im nun folgenden Teil sollen *aequitas* und *aequitas cerebrina* auf Grundlage der beiden Dissertationen von 1706 und 1717 untersucht werden. Dort widmet sich Thomasius zum einen der *aequitas* im Allgemeinen, zum anderen der *aequitas cerebrina*. Diese Differenzierung macht er in der jüngeren Dissertation deutlich, wo er erklärt, dass die *aequitas* entweder echt oder eingebildet (*cerebrina*) sei.[50] Hierdurch macht Thomasius deutlich, dass die *aequitas cerebrina* dennoch zur *aequitas* gehört. Eine so explizite Differenzierung nimmt Thomasius in der Dissertation von 1706 zwar nicht vor, aber auch dort befasst er sich mit *aequitas* und *aequitas cerebrina* gesondert. Daher wird sich auch die vorliegende Untersuchung an dieser Struktur orientieren und in einem ersten Abschnitt (A.) die ersten drei Paragraphen zur *aequitas* aus der Dissertation von 1706, in einem zweiten Abschnitt (B.) Thomasius' Feststellungen zu *aequitas cerebrina* in den Paragraphen 4 bis 25 beleuchten. Hierbei sollen auch Thomasius' Feststellungen zur *aequitas* in den §§ 3 und 4 seiner späteren Dissertation von 1717 berücksichtigt werden, die seine Feststellungen aus der früheren Dissertation ergänzen.

A. Aequitas

Thomasius beginnt seine Dissertation von 1706 mit einer Darstellung der *aequitas*. Im ersten Satz stellt er klar, dass die *aequitas* sowohl im Naturrecht als auch im positiven Recht zum Tragen kommt:

---

50 *Thomasius*, De aequitate cerebrina [1717] (Fn. 24), § 3, S. 6: „Aequitatem esse vel veram vel cerebrinam neminem fugit, qui mores homnium diligentius paulo meditatus est, seu, ut clarius loquar, qui Philosophiam moralem perspectam habet." – Dass die *aequitas* teils echt, teils eingebildet ist, entgeht niemandem, der in den Sitten der Menschen nur etwas gewissenhafter geübt ist, oder, damit ich es verständlicher sage, wer die Moralphilosophie genau durchschaut hat.

Aequitas in doctrina morali & scientia iuris quatenus de actionibus humanis praedicatur, vel dicitur de iure naturali vel positivo.[51]	*Aequitas* sagt man in der Morallehre und der Rechtswissenschaft, sofern von menschlichen Handlungen gesprochen wird, sowohl vom Naturrecht als auch vom positiven Recht.

Thomasius stellt fest, dass sich mit dem Begriff *aequitas* das Naturrecht und auch das positive Recht bezeichnen lassen. Dabei besteht die Gemeinsamkeit darin, dass sie sich sowohl im Naturrecht als auch im positiven Recht auf menschliche Handlungen bezieht. Wann diese menschlichen Handlungen als *aequitas* zu bezeichnen sind, legt er vor dem Hintergrund beider Rechtsarten gesondert fest. Daher soll zunächst ein kurzer Überblick über Thomasius' Unterscheidung von natürlichem und positivem Recht gegeben werden (I.). Im Anschluss soll dargestellt werden, wann Thomasius im Naturrecht eine *aequitas* annimmt (II.) und inwiefern die *aequitas* eigentlich ein Ausdruck Thomasius' Anthropologie, weil er durch die *aequitas* menschliche Handlungen beschreibt (III.). Zuletzt soll noch untersucht werden, unter welchen Umständen sich die *aequitas* im positiven Recht wiederfinden lässt, und welcher Zusammenhang zur naturrechtlichen *aequitas* besteht (IV.).

I. Naturrecht und positives Recht

Um die Bedeutung der *aequitas* im natürlichen und positiven Recht besser zu verstehen, wird es zweckmäßig sein, beide Rechtsarten darzustellen. Daher soll nun zunächst überblicksartig aufgezeigt werden, was er unter natürlichem und positivem Recht versteht.[52]

Eine Unterscheidung von natürlichem und positivem Recht hat Thomasius bereits in seinen beiden Hauptwerken zum Naturrecht, den *Institu-*

---

51 *Thomasius*, De aequitate cerebrina [1706] (Fn. 24), cap. 1, § 2, S. 2.
52 Für eine ausführliche Untersuchung zum Naturrecht und positiven Recht bei Thomasius siehe *Grunert*, Normbegründung und politische Legitimität (Fn. 11), S. 225-230; *Luig*, Christian Thomasius (Fn. 10), S. 230-237; *Steinberg*, Praxis und Theorie: Positives Recht in Naturrecht von Christian Thomasius, in: *Lück* (Hg.), Christian Thomasius (1655-1728). Wegbereiter moderner Rechtskultur und Juristenausbildung, Hildesheim 2006; *Hammerstein*, Jus und Historie. Ein Beitrag zur Geschichte des historischen Denkens an deutschen Universitäten im späten 17. und 18. Jahrhundert, Göttingen 1972, S. 72 ff.

tiones iurisprudentiae divinae[53], deutlicher noch in den *Fundamenta iuris naturae et gentium*[54] vorgenommen. Daher eignen sich beide Werke, um Thomasius Verständnis von natürlichem und positivem Recht zu verdeutlichen.

Bevor er auf diesen Unterschied eingeht, stellt er in den *Fundamenta* zunächst klar, was sich hinter dem Begriff Recht verbirgt, nämlich entweder eine Norm, nach der Handlungen zu richten sind, oder auch eine Fähigkeit, nach dieser Norm zu handeln, was er unter Verweis auf *Hugo Grotius* auch als Gesetz, respektive subjektives Recht einer Person definiert.[55] Der Begriff des Rechts umfasst also zweierlei: Zum einen die Verpflichtung, die ein Recht hervorruft, zum anderen auch die Inanspruchnahme von Freiheiten, entsprechend einem Recht zu handeln.[56] Das subjektive Recht entfaltet gerade keine Verpflichtung, sondern gestattet dem Adressaten etwas, weshalb sich ein Adressat nur diesem Recht entziehen kann, nicht jedoch dem verpflichtenden Gesetz.[57] Verpflichtung und subjektives Recht sind in

---

53 *Thomasius*, Institutiones (Fn. 23).
54 *Thomasius*, Fundamenta (Fn. 23).
55 *Thomasius*, Fundamenta (Fn. 23), lib. 1, cap. 5, § 1, S. 103: „Ius sumitur varie. Potissimum vel pro norma actionum, vel pro potentia agendi in relatione ad illam normam. Secundum stylum Grotii vel pro lege, vel pro attributo personae." – Das Recht wird auf verschiedene Weise verstanden. Vornehmlich als Norm von Handlungen oder als Fähigkeit in Bezug auf jene Norm zu handeln. Nach der Schreibart Grotius' entweder als Gesetz oder als Zuteilung [im Sinne eines subjektiven Rechts] einer Person. Ebenso *Thomasius*, Institutiones (Fn. 23), lib. 1, cap. 1, § 27, S. 9: „[...] Iuris vox sumitur multis modis. Potissimum vel pro lege, vel pro attributo personae." – Das Wort des Rechts wird auf verschiedene Weise verstanden. Vornehmlich als ein Gesetz oder subjektives Recht einer Person.
56 *Kühnel*, Das politische Denken von Christian Thomasius. Staat, Gesellschaft, Bürger, Berlin 2001, S. 102.
57 *Thomasius*, Fundamenta (Fn. 23), lib. 1, cap. 5, § 9, S. 105: „Uti enim obligatio iniicit vinculum voluntati eiusque libertati externae, ita ius huius significatus oritur ex laxatione voluntatis eiusque libertatis externae, i.e. sublatione omnis impedimenti, vel etiam auxiliatione & assistentia, quae fit per leges. Obligatio metum incutit, ius spem intendit vel conservat. Hinc obligatio dicitur qualitas moralis passiva, ius activa. Et hinc regula: quod quilibet iuri suo renunciare possit, non vero obligationi." – Wie nämlich die Verpflichtung dem Willen und dessen äußerer Freiheit Fesseln anlegt, so entspringt das Recht in dieser Bedeutung aus der Lockerung des Willens und dessen äußerer Freiheit, d.h. durch die Aufhebung jedes Hindernisses, oder auch durch Hilfe und Beistand, die durch die Gesetze gegeben werden. Die Verpflichtung flößt Furcht ein, das Recht bezweckt oder bewahrt die Hoffnung. Daher wird die Pflicht eine moralische passive Eigenschaft genannt, das Recht eine aktive. Und daher die Regel, dass sich jeder seines Rechts entledigen kann, nicht aber der Verpflichtung.

der Norm enthalten, wobei Thomasius die Verpflichtung als Hauptfolge, das zugleich daraus fließende Recht als Nebenfolge erkennt, sofern dieses mit der Verpflichtung korreliert.[58] Hier wird deutlich, dass Thomasius mit der Unterteilung in Gesetz und subjektives Recht zwei sich wechselseitig bedingende Eigenschaften des Rechts beschreibt, die aus ein und demselben Vorgang hervorgehen. Das Recht, das einer Person eine Verpflichtung auferlegt (Gesetz), bewirkt zugleich, dass der Begünstigte diese Verpflichtung auch einfordern kann (also subjektives Recht). Je nachdem aus welcher Perspektive das Recht betrachtet wird, ist es also entweder als Verpflichtung oder als Recht wahrzunehmen. Thomasius untercheidet also zwischen einem Recht im objektiven und subjektiven Sinne.[59] Dabei nimmt Thomasius zugleich eine Gewichtung zwischen beiden Arten des Rechts vor, da er dieses primär als eine vom Gesetzgeber vorgegebene Handlungsnorm anerkennt, wogegen das subjektive Recht einer Person, also ein aus dem Recht erwachsener Rechtsanspruch, nur eine sekundäre Folge darstellt.[60] Es geht mithin bei der einen Ausprägung des Rechts um die Norm, die ein Verhalten vorschreibt, bei der anderen Ausprägung um das Recht, das einem aus einer Norm zusteht. Beide Arten des Rechts,

---

58 *Thomasius*, Fundamenta (Fn. 23), lib. 1, cap. 5, § 10, S. 105: „Refertur vero & obligatio & ius obligationi respondens ad normam sed diverso modo; obligatio omnis fluit ex norma agendi tanquam effectus primario ab eo intentus, qui normam praescribit. Ius vero est effectus secundarius, qui indirecto intenditur, quatenus est correlatum obligationis & quatenus aliquando lege humana de novo introducitur." – Es werden sowohl Verpflichtung als auch subjektives Recht, das die Verpflichtung erwidert, zur Norm gezählt, aber auf unterschiedliche Weise; jede Verpflichtung entsteht aus der Norm zu handeln, wie eine Folge, die vornehmlich von demjenigen beabsichtigt wurde, der die Norm vorschreibt. Das Recht tatsächlich ist eine Nebenfolge, die indirekt bezweckt wird, sofern es ein Wechselbild der Verpflichtung ist und sofern es von neuem durch ein menschliches Gesetz eingeführt wird.

59 *Wiebking*, Recht, Reich und Kirche in der Lehre des Christian Thomasius, München 1973, S. 28.

60 *Kühnel*, Das politische Denken von Christian Thomasius (Fn. 56), S. 103.

Norm und Fähigkeit, unterteilt Thomasius in das natürliche, Völker- und staatliche Recht[61], zu denen er sich sodann näher äußert.[62]

In Bezug auf das Recht als Gesetz führt Thomasius aus, dass dieses entweder natürlich oder positiv ist, wobei die Unterscheidung anhand des Prinzips der Erkenntnis erfolgt, da das natürliche Recht aus vernünftiger Überlegung erkannt wird, während das positive Recht eine Offenbarung oder Verkündigung erfordert.[63] Dieses ist menschlicher Herkunft, da es durch den Menschen veröffentlicht worden ist. Ob der Mensch hierbei unmittelbar durch Gott beeinflusst ist, klammert er bewusst aus, weil dies keine philosophische, sondern eine theologische Frage sei.[64] Das Naturrecht hingegen bezeichnet er als göttlich, weil es von Gott selbst herrührt. Es bedarf keiner Verkündung und ist „in aller Menschen Herzen geschrieben".[65] Inhaltlich normiert es alle moralischen Vorschriften, die aus der

---

61 *Thomasius*, Fundamenta (Fn. 23), lib. 1, cap. 1, § 28, S. 108: „Dividitur ius in utroque significatu in naturale, gentium & civile, sed utriusque divisionis non sunt eadem observationes. Ergo de singulis feorsim." – Das Recht wird in beiderlei Bedeutung in das natürliche, Völker- und bürgerliche Recht eingeteilt, aber für beide Einteilungen [Recht als Gesetz und Fähigkeit] gibt es nicht dieselben Anmerkungen. Also wollen wir von beiden einzelnen handeln.

62 Thomasius unterscheidet in den §§ 29 ff. das natürliche und das positive Recht, soweit es ein Gesetz ist. In den §§ 59 ff. stellt er sodann das Recht dar, wenn es eine Fähigkeit ist, die sich auf die Norm bezieht (Eigenschaft einer Person).

63 *Thomasius*, Fundamenta (Fn. 23), lib. 1, cap. 5, § 29, S. 108: „Ius pro lege acceptum est vel naturale, vel positivum. Fundamentum huius divisionis est principium cognoscendi. Ius naturae cognoscitur ex ratiocinatione animi tranquilli, ius positivum requiri revelationem & publicationem." – Das als Gesetz verstandene Recht ist entweder natürlich oder gegeben [positiv]. Die Grundlage dieser Einteilung ist das Prinzip der Erkenntnis. Das natürliche Recht wird aus der vernünftigen Überlegung der ruhigen Seele erkannt, das positive Recht erfordert eine Offenbarung oder Verkündung.

64 *Thomasius*, Fundamenta (Fn. 23), lib. 1, cap. 5, § 32, S. 108 f.: „Omne ius positivum intuitu publicationis, quae ad ipsius essentiam pertinet, humanam est, i.e. mediantibus aliis hominibus, aliis publicatum & revelatum est. Utrum illi homines iussum immediatum a Deo habuerint, id Philosophia ignorat, & ad Theologiam transmittit." – Alles positive Recht ist hinsichtlich seiner Bekanntmachung, die das Wesen desselben betrifft, menschlich. D.h. es ist durch vermittelnde andere Menschen den anderen bekanntgegeben und offenbart. Ob aber jene Menschen einen unmittelbaren Befehl von Gott gehabt haben, das weiß die Philosophie nicht, sondern übergibt es der Theologie.

65 *Thomasius*, Fundamenta (Fn. 23), lib. 1, cap. 5, § 33, S. 109: „Ius vero naturale, cum quorumlibet cordibus inscriptum sit, nec revelatione aliorum & autoritate sola opus habeat; inde divinum dicitur, videlicet, quia ortum ducit ab autore naturae omnis, etiam humanae, Deo." – Das Naturrecht tatsächlich, weil es in aller Herzen geschrieben ist, benötigt keine Offenbarung und bloße Autorität;

vernünftigen Überlegung hervorgehen und sich in *iustum, honestum* und *decorum* unterteilen lassen.[66] Diese gilt es allerdings erst im nächsten Abschnitt im Zusammenhang mit der *aequitas* näher zu untersuchen.[67]

Darüber hinaus differenziert Thomasius natürliches und positives Gesetz auch anhand ihrer Wirkungskraft. Das natürliche Gesetz wirkt nämlich eher wie ein Ratschlag und nicht wie ein Befehl. Diese Wirkung kommt dagegen dem positiven, also menschlichen, Gesetz (zumindest im eigentlichen Sinne) zu.[68] Dieser Unterscheidung liegt Thomasius' Verständnis vom Gesetzesbegriff zugrunde, welcher im weiteren Sinne sämtliche Arten von Normen, wie Ratschläge, Befehle und Verträge, umfasst, im engeren Sinne jedoch nur Geheiße von Königen und Herrschern, also Befehle.[69] Deshalb kann das Gesetz im weiten Sinne zwar raten,

---

daher wird es göttlich genannt, nämlich, weil es vom Urheber aller Natur, auch der menschlichen, Gott, herrührt.

66 *Thomasius*, Fundamenta (Fn. 23), lib. 1, cap. 5, § 30, S. 108: „Sumitur tamen ius naturae vel late, prout comprehendit omnia praecepta moralia ex ratiocinatione profluentia, sive sint regulae iusti, sive etiam honesti & decori; vel stricte pro solis praeceptis iusti, quatenus ab honesto & decoro distinguitur." – Jedoch wird das Naturrecht entweder weit, sofern es alle moralischen Vorschriften umfasst, die aus der vernünftigen Überlegung herkommen, sie mögen die Regeln des Gerechten, Ehrenhaften oder Anständigen sein; oder eng verstanden, einzig als die Vorschriften des Gerechten, sofern es vom Ehrenhaften und Anständigen unterschieden wird.

67 Zu den Regeln des *iustum, decorum* und *honestum* im Zusammenhang mit der *aequitas*, vgl. sogleich S. 42 ff.

68 *Thomasius*, Fundamenta (Fn. 23), lib. 1, cap. 5, § 34, S. 109: „Cave tamen, ne putes, legem naturalem & positivum, divinam & humanam, esse species eiusdem naturae: Lex naturalis & divina magis ad consilia pertinet, quam ad imperia, lex humana proprie dicta non nisi de norma imperii dicitur." – Hüte dich jedoch davor zu glauben, dass das natürliche und positive Gesetz, das göttliche und menschliche, Arten derselben Natur sind: Das natürliche und göttliche Gesetz betrifft eher den Ratschlag, als Befehle, menschliches Gesetz im eigentlichen Sinn wird nur von der Norm des Befehls gesagt.

69 *Thomasius*, Fundamenta (Fn. 23), lib. 1, cap. 5, §§ 2, 3, S. 104: „§ 2: Tot sunt significationes legis, quot sunt significationes normae actionum moralium. Unde in lata significatione lex denotat praecepta doctrinalis, (consilia) iussa regum & dominorum, (imperia) monita paterna, (ex imperio & consilio composita) conditiones conventionum, (pacta.). § 3: Stricte lex sumitur pro iussis imperiantium seu dominorum, sive Regum & Magistratum, strictissime pro iussibus universalibus imperantium in Repub. Utrobique opponitur consilio & pacto [...]." – § 2: Es gibt so viele Bedeutungen des Gesetzes, wie es Bedeutungen der Norm der moralischen Handlungen gibt. Daher bedeutet das Gesetz im weiten Sinne belehrende Vorschriften (Ratschläge), Geheiße der Könige und Herren (Befehle), väterliche Erinnerung (aus Befehl und Ratschlag zusammengesetzt), die Bedingungen

ermahnen, vorschreiben, verbieten, erlauben, strafen, zwingen, während eigentlich das Vorschreiben und Verbieten, Strafen und Verbieten dem Gesetz im engen Sinne zukommt.[70] Die Verpflichtung, die aus einem Gesetz erwächst, ist bei einem solchen im weiten Sinne dann eine innerliche, während das Gesetz im engeren Sinne äußerlich verpflichtet.[71] Das als Befehl wirkende positive Recht ist also ein Gesetz im eigentlichen Sinne, während das Naturrecht nur im weiten Sinne als Gesetz zu werten ist. Dies veranschaulicht Thomasius anhand der Strafe, die naturgemäß menschlich ist und von herrschenden Menschen aufgelegt wird, wogegen das Naturrecht lediglich besagt, dass ein Mensch Strafe verdient.[72] Durch diese Unterscheidung wird zwar nicht die Geltung des Naturrechts, aber

---

der Einigungen (Verträge). § 3: In einer engen Bedeutung wird das Gesetz für Geheiße der Herrschenden, Herren, Könige oder Obrigkeiten gehalten, in einer ganz engen Bedeutung aber für allgemeine Geheiße der Herrschenden im Staat, und wird auf beiderlei Art und Weise dem Ratschlag und Vertrag entgegen gesetzt [...].

70 *Thomasius*, Fundamenta (Fn. 23), lib. 1, cap. 5, § 4, S. 104: „In lata igitur acceptione legis virtutes sunt, suadere, hortari, praecipere, vetare, permittere, punire, cogere. At in stricto significatio legis virtus immediata est praecipere & vetare; mediatae & consequentes per Magistratus punire, iudicialiter cogere & annullare actiones contra leges." – In weiter Bedeutung des Gesetzes also sind die Wirkungen raten, ermahnen, vorschreiben, verbieten, erlauben, strafen, zwingen. Aber in engerer Bedeutung ist die unmittelbare Wirkung des Gesetzes vorschreiben und verbieten; die mittelbaren und daraus folgenden durch die Obrigkeit strafen, gerichtlich zwingen und Handlungen gegen Gesetze vernichten.

71 *Thomasius*, Fundamenta (Fn. 23), lib. 1, cap. 5, § 8, S. 105: „Uti vero legis in utroque significatu effectus & intentio est obligatio, in stricto externa, in lato etiam interna per dicta latius capit. praeced. ita cum notorium sit ius & obligationem esse correlata, iam facile ex doctrina correlatorum constabit, quid sit ius in altero significatu, quando scil. sumitur pro potentia agendi in relatione ad normam." – Wie tatsächlich in beiden Bedeutungen des Gesetzes die Wirkung und Absicht die Verpflichtung ist, im engeren Sinne äußerlich, im weiten Sinne auch innerlich durch im vorangehenden Kapitel weiter Gesagtes, so wird, weil bekannt ist, dass Recht und Verpflichtung ergänzend sind, aus der Lehre der Ergänzungen leicht bekannt sein, was ein Recht in der anderen Bedeutung ist, wenn es als Fähigkeit in Bezug auf eine Norm zu handeln verstanden wird.

72 *Thomasius*, Fundamenta (Fn. 23), lib. 1, cap. 5, § 38, S. 109 f.: „Imo poena ex natura sua humana est & arbitraria, quia omnis poena dictatur ab homine imperante. Ius naturae dictat saltem peccantes mereri poenam [...]." – Ja, die Strafe ist ihrer Natur nach menschlich und willkürlich, weil jede Strafe von einem herrschenden Menschen aufgelegt wird. Das Naturrecht sagt nur, dass die Sündigenden Strafe verdienen [...].

dessen materielle Durchsetzbarkeit berührt, denn ihm steht nicht die Möglichkeit zu zwingen und zu strafen zu.[73]

Zuletzt unterscheidet Thomasius natürliche und positive Gesetze anhand ihrer Veränderbarkeit, denn diese sind veränderbar, während natürliche Gesetze niemals verändert worden sind, weil die Natur der Dinge nicht veränderlich ist.[74] Hierbei gilt es zu beachten, dass Thomasius hier nicht von der Wirksamkeit im Sinne der Durchsetzbarkeit spricht, welche er soeben noch den natürlichen Gesetzen abgesprochen hat. Stattdessen ist damit der Inhalt der Gesetze gemeint, der im positiven Recht disponibel ist, im natürlichen Recht dagegen vorgeschrieben ist und alle moralischen Vorschriften umfasst[75].

Zusammenfassend lässt sich sagen, dass Thomasius natürliches und positives Gesetz hinsichtlich ihres Urhebers und ihrer Wirkung unterscheidet. Das positive Gesetz wird vom menschlichen Gesetzgeber geschaffen und geändert. Es entfaltet, abhängig davon wie es durchgesetzt wird, eine Zwangswirkung, die dann als äußerliche Pflicht zu bezeichnen ist. Das natürliche Gesetz existiert dagegen losgelöst vom menschlichen Gesetzgeber. Es ist daher in seiner inhaltlichen Ausgestaltung nicht variabel, ermangelt aber auch einer realen Durchsetzbarkeit, da es zwar Handlungsanweisungen enthält, diese jedoch nur als innerlich verpflichtender Ratschlag dienen.

Auch bei dem subjektiven Recht differenziert Thomasius zwischen natürlichem und positivem Recht.[76] Während das natürliche Recht bei den

---

73 *Grunert*, Normbegründung und politische Legitimität (Fn. 11), S. 226.

74 *Thomasius*, Fundamenta (Fn. 23), lib. 1, cap. 5, § 45, S. 111: „Magis etiam sensibiliter ex dictis percipitur doctrina de alia differentia legis divinae & humanae. Leges humanae saepe mutantur visibiliter, tantum abest, ut non sint mutabiles. At lex naturae nunquam mutata est, quia naturae omnium rerum sunt perpetuae & immutabiles. Imo ratiocinatio non potest dubium verosimile sibi movere, quod Deus mutaverit aut mutare voluerit ius naturae." – Sogar mehr wahrnehmbar wir die Lehre vom anderen Unterschied des göttlichen und menschlichen Rechts aus dem Gesagten sichtbar: Menschliche Gesetze werden wahrnehmbar oft verändert, geschweige dessen, dass sie nicht verändert werden sollen. Aber das natürliche Gesetz ist niemals verändert worden, weil die Natur aller Dinge ewig und unveränderlich ist. Ja der Vernunftschluss kann wahrscheinlich nicht bezweifeln, dass Gott das natürliche Recht verändert hat oder verändern wollte.

75 *Thomasius*, Fundamenta (Fn. 23), lib. 1, cap. 5, § 30, S. 108, vgl. oben Fn. 66.

76 *Thomasius*, Fundamenta (Fn. 23), lib. 1, cap. 5, § 59, S. 114: „Pergo ad ius, quatenus denotat potentiam moralem ad normam relatam, seu ut Grotius loquitur, quatenus denotat attributum personae. Ius in hoc significatu etiam est vel naturale vel positivum. Sed aliae hic sunt definitiones." – Ich fahre mit dem Recht fort, sofern es eine moralische Fähigkeit bedeutet, die sich auf eine Norm bezieht,

meisten Menschen gleichermaßen gilt[77], ist das positive Recht bei den meisten Menschen unterschiedlich.[78] Das subjektive Recht, welches als Kehrseite einer Verpflichtung einer Person einen Anspruch, also ein subjektives Recht gewährt, wird also entweder natürlich bezeichnet, wenn es weitestgehend allen zukommt, oder positiv, wenn es nicht für alle gilt. Anders als beim Gesetz nimmt Thomasius die Differenzierung also zunächst nicht anhand der Urheberschaft oder Wirksamkeit vor, sondern anhand der jeweiligen Rechtsinhaber. Darüber hinaus unterscheidet Thomasius Naturrecht als subjektives Recht und Naturrecht als Gesetz anhand ihrer Disponibilität, weil dieses eine Verpflichtung mit sich bringt, der sich der Verpflichtete nicht entziehen kann, wogegen man auf sein natürliches Recht verzichten kann.[79] Als Grund hierfür benennt Thomasius die unterschiedliche Tragweite vom Recht als Gesetz und dem subjektiven Recht, denn letzteres entfaltet gerade keine Verpflichtung, sondern gestattet dem Inhaber eine Rechtsfolge, weshalb sich dieser dem Recht auch entziehen kann, nicht jedoch derjenige, der durch ein Gesetz verpflichtet wird.[80] Auch hinsichtlich seiner Veränderbarkeit unterscheidet sich das natürliche Recht vom natürlichen Gesetz, denn der Einfluss, den die vier verschiedenen Rechtsarten aufeinander ausüben, bewertet Thomasius als unterschiedlich. So kann das natürliche Gesetz nicht durch das positive Gesetz verändert werden. Dieses kann jedoch sehr wohl natürliches und

oder wie Grotius sagt, sofern es einer Person zugeschrieben ist. Das Recht in dieser Bedeutung ist auch entweder natürlich oder positiv. Aber hier gibt es andere Definitionen.

77 *Thomasius*, Fundamenta (Fn. 23), lib. 1, cap. 5, § 60, S. 114: „Ius naturale dicitur, quod idem esse solet apud plerosque homines nobis notos. Nemo enim mores omnium hominum novit [...]." – Naturrecht heißt, was bei den meisten uns bekannten Menschen dasselbe zu sein pflegt. Niemand weiß nämlich die Sitten aller Menschen [...].

78 *Thomasius*, Fundamenta (Fn. 23), lib. 1, cap. 5, § 61, S. 114: „Ius positivum est, quod variat apud plerosque homines, quos cognitos habemus." – Positives Recht ist, was sich bei den meisten Menschen unterscheidet, von denen wir Kenntnis haben.

79 *Thomasius*, Fundamenta (Fn. 23), lib. 1, cap. 5, § 63, S. 114: „Ergo non eadem est efficacia iuris naturalis in hoc significatu, quae legis naturalis. Nam lex naturalis producit obligationem, cui homo obligatus renunciare nequit; at iuri etiam naturali per dicta superius quilibet renunciare potest." – Also ist die Wirkung des Naturrechts nicht dieselbe in dieser Bedeutung, wie des natürlichen Gesetzes. Denn das natürliche Gesetz erzeugt eine Verpflichtung, der sich der verpflichtete Mensch nicht entziehen kann; aber dem Naturrecht kann sich jeder durch das oben gesagte entziehen.

80 *Thomasius*, Fundamenta (Fn. 23), lib. 1, cap. 5, § 9, S. 105, vgl. oben Fn. 57.

auch positives Recht verändern, weil beide durch das natürliche Gesetz zwar erlaubt, aber nicht vorgeschrieben oder verboten werden.[81] Dies beruht auf Thomasius Vorstellung vom Wesen der Gesetze, die in positiver Form inhaltlichen Veränderungen unterliegen, wogegen der Inhalt des Gesetzes der Natur nie verändert wurde, weil die Natur der Dinge nicht veränderbar ist.[82] Das natürliche Gesetz steht also als einzige Konstante über den anderen Rechtsarten, wenn es auch keinen Zwang ausübt. Indem Thomasius die Unabänderlichkeit des natürlichen Gesetzes durch das positive Gesetz postuliert, unterliegt letztendlich auch die menschliche Gesetzgebung dem natürlichen Gesetz.[83] Diesem steht das natürliche Recht gegenüber, welches die allgemeingültigen Rechte der Menschen erfasst, dessen inhaltliche Ausgestaltung aber zugleich dem Einfluss des positiven Gesetzes unterliegt.

Thomasius' Ausformulierung des Naturrechts, das als Gesetz unabhängig vom menschlichen Zutun existiert und als Recht aufgrund der Verzichtbarkeit eines Rechts veränderlich ist, ermangelt insgesamt einer Erzwingbarkeit. Diese hängt von der Ausgestaltung durchs positive Recht, also vom menschlichen Einfluss ab, was sich auch in der Dissertation von 1706 widerspiegelt, wie sich später zeigen wird.[84] Es wird deutlich, dass das natürliche Recht zwar als Ideal gilt, das sich in den menschlichen Gesetzen widerspiegeln soll, es aber einer „Realisierung" durch das positive Recht unterliegt.

Indem Thomasius die Einschränkbarkeit des natürlichen Rechts als angeborenes subjektives Recht explizit zulässt, „sind die Menschenrechte des

---

81 *Thomasius*, Fundamenta (Fn. 23), lib. 1, cap. 5, § 64, S. 114: „Deinde lex naturalis non potest directe mutari a lege positiva; at ius tam naturale quam positivum non solum augere potest lex positiva, sed & directo tollere ac minuere, quia utrumque ex natura sua est lege naturali permissum, non praeceptum aut prohibitum." – Ferner kann das natürliche Gesetz nicht direkt vom positiven Gesetz verändert werden; das positive Gesetz kann aber das natürliche, wie das positive Recht nicht nur vermehren, sondern auch direkt aufheben und verringern, weil beides [Recht] naturgemäß durch das natürliche Gesetz erlaubt, nicht vorgeschrieben oder verboten ist.

82 *Thomasius*, Fundamenta (Fn. 23), lib. 1, cap. 5, § 45, S. 111, vgl. oben Fn. 74.

83 *Grunert*, Normbegründung und politische Legitimität (Fn. 11), S. 227.

84 Dieses Verhältnis von Naturrecht und positiven Recht ist für die *aequitas cerebrina* von enormer Bedeutung, weil diese gerade dann zum Tragen kommt, wenn ein naturrechtswidriger Zustand ohne legislative Legitimität zugunsten des Naturrechts abgeändert wird. Das Naturrecht kann und darf nur durch die Legislative zu einer zwingbaren Kraft erstarken. Siehe in dem Zusammenhang auch Thomasius' Ausführungen zur theoretischen und praktischen *aequitas cerebrina* S. 171 ff.

ausgehenden 18. Jahrhunderts – obwohl sie im Grunde schon benennbar werden – noch einmal in weite Ferne gerückt".[85] Dennoch sind Naturrecht und positives Recht nicht losgelöst voneinander zu betrachten. Die Unterscheidung der unterschiedlichen Verpflichtungsarten, der inneren und der äußeren, ergibt sich nicht daraus, dass sie unterschiedlichen Wertgebieten zuzuordnen sind, sondern aus der Torheit des Adressatenkreises der Normen, weshalb der Herrscher natürliche Kausalverhältnisse in künstliche (nämlich positiv gesetzliche) übersetzt, indem er strafbewehrte Gesetze erlässt, die ihrerseits dem Naturrecht entsprechen.[86] Das Naturrecht dient als moralische Grundlage für das positive Recht, was zwangsläufig dazu führt, dass durch den menschlichen Gesetzgeber festgesetzte Normen (bestenfalls) auf dem Naturrecht basieren und somit moralische Ideen in das positive Recht einfließen. Diese zweifache Ausgestaltung des Rechts, ergibt sich aus dem Zustand der menschlichen Seele, der ebenfalls an späterer Stelle zu thematisieren ist.[87] Thomasius' Unterteilung in natürliches und positives Recht zeigt auch eine kritische Betrachtung des absolutistisch herrschenden Fürsten auf, denn in dem mehrdimensionalen Gesetzesbegriff lässt sich eine ethische Kontrolle des Fürstenstaates und eine Neutralisierung absolutistischer Tendenzen erkennen, denn die Handlungsmöglichkeit des Staates und die moralische Erziehung des Menschen werden im weiten Gesetzesbegriff zusammengefasst.[88] Der Fürst agiert zwar als Gesetzgeber faktisch frei, soll sich jedoch von den moralischen Vorstellungen des Naturrechts leiten lassen, welches als überpositives Recht existiert und sich dem Zugriff des Fürsten entzieht. Das Verhältnis von Naturrecht zum positiven Recht lässt sich folglich so verstehen, dass das Naturrecht dem Gesetzgeber als Maßstab dient, nach dem er sich richten kann, aber nicht muss, und dass erst durch ein Gesetz des Herrschers das Naturrecht von einer Morallehre zum positiven, erzwingbaren

---

85 *Grunert*, Normbegründung und politische Legitimität (Fn. 11), S. 227 f.
86 *Lutterbeck*, Obligationstheorie und Eudämonismus bei Christian Thomasius und im Lichte der neukantianischen Rechtsphilosophie Gustav Radbruchs, in: *Lück* (Hg.), Christian Thomasius (1655-1728). Wegbereiter moderner Rechtskultur und Juristenausbildung, Hildesheim 2006, S. 46.
87 Siehe zur Erforderlichkeit des Rechts aufgrund des menschlichen Wesens unten S. 90 ff.
88 *Mohnhaupt*, Gesetz und Gesetzgebung im Rahmen einer zu konkretisierenden Rechtsquellenordnung bei Christian Thomasius, in: *Lück* (Hg.), Christian Thomasius (1655-1728). Wegbereiter moderner Rechtskultur und Juristenausbildung, Hildesheim 2006, S. 228.

Recht wird.[89] Aufgrund dieser Separierung von Naturrecht und positivem Recht, die sich nur bei einer Normierung durch das positive Recht decken, erscheint die These, dass Thomasius die Trennung zwischen Recht und Moral vorangetrieben habe, als treffend.[90]

Zusammenfassend lässt sich also feststellen, dass sich in Thomasius' Augen das Recht aus dem natürlichem und dem positiven Recht zusammensetzt. Dabei unterscheidet Thomasius allgemein zwischen dem Recht als Gesetz und dem subjektiven Recht, wodurch deutlich wird, dass er den einen Rechtsbegriff als Kehrseite des anderen versteht, weil beide sich gegenseitig bedingen und nebeneinander existieren: Eine Person wird verpflichtet, dem anderen etwas zu tun (Gesetz), die andere Person erhält das Recht, dass der eine ihm etwas tut (subjektives Recht). Eine solche Verpflichtung ist entweder menschengemacht und zählt dann zum positiven Recht oder existiert ohne menschliches Zutun als natürliches Recht, wobei nur ersterem eine Erzwingbarkeit innewohnt. Ein subjektives Recht ist natürlich, wenn es allgemeingültig ist. Ein positives Recht kommt hingegen nur dem einzelnen Menschen zu. Spricht Thomasius im Folgenden vom Naturrecht, meint er damit die moralischen Vorschriften, die losgelöst vom Menschen normiert sind. Spricht er hingegen vom positiven Recht, ist das durch den Menschen geschriebene Recht gemeint.

II. *Aequitas* im Naturrecht

Nachdem Thomasius' Unterscheidung vom natürlichen und positiven Recht herausgearbeitet worden ist, befasst sich der folgende Abschnitt mit Thomasius Verständnis der *aequitas* im Naturrecht. Dieser Thematik widmet er sich der Überschrift zufolge im zweiten Paragraphen der Disser-

---

89 *Lieberwirth*, Christian Thomasius und die Gesetzgebung, in: *Schneiders* (Hg.), Christian Thomasius (1655-1728), Hamburg 1989, S. 174.

90 So nämlich auch *Schneiders*, Naturrecht und Liebesethik. Zur Geschichte der praktischen Philosophie im Hinblick auf Christian Thomasius, Hildesheim 1971, S. 144, 290; *Luig*, Römisches Recht, nationales Recht, Goldbach 1998, S. 237; *Wieacker*, Privatrechtsgeschichte der Neuzeit. Unter besonderer Berücksichtigung der deutschen Entwicklung, 2. Aufl., Göttingen 1967, S. 316; *Steinberg*, Praxis und Theorie: Positives Recht in Naturrecht von Christian Thomasius (Fn. 52), S. 365; *Kühnel*, Das politische Denken von Christian Thomasius (Fn. 56), S. 58 ff.

tation von 1706[91], nachdem er auf das Vorkommen der *aequitas* im natürlichen und im positiven Recht aufmerksam gemacht hat. Hierzu führt er zunächst folgendes aus:

In iure naturali proprie, uti iustitia, praedicatur de actionibus ad officia hominum erga alios homines pertinentibus.[92]	Speziell im Naturrecht sagt man [*aequitas*], wie Gerechtigkeit, von Handlungen, die sich auf Pflichten der Menschen gegen andere Menschen beziehen.

Thomasius erklärt, dass der naturrechtliche *aequitas*-Begriff derartige Handlungen meint, die sich auf Pflichten von Menschen gegenüber anderen Menschen beziehen. Mit Handlungen meint er sämtliche Wirkungen des Menschen, die äußerlich in Erscheinung treten, wie aus seinen anthropologischen Vorstellungen hervorgeht.[93] Der *aequitas*-Begriff soll jedoch nur diejenigen Handlungen umschreiben, die auch Pflichten gegenüber anderen Menschen betreffen.[94] Dies konkretisiert er im weiteren Verlauf, indem er die *aequitas* von der naturrechtlichen Regel des *honestum* abgrenzt (1.). Mittels eines engen und weiten Verständnisses unterscheidet er die *aequitas* zudem von der naturrechtlichen Regel des *iustum* (2.). In der Dissertation von 1717 verdeutlicht er mithilfe des *decorum* dann, dass die *aequitas* ein Ausdruck der Gleichheit ist, die wiederum das Grundprinzip des Naturrechts ist (3.).

1. Abgrenzung zum *honestum*

Zunächst grenzt Thomasius die *aequitas* vom Ehrenhaften (*honestum*) ab, indem er solche Handlungen, die einem nüchternen, keuschen und mäßigen Leben entsprechen, als ehrenhaft bezeichnet, die jedoch weder als gerecht noch als billig zu begreifen sind:

---

91 *Thomasius*, De aequitate cerebrina [1706] (Fn. 24), § 2, S. 2: „§ 2 Aequitatis variae acceptiones in iure naturali." – Die verschiedenen Annahmen der *aequitas* im Naturrecht.

92 *Thomasius*, De aequitate cerebrina [1706] (Fn. 24), cap. 1, § 2, S. 2.

93 Mit Handlungen sind die Wirkungen der menschlichen Seele gemeint, die zum Vorschein treten, wie sich aus Thomasius' Anthropologie ergibt, siehe unten S. 82 ff.

94 Da die Pflichten (*officia*) für das Verständnis der Gleichheit von Bedeutung sind, wird der Pflichtenbegriff erst später thematisiert, siehe unten S. 60 ff.

Nam qui sobrie & caste ac uno verbo temperanter vivit, eius actiones quidem honestae, & his oppositae inhonestae dicuntur, uti tamen proprie nec iustae nec iniustae sunt, ita etiam nec aequas esse dixeris, nec iniquas.[95]

Denn wer nüchtern und keusch und mit einem Wort mäßig lebt, dessen Handlungen werden auch ehrenhaft und diesen entgegengesetzte unehrenhaft genannt, wie sie doch eigentlich weder gerecht noch ungerecht sind, so würdest du auch nicht sagen, dass sie billig oder unbillig sind.

Was das nun für die *aequitas* bedeutet, wenn sie sich vom *honestum* unterscheidet, lässt sich verstehen, wenn man die Bedeutung des *honestum* näher betrachtet, welches Thomasius in den *Fundamenta* thematisiert hat. Dort ist es Teil der Trias der naturrechtlichen Regeln des *honestum*, *decorum* und *iustum*[96], welche sich aus dem obersten Prinzip des Naturrechts (im weiteren Sinne), dass man das tun soll, was das Leben lang und glücklich macht[97], ableiten lassen[98]. Die Prinzipien zielen also auf das Glück, welches auch nur durch die Realisierung aller drei Prinzipien gemeinsam

---

95 *Thomasius*, De aequitate cerebrina [1706] (Fn. 24), cap. 1, § 2, S. 2.

96 Zur Bedeutung und Stellung von *honestum*, *decorum* und *iustum* in der Rechts- und Morallehre des Thomasius: *Rüping*, Die Naturrechtslehre des Christian Thomasius und ihre Fortbildung in der Thomasius-Schule, Bonn 1968, S. 49 ff.; *Schneiders*, Naturrecht und Liebesethik (Fn. 90), S. 268 ff.; *Luig*, Römisches Recht, Naturrecht, nationales Recht (Fn. 90), S. 147 f.; *Lutterbeck*, Staat und Gesellschaft bei Christian Thomasius und Christian Wolff. Eine historische Untersuchung in systematischer Absicht, Stuttgart-Bad Cannstatt 2002, S. 128 ff.; *Gisawi*, Der Grundsatz der Totalreparation, Tübingen 2015, S. 56 ff.; *Grunert*, Normbegründung und politische Legitimität (Fn. 11), S. 217 ff.

97 *Thomasius*, Fundamenta (Fn. 23), lib. 1, cap. 6 § 21, S. 124: "[...] Facienda esse, quae vitam hominem reddunt & maxime diuturnam & felicissimam; & evitanda, quae vitam reddunt infelicem & mortem accelerant." – [...] Dass man machen muss, was das menschliche Leben sehr lang und glücklich macht; und dass man das meidet, was das Leben unglücklich macht und den Tod fördert.

98 *Thomasius*, Fundamenta (Fn. 23), lib. 1, cap. 6, § 24, S. 125: "Quia, ut iam videbimus, et comprehendet sub se omnia praecepta moralia, et simul suppeditat clavem secernendi principia honesti, decori, iusti." – Weil er, wie wir bald sehen werden, auch unter sich alle moralischen Prinzipien begreift und zugleich den Schlüssel liefert, die Prinzipien des Ehrenhaften, Anständigen und Gerechten zu unterscheiden. Deutlicher formuliert er die Überschrift des § 24 auf S. 165: „Comprehendit enim omnia praecepta honesti, decori, iusti." – Denn er umfasst alle Vorschriften des Ehrenhaften, Anständigen und Gerechten.

erreichbar ist.[99] Um zu verstehen, warum Thomasius die *aequitas* von dem *honestum* abgrenzt, werden diese Prinzipien nun näher beleuchtet.

Nach dem Vorbild der goldenen Regel formuliert er für diese Prinzipien drei Handlungsmaximen. Zunächst definiert er das Prinzip des Ehrenhaften (*honestum*): „Was du willst, dass andere sich tun sollen, das tue dir selbst."[100] Daraufhin formuliert er das Anständige (*decorum*): „Was du willst, dass andere dir tun sollen, das tue du ihnen."[101] Und zuletzt legt er für das Gerechte (*iustum*) fest: „Was du nicht willst, dass dir getan wird, das tue auch anderen nicht."[102] Alle drei Prinzipien geben eine Anweisung für menschliches Handeln, welches sich am Verhalten anderer Personen orientieren soll. Der Aspekt, anhand dessen sich diese Prinzipien jedoch im Wesentlichen unterscheiden, ist der Empfänger des menschlichen Handelns. Während das *honestum* das Handeln gegenüber sich selbst regelt, beziehen sich *decorum* und *iustum* auf das Handeln gegenüber anderen Personen.

Die Unterscheidung dieser drei Normen macht Thomasius bereits bei seiner Untersuchung des Rechtsbegriffes in den *Fundamenta* deutlich, wo er auch das *iustum* als Grundlage des Rechts darstellt. Eine Handlung, die dem Recht entspricht bezeichnet er nämlich als gerecht (*iusta*), eine dagegen verstoßende Handlung als ungerecht (*iniusta*).[103] Recht und die dadurch entstehende äußerliche Verpflichtung sowie deren Gegenstück, das Unrecht, setzen immer zwei Personen voraus, ein Recht oder eine Verpflichtung gegen sich selbst ist hingegen nicht möglich.[104] Recht und

---

99 *Grunert*, Normbegründung und politische Legitimität (Fn. 11), S. 218.

100 *Thomasius*, Fundamenta (Fn. 23), lib. 1, cap. 6, § 40, S. 128: „Quod vis, ut alii sibi faciant, tute tibi facies."

101 *Thomasius*, Fundamenta (Fn. 23), lib. 1, cap. 6, § 41, S. 128: „Quod vis ut alii tibi faciant, tu ipsis facies."

102 *Thomasius*, Fundamenta (Fn. 23), lib. 1, cap. 6, § 42, S. 128: „Quod tibi non vis fieri, alteri ne feceris."

103 *Thomasius*, Fundamenta (Fn. 23), lib. 1, cap. 5, § 15, S. 106: „Oppositum iuris & obligationis est iniuria. Nam qui iure suo utitur, nemini facit iniuriam. Et ex iniuria, i.e. de negatione iuris, & quando quis secus facit ac obligatus erat, oritur actio iniusta, ex obligatione iusta." – Das Gegenteil des Rechts und der Verpflichtung ist ein Unrecht. Denn wer sich seines Rechts bedient, tut niemals Unrecht. Und aus dem Unrecht, d.h. der Versagung eines Rechts und wenn jemand anders handelt, als wozu er verpflichtet ist, entsteht eine ungerechte Handlung, aus der Verpflichtung eine gerechte.

104 *Thomasius*, Fundamenta (Fn. 23), lib. 1, cap. 5, § 16, S. 106: „Patet igitur, quod ius, item obligatio externa iuri correspondens, & iniuria, semper supponant duos homines. Unde nemo habet proprie ius in seipsum, nec sibi iniuriam facere potest, nec sibi obligatur. Hinc volenti non fit iniuria. Et nemo sibi ipsi legem

Verpflichtung sind also immer äußerlich, nicht innerlich.[105] Das Gesetz und sein Korrelat, das Recht, setzen also zum einen zwei Parteien und zum anderen einen materiellen Tatbestand, also äußerliche Handlungen oder Unterlassungen, voraus, die Gegenstand von subjektiven Rechten und Verpflichtungen sind und können hingegen bei inneren Handlungen, Gedanken, Gesinnungen und auf sich selbst gerichteten Verpflichtungen nicht greifen.[106] Durch diese Beschränkung auf äußerliche Handlungen setzt Thomasius der Reichweite des erzwingbaren Rechts[107] klare Grenzen, denn diesem wird prinzipiell der Zugriff auf alles, was sich im Internum des Individuums abspielt, verwehrt.[108] Somit wird auch deutlich, dass das auf sich selbst gerichtete *honestum* aus dem Bereich des Rechts herausfällt. Das *honestum* entfaltet nämlich auch eine Verpflichtung, aber nur eine innerliche, die sich nicht auf andere Menschen, sondern nur auf den Menschen selbst bezieht, weshalb aus dem *honestum* zwar eine Verpflichtung, aber eben kein Recht entsteht.[109] Entsprechend Thomasius Differenzierung von Recht im engen und weiten Sinne ist das *honestum* daher lediglich als ein Recht im weiten Sinne zu verstehen. Dessen innerliche Verpflichtung entfaltet keinen Zwang[110], aber Thomasius betrachtet es los-

---

dicere potest." – Es ist offenbar, dass ein Recht und auch die mit dem Recht einhergehende äußere Verpflichtung und das Unrecht immer zwei Menschen voraussetzen. Daher hat niemand eigentlich ein Recht über sich selbst und kann auch nicht sich selbst Unrecht antun oder sich verpflichten. Daher entsteht dem, der es will, auch kein Unrecht. Auch kann sich niemand selbst ein Gesetz geben.

105 *Thomasius*, Fundamenta (Fn. 23), lib. 1, cap. 5, § 17, S. 106: „Ergo ius omne externum est, non internum. Ergo eadem dicenda sunt de obligatione iuri respondente, i.e. externa." – Also ist das Recht immer äußerlich, nicht innerlich. Also muss man dasselbe von der dem Recht entsprechenden, also äußeren Verpflichtung sagen.

106 *Grunert*, Normbegründung und politische Legitimität (Fn. 11), S. 218.

107 Vgl. dazu oben Fn. 69 ff.

108 *Grunert*, Normbegründung und politische Legitimität (Fn. 11), S. 219.

109 *Thomasius*, Fundamenta (Fn. 23), lib. 1, cap. 5, §§ 19, 20, S. 106 f.: § 19: „Ergo obligatio latior est iure; Et ergo non eaedem etiam sunt divisiones iuris & obligationis. § 20: Ergo obligatio quidem oritur etiam ex regulis honesti, sed ius ex regulis honesti non oritur." – § 19: Also ist die Verpflichtung weiter als das Recht; auch sind also die Einteilungen des Rechts und der Verpflichtung nicht dieselben. § 20: Also erwächst eine Verpflichtung gewiss aus den Regeln des Ehrenhaften, aber ein Recht erwächst nicht aus den Regeln des Ehrenhaften.

110 Dieser „Zwang" des Naturrechts darf nicht mit der Erzwingbarkeit des positiven Rechts verwechselt werden. Hier geht es lediglich um die theoretische Untersuchung dessen, welche Regeln überhaupt die Bezeichnung „Recht" verdienen. Dass das Naturrecht (und damit auch die Norm des *iustum*) insgesamt einer

gelöst von dieser Rechtskraft als Teil des Naturrechts im weiten Sinne.[111] Dass das Zwangsmoment auch für die Unterscheidung von *iustum* und *decorum* von Bedeutung ist, soll sogleich gezeigt werden, wenn die *aequitas* im engen und weiten Sinne dargelegt wird.

Auch hinsichtlich seiner Zielsetzung unterscheidet Thomasius das *honestum* vom *decorum* und *iustum*. Alle drei sollen die lasterhaften Affekte[112] hemmen und somit den inneren und äußeren Frieden fördern.[113] Während das *honestum* auf den inneren Frieden hinwirkt, also den Frieden für die eigene Person, betreffen *iustum* und *decorum* den äußeren Frieden, indem das *decorum* nahelegt, anderen Menschen zu helfen, und das *iustum* untersagt, den äußeren Frieden zu stören.[114] Das *honestum* hat folglich mit *decorum* und *iustum* gemein, dass es für friedvolle Umstände sorgen soll, unterscheidet sich aber dahingehend, dass es den Seelenfrieden der

---

realen Durchsetzungskraft ermangelt, darf nicht vergessen werden. Die Regeln des *iustum* geben aber im Unterschied zum *honestum* zumindest ein Recht an die Hand, dass im Naturzustand gegenüber anderen Menschen einzuhalten wäre.

111 *Thomasius*, Fundamenta (Fn. 23), lib. 1, cap. 5, § 30, S. 108, vgl. oben Fn. 66.

112 Thomasius fasst die Affekte zusammen als „Bewegungen des menschlichen Willens zu angenehmen oder wiedrigen Dingen, die abwesend oder zukünftig sind, welche von denen starcken Eindrücken äußerlicher Dinge in das Hertze des Menschen, und der daraus erfolgten ausserordentlichen Bewegung des Geblüts entstehen", *Thomasius*, Ausübung der Sittenlehre, 2. Nachdr. der Ausg. Halle, Salfeld, 1696, Hildesheim 1999, cap. 3, § 71, S. 105. Als Hauptlaster führt Thomasius dort in cap. 7, § 3, S. 159 f. die Wollust, den Ehrgeiz und den Geldgeiz an. Siehe auch unten S. 131.

113 *Thomasius*, Fundamenta (Fn. 23), lib. 1, cap. 6, § 35, S. 127: „Cum tamen omnes tres affectus vitiosi & pacem internam, seu tranquilitatem animi impediant, &, si in actiones externas prorumpant, pacem cum aliis hominibus externam turbent, tantum abest, ut alios homines impellant ad pacem externam conservandam, etiam his defectibus medentur vita honesta, decora & iusta." – Weil aber alle drei lasterhaften Affekte sowohl den inneren Frieden oder die Ruhe der Seele hemmen, als auch, wenn sie in äußere Handlungen eindringen, den äußeren Frieden mit anderen Menschen stören, fehlt so viel, dass sie andere Menschen dazu anzutreiben, den äußeren Frieden zu bewahren, auch schaffen sie [die Menschen] diesen Mängeln Abhilfe durch ein ehrbares, anständiges und gerechtes Leben.

114 *Thomasius*, Fundamenta (Fn. 23), lib. 1, cap. 6, § 35, S. 127: „[...] Honesta quidem, ut prospiciatur paci internae; decora, ut alii alliciantur ad auxilia nobis praestanda, & promovendam pacem externam; iusta, ut alii non irritentur ad turbandam pacem externam." – [...] Das Ehrenhafte gewiss, damit es für inneren Frieden sorgt; das Anständige, damit andere angelockt werden, uns Hilfe zu leisten und den äußeren Frieden zu fördern; das Gerechte, damit andere nicht dazu angetrieben werden, den äußeren Frieden zu stören.

handelnden Person selbst betrifft, die sich in einem friedlichen Zustand mit sich selbst befinden soll. Dagegen zielen *decorum* und *iustum* auf friedliche Verhältnisse zwischen den Menschen ab, so dass wiederum erkennbar ist, dass die *aequitas* sich im Unterschied zum *honestum* nicht auf das Verhalten des Menschen gegenüber sich selbst bezieht. Wie schon der Verweis auf die Pflichten gegenüber anderen Menschen indiziert, betrifft die *aequitas* in der Sicht von Thomasius also das Verhalten gegenüber anderen Personen und gerade nicht das Verhalten gegenüber sich selbst.

2. *Aequitas* im weiteren und engeren Sinne

Während Thomasius die *aequitas* von der naturrechtlichen Regel des *honestum* klar unterscheidet, setzt er sie jedoch mit den beiden anderen naturrechtlichen Regeln des *iustum* und *decorum* gleich, abhängig davon, ob die *aequitas* im weiten oder im engeren Sinne verstanden wird:

Caeterum in ista relatione aequitas vel late sumitur vel in significatu angustiore.	Außerdem wird in dieser Beziehung die *aequitas* sowohl im weiten Sinne gebraucht als auch in engerer Bedeutung.
Priori iustum comprehendit, posteriori iusto contradistinguitur.	Sie umfasst in der ersten [Bedeutung] das Gerechte, in der zweiten wird sie vom Gerechten abgegrenzt.
Ex priore significatu iustum est, indigentibus opera nostra succurrere, ex posteriore aequum est, non iustum.[115]	Nach der ersten Bedeutung ist es gerecht, den Bedürftigen zu helfen, nach der zweiten ist es billig, nicht gerecht.

Thomasius erklärt, dass die *aequitas* im weiten Sinne das *iustum* erfasst, weshalb dann die Hilfe für Bedürftige als gerecht bezeichnet werden kann. Zugleich umfasst sie auch das *decorum*, denn das Helfen von Bedürftigen hat Thomasius in den *Fundamenta* als eine Regel des *decorum* formuliert.[116] Die *aequitas* im engen Sinne umfasst hingegen nicht das *iustum*, weshalb

---

115 *Thomasius*, De aequitate cerebrina [1706] (Fn. 24), cap. 1, § 2, S. 2.

116 *Thomasius*, Fundamenta (Fn. 23), lib. 1, cap. 6, § 56, S. 130: „Quoad regulas decori. Remittes sponte de iure tuo. Hoc est, praestabis indigentibus, ad quae iure cogi non poteris, condonabis, si opus sit, ad quae iure cogere poteras alios.“ – Insofern die Regeln des Anständigen. Du sollst etwas von deinem Recht freiwillig nachlassen. Das ist, du wirst Bedürftigen das reichen, wozu du mit

Thomasius das Helfen von Bedürftigen dann allein als billig, nicht gerecht bezeichnet. Die *aequitas* im engen Sinne stimmt dann also lediglich mit dem *decorum* überein[117]. Während Thomasius eine Übereinstimmung von *aequitas* und Gerechtigkeit andeutet, indem er zuvor feststellt, dass beide bei Pflichten gegenüber anderen Menschen zum Tragen kommen[118] und er hier das *iustum* auch der *aequitas* im weiten Sinne zuordnet, nimmt er nun zugleich eine erste Unterscheidung von *aequitas* und *iustum* vor. Die *aequitas* im engeren Sinne entspricht dem *decorum* und ist dann vom *iustum* zu unterscheiden. Auf diese Unterscheidung geht Thomasius nun weiter ein, indem er insbesondere auch auf die Zuhilfenahme von Zwang zu sprechen kommt:

Iustitia igitur in hoc significatu denotat conservationem, seu accuratius non laesionem iuris alieni; aequitas concessionem & communicationem iuris proprii.

Also bezeichnet die Gerechtigkeit in dieser [engen] Bedeutung die Erhaltung oder genauer nicht die Verletzung eines fremden Rechts; die *aequitas* [bezeichnet] die Bewilligung und Mitteilung des eigenen Rechts.

Iniusti quid si committas, competit laeso ius te ad satisfactionem cogendi vel per bellum vel per actionem.

Wenn du etwas Ungerechtes begehst, steht dem Verletzten das Recht zu, dich zur Genugtuung zu zwingen entweder durch Krieg oder durch Klage.

At si aequum deneges, iniquus equidem & inhumanus audies, at propterea tamen haec iniquitas nec iustam bello causam praebet, nec, ut actionem alteri pariat, apta est.[119]

Aber wenn du das Billige verweigerst, wirst du freilich als unbillig und unmenschlich gelten, aber deswegen gewährt diese Unbilligkeit dennoch weder einen gerechten Grund für Krieg, noch ist sie geeignet, dem anderen eine Klage zu verschaffen.

Recht nicht gezwungen werden kannst, du wirst auch, wenn es nötig ist, das erlassen, wozu du mit Recht andere zwingen kannst.

117 Eine andere Ansicht wird von *Kurbacher* vertreten, die ebenfalls eine Trennung von *aequitas* im engen und weiten Sinne erkennt, aber den engeren Sinne synonym mit gerecht versteht, vgl. *Kurbacher*, Zur Kritik der gedankenlosen Billigkeit (aequitas cerebrina) (Fn. 9), S. 466.

118 *Thomasius*, De aequitate cerebrina [1706] (Fn. 24), cap. 1, § 2, S. 2, vgl. oben Fn. 92.

119 *Thomasius*, De aequitate cerebrina [1706] (Fn. 24), cap. 1, § 2, S. 2 f.

Thomasius arbeitet die Aspekte der *aequitas* im engen Sinne heraus, die sie von der Gerechtigkeit unterscheiden, und knüpft dabei an die in den *Fundamenta* statuierten Merkmale von *iustum* und *decorum* an. Die Gerechtigkeit erfordert die Bewahrung und Nichtverletzung fremder Rechte. Ein Verstoß hiergegen gibt dem Verletzten das Recht zur Hand durch „Krieg oder Klage" Genugtuung zu erzwingen. Auch in den *Fundamenta* legte Thomasius für das *iustum* fest, dass man andere nicht stören oder im Gebrauch ihres Rechts behindern soll.[120] Gemäß der *aequitas* im engeren Sinne soll dagegen ein eigenes Recht gewährt werden, was von dem Begünstigten jedoch weder durch Krieg noch durch Klage durchsetzbar ist. Dies stimmt weiterhin mit dem Wesen des *decorum* überein, zu welchem Thomasius in den *Fundamenta* auch erklärte, dass man von seinem Recht freiwillig etwas nachlassen solle, ohne dass man dazu gezwungen werden kann.[121] Seine Unterscheidung von *aequitas* und *iustum* baut also auf der Unterscheidung von *iustum* und *decorum* auf, durch welche Thomasius in den *Fundamenta* (neben dem *honestum*) ein weiteres Handlungsspektrum aus dem Bereich des Rechts extrahierte, welches allein auf dem *iustum* basieren soll.

Das Recht umfasst nicht derartige Handlungen, die im Inneren des Menschen stattfinden, weshalb sich aus dem *honestum* kein Recht ergeben kann. Ebenso wenig trifft dies jedoch auf das *decorum* zu, welches sich zwar in Übereinstimmung mit dem *iustum* auf nach Außen tretende Handlungen bezieht, die allerdings wie das *honestum* einer Erzwingbarkeit ermangeln und daher ebenfalls kein Recht hervorrufen können.[122] Das *decorum* stellt damit „quasi eine Teilmenge" von *iustum* und *honestum* dar.[123] Ein-

---

120 *Thomasius*, Fundamenta (Fn. 23), lib. 1, cap. 6, § 62, S. 131: „Denique quoad regulas iusti. Non turbabis alios, nec impedies in usu iuris sui […]." – Schließlich hinsichtlich der Regeln des Gerechten. Du sollst nicht andere stören und nicht im Gebrauch ihres Rechts behindern […]."

121 *Thomasius*, Fundamenta (Fn. 23), lib. 1, cap. 6, § 56, S. 130, vgl. Fn. 116.

122 *Thomasius*, Fundamenta (Fn. 23), lib. 1, cap. 5, § 21, S. 107: „An ergo ius saltem ex regulis iusti oritur, uti videtur ex terminis, an etiam ex regulis decori? Sane regulae decoria etiam respiciunt hominem in relatione ad alium hominem. Sed nihilominus ad decorum nemo cogi potest, & si cogitur, amplius decorum non est." – Ob das Recht nur aus den Regeln des Gerechten, wie es aus den Wörtern scheint, oder auch aus den Regeln des Anständigen entsteht? Gewiss betrachten die Regeln des Anständigen auch den Menschen in der Beziehung zu einem anderen Menschen. Nichts desto weniger aber kann niemand zur Anständigkeit gezwungen werden, und wenn er gezwungen wird, so ist es keine Anständigkeit mehr.

123 *Grunert*, Normbegründung und politische Legitimität (Fn. 11), S. 221.

zig das *iustum* entfaltet eine äußere Verpflichtung, wogegen das *honestum* und auch *decorum* lediglich innerlich verpflichten, weshalb Thomasius resümiert, dass allein die Regeln des *iustum* dem Recht als Grundlage dienen können.[124] Das Recht umfasst allein die erzwingbaren Vorschriften des *iustum*, wobei hinsichtlich der Erzwingbarkeit weiterhin zu berücksichtigten ist, dass keine Verwechslung mit dem positiv staatlichen Recht geschieht. Es ist die Rede von naturrechtlichen Normen, deren Erzwingbarkeit sich nur auf den Naturzustand bezieht. Nur im Naturzustand soll jedem einzelnen ein Gewaltrecht gegen die Verletzung seiner (natürlichen) Rechte zustehen.[125] Das *iustum* dient aber dem positiven Recht als Grundlage, nämlich dann, wenn dieses auch innerlich verbindend ist. Das positive Recht realisiert und positiviert die Normen des *iustum* durch das *imperium*, indem es nämlich (jenseits der innerlichen Verpflichtung des Naturrechts) durch Strafandrohung auch äußerlich verpflichtet.[126]

Durch das *decorum* wird dagegen ein Bereich des sozialen Handelns erkennbar, der seine Konstitution nicht den Zwangsmitteln des Staates verdankt, sondern über eigene Normen organisiert ist, deren Realisierung im Grunde nur freiwillig geschehen kann.[127] Dem *decorum* kommt eine konfliktpräventive und sozialintegrative Rolle zu. Es soll die Lücke des zwischen dem *iustum* und dem *honestum* befindlichen sozialen Umgangs füllen, der weder eine sanktionsfähige äußere Handlung darstellt, noch die individuelle Glückseligkeit betrifft.[128] Weil das *honestum* allein die innere Glückseligkeit betrifft und somit „privatisiert" wird, ist dort kein Platz für die sozialen Beziehungen, für die es allerdings ebenso Bedarf

---

124 *Thomasius*, Fundamenta (Fn. 23), lib. 1, cap. 5, § 25, S. 107 f.: „Fluit etiam ex dictis, quod quae homo facit ex obligatione interna & regulis honesti & decori, dirigantur a virtute ingenere, & ab iis homo dicatur virtuosus, non iustus; quae vero facit ex regulis iusti seu obligatione externa, diriguntur a iustitia, & ab eiusmodi actionibus dicitur iustus." – Auch ergibt sich aus dem Gesagten, dass was der Mensch aus einer inneren Verpflichtung und den Regeln des Ehrenhaften und Anständigen macht, von der Tugend regiert wird und daher der Mensch tugendhaft, nicht gerecht genannt wird; was er aber aus den Regeln des Gerechten oder einer äußerlichen Verpflichtung macht, wird von der Gerechtigkeit regiert und von derartigen Handlungen wird er gerecht genannt.

125 *Schröder*, Recht als Wissenschaft, Bd. 1 (Fn. 17), S. 108.

126 *Schneiders*, Naturrecht und Liebesethik (Fn. 90), S. 275 f. Das *iustum* des Naturrechts wird also im Idealfall durch eine Positivierung zum Legalen *Grunert*, Normbegründung und politische Legitimität (Fn. 11), S. 227. Auch die *aequitas* soll eine solche Positivierung erfahren und wird dann *aequitas scripta* genannt, siehe dazu unten S. 106 ff.

127 *Grunert*, Normbegründung und politische Legitimität (Fn. 11), S. 221.

128 *Kühnel*, Das politische Denken von Christian Thomasius (Fn. 56), S. 215.

einer Regulierung gibt.[129] Dem *decorum* kommt somit die Aufgabe zu, das zwischen Staat und Individuum entstehende „Vakuum" der nicht rechtlich reglementierten zwischenmenschlichen Beziehungen auszufüllen.[130]

Die integrative Funktion des *decorum* wird auch hinsichtlich seiner Zielrichtung deutlich. *Iustum*, *honestum* und *decorum* stellen für Thomasius die Quelle des dreifach Guten dar, wobei das *decorum* als das mittlere Gute zwischen dem *iustum* und dem *honestum* positioniert ist.[131] Während das *iustum* das größte Böse bekämpft und das *honestum* auf das größte Gute abzielt, blickt das *decorum* auf die dazwischen liegenden unterschiedlichen, unzähligen Grade des Guten und Bösen.[132] Das *decorum* dürfte somit einen Großteil des sozialen Handelns normieren, weil von den vielen alltäglichen Handlungssequenzen wohl der geringste Teil das justiziable Böse oder das ohnehin nur innerliche Böse erreichen dürfte.[133]

Indem Thomasius die *aequitas* im engeren Sinne mit der Beschreibung des *decorum* gleichsetzt, wird deutlich, dass die *aequitas* nur derartige Handlungen normiert, die zwar äußerlich zu Tage treten, aber im Unterschied zum *iustum* nicht durch Zwang durchsetzbar sind. Der *aequitas* kommt keine Rechtsmacht zu. Sie betrifft allein den nichtgesetzlichen,

---

129 *Kühnel*, Das politische Denken von Christian Thomasius (Fn. 56), S. 215 f.
130 *Kühnel*, Das politische Denken von Christian Thomasius (Fn. 56), S. 216.
131 *Thomasius*, Fundamenta (Fn. 23), lib. 1, cap. 4, § 89, S. 99: „Habes simul fontes triplicis boni, honesti, decori, iusti. Justum opponitur malo extremo, ut quod iniustum dicitur. Honestum est ipsum bonum eminens, cuius oppositum turpe est, turpe enim est, succumbere (etiam cum dolore) cupiditatibus. Decorum est ipsum bonum medii generis, & indecorum malum medii generis, scilicet bonum imperfectum & malum imperfectum." – Du hast zugleich die Quellen des dreifach Guten, des Ehrenhaften, Anständigen und Gerechten. Das Gerechte bekämpft das äußerste Böse, was das Ungerechte genannt wird. Das Ehrenhafte ist selbst das höchste Gute, dessen Gegenteil das Schändliche ist, schändlich ist es nämlich den Begierden (auch mit Schmerz) nachzugeben. Das Anständige ist selbst das Gute mittlerer Art, das Unanständige das Schlechte mittlerer Art, nämlich das unvollkommene Gute und das unvollkommene Schlechte.
132 *Thomasius*, Fundamenta (Fn. 23), lib. 1, cap. 5, § 48, S. 111: „Regulae iusti coercent extreme mala, i.e. intuitu omnium hominum talia: regulae honesti respiciunt quidem extreme bona, sed modus tamen ad ea perveniendi variat, quia modus aberrationis variat. Regulae decori respiciunt diversos gradus bonitatis & malitiae intermediae, qui infiniti sunt." – Die Regeln des Gerechten zähmen das äußerste Schlechte, d.h. derartig in Hinsicht auf alle Menschen; die Regeln des Ehrenhaften blicken jedoch auf das äußerste Gute, aber die Art zu diesen zu gelangen ist unterschiedlich, weil die Art der Abweichung variiert. Die Regeln des Anständigen blicken auf die verschiedenen Grade der Güte und Schlechtheit, welche unendlich sind.
133 *Grunert*, Normbegründung und politische Legitimität (Fn. 11), S. 221.

sozialen Bereich des Naturrechts. Diese Verbindung, die Thomasius zwischen *decorum* und *aequitas* im engen Sinne herstellt korrespondiert mit den Ansichten von *Schneiders* und *Rüping*, die feststellten, dass Thomasius das *decorum* in die Nähe der Billigkeit gerückt habe[134] bzw. in ihm eine Art Billigkeitsrecht erkannte.[135] Thomasius ordnet jedoch die Gerechtigkeit der *aequitas* im weiteren Sinne zu. Dann beschreibt die *aequitas* nicht nur die Regeln des *decorum*, sondern auch die des *iustum*, also die Regeln, die Rechtskraft haben. Die *aequitas* im weiteren Sinne bezieht sich somit auf alle äußeren Handlungen und fungiert daher als ein Sammelbegriff für alle Regeln, die diese äußeren Handlungen normieren. Diese Konzeption erscheint dann spiegelbildlich zu Thomasius Gesetzesbegriff, dem er ebenfalls ein engeres und weiteres Verständnis zugrunde legte.[136] Als Gesetz im weiteren Sinne bezeichnet Thomasius nämlich sämtliche Verpflichtungen oder Ratschläge, wogegen er als Gesetz im eigentlichen Sinne nur solche Anordnungen mit einem zwingenden Charakter versteht. So unterscheidet er auch zwischen dem Naturrecht im weiten Sinne, welches neben dem *iustum* auch *decorum* und *honestum* in sich begreift, obwohl es im eigentlichen Sinne nur die zwingenden Regeln des *iustum* meint.[137] Ebenso verhält es sich nun mit der *aequitas*, die im eigentlichen Sinne nur den nichtrechtlichen Bereich der zwischenmenschlichen Regeln umfasst, aber im weiteren Sinne die Gesamtheit der zwischenmenschlichen Regeln meint.

Aus Thomasius Darstellung ergibt sich also, dass es sich bei der *aequitas* eigentlich um diejenigen naturrechtlichen Regeln handelt, die das *iustum* um einen außergesetzlichen Bereich ergänzen. Bei einer weniger strengen Sichtweise wird mit *aequitas* sogar die Gesamtheit der zwischenmenschlichen Normen beschrieben, die unabhängig von ihrer Erzwingbarkeit gegenüber anderen Menschen beachtet werden müssen.

3. Entwicklung des *aequitas*-Begriffs in der Dissertation von 1717

Auch in der späteren Dissertation von 1717 setzt sich Thomasius mit der *aequitas* auseinander. Dort übernimmt und erweitert er seine Betrachtungen aus der früheren Dissertation zur Stellung der *aequitas* im Naturrecht.

---

134 *Schneiders*, Naturrecht und Liebesethik (Fn. 90), S. 271.
135 *Rüping*, Die Naturrechtslehre des Christian Thomasius (Fn. 96), S. 50.
136 *Thomasius*, Fundamenta (Fn. 23), lib. 1, cap. 5, § 3, S. 104, vgl. oben Fn. 69.
137 *Thomasius*, Fundamenta (Fn. 23), lib. 1, cap. 5, § 58, S. 114, vgl. sogleich Fn. 141.

In Übereinstimmung mit der früheren Dissertation erklärt er, dass die *aequitas* Handlungen betreffe, die sich auf Pflichten gegenüber anderen Menschen beziehen:

Aequitas autem in doctrina morali proprie, uti iustitia, praedicatur de actionibus ad officium hominum erga alios homines pertinentibus [...].[138]	*Aequitas* aber sagt man in der Morallehre eigentlich, wie Gerechtigkeit, von Handlungen, die eine Pflicht der Menschen gegenüber anderen Menschen betreffen [...].

Im Unterschied zur früheren Dissertation definiert Thomasius hier die *aequitas* im Rahmen der Morallehre, nicht des Naturrechts.[139] Es ist jedoch davon auszugehen, dass Thomasius hier die Morallehre synonym mit Naturrecht im weiten Sinne gebraucht, was sich wie folgt begründen lässt: Im fünften Kapitel des ersten Buches der *Fundamenta* befasst sich Thomasius mit dem Naturrecht und unterteilt dieses in ein weites und ein enges Verständnis. Das Naturrecht im weiten Sinne umfasst alle moralischen Gebote des *iustum*, *honestum* und *decorum*, das Naturrecht im engen Sinne nur die Gebote des *iustum*.[140] Darüber hinaus erklärt er, dass das Naturrecht im weiten Sinne die ganze Moralphilosophie, nämlich Ethik und Politik, enthalte und das Naturrecht im engen Sinne allein das *iustum* lehrt, welches sich von Ethik und Politik unterscheide.[141] Auch stellt Thomasius fest, dass die Grundregel des Naturrechts im weiten Sinne alle moralischen

---

138 *Thomasius*, De aequitate cerebrina [1717] (Fn. 24), § 3, S. 6 f.
139 Siehe Fn. 92: „Im Naturrecht eigentlich".
140 *Thomasius*, Fundamenta (Fn. 23), lib. 1, cap. 5, § 30, S. 108: „Jedoch wird das Naturrecht entweder im weiten Sinne verstanden, wenn es alle moralischen Vorschriften, die aus der vernünftigen Überlegung fließen, erfasst, sie mögen die Regeln des Gerechten, Ehrenhaften und Anständigen sein; oder im weiten Sinne für die Vorschriften des Gerechten, sofern es vom Ehrenhaften und Anständigen unterschieden wird." Vgl. oben Fn. 66.
141 *Thomasius*, Fundamenta (Fn. 23), lib. 1, cap. 5, § 58, S. 114: „Ius naturae late dictum comprehendit totam Philosophiam moralem, Ethicam sc. Politicam. Nam Ethicam tradit principa honesti; Politica principia decori. Ius autem naturae stricte dictum, quod in specie tradit principia iusti & iniusti, ab Ethica & Politica sic sensibiliter secernitur." – Das Naturrecht im weiten Sinne umfasst die ganze Moralphilosophie, die Ethik und Politik. Denn die Ethik lehrt die Prinzipien des Ehrenhaften; die Politik die Prinzipien des Anständigen. Das Naturrecht aber im engen Sinne, das insbesondere die Prinzipien des Gerechten und Ungerechten lehrt, wird von der Ethik und Politik so merklich unterschieden.

Vorschriften umfasse.[142] Die Morallehre ist daher mit dem Naturrecht im weiten Sinne übereinstimmend, so dass davon auszugehen ist, dass Thomasius Feststellungen zur *aequitas* nunmehr ebenfalls das Naturrecht betreffen und er sich wie in der Dissertation von 1706 damit auseinandersetzt, in welchem Verhältnis die *aequitas* zu den naturrechtlichen Regeln steht. Im Folgenden soll nun zum einen untersucht werden, inwiefern Thomasius auf das Verhältnis der *aequitas* zu den moralischen Normen des *honestum*, *decorum* und *iustum* eingeht (a)). Zum anderen soll gezeigt werden, dass er das Konzept der *aequitas* weiterentwickelt, indem er diese nun mit der Gleichheit in Beziehung setzt (b)).

a) Verhältnis zum *honestum, decorum und iustum*

In der Dissertation von 1717 ordnet Thomasius die *aequitas* wie auch schon 1706 den moralischen Regeln des *decorum* und *iustum* zu. Dafür bringt er zunächst zum Ausdruck, dass die *aequitas* im Verhalten gegenüber anderen Menschen zum Tragen kommt:

[...] ut proinde nulla foret aequitas, nisi plures essent homines, qui in adiutorium mutuum generati, non solum sibi suisque rebus prospiciant, sed et alienis commodis inserviant; sic utilitatem, quae ex consideratione aequitatis capitur, magnam esse, cuivis facile persuadebimus, ut adeo non male hanc virtutem bonum alienum aliqui vocaverint.[143]

[...] dass also keine *aequitas* existieren würde, wenn es nicht mehrere Menschen gäbe, die, zu gegenseitiger Unterstützung erschaffen, nicht nur für sich und ihre Angelegenheiten sorgen, sondern auch für fremde Vorteile einstehen; davon, dass daher die Nützlichkeit, die aus der Betrachtung der *aequitas* gewonnen wird, groß ist, werden wir jeden mühelos überzeugen, dass daher einige gar recht diese Tugend ein fremdes Gut genannt haben.

Zur Unterstützung der These, dass die *aequitas* Pflichten gegenüber anderen Menschen betrifft, erklärt Thomasius, dass es bei ihr darum gehe, andere zu unterstützen, für fremde Vorteile einzustehen und sich nicht nur um die eigenen Angelegenheiten zu kümmern, so dass sie als ein

---

142 *Thomasius*, Fundamenta (Fn. 23), lib. 1, cap. 6, § 21, S. 124, vgl. auch Fn. 98.
143 *Thomasius*, De aequitate cerebrina [1717] (Fn. 24), § 3, S. 6 f.

fremdes Gut (*bonum alienum*) bezeichnet werde. Thomasius hält also daran fest, dass die *aequitas* Verhaltensweisen beschreibt, die sich auf andere Menschen richten, nicht auf sich selbst. Diese Wahrnehmung teilt er mit seinem Schüler *Nicolaus Hieronymus Gundling*.[144] Dieser erklärte nämlich ebenfalls bereits vier Jahre zuvor im zweiten Teil der *Via ad veritatem*, dass keine *aequitas* bestehe, wenn nicht mehrere Menschen existierten, weshalb sie zu Recht ein fremdes Gut genannt werde.[145] Diesen Ansatz verfolgte *Gundling* ebenfalls in seinem posthum erschienenen *Philosophischen Discourse*[146], wo er erklärte, dass die *aequitas* im Gegensatz zur auf sich selbst gerichteten *temperantia* (Mäßigkeit) mit anderen zu tun habe, weshalb keine *aequitas* existieren würde, wenn kein Nächster da wäre und diese ein *bonum alienum* genannt werde.[147] Dieser stellte also wie Thoma-

---

144 *Gundling* (1671–1729) gilt bis heute als bedeutendster Thomasius-Schüler, der seine Grundgedanken aus seiner Vernunft- und Sittenlehre vollkommen übernommen hat, vgl. auch *Bühler*, Die Naturrechtslehre und Christian Thomasius (1655-1728) (Fn. 9), S. 70; *Schneiders*, Naturrecht und Liebesethik (Fn. 90), S. 302. So findet sich bei ihm auch Thomasius' Einteilung der Affekte in Wollust, Ehrgeiz und Geldgeiz, *Schneiders*, Naturrecht und Liebesethik (Fn. 90), S. 311. Auch Thomasius' Idee der Denkfreiheit hat er übernommen und weitergetragen, *Gawlick*, Thomasius und die Denkfreiheit, in: *Schneiders* (Hg.), Christian Thomasius (1655-1728), Hamburg 1989, S. 273. *Mühlpfordt* bezeichnet ihn gar als Meisterschüler Thomasius', *Mühlpfordt*, Die Rivalität zwischen Wettinern und Hohenzollern als Handlungsspielraum, Dienst- und Zensuralternative für Christian Thomasius und andere Autoren, in: *Lück* (Hg.), Christian Thomasius (1655-1728). Gelehrter Bürger in Leipzig und Halle, Stuttgart 2008, S. 36.

145 *Gundling*, Via ad veritatem. Cuius pars secunda philosophiam moralem genuinis fundamentis superstructam et a praesumptis opinionibus aliisque ineptiis vacuam sistit, Nachdr. der Ausg. Halle 1713, Hildesheim/Zürich 2016, cap. 11, § 1, S. 62: „Non foret aequitas, nisi plures essent homines. Inde non male hanc virtutem bonum alienum aliqui vocarunt." – Es würde keine *aequitas* geben, wenn es nicht mehrere Menschen gäbe. Daher haben einige diese Tugend gar recht ein fremdes Gut genannt.

146 Hierbei handelt es sich um Vorlesungsmitschriften, die 1739 und 1740 posthum erschienen. Sie verarbeiten Vorlesungen, die *Gundling* seit ca. 1710 gehalten hatte und für die er 1713–1715 ein Kompendium in drei Teilen unter dem Titel *Via ad veritatem* veröffentlichte. Anders als die Kompendium-Bände, enthält die Vorlesung zahlreiche Bezüge auf andere Denker, siehe Vorwort zu *Gundling*, Philosophischer Discourse, erster Theil. So wird das Kapitel über die *aequitas* in *via ad veritatem* weitestgehend übernommen und um zahlreiche Bemerkungen ergänzt.

147 *Gundling*, Philosophische Discourse. Anderer Theil. Band 2: Cap. XI-XXI, Nachdr. der Ausg. Frankfurt a.M. und Leipzig 1740, Hildesheim/Zürich 2016, cap. 11, § 1–10, S. 349 f.: „Gleichwie also die vorher beschriebene Tugend, die temperantia, mit sich selbst zuthun hat: also hat hergegen die aequitas mit andern

sius in der Dissertation von 1706 die *aequitas* einem mäßigen, nämlich auf sich selbst gerichteten, Verhalten gegenüber, was Thomasius dort dem *honestum* zuordnet.[148] Auch in der jüngeren Dissertation bringt Thomasius die *aequitas* in Beziehung zu den moralischen Regeln:

Omnis enim verae aequitatis ratio in eo fundatur, ut eadem aliis concedamus, quae concedi nobis non iniuste postulamus, nec faciamus alteri, quae nobis fieri cum ratione nolumus.[149]	Denn die ganze Beschaffenheit der echten *aequitas* liegt darin, dass wir dasselbe anderen gewähren, was wir mit Recht verlangen, dass uns gewährt wird, und wir sollen einem anderen nicht antun, was wir mit Vernunft nicht wollen, dass uns angetan wird.

Hier nennt Thomasius zwei Handlungsmaximen, die der *aequitas* zugrunde liegen: Einerseits die positiv formulierte Regel, dass man anderen dasselbe gewähren muss, was man selbst gewährt haben möchte. Andererseits die negativ formulierte Anweisung, dass man einem anderem nicht zufügen soll, was man selbst nicht angetan haben möchte. Auch hier lässt sich eine wortwörtliche Übereinstimmung mit der *aequitas*-Lehre von *Gundling* finden, der ebenfalls erklärte, dass die Lehre der *aequitas* darauf beruhe, dass man dasselbe zugestehen muss, was man selbst zugestanden haben möchte und nicht tun soll, was man selbst nicht angetan haben möchte.[150]

Diese Regeln hat Thomasius bereits in den *Fundamenta* erwähnt und dort zur Definition des *decorum*,[151] respektive des *iustum*[152] herangezogen. Indem er nun anhand dieser beiden Handlungsmaximen die Beschaffenheit der *aequitas* beschreibt, legt Thomasius also auch in der jüngeren Dissertation fest, dass *decorum* und *iustum* gemeinsam die *aequitas* konstituieren, von der das *honestum*, das anweist sich selbst zu tun, was andere

---

zuthun. Non itaque foret aequitas, nisi plures essent homines. Diese Tugend würde sich nicht exeriren, wenn kein Nächster dawäre, darum nennen andere die aequitatem auch ein bonum alienum."

148 Siehe oben Fn. 95: „Denn wer nüchtern und keusch und in einem Wort mäßig lebt, dessen Handlungen werden auch ehrenhaft und diesen entgegengesetzte unehrenhaft genannt, wie sie doch eigentlich weder gerecht noch ungerecht sind, so würdest du auch nicht sagen, dass sie billig oder unbillig sind."

149 *Thomasius*, De aequitate cerebrina [1717] (Fn. 24), § 3, S. 7.

150 *Gundling*, Via ad veritatem, Bd. 2 (Fn. 145), cap. 11, §§ 9, 10, S. 64.

151 *Thomasius*, Fundamenta (Fn. 23), lib. 1, cap. 6, § 41, S. 128, siehe Fn. 101.

152 *Thomasius*, Fundamenta (Fn. 23), lib. 1, cap. 6, § 42, S. 128, siehe Fn. 102.

sich tun, offenbar ausgenommen ist. Auch wenn Thomasius hier nicht explizit die *aequitas* vom *honestum* abgrenzt, wird durch ihre Umschreibung dennoch deutlich, dass sie sich nur auf das Handeln gegenüber anderen Personen bezieht. Thomasius beschreibt hier also die *aequitas* anhand des *decorum* und *iustum*, was seiner Beschreibung der *aequitas* im weiten Sinne aus der Dissertation von 1706 entspricht. Dies begründet Thomasius damit, dass die *aequitas* niemandem aufbürde, zu was er nicht verpflichtet ist, oder wegnehme, was geschuldet werde, sondern sich für alle als am angemessensten erweise:

Aequitas quippe nec imponit cuiquam, ad quod neutiquam obligatur, nec demit, quod debetur; sed omnibus potius commodissimam sese praebet atque exhibit.[153]	Weder bürdet die *aequitas* nämlich jemandem auf, zu was er keineswegs verpflichtet ist, noch erlässt sie, was geschuldet wird; sondern für alle erweist und zeigt sie sich eher als am angemessensten.

Diesen Satz hat Thomasius ebenfalls fast wortwörtlich von *Gundling* übernommen, der in der *Via ad veritatem* den identischen Satz formuliert, versehen mit dem Einschub, dass die *aequitas* sich nicht als unnütz (*inanis*) erweise.[154] Der Verwendung von „verpflichtet" und „geschuldet" lässt sich entnehmen, dass Thomasius hier ein Verhältnis beschreibt, welches durch Verpflichtung und Schuld geprägt ist. Ein solches Verhältnis entspricht der *aequitas*, wenn der Verpflichtung und der Schuld gemäß gehandelt wird. Die *aequitas* funktioniert nicht nur in die Richtung des Schuldenden, der nicht leisten muss, zu was er nicht verpflichtet ist, sondern auch in Richtung des Schuldempfängers, dem nicht weggenommen werden darf, was ihm geschuldet wird. Indem also beide durch eine Pflicht verbundene Personen durch die *aequitas* sowohl begünstigt als auch verpflichtet werden, erkennt Thomasius in der *aequitas* die Eigenschaften der Wechselseitigkeit, weil beide Parteien zu berücksichtigen sind. Woraus sich Pflicht und Schuld ergeben, erläutert Thomasius zwar nicht, es wird jedoch deutlich, dass die *aequitas* die Einhaltung beider verlangt. Da die *aequitas* den

---

153 *Thomasius,* De aequitate cerebrina [1717] (Fn. 24), § 3, S. 7.
154 *Gundling,* Via ad veritatem (Fn. 145), cap. 11, § 11, S. 64: „Ea quippe nec imponit cuiquam, ad quod neutiquam obligatur, nec demit, quod debetur, nec inaniter sese effert, sed omnibus potius commodissimam sese praebet atque exhibit." – Diese bürdet nämlich weder jemandem auf, zu was er keineswegs verpflichtet ist, noch erlässt sie, was geschuldet wird und erweist sich nicht als unnütz, sondern für alle erweist und zeigt sie sich eher als am angemessensten.

Rechts- und Pflichtenkreis der jeweiligen Personen berücksichtigt, ist in dieser Aussage der Schutz des Individuums erkennbar. Dasselbe Motiv ist in der Konzeption des *iustum* erkennbar, welches durch das Verbot fremde Recht zu verletzen, das nicht zu verletzende Recht des Individuums in den Vordergrund rückt.[155] In dieser Aussage wird also die individualistische Tendenz Thomasius erkennbar, die seiner Rechtslehre nachgesagt wird.[156]

b) *Aequitas* als Ausdruck der Gleichheit

Nachdem Thomasius das Verhältnis von *aequitas* zu *decorum* und *iustum* vertieft hat, entwickelt er diesen Gedanken weiter, indem er nun zusätzlich die *aequitas* mit der Gleichheit in Beziehung setzt. Wie sich gleich zeigen wird, ergibt sich dies daraus, dass Thomasius aus der *aequitas* verschiedene Vorschriften ableitet, die er in den *Institutiones* ebenfalls als Ausdruck der Gleichheit (*aequalitas*) erkennt und er in den *Fundamenta* die Gleichheit sodann mittels Regeln des *iustum* und *decorum* normiert. Den Menschen, der diese aus der *aequitas* ableitbaren Vorschriften nicht beachtet, bezeichnet Thomasius als sehr schädlich, der das Oberste zum Unteren und das Eckige zum Runden verwandelt. Er handelt also derartig, wie er gerade nicht handeln soll:

Ex eadem fluunt praecepta, e.g. ut neminem laedamus, pacta servemus, aliis benefaciamus etc. quae qui negligit homo omnium perniciosissimus, &, quantum in se est, eo maxime proclivis videtur, ut summa misceantur imis, quadrata rotundis.[157]

Aus derselben [der *aequitas*] leiten sich Vorschriften ab, beispielsweise dass wir niemanden verletzen, Verträge einhalten, anderen Wohltaten erweisen sollen und so weiter; wer diese missachtet, ist der schädlichste Mensch von allen und scheint, soviel an ihm ist, im höchsten Maße dazu bereit zu sein, dass das Oberste zum Unteren, das Eckigen zum Runden verwandelt wird.

---

155 *Gisawi*, Der Grundsatz der Totalreparation (Fn. 96), S. 60.

156 Die Bevorzugung des Individuums gegenüber der Gesellschaft wird insbesondere bei der Untersuchung von *honestum*, *decorum* und *iustum* hervorgehoben: *Gisawi*, Der Grundsatz der Totalreparation (Fn. 96), S. 60; *Luig*, Römisches Recht, Naturrecht, nationales Recht (Fn. 90), S. 243; *Luig*, Christian Thomasius (Fn. 10), S. 233.

157 *Thomasius*, De aequitate cerebrina [1717] (Fn. 24), § 3, S. 7.

Thomasius leitet hier beispielshaft drei Vorschriften aus der *aequitas* ab, nämlich, dass man niemanden verletzen, Verträge einhalten und anderen Wohltaten erweisen soll. Da er alle drei Vorschriften bereits in den *Institutiones* als Gebote der Gleichheit formuliert hat, welche sodann in den *Fundamenta* eine Verbesserung erfuhren, lohnt sich ein Blick auf Thomasius' Konzeption der Gleichheit (bb)), um die Bedeutung der Gleichheit für die *aequitas* herauszuarbeiten (cc)). Da Thomasius die Gleichheit in den *Institutiones* allerdings als Regel der Pflichten gegen andere Menschen formuliert, soll zuvor dargelegt werden, was Thomasius unter den Pflichten gegen andere Menschen versteht (aa)).

aa) Pflichten der Menschen gegen andere Menschen

Bevor Thomasius' Verständnis zur Gleichheit untersucht wird, soll zunächst geklärt werden, was es mit den Pflichten der Menschen gegen andere Menschen auf sich hat, da Thomasius aus diesen die Gleichheit entwickelt und auch in der Überschrift des betreffenden Kapitels in den *Institutiones* von der „Pflicht gegen andere Menschen, insbesondere von der Wahrung der Gleichheit zwischen den Menschen" spricht[158]. Zudem führt er in beiden Dissertationen die *aequitas* explizit auf diese zurück, da sie Handlungen beschreibt, die sich konkret auf Pflichten gegenüber anderen Menschen beziehen[159].

Thomasius befasst sich in den *Institutiones* mit der Frage, unter welcher gemeinsamen Regel sich alle Gebote des Naturrechts zusammenfassen lassen.[160] Während er diese Regel ermittelt, stellt er fest, dass diese nicht

---

158 *Thomasius*, Institutiones (Fn. 23), lib. 2, cap. 2, S. 43: „De Officio hominis erga alios homines, & in specie de custodienda aequalitate inter homines."

159 *Thomasius*, De aequitate cerebrina [1706] (Fn. 24), cap. 1, § 2, S. 2, vgl. Fn. 92 und *Thomasius*, De aequitate cerebrina [1717] (Fn. 24), § 3, S. 6, vgl. oben Fn. 138.

160 *Thomasius*, Institutiones (Fn. 23), lib. 1, cap. 4, § 2, S. 117: „[...] Intelligitur enim, vel certe intelligi debet propositio aliqua, sub qua reliqua praecepta Iuris naturalis omnia, tanquam sub communi axiomate comprehenduntur, ipsum autem ista duo, Deo & Imperanti esse parendum, tanquam generaliora praesupponit." – [...] Es wird nämlich ein Satz verstanden, oder soll sicher verstanden werden, unter dem alle Vorschriften des natürlichen Rechts wie unter einem allgemeinen Grundsatz zusammengefasst werden; dieser soll aber diese zwei, dass man Gott und dem Herrschenden gehorchen soll, als allgemeinere [Grundsätze] voranstellen.

außerhalb, sondern innerhalb des Menschen gesucht werden muss.[161] Deshalb soll der Stand des Menschen als Norm des natürlichen Gesetzes fungieren[162], woraus Thomasius sodann schließt, dass das menschliche Handelns sich am Gesetz orientieren soll und das Gesetz sich wiederum am Zustand des Menschen, womit jedoch nicht gemeint ist, dass das Gesetz die Norm des Menschen und der Mensch die Norm des Gesetzes sei.[163] Thomasius will in diesem Gleichnis keinen Widerspruch erkennen, weil er hiermit nicht meint, dass Gesetz und Stand gegenseitig als Norm füreinander fungieren, sondern der Stand zwar dem Gesetz als Norm dient, das Gesetz aber nicht dem Stand, sondern den menschlichen Handlungen, welche die Menschen ausüben sollen.[164]

---

161 *Thomasius*, Institutiones (Fn. 23), lib. 1, cap 4, § 28, S. 125 f.: „Nos itaque dicti Apostolici memores, normam iuris naturalis non extra hominem quaerimus, sed in ipso homime, cuius cordibus idem est inscriptum [...].“ – In Gedenken an die Worte eines Apostelschülers müssen wir deshalb die Norm des natürlichen Rechts nicht außerhalb des Menschen suchen, sondern im Menschen selbst, in dessen Herzen jene geschrieben ist [...].

162 *Thomasius*, Institutiones (Fn. 23), lib. 1, cap. 4, § 29, S. 126: „Igitur putamus, ipsam humani generis conditionem, seu statum totius humani genera esse normam lega naturalis. Et cur non putemus? Sane ipsa naturalis ratio, quam pene omnes in ore habent, est eiusmodi conditio; sane ex definitione status supra tradita sua sponte fluit, omnem statum esse suo modo normam legis.“ – Deshalb glauben wir, dass der Zustand des menschlichen Geschlechts, oder der Stand des ganzen menschlichen Geschlechts die Norm des natürlichen Rechts ist. Und warum sollen wir das nicht glauben? Die natürliche Vernunft selbst, die fast jeder im Mund hat, ist ein solcher Zustand. Und aus der oben beschriebenen Definition eines Standes ergibt sich aus sich selbst, dass jeder Stand auf seine Weise eine Norm des Gesetzes ist.

163 *Thomasius*, Institutiones (Fn. 23), lib. 1, cap. 4, § 30, S. 126: „Sentio vero hic aurem mihi vellicari, ne, cum in eo sum, ut ex primo principio practico omnia demonstrare coner, ipse in idem impingam graviter. Dixi enim superius, Legem esse normam actionum humamarum. Nunc dico: conditionem hominum est normam legis. An igitur lex simul erit norma hominum, & homines norma legis? Hoc pacto certe idem simul norma est, & non est.“ – Ich spüre, dass mir hier am Ohr gezupft wird, dass ich nicht, weil ich mich darauf berufe, dass ich aus dem ersten praktischen Prinzip alles versuche zu zeigen, gegen dasselbe verstoße. Ich habe nämlich oben gesagt, dass das Gesetz eine Norm der menschlichen Handlungen ist. Jetzt sage ich: Der Zustand der Menschen ist die Norm des Gesetzes. Ob deshalb das Gesetz zugleich eine Norm der Menschen wäre und die Menschen eine Norm des Gesetzes? Auf diese Weise würde das eine sowohl eine Norm, als auch keine sein.

164 *Thomasius*, Institutiones (Fn. 23), lib. 1, cap. 4, § 34, S. 128: „Imo vero respondebo, eadem est ratio Legis & Status. Status norma legis est, Lex vero est norma actionum, quas homines in isto statu viventes debent edere.“ – Ja, werde ich

Mit Blick auf die Natur des Menschen kommt Thomasius nun zu dem Schluss, dass die Geselligkeit die Grundnorm des Naturrechts bestimmt. Der Mensch ist nämlich ebenso vernünftig[165] wie gesellig und die Geselligkeit eine von Gott gegebene Neigung, durch die der Mensch mit anderen Menschen glücklich und ruhig leben will.[166] Er erklärt, dass ein Mensch außerhalb der Gesellschaft nicht glücklich sein kann[167] und die vernünftige Natur des Menschen folglich eine gesellige ist.[168] Daher legt Thomasius in den *Institutiones* in Übereinstimmung mit *Pufendorf*[169] dem Naturrecht

---

antworten, das ist die Lehre des Gesetzes und des Standes. Der Stand ist die Norm des Gesetzes, das Gesetz ist die Norm der Handlungen, die die in diesem Stand lebenden Menschen verrichten müssen.

165 Thomasius erklärte in den *Institutiones* zuvor, dass der Mensch ein vernünftiges Wesen sei, weil er im Unterschied zu den Tieren neben der Bewegungskraft auch über die Vernunft verfügt, mit welcher die Gedanken des Menschen umschrieben werden. Die Vernunft wird durch den Willen, Verstand und die Sinnlichkeit zum Ausdruck gebracht *Thomasius*, Institutiones (Fn. 23), lib. 1, cap. 1, §§ 35, 38, 39, S. 10-12. Auf nähere Ausführungen sollen an dieser Stelle jedoch verzichtet werden, da die vernünftige Natur des Menschen, also dessen Willen und Verstande für die *aequitas* von Bedeutung ist und daher an späterer Stelle zu thematisieren ist, vgl. unten S. 99 ff.

166 *Thomasius*, Institutiones (Fn. 23), lib. 1, cap. 4, § 55, S. 136: „Igitur dum hominem rationalem dicimus, idem est, ac si, dicamus socialem. Socialitas vero est inclinatio communis, toti humano generi a Deo indita, vi cuius desiderat vitam cum aliis hominibus beatam & tranquillam. Cur vero tranquillam? Quia in statu turbulento qua tali non ratiocinatur." – Deshalb, wenn wir den Menschen vernünftig nennen, müssen wir ihn auch gesellig nennen. Die Geselligkeit tatsächlich ist eine gemeine, dem ganzen menschlichen Geschlecht von Gott gegebene Neigung, durch dessen Kraft er ein glückliches und friedliches Leben mit anderen Menschen erstrebt. Warum ruhig? Weil er im unruhigen Stand, nicht vernünftig überlegt.

167 *Thomasius*, Institutiones (Fn. 23), lib. 1, cap. 4, § 57, S. 136: „A posteriori autem sententiam nostram probamus, quoniam homo citra societatem non potest esse beatus [...]." – Wir beweisen aber unsere Meinung im Nachhinein, weil ein Mensch außerhalb der Gesellschaft nicht glücklich sein kann [...].

168 *Thomasius*, Institutiones (Fn. 23), lib. 1, cap. 4, § 63, S. 138: „Manet itaque inconcussum: naturam hominis rationalem eandem esse, quam socialem. Et consequenter per convenientiam cum natura rationali intelligi convenientiam cum Socialitate hominis." – Es steht daher fest, dass die Natur des Menschen ebenso eine vernünftige, wie gesellige ist. Und dass folglich durch die Übereinstimmung der vernünftigen Natur eine Übereinstimmung mit der Geselligkeit des Menschen verstanden wird.

169 So erklärte Thomasius auch im Titel der *Institutiones*, dass er *Pufendorfs* naturrechtliches Werk genauer darstellen wolle: „In welchen die Grundsätze des natürlichen Rechts nach denen vom Freiherrn von Pufendorf gezeigten Kehrsätzen deutlich bewiesen, weiter ausgearbeitet werden."

die Geselligkeit zugrunde[170] und fasst als Grundregel zusammen, dass man das tun solle, was mit einem geselligen Leben übereinstimmt und man Gegenteiliges unterlassen solle.[171] Aus dieser Grundregel der Geselligkeit leitet Thomasius nun in jedem Fall die Pflichten gegen andere Menschen ab[172], die Thomasius im zweiten Buch der *Institutiones* im Anschluss an die Pflichten gegen Gott und gegen sich selbst ausführlicher thematisiert. Da Thomasius die *aequitas* allein mit den Pflichten gegenüber anderen Menschen verbindet, sollen im Folgenden nur diese thematisiert werden. Die Pflichten gegenüber Gott und sich selbst haben hingegen für die Erforschung der auf seine Mitmenschen gerichteten *aequitas* keine Relevanz.

Dort erklärte er, dass es zwischen Pflichten zu unterscheiden gilt, die nur Menschen in einer bestimmten Gesellschaft betreffen und solchen,

---

170 Dieses Prinzip gibt Thomasius jedoch später in den *Fundamenta* auf, wo er nun dem Naturrecht zugrunde legt, dass der Mensch das tun soll, was sein Leben verlängert, wahrhaftig und glücklich macht, vgl. oben Fn. 97. Als Grund für die Umformulierung führt Thomasius an, dass mit dem Fokus auf die Geselligkeit das Glück des Einzelnen aus dem Blick fällt, also das *honestum* keine Beachtung findet und zudem die Regeln des *iustum* und *decorum* nicht klar voneinander getrennt werden. Nur wenn der Einzelne glücklich ist, kann aber auch die Gesellschaft als Ganzes glücklich sein *Thomasius*, Fundamenta (Fn. 23), lib. 1, cap. 6, §§ 19, 26, S. 124 f.: „§ 19: Custodia socialitatis hactenus quidem a nobis contra obiectiones dissentientium non male defensa, iam displicet, quia partim ambagibus opus est in deducendis hominis officiis erga seipsum; partim non adeo perspicue comprehendit praecepta honesti, partim etiam vel miscet vel certe non accurate secernit praecepta iusti & decori. § 26: Universi ex singulis constant. Ergo si singulis non est bene, quomodo felix esse potest universitas [...]." – Die Bewahrung der Geselligkeit ist zwar bisher von uns gegen die in der Meinung abweichenden wohl verteidigt worden, jetzt aber missfällt sie, weil sie teils Umwege benötigt, um die Pflichten der Menschen gegen sich selbst abzuleiten, teils die Vorschriften des Ehrenhaften nicht deutlich begreift, teils auch die Vorschriften des Gerechten und Anständigen vermischt oder sicher nicht klar unterscheidet. § 26: Alle bestehen aus Einzelnen. Also, wenn es den Einzelnen nicht gut geht, wie kann dann das Ganze dann glücklich sein [...].

171 *Thomasius*, Institutiones (Fn. 23), lib. 1, cap. 4, § 64, S. 138: „Statuimus igitur, summam legis naturalis in illo principio contineri: FAC EA, QUAE NECESSARIO CONVENIUNT CUM VITA HOMINIS SOCIALI, ET, QUAE EIDEM REPUGNANT, OMITTE [Hervorh. im Orig.]." – Also bestimmten wir, dass die Summe des natürlichen Gesetzes in jenem Prinzip enthalten ist: Mache das, was notwendig mit einem geselligen Leben des Menschen übereinkommt, und unterlasse, was diesem widerspricht.

172 *Thomasius*, Institutiones (Fn. 23), lib. 1, cap. 4, § 73, S. 140: „Plures autem putant, ex principio nostro deduci saltem officia erga alios homines [...]." – Viele aber glauben, dass aus unserem Prinzip nur die Pflichten gegen andere Menschen abgeleitet werden [...].

die unabhängig von einer Gesellschaft allgemein gelten. Diese allgemeinen Pflichten werden absolut und angeboren genannt, wenn sie dem Willen Gottes entstammen, bzw. hypothetisch und erworben, wenn sie sich aus menschlichen Verträgen ergeben.[173] Bei dieser Betrachtung der Pflichten hat sich Thomasius an *Samuel Pufendorf* (1632–1694) orientiert. Auch *Pufendorf* unterteilte die Pflichten gegen andere Menschen in absolute und hypothetische. Erstere beruhen auf einer allen gemeinsamen Verbindlichkeit, wodurch die Menschen ohne weitere Voraussetzungen verbunden sind, und sind gegenüber jedem anderen zu erfüllen.[174] Die hypothetischen Pflichten entstehen erst als Folge einer Einrichtung oder eines Verhältnisses und sind nur gegenüber bestimmten Personen zu erfüllen, soweit eine bestimmte Bedingung oder Verhältnis vorliegt.[175] Die

---

173 *Thomasius*, Institutiones (Fn. 23), lib. 2, cap. 2, §§ 1–3, S. 43: „§ 1: Sequuntur officia hominum erga alios homines. Quae quidem vel dirigunt homines viventes in certa societe, vel respiciunt homines quosvis in quacunque societate vivant. § 2: Communia haec vel immediate ex Dei voluntate ortum trahunt, citra & ante omnem consensum humanum, vel praesupponunt iam pacta & conventiones hominum. § 3: Posses adeo illa vocare absoluta, haec hypothetica. Quod si tamen illa connata, haec acquisita appellare velis, non refragabimur, cum absolutis correspondeat obligatio connata, hypotheticis absoluta [hier meint er wohl acquisita].“ – § 1: Es folgen die Pflichten der Menschen gegen andere Menschen. Die entweder in bestimmten Gesellschaften lebende Menschen regieren oder alle Menschen angehen, in welcher Gesellschaft auch immer sie leben. § 2: Diese allgemeinen Pflichten rühren entweder unmittelbar aus dem Willen Gottes ohne und vor jeder menschlichen Übereinstimmung oder setzen ferner Verträge oder Einigungen der Menschen voraus. § 3: Jene kannst du absolut nennen, diese hypothetisch. Wenn du also jene angeborene, diese erworbene nennen möchtest, werde ich nicht widersprechen, weil die angeborene Pflicht mir den absoluten übereinstimmt, die erworbene mit den hypothetischen.

174 *Pufendorf*, De Officio Hominis, lib. 1, cap. 6, § 1, S. 64 f. Übersetzung in *Pufendorf*, Über die Pflicht des Menschen und des Bürgers nach dem Gesetz der Natur, übers. und hg. von Klaus Luig, 1. Aufl., Frankfurt a. M./Leipzig 1994, S. 72: „Es folgen die Pflichten, die der Mensch gegenüber anderen Menschen zu erfüllen hat. Einige dieser Pflichten beruhen auf der allen gemeinsamen Verbindlichkeit, wodurch der Schöpfer alle Menschen ohne weitere Voraussetzungen miteinander verbinden wollte [...]. Die erstgenannten Pflichten sind gegenüber jedem Beliebigen zu erfüllen [...]. Deswegen kann man die ersteren als absolute [...] Pflichten bezeichnen.“

175 *Pufendorf*, De Officio Hominis (Fn. 174), lib. 1, cap. 6, § 1, S. 64 f. Übersetzung *Pufendorf*, Über die Pflicht des Menschen (Fn. 174), S. 72: „ [...] Andere aber entstehen erst als Folge einer bestimmten, von den Menschen eingeführten oder bei ihnen üblichen Einrichtung, oder auch als Folge eines bestimmten von außen hinzukommenden Verhältnisses [...]. Die letzteren aber [sind zu erfüllen] nur gegenüber bestimmten Personen, vorausgesetzt, dass eine bestimmte

absoluten Pflichten sind also solche, die gegen jeden Menschen gleich gelten. Als solche nannte *Pufendorf* drei Pflichten, nämlich niemanden zu beleidigen, die Gleichheit anzuerkennen und die Menschlichkeit.[176] Die vierte Pflicht beim Vertragsschluss bewirkt zugleich den Übergang zu den hypothetischen Pflichten.[177] Das Verbot niemanden zu verletzen stellt *Pufendorf* dabei an erste Stelle der absoluten Pflichten.[178]

Von dieser Einteilung weicht Thomasius ab, indem er erklärt, dass sich die erste von den absoluten Pflichten aus dem Stand aller Menschen ergibt, also dem Stand des Menschseins überhaupt, und auf die Gleichheit abzielt, denn weil Herrscher und Beherrschter beide Menschen sind, herrscht auch zwischen beiden eine Gleichheit.[179] Bei den (absoluten) Pflichten gegen andere Menschen steht also anders als bei *Pufendorf* das Prinzip der Gleichheit an vorderster Stelle, weil alle Menschen in erster Linie die Eigenschaft teilen Mensch zu sein. Thomasius knüpft folglich an *Pufendorfs* Betrachtung menschlicher Pflichten an und nimmt in den *Institutiones* eine erste Veränderung der Einteilung dieser Pflichten vor, indem er die Gleichheit voranstellt, die es im Folgenden zu thematisieren gilt.

Bedingung oder ein bestimmtes Verhältnis gegeben ist. Deswegen kann man [...] die letzteren als hypothetische, d.h. etwas anderes voraussetzende, oder bedingte Pflichten bezeichnen."

176 Dies wird insbesondere an den Überschriften der Kapitel 6–8 des ersten Buches von *De Officio Hominis* erkennbar, die allesamt mit „de officio quorumlibet erga quoslibet" betitelt sind und jeweils eine dieser drei Pflichten als Pflicht aller gegen alle behandeln.

177 *Pufendorf*, Über die Pflicht des Menschen (Fn. 174), Buch 1, Kap. 9 § 1, S. 86: „Der Übergang von dem Bereich, in dem die absoluten Pflichten herrschen, zu den bedingten Pflichten wird durch Abschluss von Verträgen bewirkt. Denn alle Pflichten, außer den bereits erwähnten, haben einen ausdrücklich oder stillschweigen geschlossenen Vertrag zur Voraussetzung."

178 *Pufendorf*, Über die Pflicht des Menschen (Fn. 174), Buch 1, Kap. 6, § 2, S. 72: „Unter den absoluten Pflichten oder den Pflichten eines jeden gegen jeden ist folgende Pflicht die wichtigste: Niemand soll dem anderen Schaden zufügen."

179 *Thomasius*, Institutiones (Fn. 23), lib. 2, cap. 2, §§ 11, 12, S. 46: „§ 11: Inter absoluta vero praecepta id primum esse videtur, quod ex statu hominum oritur, quem supra diximus statum humanitatis. § 12: Quae cum in omnibus hominibus in universum, seu imperantibus seu parentibus existat, hactenus aequalitatem aliquam inter eos gignit." – § 11: Unter den absoluten Vorschriften wird das als erstes erkannt, das sich aus dem Stand der Menschen ergibt, den wir oben Stand der Menschlichkeit genannt haben. § 12: Diese, weil sie in allen Menschen in der Welt, seien es herrschende oder gehorchende, existiert, bringt insofern eine Gleichheit zwischen diesen hervor.

bb) Gleichheit als oberste Pflicht gegen andere Menschen

Zur Gleichheit hat Thomasius nun in den *Institutiones* weiter ausgeführt, dass zwar eine Gleichheit hinsichtlich des Menschseins existiert, dass es aber unterschiedliche Anknüpfungspunkte der Gleichheit gibt. So kann sich diese entweder aus der Offenbarung ergeben oder aus der Vernunft, nämlich der richtigen oder verdorbenen Natur des Menschen.[180] Aus der richtigen Natur des Menschen können zwei Arten der Gleichheit abgeleitet werden: Die natürliche Gleichheit, die sich aus dem Wesen und der Existenz des Menschen ergibt, weil alle Menschen den gleichen Stamm haben, gezeugt und geboren werden[181] und die Gleichheit des Rechts. Weil die Menschen die natürliche Gleichheit mit den Tieren gemeinsam haben, eignet sich die Gleichheit des Rechts eher dazu eine Lebensregel aufzustellen und ordnet an, dass die Menschen anderen die Pflichten des Naturrechts erweisen sollen, ebenso wie sie es von anderen erwarten dürfen und man anderen kein Unrecht erweisen soll, dass also jedem Menschen zu gleichen Teilen das Recht zusteht.[182] Die sich aus der Gleichheit

---

180 *Thomasius*, Institutiones (Fn. 23), lib. 2, cap. 2, § 13, S. 46: „Et haec aequalitas quidem diversi mode declarari poterit, partim ex dictamine rationis, partim in subsidium assumta revelatione. Priori modo vel secundum naturam hominis rectam, vel secundum corruptam." – Und diese Gleichheit kann gewiss auf verschiedene Weise erklärt werden, teils aus der Rede der Vernunft, teils mit Hilfe durch die erhaltene Offenbarung. Auf die erste Weise entweder nach der richtigen Natur der Menschen, auf die zweite nach der verdorbenen.

181 *Thomasius*, Institutiones (Fn. 23), lib. 2, cap. 2, § 14, S. 46 f.: „Nam si initio consideres essentiam hominis & existentiam qua animal est, ad eandem stirpem omnes homines referunt originem, eodem modo propagantur, nascuntur, moriuntur, naturae superflua in foeditatem conversae eiiciunt, fortunae ludibrio omnes sunt obnoxii &c." – Wenn du nämlich zuerst Wesen und Existenz des Menschen betrachtest, ist er wie ein Tier, alle Menschen führen ihren Ursprung auf dieselbe Wurzel zurück, sie werden auf dieselbe Weise fortgepflanzt, geboren, ebenso sterben sie, sie stoßen das Überflüssige der Natur als zur Abscheulichkeit umgekehrt von sich, sie sind alle vom Glücksspiel abhängig usw.

182 *Thomasius*, Institutiones (Fn. 23), lib. 2, cap. 2, § 15, S. 47: „Sed haec quidem aequalitas naturalis fere homini cum bestis est communis, nullamque adeo ex se regulam vitae producere apta, unde magis huc facit aequalitas iuris, & qua sunt homines, quod nimirum omnes, quantiscunque animi, corporis aut fortunae bonis antecellant alios, non minus tamen iuris naturalis officia adversus illos exercere debeant, ac ipsi ab illis eadem expectant, nec plus licentiae ipsis concedatur alios iniuria afficiendi; quod item illi qui carent abundantia bonorum, corporis, fortunae, ac animi, non sint deterioris conditione circa fruitionem communis iuris quam alii."– Aber diese natürliche Gleichheit ist dem Menschen fast mit den Tieren gemein, und daher ist sie nicht geeignet aus sich

des Rechts ergebenden Intention beschreibt Thomasius also bereits in den *Institutiones* in doppelter Weise, auf die er später in den *Fundamenta* die Regeln des *iustum* und *decorum*[183] stützt.[184] Aus der verdorbenen Natur des Menschen leitet Thomasius zudem eine Gleichheit der Bosheit des Menschen her[185] und aus dem Christentum eine Gleichheit der Christen.[186] In diesen verschiedenen Arten der Gleichheit erkennt Thomasius eine allen gemeinsame Vorschrift, welche die Pflichten gegenüber anderen Menschen bestimmt, nämlich dass man einen Menschen auch wie einen Menschen behandeln soll.[187] Thomasius hält diese Vorschrift für allgemein,

---

eine Regel des Lebens zu erzeugen, daher vollbringt dies eher die Gleichheit des Rechts, und soweit Menschen da sind, dass freilich alle, egal durch wie viele Güter des Gemütes, des Körpers oder des Glücks sie sich auszeichnen, nicht weniger die Pflichten des Naturrechts gegen andere ausüben sollen, wie sie dieselben auch von jenen erwarten und ihnen nicht mehr Freiheit zusteht anderen Unrecht anzutun; dass auch jene, die eines Überflusses der Güter, des Körpers, des Glücks und des Gemüts ermangeln, nicht eine schlechtere Bedingung für den Genuss des allgemeinen Rechts haben, als andere.

183 Vgl. *Thomasius*, Fundamenta (Fn. 23), lib. 1, cap. 6, §§ 41, 42, S. 128, siehe oben Fn. 101 und 102.

184 *Kühnel*, Das politische Denken von Christian Thomasius (Fn. 56), S. 220.

185 *Thomasius*, Institutiones (Fn. 23), lib. 2, cap. 2, § 16, S. 47: „Quodsi insuper statum hominis corruptum spectemus, deprehendemus insuper aequalitatem malitiae, qua homines adulti aeque pollent viribus alios laedendi, & ipsis damnum inferendi, si non violentia, saltem dolo & fraude." – Wenn wir also den verdorbenen Stand des Menschen betrachten, finden wir überdies eine Gleichheit der Bosheit, wodurch erwachsene Menschen Kraft haben, andere zu verletzen und ihnen Schaden zuzufügen, wenn nicht durch Gewalt, wenigstens durch Schmerz und Betrug.

186 *Thomasius*, Institutiones (Fn. 23), lib. 2, cap. 2, § 18, S. 48: „Inter Christianos vero huc omnino facit a lumine Scripturae dependens aequalitas Christianismi, quod v. gr. amici DEI non nobilitate, potentia, aut opibus, sed pietatis sinceritate, ad quam omnes aeque tenentur, aestimari debeant, ac in extremo iudicio, praemiisque ac poenis postumis nulla sit ratio habenda eorum, quibus in vita humana mortales prae aliis se esserunt [Hervorh. im Orig.]." – Unter den Christen leistet es die vom Licht der Schrift abhängende Gleichheit des Christentums, dass zum Beispiel die Freunde Gottes nicht nach Adel, Macht oder Werken, sondern nach Aufrichtigkeit der Frommheit, die alle gleich erreichen, geschätzt werden sollen, und es beim jüngsten Gericht, bei Belohnung und Strafe nach dem Tod keinen Grund gibt, die Dinger derer zu betrachten, durch die die Sterblichen im menschlichen Leben im Vergleich mit anderen waren.

187 *Thomasius*, Institutiones (Fn. 23), lib. 2, cap. 2, § 19, S. 48: „Ex his itaque quas hactenus diximus aequalitatibus, potissimum vero ex aequalitate iuris oritur praeceptum generale, officia, omnium hominum inter se dirigens ALIUM HOMINEM TANQUAM AEQUE HOMINEM TRACTA [Hervorh. im Orig.]." –

weil sich aus ihr weitere Vorschriften ableiten lassen, und sieht sich durch das christliche Gebot, seinen Nächsten wie sich selbst zu lieben, bestätigt.[188] Mit diesem stimme die allgemeine Regel fast überein, weshalb beide sich auch damit umschreiben ließen, dass man anderen nicht tun solle, was man selbst nicht angetan haben möchte und, dass man sich selbst tun solle, was man anderen tut[189], was ebenfalls Parallelen zu den Regeln des *iustum* und *decorum* in den *Fundamenta* aufweist. Thomasius verweist jedoch darauf, dass diese allgemeine Vorschrift nicht zugleich zu einer Gleichheit der Freiheit und Gewalt führt, weil eine solche Gleichheit nur die Menschen im natürlichen Stand betrifft, nicht aber im bürgerlichen Stand.[190] Hinsichtlich Freiheit und Gewalt kann zwischen den Menschen

---

Aus diesen Gleichheiten, die wir bis jetzt genannt haben, vornehmlich aus der Gleichheit des Rechts entspringt deshalb die allgemeine Vorschrift, die die Pflichten aller Menschen untereinander bestimmt: Behandle einen anderen Menschen gleich wie einen Menschen.

188 *Thomasius*, Institutiones (Fn. 23), lib. 2, cap. 2, § 20, S. 48 f.: „Esse vero hoc praeceptum in ista classe generale, non solum ostendet conclusiones reliquorum exinde deducendorum, sed maximopere probat essatum Salvatoris, summam legis officia erga alios dirigentis hance esse docentis. Diliges proximum tuum sicut te ipsum." – Dass tatsächlich diese Vorschrift in derselben Klasse allgemein ist, zeigen nicht nur die Folgerungen der Übrigen, die daraus hergeleitet werden können, sondern beweist besonders der Ausspruch des Heilands, wenn er lehrt, dass dies der Inbegriff des Gesetzes, das die Pflichten gegenüber anderen Menschen bestimmt, ist: Liebe deinen Nächsten, wie dich selbst.

189 *Thomasius*, Institutiones (Fn. 23), lib. 2, cap. 2, § 21, S. 49: „Unde quemadmodum cum hac Christi formula nostra fere coincidit, ita affines utrique sint aliae eiusdem periphrases, puta: Quod tibi non vis fieri, alteri ne feceris, item Quod quisque iuris in alterum statuerit, ut ipse eodem iure utatur, quamvis non sint ita evidentes, & posterius hoc in iure Romano multo usurpetur angustius." – Wie daher unsere Formel mit der Christus fast übereinstimmt, so sind beiden auch andere Umschreibungen desselben angrenzend, nämlich: Was du nicht willst, was dir angetan werde, tue keinem anderen. Ebenso, was jemand als Recht für einen bestimmt hat, dasselbe Recht soll er selbst gebrauchen, wenn sie auch nicht so deutlich sind und dieses letzte im römischen Recht um vieles enger gebraucht wurde.

190 *Thomasius*, Institutiones (Fn. 23), lib. 2, cap. 2, §§ 22, 23, S. 49 f.: „§ 22: Non confundere autem cum ea, quam hactenus exposuimus, aequalitate debemus aequalitatem libertatis seu potestatis, per quam hactenus omnes homines naturaliter ita aequales intelliguntur, quod citra antegressum factum aut pactum humanum nemo potestatis quid in alterum habeat, sed quilibet suarum actionum & virium sit moderator. § 23: Haec enim aequalitas non est inter omnes homines, sed eos saltem qui vivunt in statu naturali." – § 22: Wir dürfen mit dieser Gleichheit, die wir bisher gezeigt haben, aber nicht die Gleichheit der Freiheit oder Macht verwechseln, durch die bisher alle Menschen natürlicherweise als

also eine Ungleichheit herrschen, die sich nicht erst aus der Entstehung von Staaten, sondern auch schon vorher beispielsweise gegenüber einem Hausvater ergibt.[191] Die allgemeine Vorschrift der Gleichheit soll auch unter den hinsichtlich Freiheit und Macht ungleichen Menschen gelten, sie entfaltet aber nur im natürlichen Stand ein vollkommenes Recht, während es im bürgerlichen Stand ein unvollkommenes Recht[192] entfaltet.[193]

Das Einhalten der Gleichheit stellt für Thomasius folglich die oberste Pflicht dar, die gegenüber anderen Menschen einzuhalten ist. Damit meint er nicht eine Gleichheit in Bezug auf Macht oder Freiheit, welche nur im natürlichen Zustand existiert. Unter der Gleichheit versteht Thomasius vor allem eine Gleichheit des Rechts, dass man sich und anderen das Gleiche erweisen soll. Die allgemeine Regel der Gleichheit ist deshalb für die

---

gleich verstanden werden, dass vor vorausgehender menschlichen Tat oder Vertrag keiner irgendeine Macht über den anderen haben soll, sondern jeder Lenker über seine Handlungen und Kräfte sein soll. § 23: Denn diese Gleichheit herrscht nicht unter allen Menschen, sondern nur unter denjenigen, die im natürlichen Stand leben.

191 *Thomasius*, Institutiones (Fn. 23), lib. 2, cap. 2, § 24, S. 50: „Ei vero opposita inequalitas, etsi inter eos potissimum deprehendatur, quos iam supra vivere diximus in statu civili, non tamen omnis post civitates demum fuit introducta, sed ex parte provenit a statu patrum familias, civitates antegresso, ut infra suo loco demonstrabitur." – Die Ungleichheit, die dieser entgegengesetzt ist, auch wenn sie hauptsächlich unter denen gefunden wird, von denen wir oben gesagt haben, dass sie im bürgerlichen Stand leben, ist nicht jedoch erst ganz nach den Staaten eingeführt worden, sondern entstand teilweise aus dem Stand des Familienvaters, der den Staaten vorangegangen ist, wie unten an seiner Stelle bewiesen werden soll.

192 Auch von der Einteilung des Rechts in vollkommen und unvollkommen ist Thomasius in den *Fundamenta* abgerückt, wo er erklärt, dass jedes Recht vollkommen ist. Der Verstoß gegen ein unvollkommenes Recht hat kein Unrecht zufolge, weshalb man das unvollkommene Recht nur nach den Regeln des Anständigen, nicht nach der Gerechtigkeit fordern könne *Thomasius*, Fundamenta (Fn. 23), lib. 1, cap. 5, § 23 Die Unterscheidung zwischen unvollkommenen und vollkommenen Recht ist in den *Fundamenta* deshalb obsolet geworden, weil Thomasius nun das Recht mit einer prinzipiellen Erzwingbarkeit verbindet, *Grunert*, Normbegründung und politische Legitimität (Fn. 11), S. 218.

193 *Thomasius*, Institutiones (Fn. 23), lib. 2, cap. 2, § 26, S. 50: „Id tamen notandum, praeceptum nostrum inter eos, qui in statu naturali vivunt, plerumque mutuo producere ius perfectum, inter eos autem, qui vivunt in statu Civili, illos, qui imperium habent, obligare saltem imperfecte." – Es ist jedoch anzumerken, dass unsere Vorschrift unter denen, die im natürlichen Stand leben, gewöhnlich gegenseitig ein vollkommenes Recht hervorruft, aber zwischen denen, die im bürgerlichen Stand leben, jene, die Macht haben, nur unvollkommen verpflichtet.

aequitas von Bedeutung, weil Thomasius für die Gleichheit vier spezielle Vorschriften formuliert, welche er auch aus der *aequitas* ableitet, wie sich sogleich zeigen wird.

cc) Bedeutung der Gleichheit für die *aequitas*

Thomasius unterteilt in den *Institutiones* die allgemein gefasste Regel der Gleichheit in vier spezielle Vorschriften, zwei Verbote und zwei Gebote.[194] Die zwei Verbote ordnen an, dass man sich selbst nicht mehr als anderen bzw. anderen nicht weniger als sich gewährt, die zwei Gebote verlangen, anderen das Gleiche wie sich selbst zuzuteilen.[195] Thomasius präzisiert als erstes Verbot der Gleichheit, dass man sich nicht mehr als anderen zuteilen, also nicht hochmütig sein soll.[196] Als zweites verbietet die Gleichheit, einem anderen weniger zuzuteilen, ihn also zu verletzen.[197] Als drittes und viertes ordnet die Gleichheit an, dass man anderen das Gleiche gewährt, entweder vor einem Vertrag, indem man die Pflichten der Menschlichkeit einhält[198] oder nach Vertrag, indem man Versprechen einhält.[199]

---

194 *Thomasius*, Institutiones (Fn. 23), lib. 2, cap. 2, § 28, S. 51: „Ut igitur eo melius intelligas, quid per praeceptum de custodienda aequalitate hic inculcetur, resolvemus idem in praecepta quatuor specialia, duo negativa, duo affirmativa." – Damit du also desto besser verstehst, was durch die Vorschrift vom Halten der Gleichheit hier eingeschärft wird, wollen wir dasselbe in vier spezielle Vorschriften, zwei negative, zwei positive einteilen.

195 *Thomasius*, Institutiones (Fn. 23), lib. 2, cap. 2, § 29, S. 51: „Scilicet is aequalitatem observat, qui nec sibi plus quam alteri, nec alteri minus sibi, sed aequalia utrobique tribuit." – Nämlich beachtet der die Gleichheit, der sich nicht mehr als dem anderen, und dem anderen nicht weniger als sich, sondern das Gleiche auf beiden Seiten gewährt.

196 *Thomasius*, Institutiones (Fn. 23), lib. 2, cap. 2, § 30, S. 51: „Itaque primum negativum praeceptum inculcat, ne mihi plus tribuam alteri, quod sit per superbiam." – Deshalb schärft das erste Verbot ein, mir nicht mehr als dem anderen zuzuteilen, was aus Hochmut geschieht.

197 *Thomasius*, Institutiones (Fn. 23), lib. 2, cap. 2, § 31, S. 51: „Alterum negativum vult, ut ne alteri minus tribuam, quod sit per laesionem." – Das andere Verbot will, dass ich dem anderen nicht weniger zuteile, was durch Verletzung geschieht.

198 *Thomasius*, Institutiones (Fn. 23), lib. 2, cap. 2, § 32, S. 51: „Primum affirmativum, ut alteri aequalia exhibeam citra pactum, quod sit per officia humanitatis." – Das erste Gebot, dass ich dem anderen das Gleiche gewähre vor Vertrag, was durch die Pflichten der Menschlichkeit geschieht.

199 *Thomasius*, Institutiones (Fn. 23), lib. 2, cap. 2, § 33, S. 51: „Secundum, ut alteri aequalia praestem post pactum, quod sit servando promissa. De singulis seor-

Diese besonderen Vorschriften der Gleichheit sind deshalb von Bedeutung, weil Thomasius diese Vorschriften in der Dissertation von 1717 auch aus der *aequitas* ableitet. Dort erklärt er, dass sich aus der *aequitas* unter anderem die Vorschriften ableiten lassen, dass man niemanden verletzen dürfe, Verträge einhalten und anderen Wohltaten erweisen soll.[200] Thomasius leitet also einzig das erste Verbot des Hochmuts nicht explizit aus der *aequitas* ab. Die Vorschriften, niemanden zu verletzen und Verträge einzuhalten korrelieren mit dem zweiten Verbot bzw. Gebot der Gleichheit und auch die dritte Forderung der *aequitas*, anderen Wohltaten zu erweisen, entstammt der Gleichheit, weil sie sich aus dem ersten Gebot, die Pflichten der Menschlichkeit einzuhalten, ergibt. Die Pflichten der Menschlichkeit besagen nämlich, dass man den Nutzen eines anderen befördern soll, soweit es möglich ist.[201] Thomasius erklärt, dass auch dies für die Geselligkeit notwendig sei, weil das Leben erst dann friedlich ist, wenn man nicht nur von der Verletzung anderer absieht, sondern sich auch gegenseitig unterstützt, dass es einem gut geht. Auch dies gehört zur Gleichheit, denn der Mensch braucht auch Dinge, die sein Leben bequem machen, die er aber nur durch die Hilfe anderer erlangen kann. Daher soll man aber anderen das erweisen, was man auch von anderen begehrt.[202]

---

sim.“ – Das zweite, dass ich dem anderen das Gleiche gewähre nach Vertrag, was durch das Halten von Versprechen geschieht. Über die einzelnen gesondert.

200 *Thomasius*, De aequitate cerebrina [1717] (Fn. 24), § 3, S. 7: „Aus derselben leiten sich Vorschriften ab, beispielsweise dass wir niemanden verletzen, Verträge einhalten, anderen Wohltaten erweisen sollen und so weiter; wer diese missachtet, ist der schädlichste Mensch von allen und scheint, soviel an ihm ist, im höchsten Maße dazu bereit zu sein, dass das Oberste zum Unteren, das Eckigen zum Runden verwandelt wird“, vgl. oben Fn. 157.

201 *Thomasius*, Institutiones (Fn. 23), lib. 2, cap. 5, § 1, S. 72: „Tertium praeceptum speciale ex statu humanitatis & lege de custodienda aequalitate descendens, inter duo affirmativa vero primum est, ALTERIUS HOMINIS UTILITATEM, QUANTUM COMMODE POTES, PROMOVE [Hervorh. im Orig.].“ – Die dritte besondere Vorschrift, die aus dem Stand der Menschlichkeit und dem Gesetz zur Wahrung der Gleichheit hervorgeht, ist unter den zwei Geboten tatsächlich die erste: Befördere den Nutzen eines anderen Menschen, soviel du bequem kannst.

202 *Thomasius*, Institutiones (Fn. 23), lib. 2, cap. 5, §§ 2, 3, S. 72: „§ 2: Socialitati enim in totum non satisfacit, qui tantum abstinet a laesione alterius, & ne alteri male sit, sed cum demum vita beata est & tranquilla, si procuremus mutuo, ut nobis sit bene. § 3: In specie vero custodia aequalitatis hominem huc ducit. Cum enim homo desideret non solum ea, sine quibus subsistere non possit, sed & aliis opus habeat, ut commode vitam transigat, ea vero sine ope aliorum consequi nequeat, neque aliquorum saltem, sed indistincte quorumlibet, etiam vilium alias, operae indigere possit; peccaret in aequalitatem, si non ipse etiam,

Diese Pflichten der Menschlichkeit teilt Thomasius in zwei Gruppen ein: Wenn sie auf keinen bestimmen Menschen gerichtet sind, bezeichnet er das als indefinit, wenn sie sich auf bestimmte Menschen beziehen, als definit.[203] Wenn man die Pflichten der Menschlichkeit indefinit erweist, kann dies wiederum auf zweierlei Weise geschehen, nämlich entweder indem man selbst keine Einbußen erleidet, was Thomasius als allgemeine Menschlichkeit bezeichnet, wenn man die Menschlichkeit jedoch mit Einbußen für sich selbst erweist, bezeichnet Thomasius das als Wohltat.[204] Durch dieses erweist man jemandem etwas umsonst, um ihm nützlich zu sein oder zu helfen, obwohl es einem selbst Arbeit und Mühe bereitet.[205]

---

quod ab aliis indistincte postulat, aliis indistincte iterum praestare sit paratus." – § 2: Es leistet nämlich nicht der völlig der Geselligkeit Genüge, wer von der Verletzung anderer absieht und dass anderen kein Übel geschieht, sondern das Leben ist erst glücklich und ruhig, wenn wir uns gegenseitig unterstützen, dass es uns gut geht. § 3: Insbesondere führt dazu erst die Wahrung der Gleichheit. Da der Mensch nämlich nicht nur das begehrt, ohne das er nicht leben kann, braucht er auch noch anderes, damit er bequem lebt, was er ohne die Mühe anderer nicht erlangen kann, und nicht nur einiger, sondern unterschiedslos aller, auch sonst geringwertigerer [Menschen], Mühen brauchen kann; er würde die Gleichheit verletzen, wenn er, was er von anderen unterschiedslos verlangt, nicht selbst zu anderen bereit ist zu erweisen.

203 *Thomasius*, Institutiones (Fn. 23), lib. 2, cap. 5, § 26, S. 79 f.: „Hactenus de officiis humanitatis in genere. Divisionem eorundem simul tradidimus supra, sed obiter & tanquam aliud agendo. Distinctiorem meditationem meretur alia, priori illi non multum absimilis. Officia humanitatis exhibentur vel indefinite, & sine respectu ad certos homines, vel definite, certis hominibus utilitatem procurando." – Soviel zu den Pflichten der Menschlichkeit im Allgemeinen. Deren Einteilung haben wir zugleich oben mitgeteilt, aber nur nebenher, durch die Abhandlung eines anderem. Sie verdient auch eine andere Betrachtung, der ersten nicht sehr unähnlich. Die Pflichten der Menschlichkeit werden entweder indefinit erwiesen, ohne Bezug auf bestimmte Menschen, oder definit, durch Besorgung des Nutzens für bestimmte Menschen.

204 *Thomasius*, Institutiones (Fn. 23), lib. 2, cap. 5, § 30, S. 81: „Definite aliorum utilitate inservimus vel absque detrimento aut molestia nostra, vel cum impensa aut opera laboriosa. Illud vulgaris humanitas dicitur, hoc beneficium." – Definit, wenn wir anderer Menschen Nutzen fördern entweder ohne unsern Schaden oder Belästigung oder mit Unkosten oder mühsamen Arbeiten. Jenes wird gemeine Menschlichkeit genannt, dieses eine Wohltat.

205 *Thomasius*, Institutiones (Fn. 23), lib. 2, cap. 5, § 47, S. 80: „Beneficium est, si quis ex singulari benevolentia & propensione, vel ex propria generositate, vel ex singulari affectu, vel ex commiseratione conditionis alienae, gratis quid in alterum conferat, impensa aut opera laboriosa constans, quo ipsius necessitatibus subveniatur, aut insignis quaepiam utilitas eidem concilietur." – Eine Wohltat ist es, wenn jemand aus einzigartigem Wohlwollen und Neigung, aus eigener

Dieses Erweisen von Wohltaten, was als Teil der Pflicht der Menschlichkeit von der Gleichheit als erstes Gebot angeordnet wird, leitet Thomasius auch als besondere Regel aus der *aequitas* ab. Alle drei besonderen Vorschriften, die Thomasius aus der *aequitas* ableitet, korrelieren also mit den Vorschriften der Gleichheit, welche den Pflichten gegenüber anderen Menschen vorsteht. Da diese Pflichten gegen andere Menschen wiederum das Naturrecht bestimmen, welches nämlich das gesellige Leben des Menschen fördern soll, lässt die Beschreibung der *aequitas* in der Dissertation von 1717 darauf schließen, dass Thomasius unter der *aequitas* die im Naturrecht enthaltene Regel der Gleichheit versteht. Die *aequitas* umfasst die Regeln, die das Verhalten gegenüber anderen Menschen regieren. Hierdurch soll die die Geselligkeit, bzw. nach Thomasius' Paradigmenwechsel in den *Fundamenta* die Glückseligkeit des Menschen gefördert werden. Thomasius' Beschreibung der *aequitas* entspricht somit seiner Beschreibung der Gleichheit in den *Institutiones*.

Diesen Eindruck hinterlässt auch ein Blick auf das Verständnis der *aequitas* von *Gundling*, mit dessen Ausführungen der Abschnitt zur *aequitas* in der Dissertation von 1717 erheblich übereinstimmten. Dieser erkannte den Grund der *aequitas* im Leben des Menschen in der Gesellschaft. Anders als Thomasius legte er diese Herleitung jedoch ausführlicher dar, indem er die *aequitas* zugleich auch mit der Nächstenliebe und explizit mit der Gleichheit gleichsetzte. So erklärte er in der *Via ad veritatem*, dass die Gesellschaft, in der sich die Menschen nun mal meistens befinden, ohne Verbindung nicht möglich sei, was eine Nächstenliebe erforderlich mache, die daher zugleich Teil der Selbstliebe sei.[206] Der Zusammenhang zwischen *aequitas*, Nächstenliebe und Gleichheit lässt sich mit Blick auf *Gundlings Philosophischen Discourse* besser verstehen, wo er mittels der Nächstenliebe die Verbindung zwischen *aequitas* und Gleichheit herstellte. Weil nämlich die Nächstenliebe ein Bestandteil der Selbstliebe ist[207], kön-

---

Gutmütigkeit, aus einem einzigartigen Affekt oder aus Mitleid mit der Lage des anderen, dem anderen etwas umsonst gibt, bestehend aus Aufwand und beschwerlicher Mühe, wodurch dessen Notwendigkeit Abhilfe geschaffen oder ihm irgendeine besondere Nützlichkeit erwirkt wird.

206 *Gundling*, Via ad veritatem, Bd. 2 (Fn. 145), cap. 11, §§ 3, 4, 6, S. 62: § 3: Societas vero sine coniunctione concipi non potest. § 4: Coniunctio amorem, seu charitatem requirit." – § 3: Die Gesellschaft tatsächlich kann ohne Verbindung nicht erzeugt werden. § 4: Die Verbindung erfordert Liebe, oder Nächstenliebe.

207 *Gundling* bezeichnete das Verhalten als Liebe, das Gott will *Gundling*, Philosophische Discourse (Fn. 147), cap. 6, § 18–21, S. 166. Diese Liebe soll sich aber nicht nur auf Gott, sondern auch auf sich selbst und andere Menschen

ne das Wort Liebe auch mit den Begriffen Billigkeit bzw. *aequitas* ausgetauscht werden.[208] Diesen Gleichlauf begründete *Gundling* damit, dass mit dem Begriff *aequitas* das Gleichhalten bezeichnet werde, da man sich selbst als Maßstab für den andern verwendet.[209] Weil andere nach dem gleichen Maßstab geliebt werden sollen, wie man sich selbst liebt, hat *Gundling* also die Nächstenliebe mit der *aequitas* gleichgesetzt. Daraus schließt er zugleich auch ausdrücklich, dass mit der *aequitas* eine Gleichheit gemeint ist, „da zu der Liebe des Nächsten aber [...] *omnimoda aequalitas* erfordert [wird]"[210].

Anhand dieser Feststellungen wird auch deutlich, was mit dem Satz gemeint ist, dass keine *aequitas* existieren würde, wenn nicht mehrere Menschen existierten, den Thomasius ohne weitere Erläuterungen aus der *Via ad veritatem* übernommen hat[211] und *Gundling* auch im *Philosophischen Discourse* formuliert hat.[212] *Gundling* erklärte hierzu, dass die *aequitas* allein auf andere Menschen gerichtet sei und daher nur bestehen kann, wenn andere Menschen da sind, gegenüber denen man sich billig verhalten kann. Voraussetzung für das Vorliegen der *aequitas* ist also die Gesellschaft anderer Menschen. Die Notwendigkeit der *aequitas* führte *Gundling* sodann auf

---

richten, woraus *Gundling* resümierte, dass man sich zunächst lieben soll und danach auch diese Liebe auf den Nächsten richten soll *Gundling*, Philosophische Discourse (Fn. 147), cap. 6, § 22, S. 170. Bei der *aequitas* erklärte *Gundling* zur Nächstenliebe, dass die Liebe zwar bei einem selber anfängt, sich dann aber auch auf andere richtet, weshalb die Nächstenliebe auch in der Selbstliebe enthalten sei. Dass die Selbstliebe in Nächstenliebe umschlägt, hielt *Gundling* deshalb für nötig, weil man ohne Gesellschaft nicht glücklich leben könne *Gundling*, Philosophischer Discourse, Bd. 2 (Fn. 147), cap. 11, § 1-10, S. 350. *Gundling* hielt die auf sich selbst und auf andere gerichtete Liebe also für ein und dieselbe, weil nur durch die Liebe zu anderen auch gleichzeitig das eigene Glück befördert wird.

208 *Gundling*, Philosophischer Discourse, Bd. 2 (Fn. 147), cap. 11, § 1-10, S. 349: „Die Liebe fängt von sich selbst an. Hernach aber gehet sie auch ad alios ad proximum. Drum ist die Liebe des Nächsten in dem Begriff der Selbst-Liebe mit enthalten. Diese Liebe des Nächsten nun nennet man gemeiniglich aequitatem. Man verwechselt nur das Wort ‚Liebe‘, mit dem Worte Billigkeit. Doch ist das lateinische Wort aequitas deutlicher."

209 *Gundling*, Philosophischer Discourse, Bd. 2 (Fn. 147), cap. 11, § 1-10, S. 349: „Aequitas enim vocatur ab exaequando, da ich nemlich meinen Nächsten nach mir, oder gegen mich selbst ausmesse, und demselben mich gleich halte."

210 *Gundling*, Philosophischer Discourse, Bd. 2 (Fn. 147), cap. 11, § 1-10, S. 349.

211 *Thomasius*, De aequitate cerebrina [1717] (Fn. 24), § 3, S. 6, siehe Fn. 143.

212 *Gundling*, Philosophischer Discourse, Bd. 2 (Fn. 147), cap. 11, § 1–10, S. 349 f.: „Diese Tugend würde sich nicht exeriren, wenn kein Nächster dawäre, darum nennen andere die *aequitatem* auch ein *bonum alienum*."

das Leben des Menschen in der Gesellschaft zurück. Wie vor ihm schon Thomasius in den *Institutiones*[213] erkannte *Gundling*, dass der Mensch nicht ohne Gesellschaft glücklich sein könne und deshalb die *aequitas* beachten müsse.[214] Wenn man aber ohne andere Menschen nicht glücklich sein kann, müsse man sich mit ihnen verbinden, denn ein billiger Mensch muss anderen Menschen helfen, weil er zur gegenseitigen Unterstützung erschaffen ist, denn eine vollständige Glückseligkeit erfordert nicht nur *temperantia*, sondern auch *aequitas*.[215] Vor dem Hintergrund von *Gundlings* Erläuterungen ist somit auch Thomasius' Aussage dahingehend zu verstehen, dass Voraussetzung für die Existenz der *aequitas* die Existenz anderer Menschen ist, weil sie gegenüber anderen Menschen anzuwenden ist. Fehlen andere Menschen, fehlen auch die Empfänger der *aequitas*.

Thomasius und *Gundling* stimmen auch darin überein, dass sie mehrere Ausprägungen der *aequitas* erkennen. So nennt Thomasius drei (der Gleichheit entsprechende) Vorschriften, die sich aus der *aequitas* ableiten lassen, und auch *Gundling* fuhr in der *Via ad veritatem* damit fort der *aequitas* verschiedene Benennungen zu geben: Die Mäßigung (*modestia*), wenn man sich niemandem übervorteilt, also jedem das lässt, was er unabhängig von einer vertraglichen Beziehung hat, wogegen die Gerechtigkeit (*iustitia*) nach einem Vertragsschluss dessen Einhalten verlangt und jedem das Geschuldete zukommen lässt, zuletzt das Wohlwollen (*benevolentia*), durch das man andere an sich bindet.[216] Auch im *Philosophischen Discour-*

---

213 *Thomasius*, Institutiones (Fn. 23), lib. 1, cap. 4, §§ 55, 57, 63, 64, 73, S. 140, siehe oben Fn. 166 bis 172.

214 *Gundling*, Philosophischer Discourse, Bd. 2 (Fn. 147), cap. 11, § 1–10, S. 350: „Denn man kan nicht ohne Gesellschaft glücklich leben [...] Da ich aber auch andere Menschen neben mir habe, und ohne dieselben nicht glücklich seyn kan: So muß ich auch aequitatem, iustitiam beobachten, welche eben, wie schon gedacht, sonderlich Aristoteles bonum alienum nennet."

215 *Gundling*, Philosophischer Discourse, Bd. 2 (Fn. 147), cap. 11, §§ 1–10, S. 351: „Wenn ich nun ohne andere Menschen nicht kann glückselig seyn: so muß ich mich mit ihnen coniungiren, ich muß ruhig mit ihnen leben [...] Wenn mithin der Mensch soll aequus seyn: So muß er andern Menschen helfen; er ist generatus in mutuum adiutiorium. Soll unsere Glückseligkeit complet seyn, so müssen wir dannenhero nicht alleyn bey der temperantia stehen bleiben, sondern es muß auch aequitas hinzukommen. Coniungimus igitur amorem, seu caritatem.

216 *Gundling*, Via ad veritatem, Bd. 2 (Fn. 145), cap. 11, §§ 12, 13, S. 64: „§ 12: Unde tres novae denominationes oriuntur: modestia, benevolentia, iustitia. § 13: Modestia, ut nemini sese praefert; ita cuique, quod citra pactum eius est, relinquit, omnemque superbiam devitat. Benevolentia plures sibi devincit; & est humana, benefica, amica, sincera, mansueta. Iustitia pacta respicit, & quod cuique

se wiederholte er diese Einteilung unter dem Verweis, dass die *aequitas* unterschiedlicher Beschaffenheit sei und daher auch verschiedene Namen bekommen könne, was jedoch nichts daran ändere, dass im Ergebnis eine *aequitas* vorliege.[217] Zwischen diesen drei Ausprägungen der *aequitas* und den von Thomasius aus dieser abgeleiteten Vorschrift herrscht dabei eine inhaltliche Übereinstimmung.[218]

Während also Thomasius die *aequitas* derartig umschreibt, dass sie mit den von ihm statuierten Eigenschaften der Gleichheit übereinstimmt, erklärt *Gundling* explizit, dass mit der *aequitas* eine Gleichheit gemeint ist, die für das Leben mit anderen Menschen unerlässlich ist. Thomasius und *Gundling* folgen also beide derselben Linie, dass die *aequitas* eine Gleichheit ist, die für das Leben in einer Gesellschaft unerlässlich ist, und dass die Gesellschaft zugleich für das menschliche Leben unerlässlich ist. Thomasius vertritt diese Ansicht nicht ausdrücklich. Stattdessen ergibt sie sich aus der Kumulation der in seinen Werken verteilten Äußerungen: So stellt er in den *Institutiones* zunächst die Förderung der Gesellschaft als Grundregel des natürlichen Gesetzes dar, ohne die der Mensch nicht glücklich sein kann. Aus dieser Regel leitet er unter anderem die Pflichten gegenüber anderen Menschen ab, welche er mit der Gleichheit gleichsetzt und in vier Vorschriften unterteilt. Diese ordnet er in den *Fundamenta* wiederum den Regeln des *decorum* und *iustum* zu, aus denen er in der Dissertation von 1706 die *aequitas* zusammensetzt. Erst in der Dissertation von 1717 stellt er aber die Verbindung zwischen Gleichheit und *aequitas* her, indem er diese mit den Prinzipien des *decorum* und *iustum* und den für die Gleichheit

---

debetur, tribuit." – § 12: Daher entstehen drei neue Benennungen: Mäßigung, Wohlwollen, Gerechtigkeit. § 13: Die Mäßigung, dass man sich nicht selbst bevorzugt; also jedem, was vor einem Vertragsschluss sein ist, lässt, und jeden Hochmut vermeidet. Das Wohlwollen bindet mehrere an sich; und ist menschlich, wohltätig, freundlich, aufrichtig, friedlich. Die Gerechtigkeit beachtet Verträge und teilt jedem das zu, was geschuldet wird.

217 *Gundling*, Philosophischer Discourse, Bd. 2 (Fn. 147), cap. 11, §§ 11–13, S. 352: „So ist die aequitas denn die rechte Nächsten-Liebe. Und weil nun dieselbe in einer Gleichheit bestehet: als wird nunmehro alhier specifice erkläret, was darinnen enthalten ist. Überall bleibt ein numerus. [...] Wenn demnach die aequitas diversa nomina bekommt, und bald modestia, bald benevolentia, bald iustitia heißet: so sind nur diversae relationes vorhanden, welche besagte diversa nomina verursachen; die Sache selbst doch bleibet nur einerley."

218 Nach der *modestia* soll man anderen nicht weniger geben, was Thomasius erster Vorschrift, niemanden zu verletzen gleichkommt. Die *iustitia* besagt, wie die zweite Vorschrift der *aequitas*, dass Verträge einzuhalten sind. Und nach der *benevolentia* soll man anderen mit und ohne eigene Unkosten Nützliches tun, wie es als drittes von der aequitas gefordert wird.

formulierten Vorschriften gleichstellt. *Gundling* bringt diese Verbindung dagegen deutlich zum Ausdruck, indem er die *aequitas* als Gleichheit bezeichnet, die für das Leben mit anderen Menschen notwendig ist.

Jedoch haben Thomasius bzw. *Gundling* nicht als erstes die Kongruenz von *aequitas* und Gleichheit im Naturrecht erkannt. Vor ihnen und auch bevor *Pufendorf* die Vorschriften des Naturrechts in Form von Pflichten entwickelte, erklärte schon *Thomas Hobbes*, dass es die grundlegende Regel des Naturrechts sei, dass man Frieden suchen soll, woraus sich alle anderen Gesetze der Natur ableiten lassen.[219] Hiervon ausgehend leitete *Hobbes* zahlreiche Gesetze ab, von denen er als zehntes die *aequitas* nannte. Auch er brachte in ihr den Gedanken zum Ausdruck, dass man immerzu das Gleichgewicht zwischen sich und anderen halten müsse. So forderte er, dass man sich bei der Verteilung des Rechts immer mit anderen gleichhalten müsse, also dem einen nicht mehr oder weniger als dem anderen zuteilen dürfe.[220] Die Bevorzugung des einen führe dazu, dass die natürliche Gleichheit nicht eingehalten und der Benachteiligte verletzt werde, was *Hobbes* eine Parteilichkeit nannte, wogegen er das Halten der Gleichheit mit dem Begriff der *aequitas* umschrieb.[221] Auch *Hobbes* erkannte also in der *aequitas* die Prämisse der Gleichbehandlung, die er wie auch Thomasius aus dem Naturrecht ableitete. Diese Regel stellte für ihn jedoch nur eine von vielen Gesetzen des Naturrechts dar, so dass er neben dieser

---

219 *Hobbes*, Elementa philosophica de cive, Amsterdam 1647, cap. 2, § 2, S. 21 f.: „Prima autem & fundamentalis lex natura est, quaerendam pacem, ubi haberi potest [...].“ – Das erste und grundlegende Gesetz der Natur ist, dass man Frieden suchen soll, wo er zu haben ist.

220 *Hobbes*, De cive (Fn. 219), cap. 3, § 15, S. 50: „Decimo loco, imperatur lege naturali, Ut unusquisque in iure aliis distribuendo utrique parti aequalem se praebeat [...]. Sed si quando Ius aliis distribuendum a nobis fit, prohibemur hac lege, ne uni plus vel minus indulgeamus quam alteri.“ – Als zehntes sage ich, wir vom natürlichen Gesetz angeordnet, dass jeder bei der Verteilung des Rechts auf andere dem anderen Teil das Gleiche gewähren soll [...]. Wenn es aber uns obliegt, das Recht anderen zu verteilen, wird uns durch das Gesetz verboten, dass wir dem einen mehr oder weniger als dem anderen zuteilen.

221 *Hobbes*, De cive (Fn. 219), cap. 3, § 15, S. 50 f.: „Nam qui uni prae altero indulgendo naturalem aequalitatem non observat, facit in eum qui post habitus est contumeliam. Est autem supra ostensum, contumeliam esse contra leges naturales. Praecepti huius observatio AEQUITAS, violatio acceptio personarum [Hervorh. im Orig.].“ – Denn dieser [der verteilt] beachtet, durch die Begünstigung des einen vor dem anderen, die natürliche Gleichheit nicht, und man fügt ihm, der zurückgelassen wurde, eine Beleidigung zu. Es ist aber oben gezeigt worden, dass die Beleidigung gegen die natürlichen Gesetze verstößt. Die Beobachtung dieses Gebots heißt Billigkeit, die nicht Beachtung Parteilichkeit.

unter anderem auch die Vorschriften niemanden zu verletzen, Verträge einzuhalten und Wohltaten zu erweisen aus dem Naturrecht ableitete[222], während Thomasius diese Vorschriften auf die Gleichheit und 1717 auch auf die *aequitas* zurückführte.

Der Gleichlauf von *aequitas* und Gleichheit bei Thomasius ergibt sich auch unter der Zuhilfenahme der *Fundamenta*. Dort ergänzt Thomasius das zweite Buch der *Institutiones* und somit auch seine Bemerkungen zu den Pflichten gegenüber anderen Menschen. Er erklärt, dass die Gleichheit die Verbindung zwischen *iustum* und *decorum* zeige und ihre negativen Vorschriften dem *iustum*, die positiven Vorschriften dem *decorum* entsprechen.[223] Thomasius hält in den *Fundamenta* also an den Vorschriften, die er in den *Institutiones* für die Gleichheit dargelegt hat, fest. Neu ist, dass er den Regeln nun spezifische und strikt voneinander getrennte Geltungsbereiche zuordnet.[224] Auch dies verdeutlicht, dass die *aequitas* der Gleichheit entspricht, denn so wie diese *iustum* und *decorum* miteinander verbindet, tut dies auch die *aequitas*, die das Gleiche anordnet, was auch die Regeln des *iustum* und *decorum* vorschreiben.[225]

In der Dissertation von 1717 wird deutlich, dass die *aequitas* als Gradmesser für solche menschlichen Handlungen dient, der sich an der Gleichheit orientiert. Während der Begriff Gleichheit universal einsetzbar ist und sich auf jegliche Dinge, die gleich sind, beziehen kann, schränkt sich Thomasius mit der *aequitas* auf die Gleichheit menschlicher Handlungen.[226] Eine Gleichheit in Form der *aequitas* ist nur dann gegeben, wenn der Mensch sein Verhalten gegenüber anderen Menschen an sich selbst

---

222 *Hobbes*, De cive (Fn. 219), cap. 3, §§ 12, 1, 8, S. 48, 37 f., 44.

223 *Thomasius*, Fundamenta (Fn. 23), lib. 2, cap. 3, § 1, S. 154: „Aequalitas, de qua hic agitur, ostendit connexionem inter praecepta iusti & decori, ita ut praecepta negativa pertineant ad praecepta iusti, praecepta affirmative autem ad praecepta decori." – Die Gleichheit, von der hier gehandelt wird, zeigt die Verbindung zwischen den Vorschriften des Gerechten und Anständigen, so dass die Verbote die Vorschriften des Gerechten betreffen, die Gebote die Regeln des Anständigen.

224 *Kühnel*, Das politische Denken von Christian Thomasius (Fn. 56), S. 220.

225 *Thomasius*, De aequitate cerebrina [1717] (Fn. 24), § 3, S. 7: „Denn die ganze Beschaffenheit der echten *aequitas* liegt darin, dass wir dasselbe anderen überlassen, was wir mit Recht verlangen, dass uns überlassen wird, und wir sollen einem anderen nicht antun, was wir mit Vernunft nicht wollen, dass uns angetan wird." Vgl. oben Fn. 149.

226 Dies wird schon zu Beginn der Dissertationen von 1706 und 1717 deutlich, wo er jeweils erklärt, dass mit der *aequitas* menschliche Handlungen beschrieben werden, vgl. oben Fn. 92 und 138.

bemisst, es also allzeit im Gleichgewicht zum Verhalten gegenüber sich selbst ist. Die Gleichheit ist dabei Ausdruck des Naturrechts, das äußerliche Handlungen gegenüber anderen Personen betrifft. Sie wird nämlich dadurch gehalten, dass ihre konkreten Vorschriften, welche Thomasius seit den *Fundamenta* dem *decorum* und *iustum* zuordnet, eingehalten werden.

In der Dissertation von 1717 stellt Thomasius für die *aequitas* fest, dass diese nur existieren kann, wenn beide Regeln eingehalten werden. Diese Verbindung von *decorum* und *iustum* entspricht dann der *aequitas* im weiten Sinne, wie Thomasius sie in der Dissertation von 1706 beschrieben hat. Auf den Unterschied zur *aequitas* im engen Sinne geht Thomasius in der jüngeren Dissertation hingegen nicht ein. Vor dem Hintergrund dessen, dass Thomasius in der späteren Dissertation aber vor allem die Beziehung zwischen *aequitas* und Gleichheit herstellt, ergibt dieser Fokus auf den weiten *aequitas*-Begriff auch Sinn. Die Gleichheit erfordert nämlich nicht nur das Einhalten der nicht erzwingbaren Regeln des *decorum*, sondern gerade auch die Beachtung des Rechts, was durchs *iustum* angeordnet wird. Nur die Berücksichtigung der rechtlichen und nichtrechtlichen Norm stellt eine Gleichheit dar. Deswegen muss die Betrachtung der *aequitas* in der Dissertation von 1717 auch das *iustum* als Recht im eigentlichen Sinne erfassen. Nur so wird deutlich, dass sich das gesamte Verhalten gegenüber anderen Menschen an der Gleichheit orientieren soll.

Thomasius' Verständnis der *aequitas* ist insofern auch als eine endgültige Weiterentwicklung bzw. Distanzierung von *Pufendorfs* Vorstellung der Pflichten gegen andere Menschen zu erkennen. Während Thomasius sich in den *Institutiones* noch stark an *Pufendorfs* Systematik orientierte, aber schon dort die Rolle der Gleichheit herausarbeitete, stellt er insbesondere in der Dissertation von 1717 die Verbindung von *aequitas* und Gleichheit her und konzipiert sie somit als oberste Pflicht gegen andere Menschen, welche daher auch die Regeln des *decorum* und *iustum* umfasst. Zwar thematisiert auch *Pufendorf* die *aequitas*, allerdings nicht im Zusammenhang mit den sich aus dem Naturrecht ergebenden Pflichten gegenüber anderen Menschen. Für ihn kommt die *aequitas* bei den positiven Gesetzen zum Tragen, wo sie als Korrekturmittel des Gesetzes fungiert, wenn es wegen seiner Allgemeinheit einen bestimmten Fall nicht umfasst oder zu einem unsinnigen Ergebnis führt.[227] *Pufendorf* hat die Bedeutung der *aequitas*

---

227 *Luig/Pufendorf*, Über die Pflicht des Menschen (Fn. 174), Buch 1, Kap. 2, § 10, S. 42: „Dabei handelt es sich um eine Abhilfe in einem Fall, den das Gesetz wegen seiner Allgemeinheit nicht erfasst, oder um eine geschickte Auslegung des Gesetzes, die unter Anwendung der natürlichen Vernunft ergibt, dass ein

allein für das positive Recht herausgearbeitet, ohne deren naturrechtliche Grundlage zu untersuchen. Dies hat dagegen Thomasius unternommen, indem er die *aequitas*, die auch bei ihm Bedeutung im positiven Recht hat[228], aus der Gleichheit entwickelt.

Durch die Gleichsetzung von *aequitas* mit der Gleichheit und auch den Normen des *iustum* und *decorum*, welche allesamt ein Ausdruck des Naturrechts sind, wird deutlich, dass Thomasius in seiner Sichtweise ganz der neuzeitlichen Entwicklung des Naturrechts entspricht: War die *aequitas* im frühen 16. und 17. Jahrhundert noch als eigenständige Rechtsquelle erkannt worden[229], die das Recht ergänzte, setzten die neueren Naturrechter die *aequitas* weitestgehend mit dem Naturrecht gleich. Sie wird als ehemals ergänzende Rechtsquelle vom neuen Naturrecht aufgesogen.[230]

4. Fazit

Zusammenfassend lässt sich sagen, dass die *aequitas*, wie sie bei Thomasius zum Ausdruck kommt, keine eigenständige Rechtsquelle darstellt, sondern vielmehr den Teil des Naturrechts (im weiten Sinne) beschreibt, der das Verhalten gegenüber anderen Menschen normiert. Thomasius Bemerkungen zum naturrechtlichen *aequitas*-Begriff in den Dissertationen von 1706 und 1717 sind kohärent und stellen eine Weiterentwicklung seiner naturrechtlichen Ansichten aus den *Institutiones* und *Fundamenta* dar, in die er die *aequitas* inkorporiert.

In den *Institutiones* und *Fundamenta* stellt er sein System menschlicher Pflichten dar, welche sich aus dem Naturrecht ergeben. Diese werden von der Gleichheit regiert und zu zwei gesonderten naturrechtlichen Normen zusammengefasst: dem *iustum* und dem *decorum*. Vor diesem Hintergrund beschreibt Thomasius auch die *aequitas* in den beiden Dissertationen. Er beschreibt sie zum einen vor dem Hintergrund der drei naturrechtlichen Normen, indem er sie mit dem *decorum* und *iustum* gleichsetzt (zumindest als *aequitas* im weiten Sinne) und vom auf sich selbst gerichteten *honestum*

---

besonders gelagerter Fall zur Vermeidung eines ganz unsinnigen Ergebnisses nicht dem allgemein gefassten Gesetz unterstellt werden kann."

228 Siehe zu Thomasius' Erkenntnissen zur *aequitas* im positiven Recht unten S. 105 ff.

229 *Schröder*, Recht als Wissenschaft, Bd. 1 (Fn. 17), S. 18.

230 *Schröder*, Recht als Wissenschaft, Bd. 1 (Fn. 17), S. 114 f. Siehe zur sukzessiven Auflösung der *aequitas* in das Naturrecht auch *Schröder*, Aequitas und Rechtsquellenlehre in der frühen Neuzeit (Fn. 18), insbesondere S. 302 f.

abgrenzt. Zum anderen entwickelt er aus der *aequitas* Regeln, die auch auf den Erhalt einer Gleichheit hinwirken. Während er in der älteren Dissertation zwischen der *aequitas* im engeren und im weiteren Sinne differenziert, sieht er von einer solchen Unterscheidung in der jüngeren Dissertation ab. Dort fokussiert er sich allein darauf, die *aequitas* im Lichte des Naturrechts zu definieren, wodurch er deutlich macht, dass die *aequitas* in diesem aufgeht. Somit macht er deutlich, dass die naturrechtliche *aequitas* eine allumfassende Gleichheit im Verhalten gegenüber anderen Menschen widerspiegeln soll. Die Untersuchung dieses Abschnitts zur *aequitas* im Naturrecht ergibt also, dass es sich bei dieser um das Naturrecht selbst handelt. Dies gilt zwar nur eingeschränkt, weil andersherum das Naturrecht nicht allein die *aequitas* normiert, sondern auch das innerliche, auf sich selbst gerichtete Verhalten. Thomasius führt das gesamte Wesen der *aequitas* auf das Naturrecht zurück. Er setzt sie gänzlich aus den naturrechtlichen Normen des *iustum* und *decorum* zusammen, so dass sie in sich das Naturrecht zusammenfasst, das äußerliche, auf andere Menschen gerichtete Handlungen normiert.

III. Anthropologischer Ursprung der *aequitas*

Thomasius befasst sich in der Dissertation von 1706 nicht nur mit der Frage nach der rechtlichen Beschaffenheit der *aequitas,* indem er sie als naturrechtliche Norm menschlicher Handlungen darstellt. Er setzt sich auch mit der Frage auseinander, woher diese menschlichen Handlungen kommen. Insofern stellt er eine, wenn auch sehr knappe, anthropologische Untersuchung an, um aufzuzeigen, welche Vorgänge im Menschen für das Entstehen der *aequitas* verantwortlich sind. So erklärt er mit Blick auf ihre Quellen, dass die *aequitas*, und auch die *iniquitas* und *aequitas cerebrina*[231], geistiger bzw. willkürlicher Natur sind:

Aequitas virtutis [...] nomen est, sed aequitas, virtus partim intellectualis est, prudentiae comes ex scientia doctrinae moralis oriunda; partim voluntaria, ex benigna dispositione cordis ac temperamento sanguinis orta, quod mansuetos, clementes,	*Aequitas* ist Name der Tugend [...], aber die *aequitas* ist zum Teil eine geistige Tugend, eine Gefährtin der Klugheit, die aus der Kenntnis der Morallehre entstehen muss; zum Teil eine willkürliche, aus der gütigen Disposition des Herzens und

---

231 Siehe zu den anthropologischen Quellen der *aequitas cerebrina* unten S. 125 ff.

liberales ac benignos homines reddit.[232]	dem sanguinischen Temperament erwachsen, das die Menschen verträglich, sanftmütig, freigebig und gütig macht.

Thomasius beschreibt die *aequitas* zum einen als geistige (*intellectualis*) Tugend, die eine Gefährtin der Klugheit ist und aus der Kenntnis der Morallehre hervorgeht, zum anderen als eine willkürliche (*voluntarius*) Tugend, die aus der gütigen Disposition des Herzens und dem sanguinischen Temperament entsteht. Er setzt die *aequitas* also in Beziehung zum Verstand (*intellectus*) und Willen (*voluntas*). Da Thomasius es in der Dissertation bei dieser Äußerung belässt, bleibt es unklar, was unter der *aequitas* als geistige oder willkürliche Tugend zu verstehen ist. Diese Unklarheit kann jedoch beseitigt werden, wenn man die Aussage vor dem Hintergrund von Thomasius' Menschenbild betrachtet, das er in früheren Werken, vor allem in den *Fundamenta* beschrieben hat. Dort befasst er sich mit dem Willen und Verstand als Teil der menschlichen Seele. Da er diese auch als Quelle der *aequitas* ansieht, sollen diese zunächst in den Blick genommen werden (1.). Auf Grundlage dessen soll dann untersucht werden, inwiefern Thomasius die *aequitas* für eine Wirkung von Verstand und Willen hält, wobei in diesem Zusammenhang auch zu klären ist, warum er die *aequitas* für eine „Gefährtin der Klugheit" hält (2.).

1. Die Zusammensetzung der menschlichen Seele

Thomasius führt die *aequitas* auf die Komponenten der menschlichen Seele, nämlich Verstand und Willen, zurück. Daher gilt es nun diese überblicksartig darzustellen.[233] Zunächst sollen Verstand und Wille betrachtet werden (a)). Sodann ist es auch wichtig zu erkennen, in welcher Beziehung beide zueinanderstehen (b)) und inwiefern sie als frei und deren Wirkungen dann auch als vernünftig bzw. moralisch aufzufassen sind (c)).

---

232 *Thomasius*, De aequitate cerebrina [1706] (Fn. 24), cap. 1, § 5, S. 4.
233 Siehe auch die ausführlichen Untersuchungen von Thomasius' Anthropologie bei *Schneiders*, Naturrecht und Liebesethik (Fn. 90), S. 243-258; *Rüping*, Die Naturrechtslehre des Christian Thomasius und ihre Fortbildung in der Thomasius-Schule (Fn. 96), S. 33-41; *Lutterbeck*, Staat und Gesellschaft bei Christian Thomasius und Christian Wolff (Fn. 96), S. 97-120.

a) Verstand und Wille

Im Folgenden soll nun in groben Zügen dargestellt werden, was Thomasius meint, wenn er mit Blick auf die *aequitas* von Willen und Verstand spricht. Aufschluss gibt vor allem ein Blick in die kurz vorher erschienenen *Fundamenta*. Dort erklärt er, dass der Mensch mit anderen Körpern (z.B. Tieren) viele Fähigkeiten gemein hat, sich von ihnen aber hinsichtlich Kräfte des Verstandes und des Willens unterscheidet, die er als Seele (*anima*) zusammenfasst.[234] Weil es sich bei diesen Kräften um unsichtbare Dinge handelt, werden sie anhand ihrer Wirkungen (*operationes*) wahrgenommen.[235] Beim Verstand handelt es sich um die Fähigkeit der Seele, im Gehirn zu denken, beim Willen um die Fähigkeit der Seele, im Herzen zu begehren. Deren Wirkungen sind also der Gedanke, respektive die Begierde.[236] Als eine solche Wirkung von Verstand und Willen bezeichnet

---

234 *Thomasius*, Fundamenta (Fn. 23), lib. 1, cap. 1, §§ 5-7, S. 121: „§ 5: [...] ita multas habet facultates, cum aliis corporibus terrenis [...] e.g. vitam, locomotivam, potentiam generandi, concoctionem &c. [...]. § 6: Istae autem potentiae, per quas homo differt a reliquis corporibus, quae nobis cognita sunt, & maxima a bestiis, dicuntur anima humana [...]. § 7: Cum homo ab aliis corporibus omnibus differat potentia intelligendi & volendi, inde anima humana dicitur communiter constare duabus facultatibus, intellectu & voluntate." – § 5: [...] also hat er viele Fähigkeiten mit anderen irdischen Körpern [...] gemein, z.B. das Leben, die Bewegungskraft, die Zeugungskraft, die Verdauung etc. [...]. § 6: Diese Kräfte aber, durch die der Mensch sich von anderen uns bekannten Körpern und hauptsächlich von den Tieren unterscheidet, werden menschliche Seele genannt [...]. § 7: Weil der Mensch sich von allen anderen Körpern durch die Kraft des Verstehens und Wollens unterscheidet, wird von der menschlichen Seele gemeinhin gesagt, dass sie aus zwei Fähigkeiten, Verstand und Willen, besteht.

235 *Thomasius*, Fundamenta (Fn. 23), lib. 1, cap. 1, § 12, S. 122: „Sed potentiae quidem omnes ideo, quia invisibiles sunt, ne ipsae adeo sensibus immediate percipi possunt, non solum dicuntur praesentes esse, ubi signa earum in corporibus apparent, sed & nonnisi per operationes, quae signa rebus, in quas operantur, imprimunt, concipi aut definiri possunt [...]." – Aber nicht nur sagt man von allen Kräften daher, weil sie unsichtbar sind und deshalb mit den Sinnen nicht unmittelbar wahrgenommen werden können, dass sie vorliegen, wo deren Merkmale in den Körpern erscheinen, sondern sie können auch nur durch ihre Wirkungen, welche denen Sachen, in denen sie wirken, Merkmale eindrücken, erkannt und bestimmt werden [...].

236 *Thomasius*, Fundamenta (Fn. 23), lib. 1, cap. 1, §§ 16, 17, S. 19: „§ 16: [...] Operatio autem illa intellectus, quam in cerebro sentit, est cogitatio; voluntatis, quam in corde sentit, est concupiscentia vel amor. § 17: Igitur intellectus est facultas animae humanae cogitandi in cerebro, & voluntas facultas eiusdem animae concupisecendi in corde." – § 16: [...] Aber die Wirkung des Verstandes, welcher im

Thomasius nun auch die *aequitas*, indem er sie als *virtus intellectualis* bzw. *voluntaria*, also eine Tugend des Verstandes bzw. Willen, bezeichnet. Auch unter dem Begriff Tugend (*virtus*) versteht Thomasius nämlich nichts anderes als eine Wirkung der Kräfte, denn er verwendet den Begriff *virtus* synonym mit *operatio* oder auch *actio* (Handlung).[237] Er meint damit die Bewegungen der Kräfte, wodurch diese erst erkennbar werden. Thomasius versteht unter der *aequitas* also eine wahrnehmbare Wirkung der unsichtbaren Kräfte des Willens und Verstandes. Wie diese Wirkung namens *aequitas* genau in Erscheinung treten, soll an späterer Stelle noch erläutert werden.[238] Zunächst soll jedoch betrachtet werden, wodurch Verstand und Wille sich auszeichnen und in welchem Verhältnis sie zueinanderstehen.

b) Verhältnis von Verstand und Willen

Um die Relevanz von Willen und Verstand für die *aequitas* deutlicher zu machen, soll nun auf deren Eigenheiten und auch deren Verhältnis zueinander geblickt werden. In den *Fundamenta* erklärt Thomasius zum Verstand, dass dieser durch Gedanken wirkt, welche sich mit Körpern oder Kräften auseinandersetzen und dementsprechend dann Wahrnehmung

---

Gehirn empfindet, ist der Gedanke; die des Willens, der im Herzen empfindet, ist die Begierde oder Liebe. § 17: Daher ist der Verstand die Fähigkeit der menschlichen Seele im Gehirn zu denken und der Wille die Fähigkeit derselben Seele im Herzen zu begehren.

237 Dieser Zusammenhang wird deutlich, wenn man den Begriff *virtus* in den *Fundamenta* mit dessen Übersetzung in der deutschsprachigen Ausgabe vergleicht. Thomasius nennt *virtus* erstmalig im ersten Kapitel, als er sichtbare und unsichtbare Dinge voneinander unterscheidet und letztere in *potentiae, facultates* und *virtutes* einteilt, was in den vier Jahre später erschienenen *Grundlehren* mit Kräfte, Vermögen und Wirkungen übersetzt wurde, vgl. *Thomasius*, Grundlehren des Natur- und Völkerrechts, Nachdr. der Ausg. Halle 1709, Hildesheim 2003, Buch 1, Kap. 1, § 1, S. 14. In den darauffolgenden Paragraphen setzt sich Thomasius weiterhin mit den als Wirkungen übersetzten *virtutes* auseinander. In § 12 handeln die *Grundlehren* weiterhin von den Wirkungen, welche er im lateinischen Original nun als *operationes* bezeichnet. Zudem setzt Thomasius die *operationes* und *actiones* in § 13 gleich, weil er letztere zwar als Bewegung des Körpers bezeichnet, welche aber letztlich nur die Wirkung von Kräften zum Ausdruck bringt, so dass *actio* und *operatio* synonym als Bewegung der Kräfte zu verstehen sind.
238 Siehe unten S. 99 ff.

bzw. reiner Verstand genannt werden.[239] Das Denken kann auf zwei Weisen geschehen, entweder durch Erforschung oder Feststellungen.[240] Die andere Komponente der Seele, der Wille, wirkt als Begierde im Herzen. Hierzu führt Thomasius näher aus, dass diese Begierde zugleich eine Liebe, ein Verlangen nach der geliebten Sache und letzten Endes einen Trieb zu handeln umfasst. Zwar existieren auch Triebe in anderen Körperteilen, der Wille aber ist ein Trieb, der spezifisch im Herzen wirkt.[241]

Diese Definition des Willens hält Thomasius jedoch für zu weit, weil sie keine Abgrenzung gegenüber den Tieren zulässt, deren Trieb im Herzen ebenfalls zu einer Bewegung führt, weshalb bei den Menschen erst der Trieb des Herzens, verbunden mit den Gedanken, den Willen konstituiert. Ohne die Gedanken ist dieser Trieb hingegen nur ein sinnliches

---

239 *Thomasius*, Fundamenta (Fn. 23), lib. 1, cap. 1, § 18, S. 19: „Actus vero intellectus sunt cogitationes, quae vel de corporibus cogitant, vel de potentiis. Illae sensiones dicuntur, haec intellectus stricte dictus aut purus." – Die Handlungen des Verstandes sind die Gedanken, die entweder Körper oder Kräfte betrachten. Jene werden Wahrnehmung, diese werden Verstand im engeren Sinne oder reiner Verstand genannt.

240 *Thomasius*, Fundamenta (Fn. 23), lib. 1, cap. 1, § 30, S. 21 f.: „Modi cogitandi omnes fiunt aut per investigationem aut performationem propositionum. Illa dicitur quaestio vel etiam suspensio iudicii, haec vel affirmatio vel negatio. Sunt igitur affirmatio & negatio actiones intellectus, non voluntatis: & qui citra affirmationem aut negationem vel quaestionem cogitat, non potest dicere, quid cogitet. Quare simpliciter falsum est, dari cogitationem termini simplicis, aut necesse est, esse cogitationem confusissimam & umbram potius cogitationis, quam cogitationem." – Alle Arten zu denken geschehen entweder durch Erforschung oder Gestaltung von Vorstellungen. Jene nennt man Frage oder Aussetzung eines Urteils, dieses eine Bejahung oder Verneinung. Also sind Bejahung und Verneinung Handlungen des Verstandes, nicht des Willens: Und derjenige, der ohne Bejahung und Verneinung oder Frage denkt, kann nicht sagen, was er denkt. Daher ist es schlicht falsch, dass es einen Gedanken über einen einfachen Begriff gibt, oder es ist notwendig, dass der undeutlichste Gedanke eher ein Schatten eines Gedankens, als ein Gedanke ist.

241 *Thomasius*, Fundamenta (Fn. 23), lib. 1, cap. 1, § 34, S. 22: „Pergo ad voluntatem. Dixi, omnem voluntatem esse concupiscentiam in corde. Omnis concupiscentia amor est. Omnis amor est desiderium uniendi se cum re amata. Omne desiderium conatus est agendi. Dum vero voluntas conatus est cordis, differt a conatu, qui sentitur in aliis membris corporis, ut conatus eiiciendi excrementa, conatus in ulcere." – Ich gehe zum Willen weiter. Ich habe gesagt, dass jeder Wille eine Begierde im Herzen ist. Jede Begierde ist Liebe. Jede Liebe ist ein Verlangen sich mit der geliebten Sache zu vereinen. Jedes Verlangen ist ein Trieb zu handeln. Da der Wille gewiss ein Trieb des Herzens ist, unterscheidet er sich vom Trieb, der in anderen Gliedern des Körpers empfunden wird, wie der Trieb Exkremente auszuwerfen oder der Trieb in einem Geschwür.

Verlangen, welches auch bei den Tieren vorliegt.[242] Dies begründet Thomasius damit, dass der Wille den Verstand antreibt, die begehrte Sache zu betrachten und über Mittel nachzudenken, um diese zu erlangen.[243] Er hält also Willen und Verstand für zwei unterschiedliche Kräfte des Körpers, die dennoch nicht isoliert voneinander betrachtet werden können, sondern aufeinander angewiesen sind. So erklärt Thomasius bereits im Zusammenhang mit dem Verstand, dass dieser unweigerlich dem Willen vorgelagert sein muss, da es für das Empfinden einer Begierde notwendig ist, dass man das Objekt der Begierde überhaupt erstmal wahrnimmt.[244] Der Verstand ist für den Willen folglich eine unabdingbare Voraussetzung. Der Wille wirkt allein auf den Verstand, während der Verstand eigentlich nicht auf den Willen einwirken kann, sondern lediglich ein bestimmtes „Gegenstandsbewusstsein" vermitteln kann.[245] Somit fasst Thomasius zusammen, dass der Zusammenhang zwischen Willen und Verstand darin besteht, dass dieser zwar sehr wohl unabhängig vom Willen wirken kann,

---

242 *Thomasius*, Fundamenta (Fn. 23), lib. 1, cap. 1, § 35, S. 22: „Sed talem conatum in corde suo & bestiae sentiunt, qua tamen voluntatem non habent. Hinc nondum sufficiens est definitio voluntatis. Equidem conatus bestiarum exerit se in locomotivam corporis, sed absque cogitatione [...]. Igitur voluntas est concupiscentia cordis semper coniuncta cum cogitatione intellectus. Hinc si consideretur absque respectu ad potentiam cogitandi, dicitur appetitus sensitivus." – Aber einen solchen Trieb in ihrem Herzen empfinden auch die Bestien. Daher ist die Definition des Willens noch nicht ausreichend. Zwar mündet der Trieb der Bestien in die Bewegungskraft des Körpers, aber ohne das Denken [...]. Deshalb ist der Wille eine Begierde des Herzens, die immer mit dem Denken des Verstandes verbunden ist. Wenn er daher betrachtet wird ohne Rücksicht auf die Kraft zu denken, wird er ein sinnliches Verlangen genannt.

243 *Thomasius*, Fundamenta (Fn. 23), lib. 1, cap. 1, § 35, S. 22: „[...] At conatus voluntatis non solum dirigit potentiam locomotivam corporis, sed & impellit intellectum ipsum, ut rem amatam valde consideret, & de mediis cogitet adipiscendi eam, eaque fruendi. Igitur voluntas est concupiscentia cordis semper coniuncta cum cogitatione intellectus. Hinc si consideretur absque respectu ad potentiam cogitandi, dicitur appetitus sensitivus [...]." – [...] Aber der Trieb des Herzens regiert nicht nur die Bewegungskraft des Körpers, sondern treibt auch den Verstand selbst an, dass er die geliebte Sache sehr betrachtet und an Mittel denkt, diese zu erlangen und zu genießen [...].

244 *Thomasius*, Fundamenta (Fn. 23), lib. 1, cap. 1, § 23, S. 20: „[...] ita etiam ignoti nulla est cupido seu voluntas, sed omnis cupiditas ad operandum requirit minimum perceptionem seu cognitionem sensus externi." – [...] so gibt es auch nach dem Unbekannten keine Begierde oder Willen, sondern jede Begierde erfordert wenigstens zur Wirkung eine Wahrnehmung oder Erkenntnis des äußeren Sinnes.

245 *Schneiders*, Naturrecht und Liebesethik (Fn. 90), S. 244.

aber andersrum der Wille stets den Verstand bewegt.[246] Der Verstand ist somit bei der Feststellung vom Guten oder Schlechten immer dem Willen unterworfen, denn dieser begehrt nicht etwas, weil der Verstand es für gut hält, sondern andersherum, weshalb der Verstand immer das für gut hält, zu dessen Betrachtung er durch den Willen angetrieben wird.[247] Die gegenseitige Beziehung von Verstand und Willen ist folglich davon geprägt, dass der Wille nicht ohne den Verstand existieren kann, während der Verstand sehr wohl unabhängig von Willen wirken kann, aber dennoch zumeist von diesem angetrieben wird. Der Verstand ist mit Blick auf den Willen eine abhängige und machtlose Potenz.[248] Das Gute erscheint für jeden Menschen als dasjenige, worauf seine Leidenschaften

---

246 *Thomasius*, Fundamenta (Fn. 23), lib. 1, cap. 1, § 37, S. 23: „Interim ex dictis patet intellectus & voluntatis mutua relatio & cohaerentia. Actiones intellectus quidem saepe moventur sine volunte. Sed voluntas semper movet intellectum." – Inzwischen werden aus dem Gesagten die gegenseitige Beziehung und Zusammenhang des Verstandes und Willens deutlich. Die Handlungen des Verstandes werden gewiss oft ohne den Willen bewegt. Aber der Wille bewegt immer den Verstand.

247 *Thomasius*, Fundamenta (Fn. 23), lib. 1, cap. 1, § 46, S. 25: „At in affirmatione boni vel mali [...] in attenta consideratione huius boni, in meditatione de mediis ad bonum consequendum aptis semper intellectus impulsui voluntatis subest [...]. Non enim quia aliquid bonum videtur intellectui, voluntas id appetit, sed ideo quia voluntas quid appetit, id bonum videtur esse intellectui [...] Quod voluntati gratum est, id intellectus non potest aliter sensu percipere, atque sub imagine grati, & quod non gratum est, sub imagine non grati. Quod vero ut gratum sentitur, sentitur ut bonum, quod ut non gratum, sentitur ut malum. Ergo cum voluntas praeiudicium faciat intellectui, eumque impellat ad attentam considerationem rei, & ad meditandum de mediis ad acquirendam rem illam aptis, non poterit non intellectus etiam in ipsa meditatione mediorum rem cupitam pro bono habet." – Aber bei der Bejahung des Guten und des Schlechten [...] ist der Verstand bei der aufmerksamen Betrachtung dieses Guten, beim Nachdenken über die geeigneten Mittel, um das Gute zu erlangen, immer dem Antrieb des Willens unterworfen [...]. Denn nicht, weil dem Verstand etwas gut scheint, begehrt es der Wille, sondern deshalb, weil der Wille etwas begehrt, erscheint es dem Verstand gut [...] Was dem Willen angenehm ist, das kann der Verstand nicht anders wahrnehmen, und unter dem Bilde des Angenehmen, und was aber nicht angenehm ist, unter dem Bild des Unangenehmen. Wie es als angenehm empfunden wird, so es als gut empfunden, wie es als unangenehm empfunden wird, so wird es als schlecht empfunden. Also weil der Wille beim Verstand ein Vorurteil erregt und zur aufmerksamen Betrachtung der Sache antreibt, um an geeignete Mittel zu denken, um jene Sache zu erlangen, kommt der Verstand nicht umhin, als auch bei der Erwägung der Mittel die Sache für gut zu halten.

248 *Schneiders*, Naturrecht und Liebesethik (Fn. 90), S. 245.

zielen, bzw. es erscheint das als gut, was der seinerseits von Leidenschaften befangene Wille anstrebt. Die jeweilige affektbedingte, psychophysische Individualität führt dann auch zu einer Definition des Guten und Bösen, die sich von Mensch zu Mensch unterscheidet, weshalb eine Rückgriff auf das menschliche Gewissen nicht möglich ist.[249] Es wird also hier bereits deutlich, dass eine objektive Erkenntnis des Guten und Schlechten durch den Menschen faktisch unmöglich ist, da die Erkenntnis des Menschen je nach Willensbeschaffenheit variiert.

Dieser wechselseitigen Beziehung von Verstand und Willen legt Thomasius die Vorstellung zu Grunde, dass die menschlichen Kräfte (und somit auch Wille und Verstand) von anderen Kräften, seien sie innerhalb oder des Menschen, bewegt werden.[250] Er versteht den Willen und Verstand also weder als voneinander isolierte noch von anderen Kräften unabhängige Kräfte.[251] Vor diesem Hintergrund unterteilt Thomasius die Wirkungen von Willen und Verstand in Handlungen (actio) und Leidenschaften (passio).[252] Für den Verstand bedeutet das, dass er handelt oder leidet, abhängig davon, ob seine Bewegung vom Willen angetrieben wird oder von anderen Dingen, obwohl Thomasius streng genommen beides als Leidenschaft bezeichnet.[253] Beim Willen richtet Thomasius die Unterscheidung danach, ob der aktiv oder passiv wirkt: Er leidet, wenn seine Wirkung durch andere Dinge angetrieben worden ist und handelt hingegen, wenn er andere Glieder bewegt.[254]

---

249 *Kühnel*, Das politische Denken von Christian Thomasius (Fn. 56), S. 47.

250 *Thomasius*, Fundamenta (Fn. 23), lib. 1, cap. 1, § 38, S. 23: „Scilicet potentiae humanae vel moventur ab aliis potentiis extra hominem, vel una potentia humana movet alteram." – Nämlich werden die menschlichen Kräfte entweder von anderen Kräften außerhalb des Menschen bewegt, oder eine menschliche Kraft bewegt die andere.

251 *Gisawi*, Der Grundsatz der Totalreparation (Fn. 96), S. 48.

252 *Thomasius*, Fundamenta (Fn. 23), lib. 1, cap. 1, § 48, S. 26: „Habent igitur & intellectus & voluntas suas actiones & passiones." – Deshalb haben Verstand und Willen ihre Handlungen und Leidenschaften.

253 *Thomasius*, Fundamenta (Fn. 23), lib. 1, cap. 1, § 49, S. 26: „Intellectus agere dicitur, quando impellitur a voluntate ad meditandum, pati, quando movetur ab aliis rebus praeter voluntatem ad sentiendum. Igitur accurate loquendo, intellectus utrobique patitur, nunquam primo movet." – Vom Verstand wird gesagt, dass er handelt, wenn er vom Willen zum Nachdenken angetrieben wird, dass er leidet, wenn er von anderen Sachen als dem Willen zur Wahrnehmung bewegt wird. Deshalb leidet der Verstand genau gesprochen in beiden Fällen, er bewegt niemals zuerst.

254 *Thomasius*, Fundamenta (Fn. 23), lib. 1, cap. 1, § 50, S. 26: „Voluntas patitur ab aliis rebus ipsam excitantibus, non tamen ab intellectu, agit in locomotivam

Dabei fasst er den Zustand der menschlichen Seele derartig zusammen, dass der Wille die zuerst wirkende Kraft ist, weil er den Verstand bewegt.[255] Dieser nimmt neben dem Willen lediglich eine passive Rolle ein, der Wille ist die antreibende Kraft der Seele.[256] In Thomasius' System bleibt also der Wille, der selbst von anderen Einflüssen und von der Vermittlung durch den Verstand abhängig ist, diesem immer überlegen, auch wenn er selbst durch andere Kräfte beeinflussbar ist, weil er den Verstand ohne Gegenwirkung lenken kann.[257] Durch diese Vorrangstellung des Willens, die Thomasius in den *Fundamenta* formuliert, vollzog er einen „anthropologischen Paradigmenwechsel", da er seine bisherigen Überlegungen, dass der Verstand über den Willen herrscht, aufgab und nun den Willen als wesentliches Charakteristikum anerkennt.[258] Diese Erkenntnis des Willensprimat hat zwei weitere Entwicklungen zur Folge: Zum einen lässt sich damit auch die Verlagerung des Naturrecht vom geselligen zum individualistischen Glücksprinzip begründen, denn mit dem Vorrang des Willens gegenüber dem Verstand erlangt nun auch die Individualität des jeweiligen Wollens den Vorrang gegenüber der vorherigen, vernunftbezogenen Gleichheit, weil das menschliche Streben eben nicht mehr vernunftgesteuert auf die *socialitas* hinführt.[259] Zum anderen macht der Vorrang des Willens das Bereitstellen einer Norm erforderlich, da es dem Verstand an einer unabhängigen Urteilskraft über gut und schlecht mangelt.[260] Dies beruht nämlich auf der Vorstellung das Verstand und Willen nicht frei sind, was im Folgenden dargestellt werden soll.

---

aliorum membrorum, etiam in ipsum cerebrum, i.e. in locomotivam intellectus." – Der Wille leidet durch andere ihn antreibende Dinge, nicht aber durch den Verstand, er handelt bei der Bewegung anderer Glieder, auch im Gehirn selbst, d.h. bei der Bewegung des Verstandes.

255 *Thomasius*, Fundamenta (Fn. 23), lib. 1, cap. 1, § 54, S. 27: „Intellectus itaque nunquam est facultas primo movens alias facultates, at voluntas est primum agens animae humanae, quia movet intellectum." – Der Verstand ist daher niemals die Fähigkeit, die zuerst andere Fähigkeiten bewegt, aber der Wille ist das zuerst bewegende der menschlichen Seele, weil er den Verstand bewegt.

256 *Gisawi*, Der Grundsatz der Totalreparation (Fn. 96), S. 49.

257 *Schneiders*, Naturrecht und Liebesethik (Fn. 90), S. 244.

258 *Kühnel*, Das politische Denken von Christian Thomasius (Fn. 56), S. 42. Vgl. auch *Grunert*, Normbegründung und politische Legitimität (Fn. 11), S. 204 f.; *Rüping*, Die Naturrechtslehre des Christian Thomasius (Fn. 96), S. 35. Ebenso *Schneiders*, Naturrecht und Liebesethik (Fn. 90), S. 232 ff., der auch auf die damit verbundene Problematik einer richtigen Erkenntnis aufmerksam macht.

259 *Kühnel*, Das politische Denken von Christian Thomasius (Fn. 56), S. 42, 45.

260 Zur Notwendigkeit dieser Norm, siehe sogleich insbesondere nach Fn. 286.

c) Freiheit von Verstand und Willen

Wie aus Thomasius' Darstellung von Willen und Verstand deutlich wird, können deren Wirkungen von anderen Kräften angereizt werden und werden dann Leidenschaften, ansonsten Handlungen genannt. Dies mündet für Thomasius dann auch in die Feststellung, dass weder Verstand noch Willen frei sind, wodurch er zwischen Vernunft und Moral unterscheidet.

Bezüglich der Freiheit des Willens macht Thomasius zunächst deutlich, dass zwischen dem Willen und den Handlungen des Willens unterschieden werden muss. Er bezeichnet vom Willen ausgehende Handlungen als willkürlich, moralisch, freiwillig, nicht vom Willen getragene Handlungen als nicht willkürlich, notwendig, gezwungen.[261] Der Wille selbst ist hingegen nicht willkürlich, moralisch oder freiwillig, weil das sonst hieße, dass der Wille seinerseits einen Willen haben müsste und von ihm gesteuert würde. Dennoch nennt ihn Thomasius aber eine moralische Kraft, weil er der Ursprung der Moral ist.[262] Daher fasst er den Willen und die ihm unterworfenen Kräfte gemeinsam als moralische Natur des Menschen zusammen.[263] Neben der moralischen Natur des Menschen betrachtet Thomasius auch die vernünftige. Diese ist in Thomasius' Augen nur dann von der moralischen Natur getrennt, wenn die Gedanken nicht vom Willen angetrieben sind. Wenn aber der Wille die Gedanken antreibt, gehört

---

261 *Thomasius*, Fundamenta (Fn. 23), lib. 1, cap. 1, § 55, S. 27: „Actiones a voluntate imperatae dicuntur voluntariae, item morales, (quia plures actiones voluntariae conformes, mores appellantur) item spontaneae; actiones reliquae vocantur non voluntariae, item necessariae vel etiam coactae." – Vom Willen befohlene Handlungen werden willkürlich, auch moralisch genannt, (weil mehrere willkürliche übereinstimmende Handlungen Sitten genannt werden) auch freiwillig; die übrigen Handlungen werden nicht willkürlich, auch notwendig oder auch gezwungen genannt.

262 *Thomasius*, Fundamenta (Fn. 23), lib. 1, cap. 1, § 56, S. 27: „Ipsa tamen voluntas non est potentia voluntaria; alias enim daretur voluntas voluntatis, neque adeo spontanea, neque moralis; sed & ipsa in se naturalis potentia hominis est & necessaria, & non voluntaria, dicitur tamen voluntas potentia moralis, quia est fons omnis moralitatis." – Der Wille selbst ist jedoch keine willkürliche Kraft; ansonsten würde nämlich dem Willen ein Willen gegeben, und daher auch nicht freiwillig oder moralisch; sondern er selbst ist in sich eine natürliche Kraft des Menschen auch notwendig und nicht willkürlich, jedoch wird der Wille eine moralische Kraft genannt, weil er die Quelle aller Moral ist.

263 *Thomasius*, Fundamenta (Fn. 23), lib. 1, cap. 1, § 57, S. 27: „Natura igitur hominis moralis est complexus potentiae volendi cum potentiis voluntati subiectis." – Deshalb umschließt die moralische Natur des Menschen die Kraft des Wollens mit den dem Willen unterworfenen Kräften.

die vernünftige Natur auch zur moralischen.[264] Daraus folgert Thomasius, dass es sich bei der Vernunft allein um eine Eigenschaft des Verstandes, nicht des Willens handelt, mag dieser auch vernünftig genannt werden, weil er die Seele zuerst bewegt und immer mit der Vernunft, also dem Verstand, verknüpft ist.[265] Moralische Handlungen sind nämlich dann zugleich vernünftig, wenn sie mit der Vernunft des Menschen übereinstimmen, also mit den nicht vom Willen angetriebenen Handlungen; sie sind unvernünftig, wenn sie einer solchen Vernunft widerstreben, weil sie zwar mit dem Verstand übereinstimmen, dieser aber vom Willen angetrieben wird.[266] Thomasius unterscheidet also zwischen moralischen Handlungen, die vernünftig sind, und solchen, die unvernünftig sind.[267] Die Unterscheidung findet nicht anhand einer Ausschließlichkeit statt. Eine Handlung ist nicht entweder vernünftig oder moralisch. Vielmehr ist jede vom Willen getragene Handlung auch moralisch. Ob sie auch vernünftig ist, ermittelt Thomasius anhand der hypothetischen Überlegung, ob die Handlung

---

264 *Thomasius*, Fundamenta (Fn. 23), lib. 1, cap. 1, § 61, S. 28: „At natura hominis rationalis certo respectu opponitur morali, quatenus cogitationes hominis non dependent a voluntate, certo respectu ad morale pertinet, quatenus dirigitur a voluntate." – Aber die vernünftige Natur des Menschen wird in gewisser Hinsicht der moralischen gegenübergestellt, sofern die Gedanken des Menschen nicht vom Willen abhängen, in gewisser Hinsicht betrifft sie das moralische, wenn sie vom Willen regiert wird.

265 *Thomasius*, Fundamenta (Fn. 23), lib. 1, cap. 1, § 62, S. 28: „Ratio igitur humana est praedicatum solius intellectus non voluntatis, i.e. voluntas hominis ipsa non est rationalis, etsi communiter ita dicatur, aut quia est primum movens animae humanae, homo vero dicitur animal rationale, aut quia appetitus bestiarum est absque ratione, voluntas vero humana, ut diximus, semper cum ratione coniuncta." – Deshalb ist die menschliche Vernunft allein eine Bezeichnung des Verstandes, nicht des Willens, d.h. der Wille selbst des Menschen ist nicht vernünftig, auch wenn er gemeinhin so genannt wird, entweder, weil er die erste Bewegung der menschlichen Seele ist, der Mensch aber ein vernünftiges Tier genannt wird, oder weil die Begierde der Tiere ohne Vernunft ist, der menschliche Wille aber, wie wir sagen, immer mit der Vernunft verbunden ist.

266 *Thomasius*, Fundamenta (Fn. 23), lib. 1, cap. 1, § 63, S. 28: „Actiones vero morales dicuntur vel rationales, quatenus convenient cum ratione hominis a voluntate non impulsa, vel irrationales, quatenus repugnant eidem, etsi conveniant cum intellectu a voluntate directo & patiente, de quo pluribus infra." – Die moralischen Handlungen aber werden vernünftig genannt, sofern sie mit der nicht vom Willen angetriebenen Vernunft des Menschen übereinstimmen, aber unvernünftig, sofern sie dieser zuwiderlaufen, auch wenn sie mit dem vom Willen regierten und leidenden Verstand übereinstimmen, wozu unten mehr gesagt ist.

267 *Gisawi*, Der Grundsatz der Totalreparation (Fn. 96), S. 50.

auch mit der Vernunft des Menschen, also mit einem nicht vom Willen angetriebenen Verstand, übereinstimmen würde.

Auf Grundlage der Unterscheidung von moralischen und vernünftigen Handlungen sowie in Übereinstimmung mit der bisherigen Unterscheidung der Wirkungen der Seele in Handlungen und Leidenschaften, baut Thomasius nun die Freiheit des Verstandes und des Willens auf. So erklärt er, dass der Verstand dann frei ist, wenn er beim Urteil über Gut und Schlecht nicht vom Willen angetrieben wird, und er ihm hingegen dient, wenn er von ihm angetrieben wird.[268] Weil der Wille nie vom Verstand angetrieben wird, ist er in dieser Hinsicht immer frei, allerdings ist dies nur eine Freiheit von außen, da der Wille nach innen, also auf sich selbst bezogen nicht frei ist.[269] Er ist nicht frei in der Wahl der von ihm begehrten Objekte, sondern immer „pathologisch affiziert" durch die Sensationen.[270] Der Wille dient anderen Kräften, wenn sie ihm angenehm sind und ihn in Bewegung setzen, kann jedoch auch in der Hinsicht als (äußerlich) frei angesehen werden, wenn der Einfluss von außen nicht erkannt wird.[271] Die Unfreiheit des Willens ist also durch seine eigene Natur, dass er nach dem strebt, was ihm gut erscheint, bedingt und somit auch durch die individuelle Willensbeschaffenheit und (von außen

---

268 *Thomasius,* Fundamenta (Fn. 23), lib. 1, cap. 1, § 64, S. 28: „Libere enim iudicat intellectus de rerum natura etiam de bono & malo quoties a voluntate non impellitur. Servit voluntati, quatenus ab ea impellitur." – Denn der Verstand urteilt frei über die Natur der Sachen und über Gut und Schlecht, soweit er nicht vom Willen angetrieben wird. Er dient dem Willen, sofern er von ihm angetrieben worden ist.

269 *Thomasius,* Fundamenta (Fn. 23), lib. 1, cap. 1, § 66, S. 28: „Habet & voluntas suam libertatem & servitutem, sed alio respectu. Libera est semper intuit intellectus, quia ab hoc nunquam movetur. Ergo libertas haec iterum est extrinseca, intrinsice vero nullam libertatem i.e. nullam electionem liberam indifferentem habet." – Auch der Wille hat seine Freiheit und Dienstbarkeit, aber in anderer Hinsicht. Er ist immer frei mit Blick auf den Verstand, weil er von ihm nie bewegt wird. Also ist diese Freiheit eine äußerliche, innerlich hat er aber keine Freiheit, d.h. er hat keine freie unabhängige Wahl.

270 *Lutterbeck,* Staat und Gesellschaft (Fn. 96), S. 117.

271 *Thomasius,* Fundamenta (Fn. 23), lib. 1, cap. 1, § 67, S. 29: „Servit aliis potentiis tam extra quam intra hominem, quatenus hae cupidini gratae sunt, eamque irritant & inclinant. Dum autem non semper intelligitur, quod voluntas agat irritate ab eiusmodi potentiis, tum & hoc intuitu voluntas dicitur libera, sed rursus libertate extrinseca, non intrinseca." – Er dient anderen Kräften innerhalb und außerhalb des Menschen, sofern sie der Begierde angenehm sind und sie anreizen und ihr geneigt sind. Da aber nicht immer verstanden wird, dass der Wille von anderen Kräften angereizt handelt, so wird der Wille auch in dieser Hinsicht frei genannt, aber wieder durch eine äußere, nicht eine innere Freiheit.

kommende) Affektenmischung.[272] Ob der Wille frei ist, macht Thomasius also anhand zweier unterschiedlicher Perspektiven fest. Mit Blick auf den Einfluss anderer Kräfte (also den Einfluss von außen) ist der Wille als äußerlich frei zu bezeichnen, soweit andere Kräfte ihn (scheinbar) nicht angetrieben haben. Innerlich ist der Wille hingegen nie frei, denn er hat keine Wahl, was mit Thomasius' Ausführungen zur Moral korrespondiert, wo er den Willen selbst nicht als freiwillig bezeichnet, weil der Wille nicht von einem Willen getragen wird. Die Freiheit des Willens ist also eine „partielle Freiheit", die nur rein äußerlich ist.[273] Die innere Unfreiheit schließt aber nicht die Möglichkeit einer äußeren Freiheit aus, denn Thomasius unterscheidet zwischen dem Willen selbst und den von ihm getragenen Handlungen, welche gewollt und somit freiwillig sein können, wogegen der Wille ein notwendige Kraft ohne innere Freiheit ist.[274] Wenn man also Freiheit als Freiwilligkeit definiert, wie sie für Handlungen verwendet wird, ergibt sich daraus ein logisches Argument gegen die Freiheit des Willens im Sinne einer Freiwilligkeit. Thomasius fasst den Willen also nicht als Freiheit, sondern als Natur auf.[275] Bei der Unterscheidung von innerer und äußerer Freiheit des Willens handelt es sich also um die logische Konsequenz von Thomasius' Untersuchung der Moral. Handlungen die vom Willen getragen sind bezeichnet er als freiwillig und auch moralisch. Diese spiegeln dann die äußere Freiheit des Willens wieder. Der Wille selbst hingegen ist nicht von einem Willen angetrieben und daher auch nicht freiwillig oder moralisch, weshalb dieser Zustand zugleich zu einer inneren Unfreiheit des Willens führt. Frei sind also eigentlich nur die Handlungen, die vom Willen ausgehen. Er selbst kann nicht frei sein.

Diese Freiheit bzw. Unfreiheit des Willens sind daher von Belang, weil sie sich ihrerseits auf den Verstand auswirken, der wiederum dem Willen dienen kann. Diese Dienstbarkeit des Verstandes gegenüber dem Willen wirkt sich dann nämlich auf seine Erkenntnis des Guten aus, weil der Wille stets danach strebt, was für ihn selbst gut ist und dabei den Verstand beeinflusst. Hierzu führt Thomasius aus, dass eine Kraft nur das begehrt, was sie auch erhält, weshalb der Wille die Sachen, die seine Kraft erhalten und vermehren, begehrt und für gut hält, während er ihm widerstrebende

---

272 *Schneiders*, Naturrecht und Liebesethik (Fn. 90), S. 249.
273 *Schneiders*, Naturrecht und Liebesethik (Fn. 90), S. 250.
274 *Schneiders*, Naturrecht und Liebesethik (Fn. 90), S. 250.
275 *Schneiders*, Naturrecht und Liebesethik (Fn. 90), S. 250.

Sachen für schlecht hält.[276] Hierbei ist es problematisch, dass das, was für den Einzelnen gut ist, häufig dem Guten des Ganzen widerstrebt, aber der Wille als erste Kraft des Menschen gerade das für sich selbst Gute begehrt.[277]Das Gute des Ganzen ist jedoch gerade dem Guten des Einzelnen vorzuziehen, weil mit der Zerstörung des Ganzen auch die Zerstörung des Teils einhergeht, weshalb Thomasius das Gute des Ganzen als wahres Gutes, das Gute des Einzelnen als wahres Übel und Schein-Gutes bezeichnet.[278] Der Verstand, dem als andere Komponente der Seele das Erkennen zukommt, kann jedoch vom Willen angetrieben werden, wodurch auch seine Erkenntnis von gut und schlecht beeinflusst wird. Daher greift Thomasius in diesem Zusammenhang wieder den Begriff der Vernunft auf und bezeichnet den nicht vom Willen angetriebenen Verstand, der daher zwischen gut und scheingut unterscheiden kann, als rechte Vernunft, wogegen er es als verdorbene Vernunft bezeichnet, wenn sie vom Willen angetrieben das Scheingute für wahrhaftig hält.[279] Dem fügt Thomasius hinzu, dass die Unterscheidung zwischen rechter und ver-

---

276 *Thomasius*, Fundamenta (Fn. 23), lib. 1, cap. 1, § 84, S. 31 f.: „Cum vero nulla potentia amet sibi contrariam, necesse est, ut ea, quae a voluntate appetuntur, conservent & augeant potentiam voluntatis, adeoque sint hoc intuitu bona, quae fugiuntur, voluntati repugnent, adeoque sint hoc intuit mala." – Da keine Kraft das ihr Gegenteile liebt, ist es notwendig, dass sie, die vom Willen begehrt werden, die Kraft des Willens bewahren und vermehren und daher in dieser Hinsicht gut sind, die gemieden werden, widerstreben dem Willen, und daher sind sie in der Hinsicht schlecht.

277 *Thomasius*, Fundamenta (Fn. 23), lib. 1, cap. 1, § 85, S. 32: „Igitur peculiare hoc est in homine, quod habeat pontentiam primariam, cuius bona saepe repugnant bono totius." – Deswegen ist das beim Menschen besonders, dass er die erste Kraft hat, dessen Gutes oft dem Guten des Ganzen widerstrebt.

278 *Thomasius*, Fundamenta (Fn. 23), lib. 1, cap. 1, §§ 86, 87, S. 32: „§ 86: Bonum vero totius semper praeferendum bono partis, quia destructo toto etiam partes destruuntur. § 87: Bonum igitur totius est verum bonum, bonum partis totum destruens est verum malum, seu bonum apparens." – § 86: Das Gute des Ganzen muss immer dem Guten des Teils vorgezogen werden, weil durch die Zerstörung des Ganzen auch die Teile zerstört werden. § 87: Das Gute des Ganzen ist daher das wahre Gute, das Gute des Teils, welches das das Ganze zerstört, ist das wahre Schlechte, oder das Gut-Scheinende.

279 *Thomasius*, Fundamenta (Fn. 23), lib. 1, cap. 1, § 90, S. 32: „Ratio vero ipsa, seu intellectus hominis, quando libera est, i.e. a voluntate non movetur, & ita cognoscit differentiam inter bonum verum & apparens, recta dicitur: At ubi a voluntate impulsa bonum apparens pro vero habet, dicitur ratio corrupta." – Die Vernunft selbst, oder der Verstand des Menschen, wenn sie frei ist, d.h. vom Willen nicht bewegt wird, also auch den Unterschied zwischen wahrem Guten und Schein-Guten erkennt, wird rechte [Vernunft] genannt; aber wo sie vom

dorbener Vernunft einerseits dadurch erschwert wird, dass die Bewegung des Willens[280] so unauffällig sein können, dass man nicht immer deutlich erkennt, ob er den Verstand angeregt hat,[281] andererseits dadurch, dass der menschliche Verstand über fremdes Verhalten genauer urteilen kann als über sein eigenes, weil seine eigenen Taten meistens auch mit dem Willen geschehen, wodurch das Urteil dann schon verdorben ist.[282] Der Verstand kann also nicht etwas als unangenehm auffassen, was dem Willen angenehm erscheint, weshalb er Vorurteile entwickelt, die ihrerseits auch von Vorurteilen des Willens beeinflusst sind (der ja ebenfalls von anderen Kräften angetrieben werden kann), wogegen er nicht den Willen durch eigene Erkenntnis des Guten bewegen kann.[283] Es stellt sich also das Problem, dass der Verstand das Gute und Schlechte erkennen soll, aber häufig vom Willen angetrieben wird, der nicht rational das für gut hält, was gut ist, sondern nur das, was seiner Begierde dient. Die Erkennt-

---

Willen angetrieben das Scheingute für wahr hält, wird sie verdorbene Vernunft genannt.

280 Thomasius spricht hier von Affekten, womit er aber den Trieb des Willens nach einer Sache, also seine Bewegung meint, wie er es einen Paragraphen zuvor definiert. Wegen ihrer Relevanz für die *aequitas cerebrina* sollen die Affekte auch dort thematisiert werden, weshalb für nähere Erläuterungen auf unten S. 129 ff. verwiesen sei.

281 *Thomasius*, Fundamenta (Fn. 23), lib. 1, cap. 1, § 91, S. 33: „Cum tamen quidam affectus ita subtiliter moveant sanguinem in corde, ut vix ab eo, qui maxime attentus est, motus affectuum horum sentiri possit, difficulter etiam saepe cognoscitur discrimen rationis rectae a corrupta. Etsi enim omnes affectus habeant sua intervalla, adeoque nullum fit dubium, quin tempore intervalli ratio libera recte iudicare possit de bono & malo, tamdiu tamen ratio hominis non poterit tuto sibimet ipsi fidere, quamdiu non certa est de illo intervallo." – Weil jedoch einige Affekte so subtil das Blut im Herzen bewegen, dass deswegen derjenige, der sehr aufmerksam ist, dadurch kaum die Bewegung dieser Affekte wahrnehmen kann, wird auch oft der Unterschied zwischen rechter und verdorbener Vernunft schwer erkannt. Auch wenn nämlich alle Affekte ihre Pausen haben, und daher kein Zweifel besteht, dass in dieser Zeit der Pause die freie Vernunft richtig über gut und schlecht urteilen kann, kann jedoch die Vernunft des Menschen sich selbst solange nicht trauen, wie sie nicht über jene Pause sicher ist.

282 *Thomasius*, Fundamenta (Fn. 23), lib. 1, cap. 1, § 92, S. 33: „[…] Nam uti actiones pleraeque propriae voluntaria sunt, ita iudicium circa plerasque est corruptum. At actiones alienae regulariter non dependent a voluntate nostra, ergo intellectus etiam hic rectitudinem suam retinere potest." – […] Denn wie die meisten eigenen Handlungen willkürlich sind, so ist das Urteil von den meisten verdorben. Aber fremde Handlungen hängen nicht von unserem Willen ab, also kann der Verstand auch hier seine Richtigkeit bewahren.

283 *Schneiders*, Naturrecht und Liebesethik (Fn. 90), S. 245.

nis des Verstandes ist dann jedoch nicht mehr frei, sondern er hält das Scheingute (was der Wille als für sich gut begehrt) für gut, weshalb dann eine verdorbene Vernunft vorherrscht. Thomasius zeigt hier also die Zirkularität des menschlichen Verstandes auf. Diesem kommt die Aufgabe zu, das Gute und Schlechte zu erkennen. Der Verstand kann jedoch nicht immer vernünftig, also unabhängig vom Willen entscheiden, weil dieser ihn regelmäßig zum Denken antreibt. Das führt dazu, dass der Verstand fälschlicherweise das als gut erkennt, was der Wille begehrt (verdorbene Vernunft). Da der Verstand vom Willen angetrieben ist, kann er aber zugleich nicht die verdorbene von der rechten Vernunft unterscheiden, so dass letzten Endes eine Unklarheit darüber besteht, welche Erkenntnis des Verstandes nun objektiv vom Willen losgelöst und somit vernünftig ist und welche nicht.

Aufgrund dieser Konstitution des Menschen kommt Thomasius zu dem Schluss, dass eine Regulierung von außen notwendig ist. Die Macht des affektiven Willens ist das Haupthindernis der Moral, denn wäre der Verstand frei und nicht vom seinerseits unfreien Willen abhängig, würde sich die Moral lediglich in eine theoretische und praktische Frage (Erkenntnis und Verwirklichung des Guten) gliedern; jetzt aber ist schon die Erkenntnis des Guten eine praktisch-moralische Frage, denn wie soll man mit einem schlechten Willen das Gute erkennen, wenn die Erkenntnis vom Willen abhängt und von ihm korrumpiert wird?[284] So erklärt Thomasius, dass eine Morallehre (*disciplina moralis*)[285] notwendig ist, welche die offensichtlichen Kennzeichen der gesunden und verdorbenen Vernunft darlegt, und die man nicht bräuchte, wenn die Vernunft des Menschen richtig wäre, so dass man das wahre Gute und Schlechte erkennen könnte.[286] Sie soll dem Menschen ein Mittel an die Hand geben, mit dem er unab-

---

284 *Schneiders*, Naturrecht und Liebesethik (Fn. 90), S. 255 f.

285 Also eine Lehre, die den Willen des Menschen betrachtet, vgl. *Thomasius*, Fundamenta (Fn. 23), lib. 1, cap. 1, § 29, S. 21: „Potentiam […] considerat voluntatis Philosophia moralis […]." – Die Kraft […] des Willens betrachtet die Moralphilosophie […].

286 *Thomasius*, Fundamenta (Fn. 23), lib. 1, cap. 1, § 94, S. 33 f.: „Ergo disciplina morali, i.e. tali doctrina, quae rationis rectae & corrupta criteria evidentia ponat, opus est, qua utique non esset opus, si ratio hominis, uti communiter statuunt, illa rectitudine polleret, ut absque difficultate de vero bono & malo iudicare posset. Alia enim corpora tali disciplina non habent opus, quia potentiae eorum non sunt corruptae." – Also ist eine Morallehre, d.h. eine derartige Lehre, die die offensichtlichen Anzeichen der rechten und verdorbenen Vernunft aufzeigt, die wir jedenfalls nicht bräuchten, wenn die Vernunft des Menschen, wie sie gemeinhin sagen, jene Richtigkeit besäße, dass sie ohne Schwierigkeit über gut

hängig von seinem Willen gut und scheingut voneinander unterscheiden kann, denn es reicht nicht aus, wenn der Mensch die Verrichtungen anderer Menschen als gut und scheingut einordnen kann, seine eigenen Handlungen aber nicht.[287] Der Umstand, dass der Verstand vom Willen angetrieben wird und in der Hinsicht dann nicht mehr objektiv urteilen kann, sondern vom Willen beeinflusst ist, führt also zu der Notwendigkeit einer Morallehre, um anhand dieser zu verstehen, wann die Erkenntnis des Verstandes vom Willen beeinflusst ist und eine verdorbene Vernunft darstellt und wann dies nicht der Fall ist, so dass eine rechte Vernunft vorliegt. Hierin liegt die Verbindung zwischen Thomasius' Anthropologie der *Fundamenta* und dem bereits oben[288] thematisierten Naturrecht verborgen. So erkennt Thomasius, dass menschliche Handlungen einer Norm bedürfen, weil sonst ein Krieg aller gegen alle entstünde, wenn alle ihren Neigungen folgten.[289] Die Normen des Naturrechts, die Thomasius im Verlauf der *Fundamenta* entwickelt, sind also eine direkte Reaktion auf die vom Willen geprägte Konstitution des Menschen. Dieser Zusammenhang wird noch dadurch verstärkt, dass er das Naturrecht (im weiteren Sinne) in den *Fundamenta* auch als eine alle moralischen Prinzipien vereinende

---

und schlecht urteilen kann. Denn andere Körper benötigen eine solche Lehre nicht, weil deren Kräfte nicht verdorben sind.

287 *Thomasius*, Fundamenta (Fn. 23), lib. 1, cap. 1, § 95, S. 34: „Sed posito etiam, quod in aliorum actionibus ubique verum bonum & apparens exactissime secernere homo possit, quid proderit ipsi, si non & hanc scientiam ad mores proprios applicet. Igitur & disciplina morali opus est, ut ostendat, quo modo homo doctrinam de vero bono in usum deducere possit, qua iterum non opus est in aliis corporibus, quia eorum potentiae id sponte faciunt." – Aber gesetzt auch, dass der Mensch bei fremden Handlung immer das wahre vom scheinbar Guten genauestens unterscheiden kann, was wird es ihm nützen, wenn er nicht auch dieses Wissen auf seine eigenen Sitten anwendet. Deshalb ist auch eine Morallehre notwendig, dass sie zeigt, auf welche Weise der Mensch die Lehre vom wahren Guten zum Gebrauch führen kann, was wiederum bei anderen Körpern nicht notwendig ist, weil deren Kräfte das freiwillig schaffen.

288 Vgl. oben S. 32 ff.

289 *Thomasius*, Fundamenta (Fn. 23), lib. 1, cap. 4, § 1, S. 117: „Dicta hactenus ostendunt, normam actionibus humanis esse necessariam, cum maxima damna sint oritura inter homines, si quilibet ageret secundum instinctum proprium tot infinitis modis instinctui aliorum repugnantem, & revera oriturum esset parvo temporis spatio bellum omnium contra omnes [...]. – Das bisher Gesagte zeigt, dass eine Norm für menschliche Handlungen notwendig ist, weil die größten Schäden unter den Menschen entstünden, wenn jeder nach seinem Instinkt handelte, der auf vieler Weise dem Instinkt anderer widerstrebt und es würde gewiss nach kurzer Zeit ein Krieg aller gegen alle entstehen.

disciplina moralis bezeichnet[290], denn eine *disciplina moralis* hält er gerade infolge seiner anthropologischen Erkenntnisse für notwendig.

Zugleich wird auch deutlich, dass Thomasius sich in den *Fundamenta* vom *socialitas*-Gedanken des Naturrechts abwendet und stattdessen einen individualistischen Weg einschlägt[291]: Aufgrund der Erkenntnis, dass nicht der Verstand, sondern der Wille die treibende Kraft der menschlichen Seele ist, ergibt sich die Notwendigkeit, die ganze universale praktische Philosophie unter Zugrundelegung der neugewonnenen Auffassung vom Wesen und der Bestimmung des Menschen neu aufzubauen, wovon auch das Sozialitätsprinzip nicht verschont bleiben kann, weil Thomasius dieses auf der Feststellung aufgebaut hat, dass der Mensch ein vernünftiges Wesen sei und seine neue Anthropologie hingegen den Primat des Willens erkennt.[292] Er stellt nun ein allgemeines Naturrechtsprinzip auf, das sich am menschlichen Willen orientiert, aber weiterhin auf der Gleichheit des menschlichen Wollens basiert, weil das Grundbedürfnis jedes Willens ist, ein langes glückliches Leben zu erlangen, wodurch auch die anthropologische These vom Vorrang des Willens zu einer Begründung menschlicher Gleichheit führt.[293] Dennoch liegt darin ein fundamentaler Unterschied zu Thomasius früheren Naturrechtsentwurf, denn das nun postulierte Recht auf Glückseligkeit trägt eine individualistische Tendenz in sich, weil die angestrebten Güter des langen Lebens und menschlichen Glücks nur in Bezug auf den einzelnen Menschen einen Sinn besitzen.[294] Dabei bleibt er weiterhin in der Tradition eines rationalen Naturrechts, weil es sich zwar nicht auf die rationale, sondern die moralische Natur des Menschen stützt, die Vernunft aber dennoch als Erkenntnisprinzip erhalten bleibt.[295] Das von Thomasius entwickelte Naturrechtsprinzip zielt dann insbesondere auf „Disziplinierung und Konfliktvermeidung" ab.[296]

---

290 Siehe oben Fn. 98.
291 Siehe oben bei Fn. 142, dass das Naturrecht der *Fundamenta* nicht mehr auf die Glückseligkeit der Gesellschaft abstellt, sonderd vor allem des Einzelnen.
292 *Wiebking*, Recht, Reich und Kirche (Fn. 59), S. 80 f. Auch *Lutterbeck*, Staat und Gesellschaft bei Christian Thomasius und Christian Wolff (Fn. 96), S. 98 f.
293 *Kühnel*, Das politische Denken von Christian Thomasius (Fn. 56), S. 48 f.
294 *Kühnel*, Das politische Denken von Christian Thomasius (Fn. 56), S. 49.
295 *Kühnel*, Das politische Denken von Christian Thomasius (Fn. 56), S. 52.
296 *Kühnel*, Das politische Denken von Christian Thomasius (Fn. 56), S. 53.

2. Verstand und Wille als Quellen der *aequitas*

Diese Auseinandersetzung mit Verstand und Willen des Menschen ist erforderlich gewesen, um auf dieser Grundlage deren Zusammenhang mit der *aequitas* besser zu verstehen. Wir erinnern uns, dass Thomasius in der Dissertation von 1706 erklärt, dass die *aequitas* eine Tugend (*virtus*) des Verstandes und des Willens ist.[297] Vor dem Hintergrund des soeben Gesagten, dass die menschliche Seele sich aus Verstand und Willen zusammensetzt, welche als unsichtbare Kräfte erst durch ihre Bewegungen bzw. Wirkungen (im Lateinischen *virtutes*) sichtbar werden, erkennt Thomasius in der *aequitas* ebensolche Wirkungen von Verstand und Willen in Form von Gedanken respektive Begierden. Allerdings begreift er unter der *aequitas* nicht jegliche Wirkungen. Hier gilt es sich noch einmal vor Augen zu führen, dass Verstand und Wille keine objektiven Kräfte des Menschen sind, die den Unterschied zwischen gut und schlecht erkennen und dementsprechend ihr Begehren ausrichten, sondern dass ihre Wirkungen von anderen Kräften angetrieben und beeinflusst werden. Daher konkretisiert Thomasius diese Wirkungen in der Dissertation noch näher und ergänzt, dass die *aequitas* zum einen eine Wirkung des Verstandes umfasst, nämlich eine Gefährtin der Klugheit, welche aus der Kenntnis der Morallehre entsteht und zum anderen eine Wirkung des Willens, welche aus der gütigen Disposition des Herzens und dem sanguinischen Temperament entsteht und die Menschen unter anderem verträglich machen. Im Folgenden ist nun zunächst darauf einzugehen, inwiefern die *aequitas* eine „Gefährtin der Klugheit" ist.

Um die Bedeutung der *aequitas* (des Verstandes) als „Gefährtin der Klugheit" besser zu erfassen, muss zunächst Thomasius' Verständnis des Begriffes Klugheit (*prudentia*) ermittelt werden.[298] Hierfür bietet sich aufgrund der zeitlichen Nähe die ein Jahr zuvor veröffentlichte *Prudentia Consultatoria* an.[299] Dort erklärt er, dass die Klugheit wie auch die Weisheit (*sapien-*

---

297 Siehe oben Fn. 232: „[...] aber die *aequitas* ist zum Teil eine geistige Tugend, eine Gefährtin der Klugheit, die aus der Kenntnis der Morallehre entstehen muss; zum Teil eine willkürliche, aus der gütigen Disposition des Herzens und dem sanguinischen Temperament erwachsen, das die Menschen verträglich, sanftmütig, freigebig und gütig macht."

298 Vgl. hierzu auch die Untersuchung von *Helga Tubies*, die sich speziell mit der *prudentia legislatoria* befasst, *Tubies*, Prudentia legislatoria bei Christian Thomasius, München 1975, S. 34 ff.

299 *Thomasius*, Primae lineae de iureconsultorum prudentia consultatoria (Fn. 23)

tia) aus dem Gemeinsinn (*sensus communis*)[300] und den Grundsätzen der handgreiflichen Wahrheit hergeleitet werden.[301] Es wird hier also schon deutlich, dass mit Klugheit weniger die im heutigen Sprachgebrauch übliche Schläue, sondern eine Objektivität und Sachlichkeit verbunden ist.[302] Obwohl mit der Klugheit (und Weisheit) eine Erkenntnis des Verstandes gemeint ist, sieht Thomasius ihre Quelle nicht im Verstand[303], sondern im Willen des Menschen angelegt.[304] Er hält die Klugheit nämlich für eine Neigung zum Guten, die gegen die Neigung und Furcht des Schlechten ankämpft, die Weisheit ebenfalls für eine Neigung zum Guten, aber ohne Neigung oder Furcht des Schlechten.[305] Es geht bei der Klugheit also nicht allein um die Erkenntnis des Guten, welche in der Tat im Gehirn verankert wäre, sondern um die Bewegung zum Guten hin. Ein kluger Mensch fühlt sich also zum Guten hingezogen. Der Mensch ist in Thomasius Augen aber nie weise (das ist nur Gott), sondern klug, da er von klein auf dem Schlechten zugeneigt und unterworfen ist.[306] Die

---

300 Den *sensus communis* oder auch *sensio humana* beschreibt Thomasius in den *Fundamenta* als Gedanken des Verstandes, die sich auf andere Körper richten und nicht vom Willen angetrieben sind. Sie sind eigene Handlungen des Verstandes, also gerade keine Leidenschaften, vgl. *Thomasius*, Fundamenta (Fn. 23), lib. 1, cap. 1, §§ 19, 22.

301 *Thomasius*, De Prudentia Consultatoria (Fn. 23), cap. 1, § 5, S. 3: „Igitur opus est, ut […] praecepta de sapientia & prudentia reducamus ad veritates quasi palpabiles & sensum communem. – Deshalb ist es nötig, […] dass wir die Regeln der Weisheit und Klugheit auf greifbare Wahrheiten und den Gemeinsinn zurückführen.

302 *Tubies*, Prudentia legislatoria bei Christian Thomasius (Fn. 298), S. 35.

303 Dies wurde aber überwiegend in der Philosophie vor Thomasius vertreten, vgl. *Tubies*, Prudentia legislatoria bei Christian Thomasius (Fn. 298), S. 38-48.

304 *Thomasius*, De Prudentia Consultatoria (Fn. 23), cap. 1, § 9, S. 4: „Unde fons & sapientiae & prudentiae non tam in cerebro vel intellectu quaerendus est, quam in corde seu voluntate" – Daher muss die Quelle der Weisheit und Klugheit nicht so sehr im Gehirn oder Verstand, als im Herzen oder Willen gesucht werden.

305 *Thomasius*, De Prudentia Consultatoria (Fn. 23), cap. 1, § 11, S. 4: „Siquidem sapientia magis denotat inclinationem ad bonum sine inclinatione ad malum, aut sine metu & experientia mali. Prudentia inclinationem ad bonum cum admixta pugna inclinationis ad malum, aut etiam cum metu mali." – Insofern bedeutet Weisheit eher eine Neigung zum Guten ohne Neigung zum Schlechten oder ohne Furcht oder Erfahrung des Schlechten. Klugheit bedeutet eine Neigung zum Guten, mit dem beigemengten Kampf der Neigung zum Schlechten oder mit der Furcht des Schlechten.

306 *Thomasius*, De Prudentia Consultatoria (Fn. 23), cap. 1, § 13, S. 4: „At homo hoc intuitu prudens est, non sapiens, cum & natura ad malum inclinet, idque a

Klugheit zeichnet sich nämlich gerade dadurch aus, dass vom Schlechten zum Guten, bzw. von der Dummheit zur Weisheit abgewichen wird.[307] Klugheit und Weisheit beschreiben also beide Neigungen, die in ihrem Resultat übereinstimmen, weil beide auf das Gute hinwirken. Sie unterscheiden sich aber hinsichtlich ihrer Ausgangslage, denn bei der Weisheit liegt von vornherein nur eine Neigung zum Guten vor, welche allein Gott vorbehalten ist, weil Thomasius in ihm den Ursprung des Guten erkennt, der auf keinen Fall zum Schlechten geneigt ist.[308] Die Weisheit geht direkt von Gott aus und bewirkt nur das Gute, weshalb Thomasius in ihr auch die Quelle der Klugheit erkennt.[309] Thomasius differenziert eindeutig zwischen Weisheit und Klugheit. Auch in der Differenz von Weisheit und Klugheit wird einmal mehr deutlich, dass Thomasius' Lehre ein pessimistisches Menschenbild durchzieht, das in seiner Gesetzgebungslehre mündet.[310]

Zugleich hält Thomasius auch die Bezeichnung der Weisheit für die Menschen für möglich, da sie sich auf dem Weg zur Weisheit bewegen und dabei nur unterschiedlich weit kommen.[311] Insofern erkennt er in

---

iuventute saepissime experiatur [...].“ – Aber ein Mensch ist in dieser Hinsicht klug, nicht weise, weil er durch die Natur zum Schlechten neigt und dieses von Jugend an am öftesten erfährt [...].

307 *Thomasius*, De Prudentia Consultatoria (Fn. 23), cap. 1, § 15, S. 5: „Prudentia est transitus a malo ad bonum, seu a stultitia ad sapientum.“ – Die Klugheit ist der Übergang vom Schlechten zum Guten, oder von der Dummheit zur Weisheit.

308 *Thomasius*, De Prudentia Consultatoria (Fn. 23), cap. 1, § 12, S. 4: „Hoc intuitu DEUS est sapiens, non prudens, cum etiam ratio dictiret, in DEO, tanquam ente perfectissimo & fonte bonitatis, nullam esse posse inclinationem ad malum, & tanquam potentissimo, nullum metum aut experientiam mali [Hervorh. im Orig.].“ – In der Hinsicht ist GOTT weise, nicht klug, weil auch die Vernunft zeigt, dass in GOTT, dem vollkommensten Wesen und Quelle der Güte, keine Neigung zum Schlechten und im gleichsam allmächtigsten, keine Furcht oder Erfahrung des Schlechten sein kann.

309 *Thomasius*, De Prudentia Consultatoria (Fn. 23), cap. 1, § 14, S. 5: „Sapientia igitur hoc intuitu est bonitas essentialis entis aeterni ac infiniti, nunquam otiosa, sed semper bonum operans ac malum reprimens, adeoque fons omnis boni & ipsius adeo prudentiae.“ – In dieser Hinsicht ist die Weisheit also die wesentliche Güte der ewigen und unendlichen Einheit, die niemals untätig ist, sondern immer das Gute bewegt und das Schlechte unterdrückt und daher die Quelle alles Guten und daher der Klugheit selbst.

310 *Tubies*, Prudentia legislatoria bei Christian Thomasius (Fn. 298), S. 56 f.

311 *Thomasius*, De Prudentia Consultatoria (Fn. 23), cap. 1, § 18, S. 5: „Caeterum cum pariter in hominibus quibusdam sint simulacra virtutum divinarum, & unus in via ad sapientiam altero maiores progressus faciat, hinc & sapientiae nomen praedicari solet de hominibus.“ – Aber weil auch bei den Menschen

der Weisheit und der Klugheit zweierlei Arten von Lehren. Die Weisheit bezeichnet er als eine Lehre, welche das Gute aufzeigt, wogegen die Klugheit zeigt, wie man Hindernisse auf dem Weg zum Guten umgeht.[312] Sie unterscheiden sich also dahingehend, dass die Weisheit die Erlangung des Guten, die Klugheit die Vermeidung des Bösen aufzeigen soll.[313] Da es sich bei der Weisheit um eine reine Lehre handelt, die allgemeine Vorschriften vermittelt, während die Klugheit sich mit Einzelfällen befasst und auf Erfahrung aufbaut, kann jene als Theorie, diese als Praxis verstanden werden.[314] Thomasius hält die Weisheit für die vorrangige Lehre, denn die Kenntnis der Mittel setzt notgedrungen auch die Kenntnis des Zwecks voraus.[315] Er fasst die Klugheit als eine Lehre zusammen, welche in die Mittel unterweist, um den gewünschten Zweck (der Weisheit) zu erreichen.[316] Die Weisheit stellt in seinen Augen also den Endzweck dar, während die Klugheit ihr als Mittel zum Zweck untergeordnet ist. Sie

---

Abbilder göttlicher Tugenden sind und einer auf dem Weg zur Weisheit mehr Fortschritte macht, als ein anderer, wird gewöhnlich auch der Name der Weisheit von Menschen gesagt.

312 *Thomasius*, De Prudentia Consultatoria (Fn. 23), cap. 1, §§ 20, 21, S. 6: „§ 20: Sapientia est doctrina primario respiciens naturam bonii & praecepta tradens, quomodo id consequendi [...]. § 21: Prudentia est doctrina primario respiciens cautionem a deviis & impedimentis actionum bonarum." – § 20: Die Weisheit ist eine Lehre, die vornehmlich auf die Natur des Guten sieht und die Vorschriften zeigt, wie man diese erlangt [...]. § 21: Die Klugheit ist eine Lehre, die vornehmlich auf die Vorsicht vor Irrwegen und Hindernissen guter Handlungen sieht.

313 *Schneiders*, Thomasius politicus, in: *Hinske* (Hg.), Halle. Aufklärung und Pietismus, Berlin/Boston 1989, S. 100.

314 *Scattola*, Die Klugheit in der praktischen Philosophie, in: *Vollhardt* (Hg.), Christian Thomasius (1655-1728), Tübingen 1997, S. 354. Ihr beider Bezugspunkt ist jedoch die Praxis, denn sie gründen beide im Herzen und Willen, vgl. *Schneiders*, Thomasius politicus (Fn. 313), S. 100.

315 *Thomasius*, De Prudentia Consultatoria (Fn. 23), cap. 1, § 26, S. 6: „Quemadmodum vero cognitio finis secundum naturam doctrinae praecedit cognitionem mediorum, & quemadmodum cognita via, facilius iudicari potest de deviis, non vice versa; ita & doctrina sapientiae praecedit doctrinam prudentiae [...]." – Wie aber die Kenntnis des Zwecks naturgemäß der Lehre der Kenntnis der Mittel vorangeht und wie durch Kenntnis des Weges einfacher über Irrwege geurteilt werden kann, nicht umgekehrt; so geht die Lehre der Weisheit der Lehre der Klugheit voran [...].

316 *Thomasius*, De Prudentia Consultatoria (Fn. 23), cap. 1, § 27, S. 7: „Etsi vero prudentia sit doctrina mediorum ad finem consequendum aptorum [...]." – Die Klugheit ist indessen eine Lehre der geeigneten Mittel, um den Zweck zu erreichen.

wird folglich immer die Zwecke des praktischen Handelns bestimmen, während Aufgabe der Klugheit die Erfindung der geeigneten Mittel oder die Beseitigung ungeeigneter Umstände ist.[317] Der Wille handelt entsprechend dieser Lehren dann klug, wenn er das Gute begehrt und dabei Hindernissen aus dem Weg geht. Die Klugheit ist also das Verlangen nach dem Guten mit der Erfahrung des Bösen oder der Vorsicht des Bösen.[318] Aus Thomasius' Ausführungen ergibt sich folglich, dass die Klugheit keine Fertigkeiten des Verstandes, sondern des Willens erfasst. Mit ihr ist nicht die Erkenntnis des Guten gemeint, sondern die Eigenschaft des Willens, der das Gute tatsächlich begehrt.

Was bedeutet das aber für die (geistige Tugend der) *aequitas*, die Thomasius ja als eine „Gefährtin" der Klugheit bezeichnet? Ist es nicht widersprüchlich, dass Thomasius die *aequitas* als Wirkung des Verstandes mit der Klugheit in Verbindung bringt, welche er hingegen als Neigung des Willens auffasst? Die Verwendung des Begriffs „Gefährtin" weist zumindest schon einmal darauf hin, dass Thomasius *aequitas* und Klugheit nicht synonym versteht. Der Begriff legt eher nahe, dass es sich um unterschiedliche Einheiten handelt, die aber miteinander einhergehen und zumindest Ähnlichkeiten aufweisen. Im Verhältnis zur Klugheit kann Thomasius' Verständnis der *aequitas* folglich so gedeutet werden, dass diese einen Begleitumstand der Klugheit darstellt, der das Gute unter Vermeidung des Schlechten zum Gegenstand hat. Wenn die Klugheit im Willen entsteht und die *aequitas* deren „Gefährtin" im Verstand ist, lässt das darauf schließen, dass die *aequitas* die mit der Klugheit korrespondierende Wirkung des Verstandes ist, der Verstand also das Gute erkennt. Der kluge Wille strebt als treibende Kraft der Seele das Gute an. Da der Wille den Verstand antreibt, wird jener in seiner Erkenntnis von ihm beeinflusst und kann dann ebenfalls das Gute erkennen. Und da der Wille das Gute begehrt, erkennt dann auch der Verstand das Gute, weshalb die *aequitas* dann als Wirkung des Verstandes auch eine „Gefährtin" der Klugheit im Willen ist. Sie begleitet die Klugheit im Verstand und entsteht dabei aus der Kenntnis der Morallehre. Diese Lehre soll gerade über den Willen unterrichten und dadurch die rechte (also vom Willen unabhängige) und verdorbene (vom Willen angetriebene) Vernunft aufzeigen.[319] Wenn die Wirkung des Verstandes als *aequitas* bezeichnet wird, genügt er also gerade diesen Ansprüchen der Morallehre und erkennt die rechte Vernunft und insofern auch

---

317 *Scattola*, Die Klugheit in der praktischen Philosophie (Fn. 315), S. 355.
318 *Tubies*, Prudentia legislatoria bei Christian Thomasius (Fn. 298), S. 54 f.
319 Siehe oben Fn. 285 bis 287.

das wahre Gute. Mithilfe der *aequitas* macht Thomasius einen Dualismus der menschlichen Seele deutlich, da die Erkenntnis des Guten zugleich auf die Neigung zum Guten durch den Willen zurückgeführt werden muss. Beide Bewegungen von Verstand und Willen führen dann zu einer *aequitas*. Dass Thomasius hier jedoch nur ein Idealbild der menschlichen Natur aufzeigt, welches einem in der Realität selten begegnet wird, macht Thomasius im nun folgenden Satz deutlich, wo er die simultane Existenz von *aequitas* in Verstand und Willen wieder revidiert:

Etsi vero saepe coniunctae sint iniquitas cordis & intellectus, & similiter vitium aequitatis cerebrinae simul intellectui debeatur simul voluntati, contra raro aequitas (ut omnis virtus) intellectualis & moralis, praeprimis coniunctim existat, hoc loco tamen magis de aequitate & iniquitate ac aequitate cerebrina sumus solliciti, quatenus sunt in intellectu, iudicantes de vero bono & malo actionum humanarum vel vere vel erronee.[320]

Wenn auch tatsächlich oft die Unbilligkeit des Herzens und des Verstandes verknüpft sind, und ähnlich das Laster der eingebildeten *aequitas* sowohl dem Verstand als auch dem Willen zuzuschreiben ist, erscheint dagegen selten die geistige und moralische *aequitas* (wie jede Tugend) vor allem gemeinschaftlich, an diesem Ort jedoch sind wir mehr um die *aequitas*, die Unbilligkeit und die eingebildete *aequitas* bekümmert, soweit sie im Verstand sind und über das wahrhaftig Gute und Schlechte menschlicher Handlungen sowohl wahr, als auch irrig urteilen.

Obwohl Thomasius die *aequitas* als eine Tugend des Verstandes und des Willens bezeichnet, erklärt er nun, dass sie anders als die Unbilligkeit und die *aequitas cerebrina* selten Bestandteil des Verstandes und zugleich des Willens ist. Dies ist eine logische Konsequenz aus Thomasius' bisherigen Ausführungen zur Zusammensetzung der menschlichen Seele. In seiner Anthropologie stellt er fest, dass der Verstand in Abhängigkeit von dem Willen über gut und schlecht urteilt und der Wille, das als gut begehrt, was für ihn selbst gut ist. Das Problem des Menschen ist also gerade, dass er nicht das tatsächlich Gute begehrt, sondern das, was der Befriedigung des Willens dient. Damit ist dann weder die Wirkung des Willens gut, noch die Wirkung des Verstandes, der sein Urteil an dem Willen ausrich-

---

320 *Thomasius*, De aequitate cerebrina [1706] (Fn. 24), cap. 1, § 5, S. 4 f.

tet. Da die *aequitas* aber gerade die Wirkungen des Willens und Verstandes mit Blick auf das Gute beschreibt, ist der Mensch dann auch nicht als gerecht zu bezeichnen. Da sich Thomasius aber auch festlegt, dass er seine Untersuchung der *aequitas* auf den Verstand und die dort stattfindende Beurteilung guter und schlechter menschlicher Handlung konzentrieren wird, soll es hier bei der Feststellung bleiben, dass die *aequitas* eine Wirkung des Willens umschreibt.

An dieser Stelle soll der anthropologische Zusammenhang der *aequitas* vorerst abgeschlossen sein. Da die Konstitution des Willens aber auch bei der Entstehung der *iniquitas* und *aequitas cerebrina* eine höherrangige Rolle spielt, sei auf unten[321] verwiesen, wo dieser Zusammenhang noch einmal näher beleuchtet wird. Bei der *aequitas* kommt es Thomasius hingegen gerade auf das Element der Erkenntnis an. Sie spiegelt die Idealvorstellung des Menschen wieder, in der der Mensch das Gute begehrt und dadurch auch das Gute im Unterschied zum Schlechten erkennen kann. Erfüllt der Mensch diese Idealvorstellung handelt er zugleich auch in Übereinstimmung mit dem Naturrecht, welches durch seine Normen des *iustum*, *decorum* und *honestum* auf die Erfüllung des Guten hinwirkt. Die beiden erstgenannten Regeln, welche sich auf Handlungen gegenüber anderen Menschen richten, fasst Thomasius ebenfalls unter der *aequitas* zusammen. *Aequitas* ist also nicht nur der rechtliche Terminus, der die Norm bezeichnet, an der sich die Menschen orientieren sollen, sondern zugleich auch der anthropologische Terminus, der das normkonforme Handeln (nämlich die in ein Handeln erstarkenden Wirkungen von Willen und Verstand) der Menschen umschreibt.

IV. *Aequitas* im positiven Recht

In der Dissertation von 1706 wendet sich Thomasius nicht nur der Stellung der *aequitas* im Naturrecht zu. Darüber hinaus betrachtet er auch ihre Stellung im positiven Recht. Eine wesentliche Frage, die sich hierbei stellt, ist die, ob Thomasius die *aequitas* im positiven und im natürlichen Recht für identisch hält. Wie sich sogleich zeigen soll, sind in der Tat Übereinstimmungen erkennbar, so dass schon einmal vorweggenommen werden kann, dass es sich nicht um zwei isolierte Begriffspaare handelt, sondern

---

321 Siehe unten S. 126 ff.

eher um die naturrechtliche *aequitas*, die ins positive Recht hineinragt.[322] Indem sich Thomasius nun mit der Frage auseinandersetzt, inwiefern die *aequitas* auch im vom Menschen geschaffenen, positiven Recht zum Tragen kommt, überträgt er die theoretischen, weil nur naturrechtlichen und nicht real bindenden, Prinzipien der *aequitas* auf die tatsächlich bestehende Realität des positiven Rechts. In diesem Sinne erklärt Thomasius, dass im positiven Recht zum einen das geschriebene Gesetz, zum anderen die Auslegung dieses Gesetzes als *aequitas* bezeichnet werden:

Ius positivum quod attinet aequitas vel praedicatur de lege scripta vel de fonte legem scriptam interpretandi.[323]	Was das positive Recht betrifft, sagt man *aequitas* zum geschriebenen Gesetz oder zur Quelle, das geschriebene Gesetz auszulegen.

Auf Grundlage dieser beiden Bezugspunkte der *aequitas*, das geschriebene Recht selbst und dessen Auslegung, unterscheidet Thomasius zwischen der *aequitas scripta* und der *aequitas non scripta* (geschriebene und ungeschriebene *aequitas*), eine Unterscheidung, die nicht auf Thomasius zurückgeht, sondern bereits vor ihm, insbesondere von den Glossatoren und Kommentatoren beschäftigt hat.[324] Im Folgenden soll nun untersucht werden, unter welchen Umständen Thomasius eine *aequitas scripta* (1.) und *aequitas non scripta* (2.) im positiven Recht annimmt.

1. *Aequitas* im Gesetz (*aequitas scripta*)

Thomasius widmet sich zunächst der *aequitas*, die sich auf das Gesetz selbst bezieht und bezeichnet diese als *aequitas scripta*:

---

322 Eine andere Ansicht vertritt *Izumo*, Die Gesetzgebungslehre im Bereich des Privatrechts bei Christian Thomasius (Fn. 16), S. 84. Er behauptet, dass die Billigkeit des Naturrechts unbedingt etwas anderes sei, als die Billigkeit im Sinne einer Interpretationsmethode.

323 *Thomasius*, De aequitate cerebrina [1706] (Fn. 24), cap. 1, § 3, S. 3.

324 Einen historischen Überblick über die Unterscheidung von *aequitas scripta* und *non scripta* liefert *Schröder*, Aequitas und Rechtsquellenlehre in der frühen Neuzeit (Fn. 18), S. 267 ff. Darauf aufbauend *Schröder*, Recht als Wissenschaft, Bd. 1 (Fn. 17), S. 17 f. Zu der Unterscheidung bei den Kommentatoren auch *Wohlhaupter*, Aequitas canonica (Fn. 3), S. 90 ff. Zu den Glossatoren siehe die Darstellung von *Lange*, Ius aequum und ius strictum bei den Glossatoren, in: ZRG. Romanistische Abteilung 1 (1954), S. 323-332. Speziell mit Blick auf Baldus *Horn*, Aequitas in den Lehren des Baldus (Fn. 3), S. 21 f.

Priori modo lex aequa dicitur, quae nulla duritie & inclementia laborat & opponitur legi durae, quae tamen non admittit interpretationem ex regulis communibus aequitatis [...].	Auf die erste Art wird ein Gesetz billig genannt, das an keiner Härte und Strenge leidet und es wird dem harten Gesetz gegenübergestellt, das keine Auslegung aus den gemeinen Regeln der *aequitas* zulässt [...].
Ex dictis apparet, in priori sensu dari aequitatem scriptam.[325]	Aus dem Gesagten ist es offenkundig, dass im ersten Verständnis eine geschriebene *aequitas* gezeigt wird.

Thomasius erklärt, dass im positiven Recht das Gesetz selbst billig sein kann. Dies veranschaulicht er anhand der negativen Definition, dass ein solches Gesetz weder zu Härte noch zu Strenge neigt und dem harten und somit unbilligen Gesetz gegenübersteht, welches einer billigen Auslegung nicht offensteht. Diese Form der *aequitas* nennt er dann *aequitas scripta*. Zugegebenermaßen ist in dieser Definition noch nicht erkennbar, dass das billige Gesetz auch der naturrechtlichen *aequitas* entspricht. Dennoch ist anzunehmen, dass Thomasius mit der *aequitas scripta* nichts Anderes meint, als das naturrechtliche Prinzip, dass im positiven Recht schriftlich zum Ausdruck kommt. Es ist nämlich bereits oben gezeigt worden, dass Thomasius Erkenntnisse zum Naturrecht lediglich einen theoretischen Bereich betreffen, der über keine reale Durchsetzungskraft verfügt.[326] Naturrecht und *aequitas* umfasse zwar die rechtlichen Grundsätze, bedürfen jedoch einer Positivierung durch den Gesetzgeber und stellen ohne diese nur eine nicht sanktionsfähige Verpflichtung dar. Bereits Jahrhunderte vor Thomasius haben Juristen die *aequitas scripta* als eine im (positiven) Gesetz manifestierte Form der *aequitas* verstanden. Dies zeigt sich – laut *Horn* – unter anderem bei *Baldus*, der die *aequitas* als *scripta* auffasste, „wenn sie Ausdruck in den maßgeblichen Quellentexten gefunden hat".[327] Zusätzlich verstand *Baldus* unter der *aequitas naturalis*, was dem natürlichen Rechtsgefühl entsprach, also die unabhängig von ihrer Konkretisierung in den Rechtsquellen bestehende *aequitas*.[328] Entsprach eine Regelung der *aequitas* bezeichnete *Baldus* sie dann als *aequitas naturalis et scripta*.[329] Bei

---

325 *Thomasius*, De aequitate cerebrina [1706] (Fn. 24), cap. 1, § 3, S. 3
326 Siehe oben S. 32 ff. zur Unterscheidung von positivem und natürlichem Recht, dort insbesondere Fn. 73. Ebenso oben zur tatsächlichen Durchsetzbarkeit des naturrechtlichen *iustum*, dort insbesondere Fn. 110, 125 und 126.
327 *Horn*, Aequitas in den Lehren des Baldus (Fn. 3), S. 21.
328 *Horn*, Aequitas in den Lehren des Baldus (Fn. 3), S. 21 f.
329 *Horn*, Aequitas in den Lehren des Baldus (Fn. 3), S. 22.

Baldus ist exemplarisch für die Kommentatoren erkennbar, dass bereits im Mittelalter das Prinzip der (geschriebenen) *aequitas* anerkannt war, dem die Gesetzesquellen (optimaler Weise) entsprechen, auch wenn noch nicht von der *aequitas* als eigene Rechtsquelle gesprochen werden kann.[330] Da Thomasius in § 2 der Dissertation die *aequitas* aus dem Naturrecht ableitet, ist es naheliegend, dass er mit der *aequitas scripta* den Umstand beschreibt, wenn das Prinzip der *aequitas* auch im positiven Recht berücksichtigt wird, die *aequitas* nun also im Gesetz niedergeschrieben ist.

2. *Aequitas* als Auslegung (*aequitas non scripta*)

Im positiven Recht bezieht Thomasius die *aequitas* nicht nur auf das geschriebene Gesetz, sondern auch auf die „Quelle, das geschriebene Recht auszulegen". Unter welchen Voraussetzungen diese *aequitas non scripta*, wie Thomasius sie nennt, besteht erklärt Thomasius wie folgt:

Posteriori modo aequa interpretatio dicitur, quae nititur regulis bonae interpretationis, contra iniqua, cavillatoria, calumnia, fraus legum, quando interpretatio ab illis regulis aberrat [...].	Auf die letzte Art wird die Auslegung billig genannt, die sich auf die Regeln der guten Auslegung stützt, dagegen unbillig, verdreht, eine Verleumdung, Umgehung der Gesetze, wenn die Auslegung von jenen Regeln abweicht [...].
At posteriori modo, cum interpres legis sit diversa plane persona a legislatore, omnis aequitas est non scripta, uti & in significatu paragraphi praecedentis, cum & ius naturae non sit scriptum.[331]	Aber auf die zweite Weise, weil der Gesetzesausleger deutlich eine dem Gesetzgeber entgegengesetzte Person ist, ist jede *aequitas* ungeschrieben, wie auch in der Bedeutung des vorausgegangenen Paragraphen, weil auch das Naturrecht nicht geschrieben ist.

---

330 Diese Entwicklung der *aequitas* als selbstständige Rechtsquelle vollzog sich erst im 16. Jahrhundert, bevor sie dann im 18. Jahrhundert aus dem Naturrecht abgeleitet wurde, wie bei Thomasius geschehen *Schröder*, Recht als Wissenschaft, Bd. 1 (Fn. 17), S. 18, 114 f.

331 *Thomasius*, De aequitate cerebrina [1706] (Fn. 24), cap. 1, § 3, S. 3.

Thomasius erklärt, dass auch die Auslegung billig ist, nämlich, wenn sie anhand der „Regeln der guten Auslegung" geschieht. Wenn die Auslegung hingegen von diesen Regeln abweicht, ist sie unbillig. In der billigen Auslegung erkennt Thomasius eine *aequitas non scripta*, die er von der *aequitas scripta* anhand der tätig werdenden Personen abgrenzt: Weil der Gesetzesausleger sich vom Gesetzgeber unterscheidet, weil die Auslegung im Gegensatz zum Gesetz nicht schriftlich ist, kann sie auch keine schriftliche *aequitas* konstituieren. Diesen Grundsatz überträgt er sogleich auch auf das Naturrecht. Dieses ist ebenfalls, anders als das positive Gesetz, nicht schriftlich niedergelegt, weshalb Thomasius es als eine *aequitas non scripta* bezeichnet.

Bei der *aequitas non scripta* handelt es sich um einen Begriff, der in den Jahrhunderten zuvor von den Juristen kontrovers diskutiert worden ist. Ursprünglich vertraten die Glossatoren und Kommentatoren bis auf vereinzelte Ausnahmen die Ansicht, dass eine ungeschriebene *aequitas* nicht dem geschriebenen *ius* vorzuziehen sei.[332] Die Unterscheidung von *aequitas scripta* und *non scripta* wurde von den Glossatoren deshalb herangezogen, um den Widerspruch zweier Codex-Stellen aufzulösen, die einmal dem Richter ein anderes Mal dem Kaiser die Beachtung der *aequitas* vorbehielten, weshalb nun der Richter die *aequitas scripta* des Gesetzes zu beachten hatte und der Kaiser bei der Gesetzgebung die *aequitas non scripta*.[333] Diese Einteilung scheint auf dem ersten Blick Thomasius' Einteilung zu widersprechen. Dies ist jedoch nicht der Fall, denn auch bei den Glossatoren betrifft die *aequitas scripta* die im Gesetz verankerte *aequitas*, während die nicht im Gesetz fixierte *aequitas* nicht schriftlich ist. Es wird hier also deutlich, dass die Glossatoren und Kommentatoren nur die „im geschriebenen Recht irgendwie fixierte *aequitas scripta* für beachtlich" hielten.[334] Eine Wandlung vollzog sich ab dem 16. Jahrhundert, als Aristoteles' Begriff der (ungeschriebenen) *aequitas* Einzug in die Jurisprudenz fand, der eine „Korrektur des Gesetzes, da wo dasselbe wegen seiner allgemeinen

---

332 Vgl. *Lange*, Ius aequum und ius strictum bei den Glossatoren (Fn. 324), S. 326-332.

333 *Lange*, Ius aequum und ius strictum bei den Glossatoren (Fn. 324), S. 331. Dem folgend *Schröder*, Aequitas und Rechtsquellenlehre in der frühen Neuzeit (Fn. 18), S. 267.

334 *Schröder*, Recht als Wissenschaft, Bd. 1 (Fn. 17), S. 17.

Fassung mangelhaft bleibt"[335], erlaubte.[336] So kam es, dass sich zum Ende des 16. Jahrhunderts die Annahme breit machte, dass die ungeschriebene *aequitas* als eigenständige Rechtsquelle heranzuziehen sei.[337]

Die Beachtung der *aequitas non scripta* wird auch von Thomasius getragen, der offenkundig die Auslegung eines Gesetzes gestattet. In welchem Ausmaß das möglich sein soll, ist an dieser Stelle jedoch noch nicht klar. Wie aus dem kurzen historischen Exkurs erkennbar ist, gab es über die Jahrhunderte hinweg keinen einheitlichen Kurs zur Anwendung der ungeschriebenen *aequitas* bzw. zur Abweichung vom Gesetzestext. Daher soll nun untersucht werden, welche Tragweite die *aequitas non scripta* bei Thomasius einnimmt. Auf den ersten Blick scheint es so, als bringe er hier den aristotelischem Korrektur-Gedanken zum Ausdruck. Ob dies tatsächlich der Fall ist, lässt sich am besten anhand seiner Beschreibung der *aequitas non scripta* ermitteln, die er auf die „Regeln der guten Auslegung" stützt.

Es ist also zunächst fraglich, was Thomasius unter den „Regeln der guten Auslegung" versteht, auf die er die billige Auslegung und somit die *aequitas non scripta* stützt. Klarheit schafft abermals ein Blick in Thomasius' vorangegangene Werke. Zur Auslegung hat er sich nämlich bereits in den *Institutiones* und in verbesserter Form auch in der *Ausübung der Vernunftlehre* geäußert. In den *Institutiones* erklärt er, dass der Wille des Gesetzgebers aus den von ihm erklärten Zeichen erkennbar ist, weshalb die Auslegung sich damit befasst, die Meinung aus diesen Zeichen zu erlernen.[338] Und auch in der *Ausübung der Vernunftlehre* erklärt er, dass es sich bei der Auslegung um eine „deutliche und in wahrscheinlichen

---

335 *Aristoteles*, Nikomachische Ethik. Auf der Grundlage d. Übers. v. Eugen Rolfes hrsg. v. Günther Bien, 4. Aufl., Hamburg 1985, Buch 5, cap. 14 (1137b), S. 127.

336 *Schröder*, Recht als Wissenschaft, Bd. 1 (Fn. 17), S. 17 f. ausführlicher ebenfalls *Schröder*, Aequitas und Rechtsquellenlehre in der frühen Neuzeit (Fn. 18), S. 267-269.

337 *Schröder*, Recht als Wissenschaft, Bd. 1 (Fn. 17), S. 18. Zur Entwicklung der *aequitas non scripta* auch *Schröder*, Aequitas und Rechtsquellenlehre in der frühen Neuzeit (Fn. 18), S. 270-274.

338 *Thomasius*, Institutiones (Fn. 23), lib. 2, cap. 11, § 4, S. 279 f.: „[...] voluntas vero legislatoris (excepto Iure naturae) & promittentis, non nisi ex signis quibus voluntatem suam declararunt colligi ab aliis hominibus possit, inde constat interpretationis, quam tractamus, normam & mensuram genuinam esse collectionem mentis ex signis maxime probabilibus." – Da [...] der Wille aber des Gesetzgebers (außer im Naturrecht) und des Versprechenden, nicht anders als aus Zeichen, durch die sie ihren Willen erklärt haben, von anderen Menschen erkannt werden kann, daher folgt, dass Richtschnur und eigentliches Maß der Auslegung, die wir nun behandeln, die Erlernung der Meinung aus den wahrscheinlichsten Zeichen ist.

Mutmaßungen gegründete Erklärung desjenigen, was ein anderer in seinen Schriften hat verstehen wollen," handelt.[339] Thomasius bezweckt mit der Auslegung also, die Meinung des Gesetzgebers, den wirklichen Inhalt seiner Aussagen zu erfassen. Damit dies gelingt, gilt es die Regeln der guten Auslegung zu beachten.[340] Diese formuliert er ebenfalls in den *Institutiones* und wiederholte sie in komprimierter Form in der *Ausübung der Vernunftlehre*.[341] Dort statuiert er in fünf Regeln, dass unter anderem der Autor selbst, die gegenständliche Sache, vorhergehende und nachfolgende Texte desselben Autors, die gesunde Vernunft und vom Autor aufgestellte Grundregeln bzw. die Ursachen des Gesetzes einbezogen werden müssen.[342] Da Thomasius zufolge die Einhaltung der Regeln der guten Auslegung eine billige Auslegung konstituieren, bedeutet das dann im Konkreten, dass die Erfüllung dieser fünf Kriterien eine Auslegung als billig qualifizieren, was Thomasius als *aequitas non scripta* bezeichnet.

Da nun geklärt ist, dass eine Auslegung, die sich an diesen Regeln orientiert, eine *aequitas* genannt wird, stellt sich nun die Frage, ob hier auch ein Zusammenhang zu naturrechtlichen Grundsätzen besteht oder ob Thomasius die *aequitas* bei der Auslegung losgelöst von ihrer naturrechtlichen Bedeutung heranzieht.[343] Um dies zu ermitteln, müssen die

---

339 *Thomasius*, Ausübung der Vernunftlehre, Nachdr. der Ausg. Halle Salfeld 1691, Hildesheim 1998, cap. 3, § 25, S. 163 f.

340 *Thomasius*, Institutiones (Fn. 23), lib. 2, cap. 11, § 47, S. 295: „His praemissis videndum iam erit de fontibus coniecturam, quibus utendum ad obscuritatem verborum obvenientem tollendam. Aut igitur talis est obscuritas, quae regulis bonae interpretationis tolli potest, aut eadem nullum admittit remediam." – Nach dem Gesagten müssen wir nun die Quellen der Auslegung betrachten, welche man benutzen muss, um die vorkommende Dunkelheit der Worte zu beheben. Entweder ist die Dunkelheit so beschaffen, dass sie durch die Regeln der guten Auslegung behoben werden kann, oder es ist kein Mittel dagegen vorhanden. Ebenso *Thomasius*, Ausübung der Vernunftlehre (Fn. 339), cap. 3, § 64, S. 180 f.

341 *Thomasius*, Fundamenta (Fn. 23), lib. 2, cap. 11, § 2, S. 170 f.: „[...] Quare nec miraberis, quod in Logica longe pauciores regulas interpretationis recensuerim, quam hic." – [...] Du wirst dich deshalb nicht wundern, dass ich in der Vernunftlehre viel weniger Regeln der Auslegung als hier aufgeführt habe.

342 *Thomasius*, Ausübung der Vernunftlehre (Fn. 339), cap. 3, §§ 65 f., 67 ff., 70 ff., 76 ff., 81 ff., S. 181 ff.

343 Hier ist zu berücksichtigen, dass Thomasius die Auslegung auch im Rahmen der *aequitas cerebrina* thematisiert, siehe dazu unten S. 176 ff. Daher soll an dieser Stelle keine vollständige Untersuchung der billigen Auslegung stattfinden, sondern lediglich aufgezeigt werden, inwiefern eine Auslegung der *aequitas* entspricht.

Regeln der guten Auslegung noch einmal intensiver in den Blick genommen werden. Während sich die *aequitas scripta* danach richtet, ob ein Gesetz den naturrechtlichen Billigkeitsansprüchen gerecht wird, ist dies bei der (positivrechtlichen) *aequitas non scripta* auf dem ersten Blick nicht erkennbar, da sie eher den Gesetzgeber berücksichtigt. Dies wird schon aus Thomasius' Ausführungen zum Zweck der Auslegung deutlich, die den Willen des Urhebers ermitteln soll, also dessen Meinung und nicht die Wahrheit.[344] Auch eine Betrachtung der Regeln selbst ergibt, dass weniger das Naturrecht als der Gesetzgeber selbst bei der Ermittlung von Bedeutung ist.

So beziehen sich die ersten drei in der *Ausübung der Vernunftlehre* beschriebenen Regeln auf den Urheber des Textes selbst, stellen also lediglich eine „Umschreibung der relevanten Datengruppen"[345] dar. Besonderheiten sind jedoch in der vierten Regel und seiner Entsprechung in den *Institutiones* erkennbar. Dort legt Thomasius fest, dass die Auslegung nicht gar keine oder eine ungereimte Wirkung herbeiführen soll, indem die Auslegung nämlich dem göttlichen (also natürlichen) oder menschlichen Recht widerspricht.[346] Dieser Regel ordnet Thomasius dann an späterer Stelle der *Institutiones* auch die Auslegung nach der Billigkeit zu, wo er ebenfalls auf einen Widerspruch mit dem Naturrecht abstellt.[347] Mit der dritten Regel ordnet Thomasius folglich ausdrücklich an, dass die Auslegung auf eine Vereinbarkeit mit dem Naturrecht hinwirken muss. Etwas abgewandelt wiederholt Thomasius diese Berücksichtigung des Naturrechts auch in der vierten Regel in der *Ausübung der Vernunftlehre*, der zufolge bei widersprüchlichen Ergebnissen immer das Ergebnis vorgezogen werden solle, welches mit der gesunden Vernunft übereinstimmt, weil es zu vermeiden

---

344 *Thomasius,* Ausübung der Vernunftlehre (Fn. 339), cap. 3, §§ 25, 31, S. 163 ff.

345 *Danneberg,* Die Auslegungslehre des Christian Thomasius in der Tradition von Logik und Hermeneutik, in: *Vollhardt* (Hg.), Christian Thomasius (1655-1728), Tübingen 1997, S. 309 f.

346 *Thomasius,* Institutiones (Fn. 23), lib. 2, cap 11, § 63, S. 301: „3. Ab effectu porro regula desumitur. Verba ita explicanda erunt ne nullus inde oriatur effectus & negocium pereat, aut ne effectus cum absurditate quadam sit coniunctus, quodsit si expositio pugnet cum iure divino vel humano." – Die 3. Regel wird ferner aus der Wirkung abgeleitet. Die Worte müssen so erklärt werden, dass sich nicht daher keine Wirkung ergibt und das Wesen verloren geht, oder dass nicht eine Wirkung mit irgendeiner Ungereimtheit verbunden ist, was geschieht, wenn die Erklärung dem göttlichen oder menschlichen Recht entgegensteht.

347 *Thomasius,* Institutiones (Fn. 23), lib. 2, cap. 11, § 112, S. 318. Da sich Thomasius in § 12 der Dissertation noch mit der billigen Auslegung befasst, sei hierzu auf die Ausführungen unten ab Fn. 590 verwiesen.

sei, dass sich etwas Unvernünftiges oder keine Wirkung ergebe und alle Menschen vernünftig seien.[348] Es scheint sich hier also um eine übergeordnete Regel zu handeln, welche die ganze Auslegungslehre an die Supposition der Vernunft entgegen der ihr widerstreitenden Auslegungen bindet.[349] Auch hier richtet sich die Auslegung nach einem objektiven, vom Urheber losgelösten Maßstab, der sich an der Vernunft, also an einer mit dem Naturrecht übereinstimmenden Erkenntnis des tatsächlich Guten, orientiert.[350] Mithilfe einer „Rationalitätsunterstellung" begründet Thomasius, dass der Ausleger die Hypothese vorzuziehen habe, die mit der unterstellten Eigenschaft des „Interpretandums" besser übereinstimmt.[351] Allerdings ist der Maßstab der Vernunft nur so lange anwendbar, wie nicht erkennbar ist, dass der Urheber tatsächlich etwas Unvernünftiges beabsichtigt hat.[352] Die Rationalitätsunterstellung entfällt also dann, wenn erkennbar ist, dass der Urheber tatsächlich etwas Unvernünftiges beabsichtigt hat. Ist dieser Gedankengang nicht erkennbar, bedeutet das konsequenterweise, dass dem Willen des Urhebers bzw. Gesetzgebers eine vernünftige Absicht unterstellt werden darf. Folglich berücksichtigen die Regeln der Auslegung und somit die Auslegung selbst sowohl die naturrechtlichen Grundsätze als auch die Absichten des Gesetzgebers.

Die Auslegung geschieht also sehr wohl unter Berücksichtigung des Naturrechts, allerdings immer unter der Prämisse, dass dies auch dem Willen des Gesetzgebers entspricht. Da diesem jedoch unterstellt wird, dass er vernünftig ist, bedeutet das schlussendlich, dass Thomasius das Naturrecht tatsächlich als Maßstab der Auslegung heranzieht und sich die *aequitas non scripta* im positiven Recht auch auf die naturrechtliche *aequitas* zurückführen lässt.[353] Zugleich geht damit jedoch eine Einschränkung einher, die eine tatsächliche Ausrichtung der Auslegung am Naturrecht ernsthaft bezweifeln lässt, denn im Vordergrund der Auslegung steht eigentlich nicht ein naturrechtsgemäßes Ergebnis, sondern die Ermittlung der Absichten des Gesetzgebers. Die *aequitas non scripta* hat also nur im Optimalfall das Naturrecht zum Maßstab, weil der Gesetzgeber das Gesetz am Naturrecht

---

348 *Thomasius*, Ausübung der Vernunftlehre (Fn. 339), cap. 3, § 76, S. 188.
349 *Danneberg*, Die Auslegungslehre des Christian Thomasius (Fn. 345), S. 312.
350 Siehe zur Verbindung zwischen Vernunft und Naturrecht bereits oben S. 90 ff.
351 *Petrus*, Rationalität, Wahrheit und Interpretation, in: *Vollhardt* (Hg.), Christian Thomasius (1655-1728), Tübingen 1997, S. 324.
352 *Thomasius*, Ausübung der Vernunftlehre (Fn. 339), cap. 3, § 79, S. 190.
353 Aufgrund dieser Erkenntnisse kann *Izumo*, der eine unbedingte Unterscheidung von Billigkeit des Naturrechts und als Interpretationsmethode für nötig hält, nicht beigestimmt werden, vgl. oben Fn. 322.

ausrichten soll und gewöhnlich vernünftig ist. Nichtsdestotrotz bedeutet das für die Auslegung, dass ihr primärer Anknüpfungspunkt eigentlich der Wille des Gesetzgebers ist und nur mittelbar auch das Naturrecht. Indem Thomasius jedoch dem Gesetzgeber eine Rationalität unterstellt, eröffnet er auf diese Weise eine billige und somit naturrechtliche Auslegung des Gesetzes, um so den (unterstellt) rationalen Willen des Gesetzgebers zu ermitteln. Bei Thomasius ist also auch noch der im Mittelalter vertretene Ansatz erkennbar, dass vom Gesetz nicht abgewichen werden soll, sondern der Wille des Gesetzgebers im Vordergrund steht. Es steht nicht allein der aristotelische Korrektur-Gedanke im Vordergrund, sondern eher eine durch das Naturrecht beeinflusste Beachtung des gesetzgeberischen Willens. In Thomasius' Schilderungen zur *aequitas non scripta* kommt also eine Gesetzestreue zum Ausdruck, die sich wieder der mittelalterlichen *aequitas scripta* annähert.[354]

Aus Thomasius' Ausführungen zur *aequitas non scripta* wird somit deutlich, dass er sehr wohl eine Beeinflussung des positiven Rechts durch das Naturrecht offensteht, aber nicht bereit ist, sich von der Autorität des Gesetzgebers zu trennen. In seinen Ausführungen zu den Regeln der guten Auslegung bringt er vielmehr die faktische Vormacht des Gesetzgebers zum Ausdruck, dessen Wille in jedem Fall zu beachten ist. Naturrechtliche Vorgaben dürfen nicht eigenständig einen Maßstab darstellen, sondern werden von Thomasius „durch die Hintertür" eingeführt, indem er dem Gesetzgeber unterstellt, dass Naturrecht beachten zu wollen. Eine Auslegung anhand des Naturrechts, ohne diese auf den Gesetzgeber zurückzuführen, wagt er hingegen nicht. Thomasius versucht also diese beiden Ansätze, Naturrecht und Gesetzgeber, miteinander in Einklang zu bringen und bestätigt die Geltung des Naturrechts in Form eines Kompromisses zugunsten des Gesetzgebers, dessen Wille dadurch berücksichtigt werden soll. Dem Gesetzgeber kommt eine praktische Bedeutung zu, die das Naturrecht als nur theoretisch existierende Instanz überragt. Dies ist jedoch nicht das einzige Mal, dass sich Thomasius zur Stellung des Gesetzgebers äußert. Dass er eine überragende Bedeutung einnimmt, macht Thomasius an späterer Stelle im Rahmen der *aequitas cerebrina* noch einmal mehr deutlich.[355] Fürs Erste soll daher nur festgehalten werden, dass die Autori-

---

354 Vgl. *Schröder*, Aequitas und Rechtsquellenlehre in der frühen Neuzeit (Fn. 18), S. 277 f.

355 Dass Thomasius diesen Konflikt zwischen Naturrecht und Gesetzgeber im Ernstfall immer zu Gunsten des Gesetzgebers lösen würde, zieht sich konsequent durch die gesamte *aequitas*-Lehre seiner Dissertation. Die Stellung des

tät des Gesetzgebers eine herausragende Rolle bei Thomasius spielt, die Thomasius bereits im Rahmen der *aequitas non scripta* deutlich macht, weil faktisch nicht das Naturrecht allein, sondern eine Übereinstimmung mit dem Willen des Gesetzgebers eine billige Auslegung konstituieren.

3. Fazit

Zusammenfassend lässt sich sagen, dass Thomasius' Ausführungen zur *aequitas* im positiven Recht ein konsequentes Weiterdenken der naturrechtlichen *aequitas* darstellen. Es wird deutlich, dass es sich bei der *aequitas* im natürlichen und positiven Recht nicht um zwei unterschiedliche Entitäten handelt. Stattdessen ist die *aequitas* eigentlich ein Konstrukt des Naturrechts, welches Thomasius nun in das positive Recht inkorporiert. Er zeigt auf, wie sie in der juristischen Wirklichkeit des positiven Rechts zum Ausdruck gebracht werden kann, nämlich durch die Gesetzgebung oder Auslegung. Auf Grundlage dieser zwei Anwendungsbereiche unterteilt er die *aequitas* in eine *aequitas scripta* und *non scripta*. Während erstere die Übereinstimmung der *aequitas* mit dem positiven (geschriebenen) Gesetz erfasst, bezieht sich letztere auf die Auslegung des Gesetzes anhand der *aequitas*, die ja gerade nicht verschriftlicht ist. Beide Varianten der *aequitas* richtet Thomasius dabei am Maßstab des Naturrechts aus. Bei der *aequitas non scripta* gilt es jedoch zu beachten, dass es nicht um eine unabhängige Auslegung anhand der *aequitas* geht, sondern dass eigentlich der Wille des Gesetzgebers ermittelt werden soll, dem jedoch unterstellt wird naturrechtsgemäße, also billige Ergebnisse herzustellen. Primäres Ziel ist also die Herstellung eines Zustandes, der mit der Vorstellung des Gesetzgebers übereinstimmt. Die gleichzeitige Herstellung eines naturrechtsgemäßen Zustandes ist dabei quasi nur ein Beiprodukt. Da dem Gesetzgeber unterstellt wird naturrechtsgemäße Ergebnisse erzielen zu wollen, richtet sich letztlich auch die Auslegung nach der naturrechtlichen *aequitas*. Thomasius' Erklärungen zur *aequitas non scripta* fügen sich also in ein einheitliches Bild der *aequitas* im positiven Recht ein: Sie beschreibt zum einen die Entsprechung eines Gesetzes mit den Vorgaben des Naturrechts (*aequitas scripta*), zum anderen die an den Regeln der Auslegung und dem Naturrecht ausgerichtete Auslegung (*aequitas non scripta*). Thomasius bringt durch die

---

Gesetzgebers macht er insofern auch bei den § 12 und § 13 im Zusammenhang mit der *aequitas cerebrina* deutlich, weshalb auf unten S. 176 ff. und S. 191 ff. verwiesen sei, wo die Autorität des Gesetzgebers behandelt wird.

aequitas non scripta einen Dualismus zum Ausdruck, der seine gesamten Ausführungen zur *aequitas* beherrschen wird. Einerseits herrscht ein naturrechtliches Ideal vor, welches sich im positiven Recht widerspiegeln soll. Andererseits vertritt er mittels der *aequitas non scripta* aber auch den Standpunkt, dass der im Gesetz zum Ausdruck gebrachte Wille des Gesetzgebers beachtet werden soll. Der gesetzgeberische Willen nimmt für Thomasius einen derart hohen Rang ein, dass dessen Missachtung dann auch zu einer *aequitas cerebrina* führt. Dieser besonderen Art der *aequitas* widmet sich Thomasius in knapp zwanzig weiteren Paragraphen, deren Inhalt im nun folgenden Abschnitt untersucht werden soll. Dort soll dann auch die Relevanz des gesetzgeberischen Willens näher beleuchtet werden, weshalb es damit hier sein Bewenden hat und auf die Ausführungen unten[356] verwiesen wird. Trotz der Priorisierung des gesetzgeberischen Willens liegen der *aequitas* im positiven Recht dieselben Prinzipien zugrunde wie der aequitas im Naturrecht. Sie ist also nichts anderes als ein Hereinragen des Naturrechts in das geltende positive Recht.

V. Ergebnis zur *aequitas*

Aus der Untersuchung der beiden Dissertationen von 1706 und 1717 ergibt sich ein Bild der *aequitas*, dass in sich stimmig ist und sich nahtlos in seine Konzeption des Naturrechts eingliedern lässt. Thomasius' Darstellung der *aequitas* im Naturrecht, lässt erkennen, dass er die *aequitas* synonym mit den Normen des Naturrechts verwendet, die das Handeln gegenüber anderen Menschen regulieren (*iustum* und *decorum*). Die Prinzipien, die Thomasius der *aequitas* zugrunde legt, sind nicht vollkommen neu. Er stellt keine neuen Grundsätze auf, die neue philosophische Erkenntnisse in sich bergen. Ganz im Gegenteil: Die Faktoren, anhand derer Thomasius die *aequitas* veranschaulicht, sind bereits von (und auch vor) ihm in früheren Werken thematisiert worden. So lassen sich die Regeln, die Thomasius aus der *aequitas* ableitet, insbesondere in seinen zuvor erschienenen Großwerken *Institutiones* und *Fundamenta* finden. Dort thematisiert er auch schon das Prinzip der Gleichheit, welche Ausdruck dieser Regeln sein soll und der die *aequitas* Rechnung tragen soll. Und auch die Betrachtung von Willen und Verstand, welche die Quelle der *aequitas* darstellen, ist keine Pionierleistung. Vielmehr sind Untersuchungen dazu, wie Wille und Verstand das Wesen des Menschen bestimmen, Jahrhunderte alt und nicht

---

356 Siehe unten B.V.2.a) S. 176 ff. und S. 191 ff.

erst von Thomasius angestellt worden. Er hat sich in zahlreichen Werken mit der Bedeutung von Verstand und Willen für den Menschen auseinandergesetzt und dabei in den *Fundamenta* die herausragende Macht des Willens festgestellt. Auf den dort formulierten Grundsätzen bauen seine Erkenntnisse zur Quelle der *aequitas* auf, die er eine Wirkung von Willen und auch Verstand nennt.

Trotz dieser engen Verzahnung der *aequitas* mit sämtlichen Themen aus früheren Werken sind die Dissertationen von 1706 und 1717 keine komprimierten Wiederholungen vorheriger naturrechtlicher Großwerke. Die große Eigenleistung, die Thomasius in diesen beiden Werken erbringt, ist, dass er mittels der *aequitas* den Zusammenhang zwischen Naturrecht und Anthropologie deutlich macht und die *aequitas* in diese Lehren integriert. Thomasius macht deutlich, dass die *aequitas* kein unabhängiges Konstrukt ist, dass losgelöst von außen auf das Recht einwirkt und eigene Grundsätze in sich trägt.[357] Vielmehr ist die *aequitas* das Recht selbst. Sie korreliert mit dem Teil des Naturrechts, der das Handeln gegenüber anderen Menschen, also den zwischenmenschlichen Lebensbereich reguliert. Diese Kongruenz zwischen Naturrecht und *aequitas* ist die wesentliche Erkenntnis, die aus Thomasius' beiden Dissertationen deutlich wird: Die *aequitas* ist keine eigenständige Rechtsquelle, sondern geht im Naturrecht auf. Sie umfasst die naturrechtlichen Regeln des *iustum* und *decorum* und zielt auf das Halten einer (rechtlichen) Gleichheit ab, welche ihrerseits das Glück des einzelnen Menschen befördern soll. Dabei ist die *aequitas* nicht als ein rein rechtliches Konstrukt zu verstehen, das losgelöst vom Menschen existiert. So wie das Recht selbst auf die Beschaffenheit des Menschen zurückzuführen ist, ist auch die *aequitas* als Teil des Rechts auf die Beschaffenheit des Menschen zurückzuführen: Der Mensch, der dem Naturrecht entsprechend handelt, wirkt im Willen und Verstand dem Naturrecht entsprechend, denn das Handeln des Menschen geht vom Willen und Verstand aus. Dementsprechend ist die Quelle der *aequitas* also im Willen und Verstand angesiedelt, das Ausgangspunkt eines jeden Verhaltens Wille und Verstand sind. Wenn man die *aequitas* losgelöst vom juristischen Kontext betrachtet, beschreibt sie daher eine Wirkungsweise von Verstand und Willen. Thomasius' Bemerkungen zur *aequitas* im Naturrecht und ihre anthropologischen Grundlagen betreffen also ein und denselben Gegenstand. Die *aequitas* beschreibt Regeln des Naturrechts, weshalb der Mensch selbst auch als gerecht anzusehen ist, wenn er sein

---

357 So aber noch die einhellige Ansicht der Juristen des 17. Jahrhunderts, vgl. *Schröder*, Recht als Wissenschaft, Bd. 1 (Fn. 17), S. 17.

Verhalten an diesen Regeln ausrichtet und insofern sein Verstand und Wille auch billig wirken. Thomasius beschreibt also die Regeln, an denen der Mensch sein Verhalten auszurichten hat und konsequenter Weise dann auch das nach diesen Regeln ausgerichtete Verhalten (die Wirkung) als *aequitas*.

Neben der Stellung der *aequitas* im Naturrecht betrachtet Thomasius auch ihre Stellung im positiven Recht. Dort stellt Thomasius zwei Anknüpfungspunkte der *aequitas* fest: Das Gesetz und dessen Auslegung, was Thomasius als *aequitas scripta* und *non scripta* bezeichnet. Beide Bezeichnungen sind nicht von der naturrechtlichen *aequitas* losgelöst, sondern bringen vielmehr ein Übereinstimmen des positiven Rechts mit dieser *aequitas* zum Ausdruck. Während die *aequitas scripta* dann besteht, wenn das positive Gesetz selbst billig ist, also dem Naturrecht entspricht, richtet sich die *aequitas non scripta* danach, ob durch die Auslegung ein naturrechtsgemäßes Ergebnis herbeigeführt wird. Auch wenn bei der Auslegung des Gesetzes vorrangig der Wille des Gesetzgebers erforscht werden soll, ist hier eine Ausrichtung am Naturrecht nicht von der Hand zu weisen, weil dem Gesetzgeber unterstellt wird, vernünftige also naturrechtsgemäße und somit auch billige Ergebnisse zu bezwecken. Somit ist also auch bei der Auslegung das Naturrecht zumindest als mittelbarer Maßstab heranzuziehen. Thomasius' Darstellung der *aequitas* im natürlichen und positiven Recht ist mithin kongruent und befasst sich mit der naturrechtlichen Regulierung des menschlichen Handelns gegenüber anderen Menschen und ihrer letztendlichen Umsetzung im positiven Recht durch Gesetzgebung und Auslegung.

B. Aequitas cerebrina

Nachdem im vorherigen Abschnitt untersucht worden ist, was Thomasius unter der *aequitas* versteht, befassen sich die folgenden Ausführungen mit seinem Verständnis der *aequitas cerebrina*. Auch hier soll noch einmal erwähnt werden, dass keine Gesamtdarstellung der *aequitas cerebrina* im bisherigen wissenschaftlichen Diskurs vorgenommen werden soll[358], sondern der Fokus allein auf Thomasius' Verständnis liegen soll. Erneut wird

---

358 Hierfür sei auf *Schott*, Aequitas Cerebrina (Fn. 21), S. 132-154 und neuerdings auch *Kurbacher*, Zur Kritik der gedankenlosen Billigkeit (aequitas cerebrina) (Fn. 9), S. 455-463 verwiesen, die beide einen Überblick über die Wahrnehmung von *aequitas* und *aequitas cerebrina* in der juristischen Literatur bieten.

in erster Linie die Dissertation von 1706 herangezogen, da Thomasius sich dort in den §§ 4 bis 25 des ersten Kapitels eingehend mit der *aequitas cerebrina* befasst. In der jüngeren Dissertation liefert er hingegen lediglich eine komprimierte Fassung dessen, was er elf Jahre vorher schon erklärt hat, so dass die dortigen Ausführungen in der vorliegenden Arbeit zwar Beachtung finden, jedoch nur als Ergänzung zu seinen Aussagen in der älteren Dissertation.

In Anlehnung an Thomasius' Struktur soll im Folgenden zunächst aufgezeigt werden, was genau er mit dem Begriff *aequitas cerebrina* zu beschreiben sucht (I.). Daraufhin wird gezeigt, dass diese ebenso wie die *aequitas* ihr Fundament im Wesen des Menschen hat (II.). Auf anthropologischer Ebene macht sich dann auch die Wirkung der *aequitas cerebrina* bemerkbar (III.). Von da aus wendet sich Thomasius von einer allgemeinen anthropologischen Betrachtung einer spezifischen Perspektive zu, die nun das auch im Recht selbst einen Grund für die *aequitas cerebrina* erkennt. Im deutschen Recht erkennt er einen „besonderen Ursprung" der *aequitas cerebrina* (IV.). Vor diesem Hintergrund lässt sich die *aequitas cerebrina* in verschiedene Unterkategorien einteilen (IV.). Insbesondere die Scholastik hält er für einen treibenden Faktor der *aequitas cerebrina* (V.). Zuletzt bietet er auch Lösungsvorschläge an, um die *aequitas cerebrina* zukünftig zu vermeiden (VI.) und betont schlussendlich noch einmal, dass eine *aequitas cerebrina* nicht schon dadurch entsteht, weil zwei Meinungen sich widersprechen (VII.).

I. Grundlagen der *aequitas cerebrina*

Thomasius nimmt zunächst eine grundlegende Erklärung des Begriffes *aequitas cerebrina* vor. Hierzu führt er aus, dass es sich um eine Unbilligkeit oder Ungerechtigkeit[359] handelt, die aber den Schein oder die Maske der *aequitas* trägt. Als Synonyme bietet er daher auch die Bezeichnungen der falschen oder maskierten *aequitas* an:

Porro aequitas cerebrina usu communi dicitur illa, quae sub specie & larva aequitatis potius iniquitas aut iniustitia est, unde posses etiam ae-	Ferner wird diese im Gemeingebrauch eingebildete *aequitas* genannt, die unter dem Schein und der Maske der *aequitas* eher eine

---

359 Dass und warum Thomasius die Begriffe *aequitas* und Gerechtigkeit zum Teil synonym verwendet, ist bereits oben S. 48 ff. deutlich geworden.

quitatem fucatam aut larvatam dice-re.[360]	Unbilligkeit oder Ungerechtigkeit ist, weswegen du auch falsche oder scheinbare *aequitas* sagen kannst.

Thomasius lässt durch seine Beschreibung also verlauten, dass er unter der *aequitas cerebrina* eine Unbilligkeit versteht, die allerdings billig erscheint. Um zu begreifen, warum Thomasius zur Beschreibung dieses Phänomens das Adjektiv *cerebrina* wählt, lohnt es sich den Begriff etymologisch zu betrachten, dessen Bedeutung den lateinischen Wörterbüchern nicht zu entnehmen ist. *Clausdieter Schott* führt in seinem Aufsatz über die *aequitas cerebrina* aus, dass es sich dabei um einen latinisierten Begriff handele, der von dem mittelfranzösischen Wort *cérébrin* abstamme, was sich von dem französischen Substantiv *cérèbre* (Gehirn) ableiten lasse und gleichbedeutend mit dem französischen *étourdi* sei, was „unbesonnen, kopflos, gedankenlos, leichtsinnig, voreilig und unbedacht" bedeute.[361] Den rechtlichen Bezug dieses Terminus findet er bei *Littré*, wo es heißt: „Terme d'école de droit. Equité cérébrine, equité qui prononce non d'après un texte mais d'après l'inspiration de la conscience"[362] – also eine Billigkeit, die nicht nach einem Text, sondern nach dem Gewissen entscheidet. Anhand dieser Definitionen lässt sich vermuten, dass der Begriff *aequitas cerebrina* eine Billigkeit beschreibt, die im Gehirn entstanden ist, in Wirklichkeit aber

---

360 *Thomasius*, De aequitate cerebrina [1706] (Fn. 24), cap. 1, § 4, S. 3.

361 Vgl. *Schott*, Aequitas Cerebrina (Fn. 21), S. 133 ff. bezugnehmend auf *Huguet*, s.v. Cérébrin, in: *Huguet* (Hg.), Dictionnaire de la langue française du seizième siècle, 7. Aufl., Paris 1967, Nr. 8214; *Wartburg*, s.v. cerebrum gehirn, in: *Wartburg* (Hg.), Französisches etymologisches Wörterbuch, Basel 1928 ff., S. 603. Zur Latinisierung des Begriffes führt *Schott* aus, dass diese wohl auf die französischen Juristen des 16. Jahrhunderts zurückgehe: Einen der frühesten Belege liefert *Dionysius Gothofredus*, der in seiner erstmals 1583 erschienenen Ausgabe des *Corpus Iuris Civilis* einem Digestensatz (D.13.4.4) hinter dem Wort *aequitatem* die Erklärung „*iure informatam et quae ex iure colligi possit, non cerebrinam*" beifügt. *Antonius Faber* verweist in seinen *Coniecturae* (erstmals 1587) darauf, dass die *aequitas imaginaria* auch *aequitas cerebrina* genannt werde. Bis zur Mitte des 19. Jahrhunderts wurde die *aequitas cerebrina* in zahlreichen Werken auch nicht-französischer Juristen thematisiert, bis der Gebrauch sich mit den letzten Auflagen des Pandektenlehrbuchs von *Christian Friedrich Mühlenbruch* und der Pandektenvorlesungen *Georg Friedrich Puchtas* einstellte.

362 Vgl. *Schott*, Aequitas Cerebrina (Fn. 21), S. 133 unter Verweis auf *Littré*, Dictionnaire de la langue française, Éd. intégrale, Paris 1956 (online: https://www.littre.org/definition/c%C3%A9r%C3%A9brine, Zugriff: 01.10.2022).

nicht existiert, also lediglich eingebildet ist, so dass sich als Übersetzung „eingebildete Billigkeit" anbietet.[363]

Seine obige Formulierung wiederholt Thomasius in seiner späteren Dissertation, was er um die Feststellung ergänzt, dass nicht alles billig sei, was den Anschein der *aequitas* hat[364], wobei er sich auf den Kommentar zum *Codex Iustinianus* des niederländischen Juristen *Pieter Gilkens* beruft[365], der in der Zusammenfassung für Nr. 16 zum Gesetz C.1.2.12. feststellt, „dass nicht alles billig ist, dem das Bild der *aequitas* angeheftet wird".[366] In der benannten Kommentarstelle führt *Gilkens* aus, dass eine Überlieferung Anlass für Streit bieten werde, solange die Rechtsausleger vielen *decisiones* das „Bild der *aequitas* anheften".[367] Unter Heranziehung der Zusammen-

---

363 Hier wird bereits deutlich, dass die *aequitas cerebrina* dem Gehirn und dem dort ansässigen Verstand entspringt. Wie schon bei der *aequitas* stellt Thomasius auch für die *aequitas cerebrina* fest, dass diese im Willen und Verstand ihren Ursprung hat, aber vorranging der Ursprung im Verstand zu untersuchen ist, vgl. oben Fn. 320. Klarheit wird zudem der nächste Abschnitt zu den anthropologischen Grundlagen schaffen, weshalb auf die Ausführungen unten S. 125 ff. verwiesen sei.

364 *Thomasius*, De aequitate cerebrina... [1717] (Fn. 24), § 4, S. 7.: „[...] nec enim omnia sunt aequa, quae aequitatis habent imaginem, Gilken ad L. 12. C. d. SS. Eccles. N. 16 & 17." – [...] denn nicht alles ist billig, was das Bild einer *aequitas* hat.

365 Thomasius bezieht sich auf *Gilkens*, Commentaria in praecipuos universi titulos Codicis, Frankfurt a. M. 1606, C.1.2.12., Nr. 16 und 17. In der zitierten Stelle des Codex geht es um das Verhältnis der Kirche zu den kaiserlichen Gesetzen. Im Rahmen dessen diskutiert *Gilkens* das rechtliche Verhältnis unehelicher Kinder zum Vater anhand unterschiedlicher Rechtsquellen, die im Ergebnis divergieren.

366 *Gilkens*, Commentaria codicis (Fn. 365), C.1.2.12, Summaria n. 16, S. 56: „Non omnia esse aequa quibus aequitatis imago imponatur." – Dass nicht alles billig sei, dem das Bild der *aequitas* angeheftet wird.

367 *Gilkens*, Commentaria codicis (Fn. 365), C.1.2.12, n.16 & 17, S. 58: „Sed haec traditio meo iudicio non admodum secura videtur: quod si generaliter eandem admittamus, praebitura sit materiam multae contentionis, dum utriusque iuris interpretes aequitatis imaginem multis decisionibus imponere conabuntur, quae ab illa aliena sunt." – Aber diese Überlieferung wird nach meinem Dafürhalten nicht völlig sicher betrachtet: Wenn wir also im Allgemeinen dieselbe gestatten wollen, wird sie Stoff für viel Streit liefern, solange die Ausleger beider Rechte es wagen werden, vielen Entscheidungen das Bild der *aequitas* anzuheften, die jener [*aequitas*] fremd sind.
An dieser Stelle könnten die Übersetzung von *decisionibus* auch durch Gesetz erfolgen, weil damit möglicherweise nicht eine konkrete Entscheidung der Rechtsausleger gemeint ist, sondern die Gesetze, mit denen sich die Ausleger beschäftigen. Den Hinweis hierfür liefert *Pierer*, s.v. decisio, in: *ders.* (Hg.),

fassung für diesen Passus ist die *Gilkens* dahingehend zu verstehen, dass die Ausleger *decisiones* als der *aequitas* entsprechend ausgeben, die dieser aber nicht entsprechen. Der Begriff „anheften" verweist darauf, dass gerade durch das Zutun der Ausleger eine *decisio* als billig erscheint. Bei *Gilkens* geht es also nicht allein darum, dass etwas Unbilliges als billig erscheint, sondern zusätzlich darum, dass dieses Trugbild durch die Ausleger hervorgerufen wird. Dabei verwendet *Gilkens* nicht den Begriff der *aequitas cerebrina*, er beschreibt lediglich das Phänomen, das Thomasius 1717 als *aequitas cerebrina* definiert. Thomasius vertritt also in beiden Dissertationen die Ansicht, dass es sich bei der *aequitas cerebrina* in erster Linie um eine Unbilligkeit handelt, die aber billig erscheint, ohne jedoch darauf einzugehen, durch wen dieser Schein hervorgerufen wird.[368] In seiner früheren Dissertation setzt er sodann eine Abgrenzung der *aequitas cerebrina* von der *aequitas* und der *iniquitas* fort:

Differt haec aequitas cerebrina a vera aequitate, quod ipsa plane non sit aequitas, sed aequitatem mentiatur, aut sit aequitas irrationalis, differt ab iniquitate, quod non omnis iniquitas, sit aequitas cerebrina, sed saltem ea, quae speciem aequitatis habet.	Diese eingebildete *aequitas* unterscheidet sich von der wahren *aequitas*, weil sie eben keine *aequitas* ist, sondern eine *aequitas* vorgibt, oder eine unvernünftige *aequitas* ist; sie unterscheidet sich von der Unbilligkeit, weil nicht jede Unbilligkeit eine eingebildete *aequitas* ist, sondern nur die, die den Schein der *aequitas* hat.

Pierer's Universal-Lexikon der Vergangenheit und Gegenwart oder Neuestes encyclopädisches Wörterbuch der Wissenschaften, Künste und Gewerbe, Bd. 4, 4., umgearb. und stark verm. Aufl., Altenburg 1858, S. 782, wo die Erläuterung des Begriffes *decisio* ergibt, dass damit auch Entscheidung einer zweifelhaften Rechtsfrage, auch auf dem Wege der Gesetzgebung gemeint sein kann. Als Beispiel wird hier *Decisiones quinquaginta* synonym für die 50 Institutionen *Justinians* genannt. Diese Übersetzungsmöglichkeit leuchtet auch ein, weil die Ausleger sich gerade damit beschäftigen Gesetze auszulegen oder zu kommentieren. Aufgrund der Mehrdeutigkeit, bleibt der Begriff *decisio* in lateinischer Sprache.

368 Eine erste Tendenz wird sogleich im Zitat bei Fn. 369 deutlich. Des Weiteren bezieht Thomasius hierzu später Stellung, als er die *aequitas cerebrina* im kanonischen Recht verortet und der katholischen Kirche vorwirft, zum Teil eigene, unbillige Interessen mit den Gesetzen zu verfolgen, siehe dazu unten S. 236 ff.

Est enim iniquitas aut iniustitia vel aperta & in sensus omnium incurrens, vel palliata, simulans singularem aequitatem & rationibus non ita statim in sensus incurrentibus eandem aliis hominibus persuadens.[369]	Die Unbilligkeit oder Ungerechtigkeit nämlich ist entweder klar und die Sinne aller befallend, oder versteckt, die die einzig echte *aequitas* nachahmt und durch Ursachen, die nicht sofort die Sinne aller befallen, andere Menschen von ihr [von der *aequitas*] überzeugt.

Der Unterschied zwischen *aequitas cerebrina* zur *aequitas* liegt darin, dass jene gerade nicht billig ist, sondern nur eine *aequitas* vorgibt und unvernünftig ist. Aus diesem Grund grenzt Thomasius sie gleichzeitig auch von der Unbilligkeit (*iniquitas*) ab, weil nicht jeder unbillige Zustand eine *aequitas cerebrina* konstituiert, sondern nur der, der zugleich eine *aequitas* vorgibt.

Diese Ansicht wiederholt Thomasius in seiner späteren Dissertation, wo er hinzufügt, dass eine Unbilligkeit nicht auch *cerebrina*[370] ist, sondern nur die, welche die Menschen täuscht, die nicht sorgfältig genug wahr von falsch unterscheiden.[371] Thomasius macht hier zum einen erneut deutlich,

---

369 *Thomasius*, De aequitate cerebrina [1706] (Fn. 24), cap. 1, § 4, S. 3 f.

370 Während Thomasius zuvor noch die Voraussetzungen für die *aequitas cerebrina* erklärt, erörtert er an dieser Stelle die *iniquitas cerebrina*. Beide Begriffe beschreiben allerdings denselben Umstand und dienen der Abgrenzung von der *aequitas* einerseits und der *iniquitas* andererseits, denn die *aequitas cerebrina* ist, wie eingangs beschrieben inhaltlich eine Unbilligkeit, siehe Fn. 360. Der Zusatz *cerebrina* verdeutlicht, dass eine Beschreibung als reine Unbilligkeit dennoch verfehlt wäre, da ein täuschendes Element hinzutritt.

371 *Thomasius*, De aequitate cerebrina… [1717] (Fn. 24), § 4, S. 7: „Magna adeo inter aequitatem veram & cerebrinam differentia apparet, nam haec plane aequitatis nomen non meretur, licet sub eius specie nostris sese commendet oculis, & revera nihil aliud sit quam aequitas, uti a *Dn. Praeside in dissert. de Aequit. cerebr. Leg. 2. C. de Rescind. Vend.* appellatur, irrationalis. Differt tamen ab iniquitate, quod non omnis iniquitas sit cerebrina, sed saltem ea, quae veritatem a falso non satis diligenter discernentibus primo intuitu fucum facit." – So groß erscheint der Unterschied zwischen den echten *aequitas* und der eingebildeten *aequitas*, denn die letztere verdient eindeutig nicht den Namen der *aequitas*, mag sie sich auch unter ihrem [der *aequitas*] Schein unseren Augen anvertrauen und in Wahrheit nichts Anderes sein als eine unvernünftige *aequitas*, wie vom Herrn Präses in der Dissertation „de Aequitate cerebrina Leg. 2. C. de Rescind. Vend." angeführt wird. Gleichwohl unterscheidet sie [die eingebildete *aequitas*] sich von der Unbilligkeit, weil nicht jede Unbilligkeit eingebildet ist, sondern jedenfalls die, welche diejenigen, die die Wahrheit nicht hinreichend sorgfältig vom Falschen unterscheiden, auf den ersten Blick täuscht.

dass die *iniquitas cerebrina* sich von der *iniquitas* unterscheidet, weil sie zwar unbillig ist, aber zugleich über diese Tatsache hinwegtäuscht. Zum anderen lässt er verlauten, dass die Täuschung allein für den Zusatz *cerebrina* nicht ausreicht, sondern dass die relevante Personengruppe gerade deshalb einer Täuschung unterliegt, weil sie nicht sorgfältig dabei vorgeht, wahr und falsch voneinander zu unterscheiden. Erst durch die mangelnde Sorgfalt ist die Täuschung möglich. Dies kommt der Beschreibung von *Gilkens* sehr nahe, der den Auslegern vorwirft eine *aequitas* „anzuheften". Thomasius bleibt bei seiner Beschreibung der *aequitas cerebrina* abstrakter, bringt aber zum Ausdruck, dass sie ebenfalls von Menschen angewandt wird. Die *aequitas cerebrina* erfährt bei *Gilkens* Ausführungen also einen positivrechtlichen Einschlag, während Thomasius' Feststellungen noch allgemein gehalten sind und erst in den weiteren Paragraphen der Dissertation von 1706 eine Konkretisierung erfahren.

In beiden Dissertationen bezeichnet Thomasius die *aequitas cerebrina* als unvernünftig (*irrationalis*). Die *aequitas cerebrina* entspricht also nicht den Ansprüchen der Vernunft. Wir erinnern uns zurück, dass es sich hierbei um eine Eigenschaft des Verstandes handelt, der er ohne Einfluss des Willens über gut und schlecht urteilen kann, weshalb Handlungen als vernünftig bezeichnet werden, wenn sie einer solchen vom Willen unabhängigen Vernunft entsprechen.[372] Auf die *aequitas cerebrina* übertragen bedeutet das, dass sie diesen objektiven Ansprüchen der Vernunft nicht genügt. Sie ist nicht Ausdruck eines vom Willen unabhängigen Verstandes, sondern drückt das Gegenteil aus: Zwischen gut und schlecht wird nicht abhängig entschieden, sondern unter dem Eindruck des Willens.[373]

Zusammenfassend lässt sich sagen, dass Thomasius in beiden Dissertationen die *aequitas cerebrina* zunächst losgelöst vom Recht und bestimmten Einzelfällen erörtert. Er ordnet diese zwischen der *aequitas* und der *iniquitas* ein, mit denen sie Ähnlichkeiten teilt. In einem ersten Schritt stellt er die äußerliche Übereinstimmung mit der *aequitas* fest. In einem zweiten Schritt, stellt er auf inhaltlicher Ebene hingegen eine Übereinstimmung mit der *iniquitas* fest. Thomasius Beobachtungen sind hier noch abstrakt gehalten. Anders als bei seinen Ausführungen zur *aequitas* sieht er von einer ausdrücklichen Bezugnahme auf das Naturrecht ab, was jedoch

---

372 Zu Thomasius' Erklärung der Vernunft siehe oben S. 90 ff., dort vor allem Fn. 265, 266.
373 Dies ist nur ein Vorgeschmack auf den nächsten Abschnitt B.II, denn dort soll der Ursprung der *aequitas cerebrina* in Verstand und Willen noch vertieft untersucht werden.

auch nicht notwendig ist. Wenn die *aequitas* einen Teil des Naturrechts ausmacht und eine Übereinstimmung mit diesem beschreibt, ist die *aequitas cerebrina* als ihr Gegenstück auch als Gegenstück des Naturrechts zu verstehen, welche einen naturrechtswidrigen Zustand beschreibt. Als Besonderheit tritt im Unterschied zur *iniquitas* lediglich hinzu, dass der Zustand dennoch als naturrechtsgemäß wahrgenommen bzw. ausgegeben wird. Diesen Vorgang führt Thomasius wie auch die *aequitas* auf die menschliche Seele zurück, weshalb der folgende Abschnitt nun die anthropologischen Grundlagen der *aequitas cerebrina* untersucht.

II. Anthropologischer Ursprung der *aequitas cerebrina*

Bereits oben ist festgestellt worden, dass Thomasius die Quellen der *aequitas* im Verstand und Willen des Menschen verortet.[374] Ebenso betrachtet er auch die *aequitas cerebrina* aus anthropologischer Sicht. Mit Hilfe der Anthropologie, stellt er dar, wie eine *aequitas cerebrina* entsteht. Hierbei gilt es zu beachten, dass für die Existenz der *aequitas cerebrina* zwei Parteien in Frage kommen: Derjenige, der die *aequitas cerebrina* hervorruft und derjenige bei dem sie wirkt. Thomasius konzentriert sich auf beide Positionen gesondert und fragt sich zunächst, wie die *aequitas cerebrina* entsteht[375] und später, welche Wirkung sie letztlich auf andere Menschen hat[376]. In diesem Abschnitt liegt der Fokus allein auf der Entstehung der *aequitas cerebrina*, also wie sie durch den „Erklärenden" hervorgerufen wird. Wie sie sich bei dem „Empfänger" entfaltet, soll an späterer Stelle betrachtet werden.[377] Zur Entstehung der *aequitas cerebrina* gilt es festzustellen, inwiefern auch die *aequitas cerebrina* ihre Quellen im Verstand und im Willen hat (1.). Sodann wird dargestellt, inwiefern Thomasius anhand dieser Quellen auch die Existenz der *aequitas cerebrina* überhaupt begründet (2.). Zuletzt soll dann der allgemeine Ursprung der *aequitas cerebrina* in den Vorurteilen untersucht werden (3.).

---

374 Siehe oben S. 99 ff.
375 Vgl. *Thomasius*, De aequitate cerebrina [1706] (Fn. 24), cap. 1, §§ 5-8.
376 Vgl. *Thomasius*, De aequitate cerebrina [1706] (Fn. 24), cap. 1, § 20.
377 Siehe zu der Wirkung der *aequitas cerebrina* unten B.III S. 153 ff.

1. Verstand und Wille als Quellen der *aequitas cerebrina*

Im Anschluss an die Definition der *aequitas cerebrina* untersucht Thomasius ihre Quellen im Willen und Verstand des Menschen. Hierbei macht er zunächst deutlich, dass sie den gleichen Ausgangspunkt wie *aequitas* und *iniquitas* hat:

Fontes aequitatis cerebrinae quaerendi sunt in sede aequitatis & iniquitatis.[378]	Die Quellen der eingebildeten *aequitas* müssen am Sitz der *aequitas* und Unbilligkeit erforscht werden.

Auch hier macht er den Zusammenhang zwischen *aequitas cerebrina* und *aequitas* sowie Unbilligkeit deutlich und knüpft nun an seine vorherige Darstellung an, indem er die *aequitas cerebrina* weiterhin zwischen *aequitas* und Unbilligkeit platziert, denn er bezeichnet die *aequitas* als Tugend, die *iniquitas* als Laster, und die *aequitas cerebrina* als ein Laster, welches unter der Maske der Tugend verborgen ist:

Aequitai virtutis, inquitas vitii, aequitas cerebrina vitii larva virtutis occultati nomen est [...].[379]	*Aequitas* ist Name der Tugend, Unbilligkeit Name des Lasters, eingebildete *aequitas* Name des Lasters unter der Maske der Tugend verborgen [...].

Thomasius hält die *aequitas* also für eine Tugend, die Unbilligkeit und *aequitas cerebrina* hingegen für ein Laster. Oben[380] ist bereits dargelegt worden, dass Thomasius die *aequitas* für eine Tugend des Willens und des Verstandes hält. Hierbei misst er insbesondere dem Verstand eine herausragende Bedeutung bei, da die *aequitas* als Wirkung des Verstandes sich an den Regeln der Morallehre orientiert und daher das Gute vom Schlechten unterscheiden kann. Der Verstand stützt seine Erkenntnisse dann also nicht darauf, was der Wille für gut und schlecht hält, sondern auf eine objektivierbare Lehre, weshalb die *aequitas* auch eine Gefährtin der Klugheit ist. Dieser Beschreibung steht die der Unbilligkeit gegenüber:

---

378 *Thomasius*, De aequitate cerebrina [1706] (Fn. 24), cap. 1, § 5, S. 4.
379 *Thomasius*, De aequitate cerebrina [1706] (Fn. 24), cap. 1, § 5, S. 4.
380 Zur *aequitas* als Tugend von Willen und Verstand siehe oben S. 83 ff.

Similis ratio est iniquitatis.

Ähnlich ist die Lehre der Unbilligkeit.

Ea enim partim est vitium intellectus, imprudentiae, & quidem, si aperta sit, stupiditatis, brutalitatis (intellectualis) comes, ex ignorantia principiorum moralium profluens; partim vitium voluntatis, ex inhumana dispositione cordis ac temperamento sanguinis ortum, quod duros, crudeles, iracundos, immsericordes homines reddit.[381]

Diese nämlich ist teils ein Laster des Verstandes, eine Gefährtin der Unklugheit, und gewiss, wenn sie klar ist, der Dummheit, der (geistigen) Brutalität, die aus der Verkennung moralischer Prinzipien hervorfließt; teils ein Laster des Willens, aus der unmenschlichen Disposition des Herzens und dem sanguinischen Temperament erwachsen, das die Menschen hart, grausam, jähzornig und unbarmherzig macht.

Thomasius beschreibt die Unbilligkeit nicht als Tugend, sondern als Laster, das sich ebenfalls in Verstand und Willen verorten lässt. Im Verstand ist sie Gefährtin der Unklugheit (*imprudentia*) und Dummheit (*stupiditas*), die aus der Unkenntnis der Morallehre hervorfließt. Im Willen geht die Unbilligkeit aus einer unmenschlichen Disposition des Herzens und ebenfalls dem sanguinischen Temperament hervor. Die Merkmale der Unbilligkeit sind also denen der *aequitas* diametral entgegengesetzt und betreffen den Fall, dass der Unterschied zwischen gut und schlecht nicht erkannt wird, weil die objektiven Regeln der Moral verkannt sind. *Aequitas* zeichnet sich durch Kenntnis aus, die Billigkeit durch Unkenntnis. Hierzwischen siedelt Thomasius nun die *aequitas cerebrina* an:

Aequitas cerebrina equidem & ipsa, quia vitium est, in intellectu est imprudentia comes, sed non stupiditati, verum imbecillitati humani íntellectus originem debens; In voluntate vero ex tali temperamento sanguinis orta, quod fraudulentos, astutos, simulantes homines reddit.[382]

Die eingebildete *aequitas* allerdings ist gleichfalls, weil sie ein Laster ist, im Verstand eine Gefährtin der Unklugheit, aber nicht der Dummheit, sondern der Schwäche des menschlichen Verstandes den Ursprung verdankend; im Willen tatsächlich entstammt sie so einem sanguinischen Temperament, das die

---

381 *Thomasius*, De aequitate cerebrina [1706] (Fn. 24), cap. 1, § 5, S. 4.
382 *Thomasius*, De aequitate cerebrina [1706] (Fn. 24), cap. 1, § 5, S. 4.

Menschen betrügerisch, listig, vor-
spiegelnd macht.

Auch das Laster der *aequitas cerebrina* hat seine Wurzeln in Verstand und
Willen. Thomasius erklärt, dass es im Verstand wie auch die Unbilligkeit
die Unklugheit begleitet, allerdings keine Gefährtin der Dummheit ist,
sondern lediglich aus der Schwäche des Verstandes entsteht, während
die Unbilligkeit auch eine Gefährtin der geistigen Brutalität ist, die aus
der Unkenntnis moralischer Prinzipien hervorfließt. Wie bereits bei der
aequitas wird hier der Wille als Quelle der *aequitas cerebrina* bewusst aus-
geklammert, da Thomasius seine Untersuchung selbst auf den Verstand
beschränkt, indem er erklärt, dass *aequitas*, Unbilligkeit und *aequitas cerebrina* zwar den Verstand und auch den Willen betreffen, seine Untersuchung sich aber auf die Beziehung zum Verstand konzentriert, weil es ihm
um die wahre bzw. irrige Beurteilung des Guten und Schlechten geht, die
nun mal im Verstand stattfindet.[383] Auf Grundlage dieser Eingrenzung des
Untersuchungsgegenstandes begründet er dann auch die Bezeichnung der
aequitas als *cerebrina*:

Eo enim intuitu aequitas haec cere-brina dicitur, quia intellectus existit in cerebro.[384]	In dieser Hinsicht wird diese *aequi-tas* eingebildet genannt, weil der Verstand im Gehirn auftritt.

Thomasius nimmt hier selbst eine etymologische Betrachtung des Begriffes
cerebrina vor und erklärt, dass die *aequitas* diesen Zusatz dem Umstand
verdankt, dass der Verstand im Gehirn (*cerebrum*) angesiedelt ist. Mit dem
Begriff *aequitas cerebrina* umschreibt er ein irriges Urteil über Gut und
Schlecht, welches eben im Verstand vollzogen wird. In Anspielung auf
den Ort, wo dieses Fehlurteil stattfindet, wird es dann *aequitas cerebrina*
genannt. Vor diesem Hintergrund ist auch eine Übersetzung als eingebildete *aequitas* treffend, weil gerade keine objektive Beurteilung von gut
und schlecht anhand der Vernunft vorgenommen wird, sondern die Beurteilung nach eigenen Maßstäben im Kopf entsteht.[385] Dennoch lenkt
Thomasius ein, dass der Wille nicht ausgeblendet werden kann:

---

383 Vgl. oben Fn. 320.
384 *Thomasius*, De aequitate cerebrina [1706] (Fn. 24), cap. 1, § 5, S. 4 f.
385 *Kurbacher* hält diese Erklärung hingegen für bemerkenswert, denn die thomasia-
nischen Tugendlehre basiert ja gerade auf der Seele, die dem Willen obliegt,
seine Rolle also tragender ist als die des Verstandes, vgl. *Kurbacher*, Zur Kritik
der gedankenlosen Billigkeit (aequitas cerebrina) (Fn. 9), S. 466 f. dort Fn. 41.

Neque tamen plane voluntatem hic sequestrabimus, quia prudentia & imprudentia non sunt qualitates intellectus pure naturales, ad voluntatem nullam relationem habentes, sed ratione originis & dependentiae sunt voluntariae, uti totus intellectus intuitu iudicii de bono & malo.[386]	Doch nicht deutlich werden wir hier den Willen absondern, weil die Klugheit und Unklugheit keine rein natürlichen Eigenschaften des Verstandes sind, die zum Willen keine Beziehung haben, sondern sie nach Maß des Ursprungs und Herkunft willkürlich sind, wie der ganze Verstand mit Rücksicht auf das Urteil über gut und schlecht.

Obwohl Thomasius zuvor noch erklärt hat, dass sich seine Untersuchung auf die *aequitas cerebrina* des Verstandes beschränkt, erklärt er nun, dass er den Willen dennoch nicht unberücksichtigt lassen kann. Grund ist, dass sowohl die *prudentia* bzw. *imprudentia* als auch der Verstand vom Willen abstammen. Das Urteil über gut und schlecht finden zwar im Verstand statt. Da der Verstand aber vom Willen angetrieben wird, ist dieser auch für die *aequitas cerebrina* im Verstand von Relevanz. An dieser Stelle ist also klar, dass die *aequitas cerebrina* im Menschen ihre Quelle im Willen hat. Allerdings wird dadurch noch nicht deutlich, welche Mechanismen genau hierfür erforderlich sind. Dies lässt sich anhand der *imprudentia* ermitteln (b)), als deren Gefährtin Thomasius die *aequitas cerebrina* sieht. Für ein besseres Verständnis sollte jedoch zuvor noch Thomasius' Affektenlehre angesprochen werden (a)). Die Affekte sind für die Vorgänge im Menschen von herausragender Bedeutung und spielen daher auch im Zusammenhang mit der *aequitas cerebrina* eine wichtige Rolle.

a) Die Affektenlehre

Es soll nun überblicksartig dargelegt werden, was es mit den Affekten beim Menschen auf sich hat.[387] Hierfür muss zunächst beim menschlichen Willen angesetzt werden. Wir erinnern uns, dass Thomasius in den

---

386 *Thomasius*, De aequitate cerebrina [1706] (Fn. 24), cap. 1, § 5, S. 5.
387 Für eine ausführliche Darstellung zur Affektenlehre bei und vor Thomasius siehe *Schneiders*, Naturrecht und Liebesethik (Fn. 90), S. 183-225; *Rüping*, Die Naturrechtslehre des Christian Thomasius (Fn. 96), S. 36 ff. Weitere Ausführungen finden sich auch im Zusammenhang mit dem „Primat des Willens" bei *Kühnel*, Das politische Denken von Christian Thomasius (Fn. 56), S. 41-48.

Fundamenta hierzu ausführt, dass der Wille eine unsichtbare Kraft der menschlichen Seele ist, die anhand ihrer Wirkung (*operatio* bzw. *virtus*) wahrgenommen wird.[388] Bei dem Willen handelt es sich um eine Begierde (*concupiscentia*) im Herzen, die letztlich in einen Trieb (*conatus*) zu handeln mündet.[389] Er wird dabei von Kräften innerhalb und außerhalb des Menschen angetrieben, weshalb Thomasius die Wirkungen auch Handlungen (*actio*) nennt, wenn er andere Kräfte (aktiv) antreibt, hingegen Leidenschaften (*passio*), wenn er selbst (passiv) durch eine andere Kraft angetrieben wird.[390] In diesem Zusammenhang zieht Thomasius in den *Fundamenta* auch die Affekte heran, die er bereits in der *Ausübung der Sittenlehre* herausgearbeitet hat. Daher bieten sich auch beide Werke an, um den Begriff der Affekte und ihre Beziehung zum Willen zu untersuchen.

Thomasius erklärt, dass der Trieb des Willens sich dahingehend unterscheidet, ob er sich auf eine ihm entsprechende oder ihm widrige Sache bezieht, weshalb er dann auch Verlangen, Sehnsucht, Liebe oder Hoffnung bzw. Flucht, Schrecken, Hass oder Furcht genannt werden kann.[391] Den verlangenden und den abneigenden Trieb fasst Thomasius als Affekte bzw. Leidenschaften der Seele zusammen, weil sie dem Willen als erster Kraft der Seele zu eigen sind und regelmäßig durch außerhalb des Menschen liegende angenehme oder unangenehme Dinge angetrieben werden.[392] Unter dem Begriff Affekt fasst Thomasius also die von anderen Kräften veranlasste (passive) Bewegung des Willens zusammen. Thomasius

---

388 Siehe oben Fn. 235.
389 Siehe oben Fn. 23.
390 Siehe oben Fn. 250 und 252.
391 *Thomasius*, Fundamenta (Fn. 23), lib. 1, cap, 1, § 89, S. 32: „Conatus voluntatis ad rem sibi convenientem dicitur cupiditas, desiderium, amor, spes; conatus ad rem sibi adversam [...] fuga, horror, odium, metus [...]." – Der Trieb des Willens nach einer mit ihm übereinstimmenden Sache wird Verlangen, Sehnsucht, Liebe, Hoffnung genannt; der Trieb nach einer ihm entgegenstehenden Sache [...] Flucht, Schrecken, Hass, Furcht [...].
392 *Thomasius*, Fundamenta (Fn. 23), lib. 1, cap. 1, § 89, S. 32: „[...] Utrumque horum communi nomine affectus, quia sunt affectiones primariae potentiae animi humani, dicuntur etiam passiones animi, quia a rebus extrinsecis animo gratis vel non gratis regulariter ad motum excitantur [...]. – [...] Beide dieser mit allgemeinen Namen Affekte, weil sie Neigungen der ersten Kraft der menschlichen Seele sind, werden Leidenschaften der Seele genannt, weil sie in der Regel von äußerlichen der Seele angenehmen oder unangenehmen Dingen zur Bewegung angetrieben werden [...]. Vgl. auch *Thomasius*, Ausübung der Sittenlehre (Fn. 112), cap. 2, § 1, S. 38 und cap. 3, § 3, S. 73. Dort erklärt, dass sowohl vernünftige als auch unvernünftige Liebe ein Verlangen des Willens sind, also eine Bewegung des Herzens, die sich als Affekte bezeichnen lässt.

erkennt, dass der Wille des Menschen nie vollständig mit dem Willen eines anderen Menschen übereinstimmen kann.[393] Auch der eigene Wille will nie dasselbe, sondern verändert sich und begehrt sich widersprechende Sachen, was ein Produkt der verschiedenen untereinander streitenden Affekte ist, die auf den Willen einwirken.[394] Thomasius stellt also fest, dass es unterschiedliche Ausprägungen des Willens gibt, die er in Hauptklassen einteilen möchte, weil sie sonst nicht wissenschaftlich erfassbar sind.[395] Hier lohnt sich ein kurzer Blick in die *Ausübung der Sittenlehre*, wo Thomasius bereits eine Einteilung der Affekte vorgenommen hat. Dort teilt er

---

393 *Thomasius*, Fundamenta (Fn. 23), lib. 1, cap. 1, §§ 102–104, S. 35 f.: „§ 102: Hominis vero diversissima ratio est. Singuli homines habent voluntates in paucis convenientes, in multis diversissimas & saepe pugnantes & oppositas, ita ut, quod unus vult, alter nolit, aut contrarium velit. § 103: In tantum ut nullus homo reperiatur, cuius voluntas conspiret in omnibus cum voluntate alterius. § 104: Sed & nemo reperitur, cuius voluntas a natura repugnet in omnibus voluntati alterius." – § 102: Unterschiedlichster Weise ist der Mensch. Alle Menschen haben wenig übereinstimmende, aber oft unterschiedlichste, und oft widerstreitende und entgegengesetzte Willen, so dass, was einer will, ein anderer nicht will oder das Gegenteil will. § 103: Insoweit findet sich kein Mensch, dessen Wille in Alle, mit dem Willen eines anderen übereinstimmt. § 104: Aber es findet sich auch keiner, dessen Wille von Natur aus in Allem den Willen eines anderen widerstrebt.

394 *Thomasius*, Fundamenta (Fn. 23), lib. 1, cap. 1, § 105, S. 36: „Quin & singuli homines non volunt perpetuo, quod semel volunt, sed saepe volunt diversa, saepe opposita & pugnantia, ita ut, quod iam volunt, alio tempore nolint, aut velint eius contrarium, imo uno eodemque momento temporis sentiunt intra se anxietatem pugnantium affectuum, eos hinc inde rapientium, ut diu nesciant, quid velint." – Ja auch alle Menschen wollen nicht immer, was sie mal wollen, sondern sie wollen oft etwas anderes, oft Entgegengesetztes und Widerstreitendes, so dass sie, was sie nun wollen, zu anderer Zeit nicht wollen, oder sie wollen dessen Gegenteil, ja sie spüren in einem Augenblick eine Angst der streitenden Affekte, die sie hier und dort hinreißen, so dass sie lange Zeit nicht wissen, was sie wollen.

395 *Thomasius*, Fundamenta (Fn. 23), lib. 1, cap. 1, § 120, S. 39: „Ante omnia tentandum, an non voluntates illas, quae per hominum actiones externas indicantur, & quarum etiam singuli homines sibi sunt conscii, possimus ad summa quaedam genera referre. Nam quamdiu finibus eiusmodi genera non circumscribuntur, apparent ut infinita. Infinitorum autem non datur disciplina s. scientia." – Vor allem muss man untersuchen, ob wir nicht die Willen, die durch äußerliche Handlungen des Menschen angezeigt werden, und derer sich auch die einzelnen Menschen bewusst sind, nach einigen Hauptklassen bemessen können. Denn solange solche Klassen nicht mit Grenzen umschlossen werden, erscheinen sie wie unendlich. Von unendlichen hat man aber keine Lehre oder Wissenschaft.

zunächst vier Arten von Affekten ein, nämlich die vernünftige Liebe, Ehrgeiz (*ambitio*), Wollust (*voluptas*) und Geldgeiz (*avaritia*).[396] Diese nennt er auch Hauptaffekte, welche ihrerseits gewisse Kennzeichen haben, was Thomasius als Nebenaffekte auffasst.[397] So stellen die Tugenden Nebenaffekte der vernünftigen Liebe dar, wozu Sanftmut, Großmut und Barmherzigkeit zählt.[398] Ihnen stellt Thomasius die Nebenaffekte der unvernünftigen Liebe gegenüber[399] und bezeichnet diese Hauptaffekte der unvernünftigen Liebe zuletzt als Hauptlaster.[400] Hier wird also deutlich, dass die Bezeichnung Laster zur Umschreibung derjenigen Gemütsneigungen bzw. Affekte, letztlich also der Bewegungen des Willens dient, die unvernünftig sind.

Eine Abspaltung der vernünftigen Liebe aus den Affekten ist hier und auch später[401] jedoch eigentlich nicht erkennbar.[402] Die könnte deshalb angenommen, weil Thomasius die Liebe als die eine Bewegung des Herzens, also den einzigen bzw. als den Grundaffekt auffasst.[403] Da Thomasius die Liebe in erster Linie als ein Verlangen nach dem Guten, bzw. dem Hass des Schlechten versteht[404], kann diese (vernünftige) Liebe als die eine oberste Form der Liebe aufgefasst werden, die im Optimalfall auch vorliegt. Alle Neigungen, die diesem Streben nach dem Guten entsprechen, sind als Tugenden zu verstehen. Nun neigt der Mensch in der Realität aber nicht immer zum Guten, sondern auch zum Schlechten. Alle diese Abneigungen vom Optimum sind für Thomasius eine unvernünftige Liebe. Vor diesem Hintergrund versteht es *Schneiders* so, dass Thomasius bemüht ist, die vernünftige Liebe als Tugend aus der Reihe der Affekte herauszuhalten, so dass dann nur die Modi der unvernünftigen Liebe, Wollust, Ehrgeiz und Geldgeiz, als die drei menschlichen Hauptaffekte zurückbleiben, die zugleich die obersten Laster darstellen.[405]

---

396 *Thomasius*, Ausübung der Sittenlehre (Fn. 112), cap. 5, § 12, S. 134.
397 *Thomasius*, Ausübung der Sittenlehre (Fn. 112), cap. 5, § 18, S. 138.
398 *Thomasius*, Ausübung der Sittenlehre (Fn. 112), cap. 5, § 20, S. 139.
399 *Thomasius*, Ausübung der Sittenlehre (Fn. 112), cap. 5, §§ 22, 23, S. 139 f.
400 *Thomasius*, Ausübung der Sittenlehre (Fn. 112), cap. 5, § 24, S. 140 f.
401 Vgl. *Thomasius*, Ausübung der Sittenlehre (Fn. 112), cap. 7, § 1, S. 158. Hier spricht er von der vernünftigen Liebe als guten Affekt und denen der unvernünftigen Liebe als schlechten Affekt.
402 So aber *Schneiders*, Naturrecht und Liebesethik (Fn. 90), S. 206, 211: „Die Tugend der vernünftigen Liebe tritt aus der Reihe der Affekte heraus, die folglich als Affekte beinahe unausweichlich zu Lastern werden."
403 Vgl. *Schneiders*, Naturrecht und Liebesethik (Fn. 90), S. 209.
404 *Thomasius*, Ausübung der Sittenlehre (Fn. 112), cap. 4, § 5, S. 109 f.
405 *Schneiders*, Naturrecht und Liebesethik (Fn. 90), S. 209 f.

Auch Thomasius geht in den *Fundamenta* nur noch von drei Hauptaffekten aus, nämlich Wollust, Geldgeiz und Ehrgeiz, die jeden Menschen auf unterschiedliche Weise prägen.[406] Diese Einteilung richtet sich dabei nach dem jeweiligen Gegenstand des menschlichen Begehrens.[407] Sie sind allgemeinmenschliche und doch individuell verschiedene Vorlieben, die das ganze menschliche Denken leiten und dabei nur die unterschiedlichen Willensrichtungen, nicht die Abart eines Grundaffekts ausmachen.[408] Problematisch ist allerdings, dass diese drei Affekte gegeneinander streiten.[409] Mit den Affekten geht also eine Unbeständigkeit und Subjektivität des Willens einher. Sie sind also nichts anderes als Arten der unvernünftigen Liebe, auch wenn sie nicht mehr ausdrücklich so genannt werden.[410] Schlussendlich bezeichnet Thomasius sie nämlich doch als lasterhaft.[411] Aus dem Gesagten folgt, dass unter einem Affekt in erster Linie die Konkretisierung des Willens auf einen bestimmten begehrten Gegenstand gemeint ist. Abhängig davon, worauf sich die Liebe bezieht, ist dementsprechend von Wollust, Ehrgeiz oder Geldgeiz die Rede. Dieses Verlangen ist per se nicht schlecht, aber eben auch nicht vom Willen steuerbar. Da der Wille sein Begehren entsprechend dieser Affekte ausrichtet und dabei eine Orientierung am Guten nicht gewährleistet ist, erscheint es verständlich, dass Thomasius diese Affekte dann als Laster bezeichnet. Die Affekte sind kein Ausdruck der vernünftigen Liebe, sondern des jeweils individuell ausgerichteten Begehrens. Letztlich ist eine endgültige Einordnung der

---

406 *Thomasius*, Fundamenta (Fn. 23), lib. 1, cap. 1, § 130, S. 41: „Porro experientia & sensus communis docent, memoratas modo tres cupiditates, voluptatem, avaritiam & ambitionem dominari universo generi humano, & nullum esse hominem, qui non tribus hisce cupiditatibus regatur, sed diverso modo, cum nullus homo detur, in quo non sit mixtura diversa harum voluntatum." – Ferner lehren Erfahrung und Gemeinsinn, dass die genannten drei Verlangen, Wollust, Geldgeiz und Ehrgeiz das gesamte menschliche Geschlecht regieren und dass es keinen Menschen gibt, der nicht von diesen dreien Verlangen geleitet wird, sondern auf unterschiedliche Weise, weil es keinen Menschen gibt, in dem keine Mischung dieser verschiedenen Willen besteht.
407 *Schneiders*, Naturrecht und Liebesethik (Fn. 90), S. 247.
408 *Schneiders*, Naturrecht und Liebesethik (Fn. 90), S. 247.
409 *Thomasius*, Fundamenta (Fn. 23), lib. 1, cap. 1, § 142, S. 43: „[...] Quae vero pugnant voluptas, ambitio, avaritia, simul sentiuntur." – [...] Wahrhaftig werden die streitende Wollust, Ehrgeiz, Geldgeiz sogleich untersucht.
410 *Schneiders*, Naturrecht und Liebesethik (Fn. 90), S. 248.
411 *Thomasius*, Fundamenta (Fn. 23), lib. 1, cap. 6, § 35, S. 127: „Cum tamen omnes tres affectus vitiosi & pacem internam, seu tranquillitatem animi impediant [...]." – Weil jedoch alle drei lasterhaften Affekte den innerlichen Frieden oder die Seelenruhe verhindern [...].

Affekte an dieser Stelle nicht erforderlich, weil es für das Verständnis der *aequitas cerebrina* nicht von Bedeutung ist, ob die Affekte immer ein Ausdruck der unvernünftigen Liebe sind, sondern nur, dass es diese Affekte überhaupt gibt und der Wille dementsprechend nicht nur vom objektiven Gutem geleitet wird.

Wenn wir dieses Wissen um die Affekte nun damit verbinden, was wir bereits oben über die Abhängigkeit des Verstandes vom Willen gesagt haben[412], wird hier nun das eigentliche Problem des Verstandes deutlich: Nicht nur ist das Urteil des Verstandes vom Trieb des Willens abhängig, sondern der Wille unterliegt seinerseits äußeren Einflüssen und begehrt nicht immer das Gute. Hier tritt das eigentliche Dilemma zutage, denn es ist dem Verstand unmöglich die eigene Affektbeherrschtheit zu erkennen, weil dieser ja auch vom affektbestimmten Willen geleitet wird, so dass ihm auch das als gut erscheint, was faktisch der Befriedigung seiner Affekte dient.[413] Aus der Dominanz eines seinen Willen (und somit auch Verstand) wesentlich beeinflussenden Hauptaffekts erklärt Thomasius also die empirisch evidente Individualität jedes Menschen.[414] Durch den Willen beeinflussen die Affekte also mittelbar den Verstand in seinem Urteil über gut und schlecht. Zugleich sind die Affekte der Grund für die Unfreiheit des Willens, die durch seine eigene Natur, dem Streben nach dem, was ihm als gut erscheint, und durch die individuell verschiedene Willensbeschaffenheit und Affektenmischung bedingt ist.[415] Die Anthropologie des Thomasius beschränkt sich also auf eine psychologische Analyse des individuellen Menschen in seinen Beziehungen zur Umwelt.[416] In welcher Beziehung die Affekte zur *aequitas cerebrina* stehen wird nun im Folgenden deutlich werden, wenn aufgezeigt wird, dass sich die Unklugheit der Hauptaffekte bedient, die ja wiederum eine Gefährtin der *aequitas cerebrina* ist.

---

412 Nicht der Verstand, sondern der Wille ist die erste wirkende Kraft der Seele. Der Verstand wird in seiner Erkenntnis über Gut und Böse vom Willen beeinflusst, vgl. oben Fn. 23 und 247.

413 *Kühnel*, Das politische Denken von Christian Thomasius (Fn. 56), S. 43.

414 *Kühnel*, Das politische Denken von Christian Thomasius (Fn. 56), S. 45 f.

415 *Schneiders*, Naturrecht und Liebesethik (Fn. 90), S. 249.

416 *Wolf*, Große Rechtsdenker der deutschen Geistesgeschichte, 4. Aufl., Tübingen 1963, S. 399.

b) *Aequitas cerebrina* als Gefährtin der *imprudentia*

Thomasius bezeichnet sowohl Unbilligkeit als auch *aequitas cerebrina* als Gefährtin der Unklugheit, wogegen die *aequitas* die Klugheit begleitet. Oben ist bereits erklärt worden, dass Thomasius unter der Klugheit eine Eigenschaft des Willens versteht, der das Gute begehrt, weshalb die *aequitas* das Äquivalent im Verstand meint, also die Erkenntnis des Guten.[417] So wie oben die Klugheit zur Ermittlung der Bedeutung der *aequitas* wichtig, gilt dasselbe also nun für die Unklugheit. Auch hier bietet sich erneut die *Prudentia Consultatoria* zur Erforschung an.[418]

Thomasius erklärt, dass die Torheit (also Unklugheit) das Gegenteil von Weisheit und Klugheit ist, da sie zwar auch auf ein glückliches Leben abzielt, sich aber der falschen Mittel bedient und daher das Leben tatsächlich unglücklich macht.[419] Diese falschen Mittel, also Hindernisse der Glückseligkeit können entweder im Menschen selbst aus den Lastern der Wollust, Ehrgeiz oder Geldgeiz oder außerhalb des Menschen entstehen, indem sie durch andere Toren gewährt werden.[420] Die inneren Hindernisse in Form von Wollust, Ehrgeiz und Geldgeiz werden durch die Weisheit, genauer mittels des *honestum*, *decorum* und *iustum* bekämpft, die äußeren Hinder-

---

417 Siehe oben S. 99 ff.

418 Hier sei zunächst darauf hingewiesen, dass Thomasius statt Unklugheit auch den Begriff Torheit verwendet. Dass er beide Begriffe jedoch synonym gebraucht, wird in der zwei Jahre später erschienen Übersetzung deutlich, wo er sowohl *stultitia* als auch *imprudentia* mit Torheit übersetzt, vgl. *Thomasius*, Kurzer Entwurf der politischen Klugheit, Kap. 1, §§ 27, 30, 31 f., 34, S. 10-12.

419 *Thomasius*, De Prudentia Consultatoria (Fn. 23), cap. 1, § 27, S. 7: „[...] & sapientia pariter & prudentia sint oppositae stultitiae, quam in genere diximus alibi, in eo consistere, ut appetat vitam felicissimam, sed mediis utatur, quae vitam infelicem faciunt, ulterius est declaranda differentia inter sapientiam & prudentiam." – [...] auch sind die Weisheit und ebenso die Klugheit der Torheit entgegengesetzt, von der wir generell anderswo gesagt haben, woraus sie besteht, dass sie ein sehr glückliches Leben begehrt, aber die Mittel benutzt, die das Leben unglücklich machen, daher muss der Unterschied zwischen Weisheit und Klugheit untersucht werden.

420 *Thomasius*, De Prudentia Consultatoria (Fn. 23), cap. 1, § 28, S. 7: „Scilicet media inepta ad felicitatem eamque impedientia respectu originis sunt vel interna, utpote quae proveniunt a cupidinibus, tribus vitiosis singulorum, voluptate, ambitione, avaritia; vel externa, quae suppeditantur, & proveniunt ab aliis stultis." – Die Mittel nämlich, die für die Glückseligkeit ungeeignet sind und dieses verhindern, sind mit Blick auf ihren Ursprung entweder innerlich, weil sie von den Begehrenden hervortreten, den drei Lastern, Wollust, Ehrgeiz und Geldgeiz; oder äußerlich, die durch andere Toren gewährt werden und entstehen.

nisse von der Klugheit, die aufzeigt, wie man die falschen äußeren Mittel vermeidet.[421] Letztlich macht Thomasius selbst deutlich, dass die Begriffe Torheit und Unklugheit synonym verwandt werden können, indem er die Unklugheit als Neigung der Toren, die Klugheit als Neigung der Weisen bezeichnet.[422] Während Thomasius unter Weisheit und Klugheit die Lehren versteht, die das Gute aufzeigen, bzw. die Mittel um das Gute zu erreichen[423], steht ihnen die Unklugheit gegenüber, die falsche Mittel aufzeigt. Je nachdem ob diese falschen Mittel innerhalb oder außerhalb des Menschen liegen, steuern Weisheit bzw. Klugheit dagegen. Letztere ist also durch den dynamischen Prozess des Strebens nach dem Guten unter fortwährendem Kampf mit dem Bösen gekennzeichnet, während die Weisheit den Zustand des Freiseins von den Leidenschaften beschreibt.[424] Bezogen auf den Willen ist mit der Unklugheit also dessen Neigung zum Schlechten gemeint, weil er sich der falschen Mittel bedient.

An dieser Stelle muss nun die Verbindung zwischen Unklugheit und Unbilligkeit bzw. *aequitas cerebrina* hergestellt werden. Thomasius beschreibt beide als „Gefährtin" der Unklugheit im Verstand. Wie auch schon bei der Klugheit muss also die Neigung des Willens auf den Verstand übertragen werden. Die Unklugheit entspringt (wie die entgegenstehende Klugheit) dem Willen und stellt eine Neigung zum Schlechten wegen der Verwendung falscher Mittel dar. Für den Verstand, der sich mit der Erkenntnis, nicht dem Handeln befasst, bedeutet das, dass er nicht die Mittel, die das gute herbeiführen erkennt, sondern nur die falschen Mittel, die zur Unglückseligkeit führen. Unbilligkeit und *aequitas cerebrina* stellen also beide das Äquivalent der Unklugheit im Verstand dar.

---

421 *Thomasius*, De Prudentia Consultatoria (Fn. 23), cap. 1, § 29, S. 7: „Priora removet sapientia, impedimenta voluptatis, praeceptis honestatis; ambitionis, praeceptis decori; & avaritiae, praeceptis iustitiae. Posteriora quomodo cavenda & avertenda sint, docet prudentia." – Die ersten beseitigt die Weisheit, die Hindernisse der Wollust durch die Vorschriften des Ehrenhaften; des Ehrgeizes, durch die Vorschriften des Anständigen; und des Geldgeizes durch die Vorschriften der Gerechtigkeit. Wie sich vor letzten zu hüten und sie abzuwenden sind lehrt die Klugheit.

422 *Thomasius*, De Prudentia Consultatoria (Fn. 23), cap. 1, § 30, S. 7: „Scilicet stulti omnes uti insipientes sunt, ita nec sunt prudentes, adeoque imprudentia est generalis affectio stultorum, uti prudentia sapientum." – Gewiss wie alle Toren unweise sind, so sind sie auch nicht klug und daher ist die Unklugheit die die allgemeine Neigung der Toren, wie die Klugheit der Weisen.

423 Siehe oben Fn. 312.

424 *Rüping*, Die Naturrechtslehre des Christian Thomasius (Fn. 96), S. 54.

Diese Erkenntnis der falschen Mittel muss aber noch weiter aufgeteilt werden, denn anhand der Unklugheit lässt sich die *aequitas cerebrina* von der *aequitas* abgrenzen, nicht aber von der Unbilligkeit, da beide Gefährtinnen der Unklugheit sind. Allerdings differenziert Thomasius zwischen Unbilligkeit und *aequitas cerebrina* anhand der Dummheit (*stupiditas*), deren Gefährtin allein die Unbilligkeit, aber nicht die *aequitas cerebrina* ist.[425] Auch die Dummheit thematisiert Thomasius in der *Prudentia consultatoria*. Dort erklärt er, dass zwischen der Unklugheit im engeren Sinne und der Arglist (*calliditas*) zu unterscheiden ist, da Toren entweder arglistig oder einfältig und dumm seien.[426] Bei der Arglist handelt es sich um eine falsche Klugheit (also eigentlich Unklugheit), die einem die Mittel an die Hand legt, die eigenen Handlungen durchzusetzen und weise Handlungen zu verhindern.[427] Hierbei kommen verschiedene Mittel in Betracht, die in einer Verschleierung und Vorspiegelung liegen, also einen Betrug darstellen.[428] Anders verhält es sich mit der Dummheit, also der Unklugheit im engen Sinne, welche vorliegt, wenn der Mensch schlicht nicht in der Lage ist, die für den Zweck passenden Mittel zu finden oder anderer Menschen

---

425 Siehe oben Fn. 382: „Die eingebildete *aequitas* allerdings ist gleichfalls, weil sie ein Laster ist, im Verstand eine Gefährtin der Unklugheit, aber nicht der Dummheit, sondern der Schwäche des menschlichen Verstandes den Ursprung verdankend."

426 *Thomasius*, De Prudentia Consultatoria (Fn. 23), cap. 1, § 31, S. 7: „Solet tamen imprudentia specialiter sumi, quatenus calliditati opponitur. Sunt enim stulti hi vel callidi, vel valde simplices aut potius stupidi: nam simplicitas magis virtutis, quam vitii nomen est." – Jedoch wird gewöhnlich die Unklugheit im eigentlichen Sinne verstanden, sofern sie der Arglist entgegengesetzt ist. Denn diese Toren sind entweder listig oder sehr einfältig, oder eher dumm; denn Einfalt ist eher ein Name der Tugend, als des Lasters.

427 *Thomasius*, De Prudentia Consultatoria (Fn. 23), cap. 1, § 32, S. 8: „Calliditas vel astutia est falsa prudentia (adeoque revera imprudentia) capax ad invenienda & eligenda media, eaque sic aptanda, ut actiones propriae quamvis stultae, effectum suum consequantur, alienae vero, & maxime sapientum actiones impediantur." – Die Arglist oder List ist eher eine falsche Klugheit (und daher tatsächlich Unklugheit), dazu fähig Mittel zu finden und auszusuchen, und diese anzupassen, dass die eigenen noch so törichten Handlungen zu ihrer Wirkung gelangen, aber die fremden Handlungen viel Weiserer verhindern.

428 *Thomasius*, De Prudentia Consultatoria (Fn. 23), cap. 1, § 33, S. 8: „Media illa consistunt in variis technis, potissimum vero in dissimulatione stultitiae & simulatione virtutis & sapientiae, uno verbo in fraudulentia." – Die Mittel dieser bestehen aus verschiedenen Streichen, eher aber aus der Verschleierung der Torheit und Vorspiegelung der Tugend und Weisheit, in einem Wort im Betrug.

Handlungen zu verhindern.[429] Die Unklugheit ist für Thomasius also ein weitgefasster Begriff, der grundlegend eine Verwendung falscher Mittel meint. Hierbei gilt es jedoch zu unterscheiden, ob die Mittel bewusst gewählt werden, um den eigenen Zweck zu befördern, oder ob die Mittel mangels besserer Fähigkeit gewählt wurden. Letzteres ist Eigenheit der Dummheit, die Thomasius allein der Unbilligkeit, aber nicht der *aequitas cerebrina* zuordnet. Diese bezieht sich also auf die andere Seite der Unklugheit, nämlich die Arglist.

Wenn die Unbilligkeit im Verstand also eine Gefährtin von Unklugheit und Dummheit ist, bedeutet das mithin, dass sie nicht wie die Klugheit die richtigen Mittel zum Erlangen des Guten wahrnimmt, sondern nur die falschen Mittel, welche die Glückseligkeit eher verhindern. Da die Unbilligkeit auch die Dummheit begleitet, ist sie also schlicht nicht in der Lage, die richtigen Mittel zu erkennen und erkennt stattdessen die falschen Mittel. Auch bei der *aequitas cerebrina* erkennt der Verstand die falschen Mittel, allerdings nicht aus Dummheit, sondern wegen eines arglistigen Willens, was Thomasius auch dadurch deutlich macht, dass er die *aequitas cerebrina* dem betrügerischen, listigen und vorspiegelnden Menschen attribuiert. Auch beschreibt er die Arglist als „falsche Klugheit"[430], „Verschleierung der Torheit" und der „Vorspiegelung der Tugend"[431]. Diese Beschreibung passt zur *aequitas cerebrina*, die ebenfalls eine „falsche *aequitas*" ist und „unter dem Schein der *aequitas*" tatsächlich eine Unbilligkeit ist.[432] Die *Aequitas cerebrina* ist also eine Entsprechung der Arglist, welche eine Neigung des Willens zum Schlechten ist, wobei täuschende Mittel herangezogen werden. Der Verstand erkennt dann eben diese täuschenden Mittel als geeignet, um das Schlechte herbeizuführen. Im Willen stellt die *aequitas cerebrina* also die Verwendung derjenigen Mittel dar, die nicht auf das Gute hinwirken, wobei die Ungeeignetheit der Mittel bekannt ist, aber verschleiert wird. Im Verstand führt das also dazu, dass eben diese ungeeigneten Mittel erkannt werden, in dem Wissen andere Menschen zu

---

429 *Thomasius*, De Prudentia Consultatoria (Fn. 23), cap. 1, § 34, S. 8: „Imprudentia stricte dicta seu stupiditas est carentia omnis prudentiae mediorum ad finem aptorum eligendi, aut etiam aliena actiones sive stultas, sive sapientes impediendi, nisi aperta violentia." – Die Unklugheit im engen Sinne oder Dummheit ist jeglicher Mangel an Klugheit, die zum Zweck geeigneten Mittel auszuwählen oder auch fremde törichte oder weise Handlungen zu verhindern, außer durch offensichtliche Gewalt.
430 Siehe oben Fn. 427.
431 Siehe oben Fn. 428.
432 Siehe oben Fn. 360.

täuschen. Sie ist also im Unterschied zur Unbilligkeit kein unbewusstes Laster, sondern ein bewusst vorgenommenes Laster.

c) Zwischenergebnis

Aus dem Vorhergesagten ist deutlich geworden, dass mit der *aequitas cerebrina* ebenfalls eine Wirkung von Verstand und Willen beschrieben wird. Während die *aequitas* sich jedoch auf das Gute richtet und daher eine tugendhafte Wirkung ist, richtet sich die *aequitas cerebrina* auf das Schlechte. Sie ist daher eine lasterhafte Wirkung. Hierbei spielen die Affekte eine herausragende Rolle, die letztlich die Bewegung des Willens zum Schlechten hin betreffen. Affekt und Laster beschreiben letztlich das Gleiche, nämlich die Bewegung des Willens hin zum Schlechten. Dies geschieht bei der *aequitas cerebrina* nicht aus reiner Dummheit, sondern aus Arglist. Der Wille strebt das Schlechte an und zieht dabei die Mittel heran, die ihm dieses Streben erleichtern und andere behindern. Dieser Prozess ist auf den Verstand übertragbar, wo letztlich dann diese Mittel erkannt werden. Im Unterschied zur (dummen) Unbilligkeit wird folglich nicht das Schlechte begehrt und wider besseres Wissen als gut empfunden, sondern das Schlechte wird auch in Erkenntnis dessen (trotzdem) begehrt, aber als gut ausgegeben.

2. Vorkommen der *aequitas cerebrina* in Theorie und Praxis

Nachdem deutlich gemacht wurde, dass Thomasius die *aequitas cerebrina* als einen Prozess im Willen, vor allem aber im Verstand wahrnimmt, soll nun untersucht werden, welche Konsequenzen er daraus für Theorie und Praxis zieht. Dem liegt der Gedanke zugrunde, dass die *aequitas cerebrina* ein theoretisches Konstrukt ist, das eine (unkörperliche) Wirkung der ebenfalls (unkörperlichen) Seele darstellt. Thomasius fokussiert sich dabei gänzlich auf die *aequitas cerebrina* im Verstand und geht auf diese nun weiter ein. Er stellt sich die Frage, ob dieser theoretische Gegenstand, den er als Gedankending (*ens rationis*) bezeichnet, auch in der Praxis Bedeutung hat. Hierzu führt er aus:

Sed forte disputamus de ente rationis, quod nullum usum habet in praxi.	Vielleicht aber diskutieren wir über ein Gedankending, das keinen Nutzen in der Praxis hat.

Forte aequitas cerebrina non ens est, aut raro existit.

Vielleicht ist die eingebildete *aequitas* ein Nicht-Ding oder erscheint selten.

Sic est, est ens rationis, quia error est in intellectu seu ratione, sed propterea non est non ens, uti nullum ens rationis.[433]

Ja, sie ist ein Gedankending, weil sie ein Irrtum in Verstand oder Vernunft ist, aber deshalb ist sie kein Nicht-Ding, wie kein Gedankending.

Unter klarer Abgrenzung von Nicht-Ding und Gedankending, ordnet Thomasius hier die *aequitas cerebrina* letzterem zu, weil sie ein Irrtum in Verstand bzw. Vernunft ist[434]. Den Begriff *ens rationis* erklärt Thomasius in der *Einleitung zur Vernunftlehre* als einen Gegenstand, der allein in den menschlichen Gedanken, aber nicht in der Realität existiert.[435] Dieser unterscheidet sich von dem *non-ens*, dem Nichts, was zu keiner Zeit existiert.[436] Daher kann etwas niemals ein *ens rationis* und zugleich ein *non-ens* sein, weil der Mensch immer etwas denkt und nicht nichts denken kann.[437] Somit übernimmt Thomasius hier die von den Scholastikern entwickelte Definition, welche ein *ens rationis* als das rein Gedachte, dem kein wirkliches Sein entspricht, verstanden.[438] Anhand dieser Definition lehnt Thomasius auch die Einordnung der *aequitas cerebrina* als *non-ens* ab. Indem sie im Verstand vorkommt, wird ihre Existenz, wenn auch nicht als realer, körperlicher Gegenstand begründet und ihre Nichtexistenz widerlegt.

Mit Blick auf den Verstand konkretisiert Thomasius die *aequitas cerebrina* dahingehend, dass er sie als Irrtum bezeichnet. Hierunter versteht er, wie ein Blick in seine *Einleitung zur Vernunftlehre* verrät, dass man etwas

---

433 *Thomasius*, De aequitate cerebrina [1706] (Fn. 24), cap. 1, § 6, S. 5.

434 Wörtlich übersetzt bedeutet *ens rationis* „Ding der Vernunft". Die gängige Übersetzung lautet jedoch „Gedankending" und meint damit seit Kant das vom Verstand bewirkte Seiende, siehe *Oeing-Hanhoff*, s.v. Gedankending (ens rationis), in: *Ritter/Gründer/Gabriel/Oeing-Hanhoff* (Hg.), Historisches Wörterbuch der Philosophie online, Basel 2017; *Mittelstraß, Jürgen*, Enzyklopädie Philosophie und Wissenschaftstheorie, Bd. 2, 2. Aufl., Stuttgart/Weimar 2005, s.v. ens rationis, Sp. 328.

435 *Thomasius*, Einleitung zur Vernunftlehre, Nachdr. der Ausg. Halle Salfeld 1691, Hildesheim 1998, cap. 4, § 8, S. 123.

436 *Thomasius*, Einleitung zur Vernunftlehre (Fn. 435), cap. 4, § 7, S. 123.

437 *Thomasius*, Einleitung zur Vernunftlehre (Fn. 435), cap. 4, § 9, S. 123.

438 *Oeing-Hanhoff*, s.v. ens rationis (Fn. 434), Sp. 328.

Wahres für falsch hält.[439] Der Ursprung dieser Irrtümer liegt in den Vorurteilen, denen der Mensch in Erkenntnis der Wahrheit unterliegt.[440] Ohne das die Vorurteile an dieser Stelle untersucht werden sollen[441], ist hier also festzuhalten, dass Thomasius die *aequitas cerebrina* im Verstand als ein irrtümliches Urteil über wahr und falsch versteht, welches entsteht, weil der Verstand in Vorurteilen befangen ist. Weil die *aequitas cerebrina* ein *ens rationis* ist, leitet Thomasius daraus nun eine Relevanz für die Theorie und Praxis ab:

Et ideo, quia est ens rationis, quia error est, frequentissimum usum in theoria habet & in praxi.

Und daher, weil sie ein Gedankending ist, weil sie ein Irrtum ist, hat sie häufigsten Gebrauch in Theorie und Praxis.

In theoria; uti enim totaijurisprudentia nostra pro obiecto habet entia rationis seu iura aut res incorporales in sensu juridico; ita etiam errare humanum est, & errores erunt donec homines, etiam in iurisprudentia, ac nulla disciplina est, quae non infinitis erroribus sit repleta.

In der Theorie: Denn wie unsere ganze Rechtswissenschaft Gedankendinge, ob Rechte oder unkörperliche Sachen im juristischen Sinn zum Gegenstand hat; so ist auch Irren menschlich, und Irrtümer sind, solange Menschen sind, auch in der Rechtswissenschaft, und es gibt keine Disziplin, die nicht mit unzähligen Irrtümern gefüllt ist.

In praxi, quia theoria praxeos fundamentum est.[442]

In der Praxis, weil die Theorie der Unterbau der Praxis ist.

Die *aequitas cerebrina* kommt in Thomasius' Augen zunächst in der Theorie vor, weil sich die Rechtswissenschaft mit *entia rationis*, nämlich Rechten und unkörperlichen Sachen befasst. Weil „Irren menschlich" ist, schließt Thomasius daraus, dass auch in allen Disziplinen, wie der Rechtswissenschaft, Irrtümer auftreten können. Daher hat auch die *aequitas cerebrina* als Irrtum in der Theorie einen Platz. Allein das Vorkommen der *aequitas cerebrina* in der Theorie führt dann zu einer simultanen Existenz in der Praxis, weil diese auf der Theorie aufbaut. Hier wendet sich Tho-

---

439 *Thomasius*, Einleitung zur Vernunftlehre (Fn. 435), cap. 13, § 1, S. 287.
440 *Thomasius*, Einleitung zur Vernunftlehre (Fn. 435), cap. 13, § 37, S. 304.
441 Da Thomasius selbst noch einen Zusammenhang zwischen *aequitas cerebrina* und den Vorurteilen herstellt, sei nämlich auf unten S. 146 ff. verwiesen.
442 *Thomasius*, De aequitate cerebrina [1706] (Fn. 24), cap. 1, § 6, S. 5.

masius kurz von der rein anthropologischen Betrachtung ab und erklärt, was das für die Wirklichkeit bedeutet, indem er die anhand verschiedener Berufsgruppen veranschaulicht, die entweder mit der Theorie oder in der Praxis agieren:

Eadem est ratio, si secundum perso-nas theoriam & praxin velis secerne-re, Professores enim iuris theoretici vocantur, advocati, judices, imo & legislatores, practici.	Dasselbe gilt, wenn du Theorie und Praxis nach Personen unterscheiden willst, denn Professoren werden Rechtstheoretiker genannt, Advoka-ten, Richter, ja auch Gesetzgeber, Praktiker.
Ad Professores seu interpretes iuris respexit Antonius Faber in opere de erroribus pragmaticorum, hoc est in-terpretum iuris, quos advocati, iudi-ces & legislatores in praxi sequun-tur.	Auf die Professoren oder Ausleger des Rechts blickt *Antonius Faber* im Werk *de erroribus pragmatoricum*, das heißt [die Fehler] der Ausleger des Rechts, denen die Advokaten, Rich-ter und Gesetzgeber in der Praxis folgen.
Ad advocatos & iudices B. Zieglerus in Rabulistica & Dicastice.[443]	Auf die Advokaten und Richter [blickt] *Caspar Ziegler* in *Rabulistica* und *Dicastice*.

So wie die *aequitas cerebrina* generell in Theorie und Praxis vorkommt, bedeutet das übertragen auf den Juristenstand, dass sie in der Theorie die Professoren und Ausleger, in der Praxis die Advokaten, Richter und Gesetzgeber betrifft. Eine vertiefende Darstellung, wie sich die *aequitas cerebrina* in Theorie und Praxis der Rechtswissenschaft äußert, unterlässt Thomasius an dieser Stelle und verweist nur auf Werke von *Antonius Faber* und *Caspar Ziegler*. Auf deren Aussagen kommt er jedoch später noch zu sprechen, wenn er die *aequitas cerebrina* anhand der Juristen in verschiede-ne Kategorien einteilt. Daher sei an dieser Stelle auf unten[444] verwiesen. Neben Theorie und Praxis nennt Thomasius noch einen dritten Ort, wo sich eine *aequitas cerebrina* im Recht finden lässt. Dies ist nicht auf die Juristen zurückzuführen, sondern auf die Rechtslage selbst:

---

443 *Thomasius*, De aequitate cerebrina [1706] (Fn. 24), cap. 1, § 6, S. 5 f.
444 Siehe unten S. 171 ff.

Sed nec minorem farraginem legum cerebrinae aequitatis esse docebunt sequentia.[445]

Dass aber nicht minder ein Mischmasch der Gesetze eine eingebildete *aequitas* ausmacht, wird das Folgende lehren.

Thomasius weist darauf hin, dass auch in der Vermischung der Gesetze eine *aequitas cerebrina* liegen kann. Auch hier greift Thomasius auf einen späteren Abschnitt vor, den es dann weiter unten[446] zu untersuchen gilt. Er kehrt nun zur ontologischen Betrachtung der *aequitas cerebrina* zurück, von der er zuvor festgestellt hat, dass sie im Verstand des Menschen und daher auch in Theorie und Praxis des Rechts tatsächlich vorkommt. Dennoch vermutet er nun, ohne dies auf Belege zu stützen, dass es Menschen gibt, die der Ansicht sind, dass die *aequitas cerebrina* im Recht nicht existiert:

Quamvis autem haec plana sint & ad sensum communem apta, credo tamen esse non paucos, qui adhuc de frequentia aequitatis cerebrinae in iure dubitaturi sunt, adsueti videlicet, ut in materia iuridica nihil credant, nisi quod verbis disertis extet in legibus.[447]

Obgleich es aber deutlich ist und der allgemeinen Auffassung entspricht, glaube ich dennoch, dass es nicht wenige gibt, die das Vorkommen der eingebildeten *aequitas* im Recht noch bezweifeln wollen, offensichtlich daran gewöhnt, dass sie in der juristischen Materie nichts glauben, was nicht in deutlichen Worten in den Gesetzen steht.

Thomasius erklärt, dass einige die Existenz der *aequitas cerebrina* im Recht anzweifeln, weil sie nichts, was nicht ausdrücklich im Gesetz geschrieben ist, gauben, was Thomasius ebenfalls als Nichts[448] definiert hat. Die *aequitas cerebrina* existiere also nicht, weil sie im Gesetz keine Erwähnung findet. Damit könnte jedoch auch gemeint sein, dass alles, was im Gesetz normiert ist, nicht als *aequitas cerebrina*, also versteckt unbillig und dem Guten widersprechend, sondern als richtig angesehen werden müsse, was sich aus dem Folgenden ergibt:

---

445 *Thomasius*, De aequitate cerebrina [1706] (Fn. 24), cap. 1, § 6, S. 6.
446 Siehe unten S. 161 ff.
447 *Thomasius*, De aequitate cerebrina [1706] (Fn. 24), cap. 1, § 6, S. 6.
448 Siehe oben Fn. 436.

Sed hos rogo, ne mihi occinant vulgatum illud: Turpe esse ICto loqui sine lege.

Etsi enim adversus eos excipere possim, iniquum esse eorum postulatum, & regulis practicorum plane adversum, postulare a sacerdotibus juris, ut testimonium dent de propria turpitudine, nolo tamen hac excusatione uti, cum aequitas cerebrina non tam sit vitium turpe, quam naevus toti humano generi communis.[449]

Aber diese bitte ich, dass sie mir nicht dieses Sprichwort leiern: Dass es für einen Rechtsgelehrten schändlich ist, etwas ohne Gesetz zu sagen.

Denn obgleich ich gegen diese anführen kann, dass deren Verlangen unbillig und den Regeln der Praktiker gänzlich zuwider ist, von den Priestern des Rechts zu verlangen, Zeugnis über eigene Schande abzulegen, will ich jedoch nicht diese Entschuldigung anführen, weil die eingebildete *aequitas* nicht so sehr ein schändliches Laster ist, als ein dem ganzen menschlichen Geschlecht gemeiner Makel.

Thomasius erklärt, dass auch das Sprichwort, dass es für einen Rechtsgelehrten schändlich sei, ohne Gesetz etwas festzustellen, nicht die Existenz der *aequitas cerebrina* widerlegen kann. Er hält es nämlich für unbillig und auch den Gepflogenheiten der praktisch arbeitenden Juristen widersprechend, wenn sie über eigene Fehler Zeugnis ablegen, was er durch die auf *Pomponius* zurückzuführende Beweisregel, dass niemand als Zeuge in eigenen Angelegenheiten geeignet sei, bekräftigt.[450] Thomasius lässt also ein Abstreiten der *aequitas cerebrina* durch die Juristen schon deshalb nicht gelten, weil diese sich nicht als Zeugen über sich selbst eignen. Thomasius zweifelt also schon deren Glaubwürdigkeit an. Darüber hinaus erkennt er jedoch, dass jeder Mensch der *aequitas cerebrina* unterliegen kann, sie also nicht nur ein spezifisches Laster der Juristen ist. Zudem richtet sich Thomasius erneut an diejenigen, die eine Existenz der *aequitas cerebrina*

---

449 *Thomasius,* De aequitate cerebrina [1706] (Fn. 24), cap. 1, § 6, S. 6.
450 Vgl. den Verweis in *Reinkenhof,* Parteivernehmung und "Vier-Augen-Gespräche", in: JuS 7 (2002), S. 646 auf D.22.5.10: „Nullus idoneus testis in re sua intelligitur." – Niemand wird als geeigneter Zeuge in seiner Angelegenheit angesehen. Bis Ende des 18. Jahrhunderts galt das Rechtsprinzip, dass Parteien aus dem Aspekt der Glaubwürdigkeit nicht zugleich als Zeugen zugelassen waren, vgl. *Bogisch,* Nemo testis in re sua. Das Problem der Zeugnisfähigkeit bei der Anwendung der deutschen Zivilprozessordnung von 1877, Frankfurt a. M./New York 1998, S. 2, 9.

abstreiten, und zitiert einen Lehrsatz der römischen Juristen *Paulus* und *Celsus*:

Prodeat igitur in gratiam eorum Illustris Paulus, prodeat ICtissimus Celsus.	Also tun sich ihretwegen der ausgezeichnete *Paulus*, der im Recht gelehrteste *Celsus* hervor.
In genere inquiunt, quaestionum *de AEQUO & BONO PLERUMQUE sub autoritate Iuris scientiae perniciose ERRATUR* [Hervorh. im Orig.].	Im Allgemeinen, sagen sie, dass bei Fragen über das Billige und Gute vielfach unter der Autorität der Rechtswissenschaft verhängnisvoll geirrt wird.
Habent hic iudices & advocati, habent professores & legislatores legem maxime notabilem, quam quotidie ruminentur, & quilibet eorum seipsum examinet, annon & ipse ad hanc multitudinem perniciose errantium.[451]	Diese Richter und Advokaten, die Professoren und Gesetzgeber halten das Gesetz, das sie täglich wiederholen, für besonders denkwürdig und jeder von ihnen soll sich selbst überprüfen, ob sie auch zu dieser Vielzahl verhängnisvoll Irrender gehören.

In der zitierten Digestenstelle erklärt *Paulus* unter Berufung auf *Celsus*, dass gerade bei der Entscheidung über gut und billig häufig unter der Autorität der Rechtswissenschaft geirrt wird.[452] Hierbei handelt es sich um eine Digestenstelle, die bereits von *Melanchthon* als Anspielung auf eine „fiktive" Billigkeit, die aus der Einbildungskraft Unkundiger, nicht aus den wahren Quellen des Rechts" geschöpft wurde.[453] Da schon *Celsus* Irrtümer bei Entscheidungen über gut und billig als möglich erachtete, sieht Thomasius sich dadurch in der Existenz der *aequitas cerebrina* im Recht bestätigt. Vor dem Hintergrund, dass sich kein Mensch vor Irrtümern verschließen kann, appelliert Thomasius zuletzt an die in der Praxis tätigen Richter bzw. Advokaten und die sich mit der Theorie befassenden Profes-

---

451 *Thomasius*, De aequitate cerebrina [1706] (Fn. 24), cap. 1, § 6, S. 6.
452 D.45.1.91.3: „Et Celsus adulescens scribit eum [...] esse enim hanc quaestionem de bono et aequo: in quo genere plerumque sub auctoritate iuris scientiae perniciose, inquit, erratur." – Und der heranwachsende Celsus schreibt, dass [...], weil dies eine Frage über das Gute und Billige ist; bei dieser Art von Fragen wird unter der Autorität der Rechtswissenschaft vielfach, sagt er, geirrt.
453 Vgl. *Armgardt/Busche*, Recht und Billigkeit (Fn. 3), S. 16 unter Verweis auf *Busche*, Billigkeit bei Melanchthon und Calvin, in: *Armgardt/Busche* (Hg.), Recht und Billigkeit, Tübingen 2021, S. 251.

soren bzw. Gesetzgeber, dass diese sich stets selbst überprüfen. Insbesondere bekräftigt durch *Paulus* und *Celsus* und den alle Menschen betreffenden Zustand ihrer Seele, von dem auch die Juristen nicht befreit sind, hält Thomasius also die *aequitas cerebrina* für ein tatsächlich existierendes Phänomen, welches auch in der Rechtswissenschaft vorkommt.

3. Der allgemeine Ursprung der *aequitas cerebrina*

Thomasius schließt seine anthropologische Betrachtung der *aequitas cerebrina* mit einer Untersuchung des Ursprungs der *aequitas cerebrina* ab. Er unterscheidet zwischen allgemeinem und besonderem Ursprung. Da letzterer sich auf den Ursprung speziell im Recht bezieht, mit der menschlichen Beschaffenheit aber nicht zu tun hat, soll dieser unten gesondert betrachtet werden.[454] An dieser Stelle geht es um ihren allgemeinen Ursprung, also erneut eine Betrachtung der *aequitas cerebrina* im Lichte von Willen und Verstand. So erklärt Thomasius, dass die *aequitas cerebrina* denselben Ursprung wie alle Irrtümer hat:

Sed unde hoc malum?	Aber woher (kommt) dieses Übel?
Unde, nisi ex communi origine omnium errorum.[455]	Woher, wenn nicht aus dem gemeinen Ursprung aller Irrtümer.

Den allgemeinen Ursprung aller Irrtümer hat Thomasius bereits in früheren Werken thematisiert und sowohl in der *Einleitung zur Vernunftlehre*, als auch der *Ausübung der Sittenlehre* alle Irrtümer auf die Vorurteile[456] des Verstandes zurückgeführt.[457] So führt er nun auch die *aequitas cerebrina* auf die Vorurteile von Verstand und Willen zurück (a)). Im Anschluss stellt er dann den Zusammenhang mit den Affekten her (b)).

---

454 Siehe zum besonderen Ursprung unten S. 161 ff.
455 *Thomasius*, De aequitate cerebrina [1706] (Fn. 24), cap. 1, § 7, S. 6.
456 Zur Vorurteilslehre des Thomasius siehe *Schneiders*, Aufklärung und Vorurteilskritik. Studien zur Geschichte der Vorurteilstheorie, Stuttgart-Bad Cannstatt 1983, S. 91-115; *Beetz*, Transparent gemachte Vorurteile. Zur Analyse der praejudicia auctoritatis et praecipitantiae in der Frühaufklärung, Rhetorik (1983). Zum Aberglauben als *praeiudicium autoritatis Pott*, Aufklärung und Aberglaube: Die deutsche Frühaufklärung im Spiegel ihrer Aberglaubenskritik, Tübingen 2011, S. 109-113.
457 Vgl. *Thomasius*, Einleitung zur Vernunftlehre (Fn. 435), cap. 13, § 37, S. 304; *Thomasius*, Ausübung der Sittenlehre (Fn. 112), cap. 1, § 25, S. 15.

a) Vorurteile von Verstand und Willen

Thomasius erklärt zunächst, dass die *aequitas cerebrina* im Verstand aus den Vorurteilen der Übereilung und der Autorität entsteht:

In intellectu oritur ex praeiudiciis praecipitantiae & autoritatis.[458]	Im Verstand entsteht sie aus Vorurteilen der Übereilung und der Autorität.

Da Thomasius es unterlässt, diese Vorurteile näher zu erläutern, lohnt sich zum Verständnis ein Blick in die *Einleitung zur Vernunftlehre* und *Ausübung der Sittenlehre*, wo er diese ausführlich bespricht, zumal er in der nächsten Fußnote f) auch auf diese Werke explizit verweist.[459] Dort erklärt Thomasius, dass die Vorurteile der Ursprung und die Hauptquelle aller Irrtümer sind, die so genannt werden, weil sie beim Menschen entweder eintreten, wenn sein Verstand und Urteil noch nicht ausgereift sind, oder wenn der Mensch aus Unachtsamkeit über eine Sache urteilt, bevor er sie ausführlich geprüft hat.[460] Vorurteile sind also falsche Meinungen, die der Mensch aber für wahr hält, und die ihn von der Erkenntnis der Wahrheit abführen, weil er sich entweder aus Leichtgläubigkeit von der Autorität anderer überzeugen lässt oder aus Ungeduld eine übereilte Meinung fasst.[461] Grund der Vorurteile sind der elende Zustand des Verstandes des jugendlichen Menschen und die damit einhergehende Leichtgläubigkeit, durch die er sich entweder von anderen überreden lässt oder sich selbst überredet.[462] Daher teilt Thomasius die Vorurteile in zwei Hauptklassen ein: Das Vorurteil menschlicher Autorität und das Vorurteil der Übereilung.[463] Beide führt er auf den Willen zurück, denn das Vorurteil der Autorität entsteht aus einer unvernünftigen Liebe gegenüber anderen Menschen[464], das Vor-

---

458 *Thomasius*, De aequitate cerebrina [1706] (Fn. 24), cap. 1, § 7, S. 6 f.

459 Dort verweist Thomasius auf das letzte Kapitel der *Logica* Pars 1 und das erste Kapitel der *Ethica* Pars 2. Diese Titel betreffen die *Einleitung zur Vernunftlehre*, sowie den zweiten Teil seiner Ethik, nämlich die 1696 erschienene *Ausübung der Sittenlehre*, vgl. das Vorwort von Werner Schneiders in *Thomasius*, Ausübung der Sittenlehre (Fn. 112), S. 1.

460 *Thomasius*, Einleitung zur Vernunftlehre (Fn. 435), cap. 13, § 37, S. 304.

461 *Thomasius*, Einleitung zur Vernunftlehre (Fn. 435), cap. 13, § 38, S. 304 f.

462 *Thomasius*, Einleitung zur Vernunftlehre (Fn. 435), cap. 13, § 40, S. 305.

463 *Thomasius*, Einleitung zur Vernunftlehre (Fn. 435), cap. 13, § 41, S. 305.

464 *Thomasius*, Einleitung zur Vernunftlehre (Fn. 435), cap. 13, § 43, S. 306; *Thomasius*, Ausübung der Sittenlehre (Fn. 112), cap. 1, § 28, S. 17.

urteil der Übereilung aus einer unvernünftigen Selbstliebe.[465] Thomasius macht auch hier deutlich, dass Liebe, Begierde oder Ungeduld Eigenschaften des Willens, nicht des Verstandes sind.[466] Hier tritt erneut Thomasius' Voluntarismus zum Vorschein, denn der schlechte Wille entspringt nicht einer schlechten Erkenntnis, sondern die falschen sittlichen Urteile stammen bereits aus einem verdorbenen Willen.[467] Somit verstricken die unvernünftige Liebe und letztlich die Affekte den Menschen in Vorurteile.[468] Daraus schließt Thomasius, dass der Ursprung aller Irrtümer tatsächlich nicht im Verstand, sondern im Willen liegt.[469] Diesem Gedanken folgt Thomasius auch in seiner Dissertation von 1706, wo er erklärt, dass die Vorurteile des Verstandes dem Willen entspringen:

Haec ortum debent in voluntate impatientiae & stultae imitationi aliorum f).[470]	Diese [Vorurteile] verdanken den Ursprung im Willen der Ungeduld und der törichten Nachahmung anderer.

Thomasius führt die Vorurteile des Verstandes auf den Willen, genauer Ungeduld und törichte Nachahmung zurück. In der *Ausübung der Sittenlehre* macht er deutlich, dass sich hierbei ebenfalls um Vorurteile des Willens handelt, die mit den Vorurteilen der Übereilung, respektive der Autorität im Verstand korrespondieren.[471] Die Verstandes- und Willensvorurteile sind sozusagen die gleichen Vorurteile auf zwei verschiedenen Ebenen, wobei die des Verstandes auf die des Willens zurückzuführen sind.[472] Somit lässt sich erkennen, dass sich die Vorurteile des Willens zu den Vorurteilen des Verstandes verhalten wie Ursache zur Wirkung, die rein formal zwar zwei verschiedene Vorurteile auf zwei verschiedenen Ebenen darstellen, obwohl ein inhaltlicher Unterschied zwischen der Verstandes- und der Willensebene nicht erkennbar ist.[473] Faktisch handelt es

---

465 *Thomasius*, Einleitung zur Vernunftlehre (Fn. 435), cap. 13, § 44, S. 306; *Thomasius*, Ausübung der Sittenlehre (Fn. 112), cap. 1, § 28, S. 17.
466 *Thomasius*, Ausübung der Sittenlehre (Fn. 112), cap. 1, § 28, S. 17.
467 *Schneiders*, Naturrecht und Liebesethik (Fn. 90), S. 204.
468 *Pott*, Aufklärung und Aberglaube: Die deutsche Frühaufklärung im Spiegel ihrer Aberglaubenskritik (Fn. 456), S. 113.
469 *Thomasius*, Ausübung der Sittenlehre (Fn. 112), cap. 1, § 31, S. 19.
470 *Thomasius*, De aequitate cerebrina [1706] (Fn. 24), cap. 1, § 7, S. 6 f.
471 *Thomasius*, Ausübung der Sittenlehre (Fn. 112), cap. 1, § 41, S. 24.
472 *Schneiders*, Aufklärung und Vorurteilskritik (Fn. 456), S. 108.
473 *Schneiders*, Aufklärung und Vorurteilskritik (Fn. 456), S. 109.

sich auf der Willensebene weniger um Vor-Urteile, als um Einstellungen oder Dispositionen.[474]

Das Vorurteil der Ungeduld führt dazu, dass der Wille dasjenige als gut erstrebt, was die Sinnlichkeiten und Fähigkeiten der Seele sofort berührt, während er sich von dem, dessen Effekt erst später eintritt, als schlecht abwendet.[475] Das Vorurteil der Nachahmung bewegt den Menschen dazu, dass er, wenn andere geliebte Menschen etwas als gut erachten oder verachten, ihnen nachtut, ohne dass er die Sache selbst überprüft hat.[476] Dies führt dann dazu, dass der Wille und durch ihn der Verstand betrogen wird, denn man hält das für Gut und Böse, wie es andere tun, die man unvernünftiger Weise liebt, obwohl man eigentlich andere Menschen lieben sollte, nachdem man sie auf ihre Weisheit und Tugendhaftigkeit überprüft hat.[477] Die beiden Vorurteile des Willens stellen nur eine Art allgemeine Willensdisposition dar, die nicht auf konkrete Gegenstände gerichtet sind, wie es beispielsweise die drei Hauptaffekte (Wollust, Ehrgeiz, Geldgeiz) sind, denn es folgen keine inhaltlich bestimmte Vorurteile daraus.[478] Eine Spezifikation im Sinne eines bestimmten Bezugsobjekt erhält der Wille dann erst durch die Affekte, also die (unvernünftige) Neigung.

b) Vorurteile als Quelle der *aequitas cerebrina*

Thomasius hat dargelegt, dass die *aequitas cerebrina* ihren Ursprung im allgemeinen Ursprung aller Irrtümer, den Vorurteilen des Verstandes, hat. Da diese wiederum aus den Vorurteilen des Willens entstehen, hat die *aequitas cerebrina* beim genaueren Hinsehen also in den (voluntativen) Vorurteilen der Ungeduld und Nachahmung ihren Ursprung. Diese bringt Thomasius nun in Beziehung zu den bereits oben thematisierten Affekten:

---

474 *Schneiders*, Aufklärung und Vorurteilskritik (Fn. 456), S. 109.
475 *Thomasius*, Ausübung der Sittenlehre (Fn. 112), cap. 1, § 42, S. 24.
476 *Thomasius*, Ausübung der Sittenlehre (Fn. 112), cap. 1, § 47, S. 27.
477 *Thomasius*, Ausübung der Sittenlehre (Fn. 112), cap. 1, § 48, S. 27 f.
478 *Schneiders*, Aufklärung und Vorurteilskritik (Fn. 456), S. 109.

Ad haec revocari possunt omnes speciales affectus aequitatem cerebrinam progenerantes, pertinacia, curiositas, crudelitas, arrogantia, pigrities, iracundia, fraus, hypocrisis & similes.[479]	Auf diese [Ungeduld und Nachahmung] können alle speziellen Affekte zurückgeführt werden, die eine eingebildete *aequitas* erzeugen, [nämlich] Hartnäckigkeit, Neugierde, Grausamkeit, Arroganz, Faulheit, Jähzorn, Betrug, Heuchelei und ähnliche.

Thomasius erklärt, dass alle Affekte, aus denen die *aequitas cerebrina* entsteht, auf die Vorurteile der Ungeduld und Nachahmung zurückzuführen sind. Hierbei wird zweierlei deutlich. Zum einen, dass die *aequitas cerebrina* durch verschiedene spezielle Affekte hervorgerufen wird, welche Unterarten bzw. Kennzeichen der drei Hauptaffekte sind.[480] Als solche Kennzeichen nennt Thomasius Hartnäckigkeit, Neugierde, Grausamkeit, Arroganz, Faulheit, Jähzorn, Betrug oder Heuchelei. All dies sind Beispiele für speziellen Affekte, die letztlich eine *aequitas cerebrina* hervorrufen. Zum anderen wird deutlich, dass Thomasius diese speziellen Affekte auf die Vorurteile zurückzuführen. Sie können also Folge eines Vorurteiles wahrgenommen werden. Zu Beginn steht der Wille, der eine unvernünftige Liebe zu sich selbst oder anderen hegt (Vorurteile der Ungeduld bzw. törichten Nachahmung). Auf Grundlage dieser Vorurteile begehrt er etwas. Dieses Verlangen, also die Neigung zu einer Sache, ist eine (unvernünftige) Bewegung des Willens und damit ein Affekt. Die Affekte sind also eine Reaktion des Willens auf Vorurteile, die dann letztlich eine *aequitas cerebrina* im Verstand herbeiführen.

Aufgrund dieses Vorganges lässt sich nachvollziehen, warum *Kurbacher* in der Diskussion um die Pervertierung der *aequitas* letztlich sogar einen „Bärendienst für die Billigkeit" sieht.[481] Das begründet sie damit, dass die *aequitas cerebrina* sich genauso wenig wie die Epikie festlegen lässt und das Potential hat, die gesamte Billigkeit in Misskredit zu bringen.[482] Sie führt das Verschwinden der *aequitas* aus der Rechtslehre also auf die *aequitas cerebrina* zurück. Und tatsächlich ist das Problem der *aequitas cerebrina* ja gerade, dass der durch seine Vorurteile beeinflusste Mensch nicht in der

---

479 *Thomasius*, De aequitate cerebrina [1706] (Fn. 24), cap. 1, § 7, S. 7.
480 Vgl. oben Fn. 397.
481 *Kurbacher*, Zur Kritik der gedankenlosen Billigkeit (aequitas cerebrina) (Fn. 9), S. 469 f.
482 *Kurbacher*, Zur Kritik der gedankenlosen Billigkeit (aequitas cerebrina) (Fn. 9), S. 469 f.

Lage ist, diese Befangenheit zu erkennen, da sein Verstand vom seinerseits befangenen Willen beeinflusst wird. Der Mensch ist also schon selbst nicht in der Lage, dieses Laster bei sich selbst zu beheben. Damit geht einher, dass er nun nicht nur auf dumme Weise seinen Neigungen folgt, sondern sich hierbei täuschender Mittel bedient, um andere von der Richtigkeit zu überzeugen, so dass auch eine Kontrolle von außen unmöglich erscheint. Eine Lösung dafür hält Thomasius jedoch an späterer Stelle bereit.[483]

4. Fazit

Zur Entstehung der *aequitas cerebrina* lässt sich zusammenfassen, dass sie auf dieselbe Weise entsteht wie die *aequitas* und die Unbilligkeit, nämlich in Willen und Verstand. Dort ist sie ein Laster, welches aber wie eine Tugend erscheint. Die *aequitas cerebrina* ist also nichts Anderes als die (wahrnehmbare) Wirkungen der (unsichtbaren) Kräfte Willen und Verstand. Diese Wirkungen finden bei Thomasius verschiedene Bezeichnungen, wie *operatio*, *virtus*, *actio* und *passio*, betreffen aber letztlich allesamt den gleichen Fall, dass der Verstand sich mittels seiner Gedanken, der Wille mittels eines Verlangens bewegt. Diese Bewegungen werden jedoch nicht autonom in Kraft gesetzt, sondern vor allem von anderen Kräften, weshalb Thomasius sie dann auch als Leidenschaften bezeichnet. Dieser Vorgang spielt nun besonders für die *aequitas cerebrina* eine Rolle. Speziell auf den Willen bezogen nennt Thomasius diese Leidenschaften auch Affekte. Diese sind also in erster Linie erstmal nur eine Bezeichnung für ein extern angeregtes Verlangen. Diese Affekte erhalten erst dadurch eine negative Konnotation, dass es sich häufig nicht um ein vernünftiges Begehren handelt, sondern ein unvernünftiges, dass im unterschiedlichen Ausmaß von der Wollust, Ehrgeiz oder Geldgeiz geprägt ist. Der Wille hat also, abhängig von äußeren Anreizen, seine Affekte, was letztlich zu dem Problem führt, dass der Wille fremdgesteuert und nicht autark etwas begehrt. Das hat dann aber zur Konsequenz, dass der Verstand, der seinerseits vom Willen angetrieben wird, seine Erkenntnisse auf die Neigung des Willens und dadurch mittelbar auf die Affekte stützt und insofern doppelt abhängig über gut und schlecht urteilt.

Die Neigung des Willens spezifiziert Thomasius mittels der Unklugheit, welche die *aequitas cerebrina* im Verstand begleitet. Hierbei handelt es sich um den Rückgriff auf (falsche) Mittel, die im Gegensatz zur Klugheit nicht

---

483 Siehe unten S. 273 ff.

auf ein glückliches Leben abzielen. Allerdings handelt es sich hier nicht um eine Unklugheit im Sinne der Dummheit, wonach es dem Menschen an der Fähigkeit mangelt, die richtigem Mittel zu finden. Stattdessen geht es hier um die Unklugheit im Sinne der Arglist, also den Rückgriff auf falsche Mittel, gerade um eigene Interessen durchzusetzen. Wenn die *aequitas cerebrina* im Verstand diese arglistige Unklugheit begleitet, ist damit also die Erkenntnis dieser falschen Mittel gemeint.

Als Grund für die Entstehung der *aequitas cerebrina* nennt Thomasius die Vorurteile von Verstand und Willen. Sie entsteht aus den Vorurteilen der Übereilung und Autorität welche ihrerseits aus den Vorurteilen der Ungeduld und törichten Nachahmung im Willen entstehen. Auf Grundlage dieser Vorurteile gerät der Wille dann in Bewegung und kommt durch verschiedene Affekte zum Vorschein, die letztlich eine *aequitas cerebrina* hervorrufen.

Am Anfang der *aequitas cerebrina* stehen also die Vorurteile des Willens, der seine Neigung entweder an anderen Personen (törichte Nachahmung) oder einer schnellen Befriedigung (Ungeduld) ausrichtet. Dies hat erstmal nichts mit einem täuschenden Menschen zu tun, sondern mit dessen Unfähigkeit ein eigenständiges, richtiges Urteil zu fällen. Der Wille äußert sich dann aber durch spezifische auch betrügerische Affekte, die wiederum im Verstand dazu führen, dass er das als gut erachtet, was andere gut finden (Autorität) oder was er ohne lange Prüfung für gut hält (Übereilung). Um dann diese eigentlich schlechte Neigung zu befriedigen, werden in Partnerschaft mit der arglistigen Unklugheit Mittel erwogen, gerade nicht auf das Gute hinwirken, aber andere von ihrer Richtigkeit überzeugen. Die (intellektuelle) *aequitas cerebrina* ist also letztlich eine Erkenntnis oder Lehre, die nicht das Gute bewirkt, aber andere trotzdem von ihrer Richtigkeit zu überzeugen sucht. Wie diese Erkenntnis nun auf andere Menschen wirkt, ist hier nicht von Bedeutung, sondern an späterer Stelle zu darzustellen.

Da es sich hierbei um einen allgemeingültigen Vorgang im Menschen handelt, der im Willen und Verstand gerade aufgrund ihrer Beschaffenheit seinen Lauf nimmt, stellt Thomasius darüber hinaus klar, dass an der Existenz der *aequitas cerebrina* kein Zweifel besteht. Als *Argumentum a maiore ad minus* folgert er daraus, dass daher auch in der Rechtswissenschaft dieses Laster der *aequitas cerebrina* entstehen kann. Es hat insofern Relevanz für die Theorie und Praxis der Rechtswissenschaft.

III. Folgen der *aequitas cerebrina*

Thomasius wirft nicht nur einen Blick auf den Ursprung der *aequitas cerebrina* in Willen und Verstand, sondern auch darauf, was für Folgen die *aequitas cerebrina* nach sich zieht.[484] Er betrachtet also nicht nur, auf welche grundlegenden Prozesse im Menschen eine *aequitas cerebrina* zurückzuführen ist, sondern nimmt auch in Blick, welche Konsequenzen sich daraus außerhalb des Menschen ergeben. So leitet er seine Betrachtung damit ein, dass es sich bei der *aequitas cerebrina* nicht nur um ein geringfügiges Laster handelt, dass keiner weiteren Beachtung bedarf. Stattdessen müssen sich dieser insbesondere Herrscher widmen[485]:

Non tamen leve putandum est hoc vitium, & quod non mereatur attentionem & curam singulorum, maxime vero regentium.	Jedoch darf man nicht glauben, dass dieses Laster geringfügig ist und dass es nicht die Aufmerksamkeit und Sorge einzelner, vornehmlich aber der Herrscher verdient.
Age, consideremus paululum distinctius fructus aequitatis cerebrinae.[486]	Auf, lasst uns ein wenig genauer die Ergebnisse[487] der eingebildeten *aequitas* betrachten.

Bei der Betrachtung der Folgen setzt Thomasius zunächst bei dem Menschen an, in dessen Seele die *aequitas cerebrina* entsteht. Seine Ausführungen sind insofern übereinstimmend mit dem, was bereits oben zur Entste-

---

484 Diese Betrachtung erfolgt in der Dissertation nicht unmittelbar nach seinen Ausführungen zum allgemeinen Ursprung der *aequitas cerebrina* in § 7, sondern erst in § 20 im Anschluss an seine Kritik an der Scholastik. Diese Struktur soll hier jedoch aufgehoben werden, da die Betrachtung der Folgen thematisch an soeben erfolgte Ausführungen zu Willen und Verstand anknüpft.

485 Daher wendet er sich in den anschließenden §§ 21 bis 24 auch der Heilung der *aequitas cerebrina* zu. Die soll aber Thomasius' entsprechend erst am Ende thematisiert werden.

486 *Thomasius*, De aequitate cerebrina [1706] (Fn. 24), cap. 1, § 20, S. 23.

487 Thomasius spricht in diesem Abschnitt von *fructus*. Die gängigen Übersetzungsmöglichkeiten sind Früchte, Nutzungen oder Vorteile. Dadurch wird aber eher ein positiver Nutzen zum Ausdruck gebracht. Da Thomasius aber im Folgenden staatsschädigende Entwicklungen als *fructus* bezeichnet, kann hier keine positive Konnotation erkennbar sein, weshalb eine neutralere Übersetzung mit „Ergebnis" verwendet wird. Es geht im Ergebnis also um die Folgen/Auswirkungen der *aequitas cerebrina*.

hung der *aequitas cerebrina* in Willen und Verstand festgestellt wurde.[488] So erkennt er die erste Auswirkung im Verstand des Menschen:

Primus est ipsum cerebrum vel certe intellectum in cerebro operantem afficiens conscientia erronea, seu iudicium depravatum de bono & malo, iusto & iniusto, aequo & iniquo, coniunctum tamen, cum persuasione rectitudinis & veritatis.[489]	Der erste [Ertrag] ist das irrige Gewissen – welches das Gehirn selbst oder gewiss den im Gehirn arbeitenden Verstand bewegt –, oder das verdorbene Urteil über gut und schlecht, gerecht und ungerecht, billig und unbillig, jedoch verbunden mit der Überzeugung der Richtigkeit und Wahrheit.

Thomasius erklärt, dass die *aequitas cerebrina* ein irriges Gewissen, das den Verstand bewegt, bzw. ein falsches Urteil über gut und schlecht, gerecht und ungerecht sowie billig und unbillig bewirkt. Ein Blick in die *Institutiones* und *Fundamenta* gibt Aufschluss über die Bedeutung des irrigen Gewissens: Bereits den *Institutiones* beschreibt Thomasius das Gewissen in Übereinstimmung mit *Pufendorf*[490] als ein Urteil des Verstandes über Handlungen, die in Kenntnis der Gesetze geschehen.[491] In den *Fundamenta* wendet sich Thomasius von der traditionellen Ansicht der Herrschaft des Verstandes über den Willen ab und dreht dieses Verhältnis um: Tatsächlich ist der Verstand den Affekten unterlegen, weshalb der Mensch nur von außen durch Rat oder Zwang zu einem normkonformen Verhalten bewegt werden kann.[492] Daher erklärt er in den *Fundamenta*, dass es falsch ist, das Gewissen bei der Gestaltung menschlicher Normen heran-

---

488 Siehe oben S. 126 ff.
489 *Thomasius,* De aequitate cerebrina [1706] (Fn. 24), cap. 1, § 20, S. 23.
490 Vgl. *Pufendorf,* De iure naturae et gentium libri octo, Amsterdam 1688, lib. 1, cap. 3, § 4, S. 28.
491 *Thomasius,* Institutiones (Fn. 23), lib. 1, cap. 1, § 56, S. 19: „Porro quemadmodum actiones humanae relatione ad legem morales appellantur, ita in specie iudicium intellectus circa istas actiones cognitione legum imbuti vocatur conscientia […].“ – Ferner wie menschliche Handlungen in Bezug auf ein Gesetz moralisch genannt wird, so heißt insbesondere das Urteil des Verstandes über dieselben, in Kenntnis der Gesetze vorgenommene Handlungen das Gewissen […].
492 Vgl. *Grunert,* Äußere Normen und inneres Gewissen, in: *Germann/Decock* (Hg.), Das Gewissen in den Rechtslehren der protestantischen und katholischen Reformationen, Leipzig 2017, S. 310. Siehe auch die Verweise in Fn. 258.

zuziehen.[493] Dieses ist weiterhin ein Urteil des Verstandes über gut und schlecht, führt aber zu unterschiedlichen Normen, da die Menschen auch unterschiedliche Urteile über gut und schlecht haben.[494] Der Paradigmenwechsel zu einer Anthropologie vom affektbeherrschten Menschen führt also zu einer teilweisen Entwertung des Gewissens, weil es als Eigenheit des affektbeherrschten Menschen jede Form der moralischen Validität verliert.[495] Das Gewissen taugt also nicht als Grundlage für eine allgemeine Norm.[496] In deutlicher Übereinstimmung mit *John Locke*[497] versteht Thomasius also das Gewissen nicht als universale Regel, die alle Menschen verinnerlicht haben, sondern bloß als eigene Meinung des Individuums über die moralische Richtigkeit einer Handlung. Wenn er behauptet, dass die *aequitas cerebrina* ein irrendes Gewissen zufolge hat, bedeutet das zunächst einmal, dass ein Urteil über menschliche Handlungen herbeigeführt wird, nämlich darüber, ob diese gut oder schlecht sind.

Die *aequitas cerebrina* hat aber nicht irgendein Gewissen zur Folge, sondern ein irriges. Hierzu äußert er sich in den *Institutiones* und stellt es dem

---

493 *Thomasius*, Fundamenta (Fn. 23), lib. 1, cap. 4, § 15, S. 87: „Solet equidem frequenter inculcari, quod in formanda norma actionum humanarum cuiuslibet conscientia debeat praeprimis adhiberi, quia singuli homines habeant principia connata boni & mali. Sed hic quidem modus si attentius consideretur, est admodum lubricus & insufficiens, ne quid gravius dicam." – In der Tat wird gewöhnlich öfter gesagt, dass jedermanns Gewissen bei der Gestaltung der Norm menschlicher Handlungen vornehmlich herangezogen werden muss, weil alle Menschen angeborene Prinzipien des Guten und Schlechten haben. Aber diese Art ist gewiss, wenn sie aufmerksamer betrachtet wird, ganz bedenklich und unzureichend, wie ich nicht ernster sagen kann.

494 *Thomasius*, Fundamenta (Fn. 23), lib. 1, cap. 4, § 17, S. 87: „Accedunt aliae infinitae rationes. Etenim conscientia communi consensu est cuiuslibet hominis iudicium singulare intellectus proprii de bono & malo. Cum vero demonstratum sit, singulos homines a natura habere diversissima & opposita iudicia de bono & malo, sequitur etiam necessario, quod hoc modo evasurae sint normae diversissimae & oppositae." – Es treten noch unzählige andere Sachen hinzu. Denn das Gewissen ist nach allgemeiner Übereinstimmung das eigentümliche Urteil eines jeden Menschen Verstandes über gut und schlecht. Da aber tatsächlich gezeigt wurde, dass alle Menschen von Natur aus unterschiedlich und entgegengesetzte Urteile von gut und schlecht haben, folgt daraus auch, dass auf solche Weise ganz unterschiedliche und entgegengesetzte Normen herauskommen würden.

495 *Grunert*, Äußere Normen und inneres Gewissen (Fn. 492), S. 310.

496 *Grunert*, Äußere Normen und inneres Gewissen (Fn. 492), S. 311.

497 *Locke*, An Essay Concerning Human Understanding, 4th ed. with large add., London 1700, bk. 1, chap. 3, § 8, p. 18: „[...] which is nothing else, but our own Opinion or Judgment of the Moral Rectitude or Pravity of our own Actions."

richtigen, das so urteilt, wie vom Gesetz vorgegeben, gegenüber.[498] Das irrige Gewissen urteilt demzufolge gerade nicht dem Gesetz entsprechend. Die *aequitas cerebrina* führt also zu einem Urteil über gut und schlecht, welches sich gerade nicht an der Norm menschlicher Handlungen orientiert. Dies bekräftigt Thomasius auch in der Dissertation, indem er von einem verdorbenen Urteil über gut und schlecht, gerecht und ungerecht, sowie billig und unbillig spricht. Dem fügt Thomasius hinzu, dass dieses Urteil in der Überzeugung der Richtigkeit und Wahrheit gefällt wird. Hier macht es also deutlich, dass die Person, die eine *aequitas cerebrina* entstehen lässt und dadurch in einem irrigen Gewissen urteilt, nicht bemerkt, dass seiner Beurteilung eine *aequitas cerebrina* zugrunde liegt. Das Urteil des Verstandes wird unwissentlich auch tatsächlich für richtig gehalten.[499] Thomasius setzt seinen Gedanken fort und betrachtet nun, was die *aequitas cerebrina* im Willen bewirkt:

In voluntate simul producit illa ae-quitas cerebrina cupiditatem alios corrigendi & puniendi, imo totam rempublicam reformandi secundum ista falsa dictamina aequitatis cere-brinae & pertinacem animum resis-tendi legibus ac iussibus magistratus politici, sub praetextu libertatis con-scientiae.[500]

Im Willen zugleich erzeugt die ein-gebildete *aequitas* ein Verlangen, an-dere zu korrigieren und zu bestra-fen, ja den ganzen Staat zu refor-mieren nach diesen falschen Lehren der eingebildeten *aequitas* und ein hartnäckiges Gemüt, sich unter dem Vorwand der Gewissensfreiheit Ge-setzen und Befehlen der staatlichen Obrigkeit zu widersetzen.

Thomasius legt fest, dass die *aequitas cerebrina* ein Verlangen bewirkt, andere zu korrigieren und zu bestrafen, den Staat zu reformieren, und darüber hinaus auch ein beharrliches Gemüt, sich der staatlichen Obrig-keit zu widersetzen. Dies entspricht zunächst einmal weiterhin den Grund-

---

498 *Thomasius*, Institutiones (Fn. 23), lib. 1, cap. 1, § 57, S. 19: „Antecedens vel recte iudicat & prout lex est late, vel erronea. Unde altera divisio conscientiae in rectam & erroneam." – Das Vorhergehende urteilt entweder richtig, so, wie das Gesetz gelegt ist, oder irrig. Daher die andere Einteilung des Gewissen in richtig und irrig.

499 Dies stimmt dann mit Thomasius' anthropologischer Betrachtung überein, wo er die *aequitas cerebrina* letztlich auf Vorurteile in Willen und Verstand zurück-führt. Der Mensch erkennt gerade nicht, dass seine Erkenntnis unbillig ist, sondern ist aufgrund seiner Vorurteile von dieser überzeugt, vgl. oben S. 146 ff.

500 *Thomasius*, De aequitate cerebrina [1706] (Fn. 24), cap. 1, § 20, S. 23.

sätzen zur allgemeinen Entstehung der *aequitas cerebrina* (in der menschlichen Seele), die ja zum einen im Verstand, zum anderen im Willen entsteht und dort ein Laster, also die lasterhafte Bewegung im Sinne eines Verlangens nach einer Sache darstellt. Wirkung und Entstehung der *aequitas cerebrina* sind an dieser Stelle also gleichbedeutend. Das Verlangen des Willens wird hier aber nun dahingehend näher bestimmt, dass es auf eine Korrektur und Bestrafung anderer, sowie die Reformierung des Staates anhand des Maßstabes der *aequitas cerebrina* hinwirkt.

Auch die Folge des hartnäckigen Gemüts ist zunächst einmal gleichbedeutend mit dem Ursprung der *aequitas cerebrina*, den Thomasius nämlich in den speziellen Affekten wie der Hartnäckigkeit verortet.[501] Zum hartnäckigen Gemüt führt Thomasius nun näher aus, dass dieses sich darauf richtet, gegen Gesetze und Befehle des weltlichen Fürsten unter Rekurs auf ein freies Gewissen zu verstoßen. Diese Schilderung vom „Verstoß gegen Gesetze unter dem Vorwand der Gewissensfreiheit" zeigt noch einmal auf, dass die *aequitas cerebrina* Willen und Verstand gleichermaßen belastet. Während der Wille Gesetzesverstöße anstrebt, wird hierbei ein freies Gewissen, also ein freies, nicht von anderen Kräften beeinflusstes und daher auch richtiges Urteil des Verstandes angenommen. Wie aber soeben aufgezeigt, unterliegt das Gewissen dem Einfluss der *aequitas cerebrina*, weshalb das Urteil des Verstandes nicht richtig ist. Es hängt grundsätzlich vom Willen und den ihn antreibenden Kräften ab und ist insofern weder frei noch richtig.

Die bisher geschilderten Folgen der *aequitas cerebrina*, sind also nichts anderes als eine Reproduktion dessen, was Thomasius zuvor bereits zur Entstehungsweise in Willen und Verstand erklärt hat. Anders als zuvor betrachtet er die *aequitas cerebrina* hier aber unter dem Blickwinkel, welche Wirkungen sie im Willen bzw. Verstand herbeiführt. Diese Folgen im Menschen festgestellt, weicht Thomasius' Blick nun von dem Menschen, der eine *aequitas cerebrina* hervorruft, ab und wendet sich den Folgen zu, die dann außerhalb des Menschen zu Tage treten:

Tales vero affectus non possunt non gravissime concutere totius reipublicae corpus, atque perpetua dissidia ac bella intestina parere, quorum causa plerumque a propagatoribus aequitatis cerebrinae imputatur, & saepe quidem cum successu, ipsis	Tatsächlich können solche Affekte den Körper des ganzen Staates sehr schwerwiegend erschüttern und auch fortlaufende Uneinigkeiten und innere Kriege erzeugen, deren Grund meistens von den Verbreitern der eingebildeten *aequitas*,

---

501 Vgl. oben Fn. 479.

magistratibus aut politicis, genuinae aequitatis defensoribus, cum videlicet vulgus hominum non sit aptum, secernere verum a falso, sed se facile decipi patiatur praetextu religionis, zeli divini vel similis larvae etiam in sceleribus alias evidentissimis. **gg**)[502]

und oft gewiss mit Erfolg, den Obrigkeiten oder Politikern zugerechnet wird, den Verteidigern der wahren *aequitas*, weil offenbar die Menschen insgemein nicht fähig sind, wahr von falsch zu unterscheiden, sondern sich unter dem Vorwand der Religion, des göttlichen Eifers oder einer ähnlichen Maske auch bei sonst offensichtlichsten Verbrechen einfach täuschen lassen **gg**).

Thomasius erklärt, dass solche Affekte[503], also die soeben genannten Bewegungen des Willens, weitreichende Folgen außerhalb des Menschen haben. Er nennt als Leidtragenden den Staat, der von Uneinigkeiten und Kriegen heimgesucht wird. Er verlagert hier also seine Betrachtung der Folgen von der Mikro- auf die Makroebene, indem er aus diesem im einzelnen Menschen entstehenden Laster nun einen Schaden für den Staat ableitet. Dabei besteht das Problem, dass diejenigen, die eine *aequitas cerebrina* verbreiten,[504] wiederum den Herrschern und staatlichen Politikern die *aequitas cerebrina* zurechnen, obwohl diese gerade die wahre *aequitas* befördern. Dass jene nun die *aequitas cerebrina* verbreiten können, ist deshalb möglich, weil andere Menschen nicht wahr von falsch unterscheiden können, sondern sich von Religion, Göttlichkeit oder anderen Vorspiegelungen täuschen lassen und somit die *aequitas cerebrina* nicht erkennen, mag sie auch noch so offensichtlich sein. Gerade die entspricht auch der Beschreibung der arglistigen Unklugheit (die von der *aequitas cerebrina* im Verstand begleitet wird), denn bei dieser werden ja gerade Mittel herangezogen, die nicht eine Glückseligkeit herbeiführen, aber andere von sich überzeugen.[505] Die Religion ist also als ein solches Mittel der Unklugheit anzusehen, wie Thomasius hier nun deutlich macht.

---

502 *Thomasius*, De aequitate cerebrina [1706] (Fn. 24), cap. 1, § 20, S. 23 f.
503 Vgl. auch den Abschnitt zu den Affekten oben S. 129 ff.
504 Hier greift Thomasius seine Überlegungen zur Verbreitung der *aequitas cerebrina* aus den §§ 18 und 19 auf, die in der Dissertation von 1706 den Überlegungen zur Auswirkung vorangehen. Die Verbreitung der *aequitas cerebrina* führt Thomasius vor allem auf die theologischen und kanonischen und insgesamt die scholastischen Gelehrten zurück, siehe S. 254 ff.
505 Vgl. oben Fn. 427.

Die Verbreitung der *aequitas cerebrina* ist also von zwei Parteien abhängig, zum einen von den Menschen, die eine *aequitas cerebrina* hervorrufen und verbreiten und zum anderen von den Menschen, die sich hierfür empfänglich zeigen und diese Lehre als richtig annehmen. Zu dieser Erkenntnis kommt auch *Kurbacher*, als sie feststellt, dass die *aequitas cerebrina* bzw. maskierte und vorgetäuschte Billigkeit offenbar eine derartige Wirkkraft habe, dass sie nicht nur andere täuscht, sondern auch ein hochgradiges Täuschungspotential besitzt, weil derjenige, der vom Gesetz abweiche, dazu neige, sein eigenes Tun für billig zu halten.[506] Insbesondere in der Religion erkennt Thomasius ein Mittel zur Täuschung und führt in der Fußnote **gg)** mehrere Beispiele an, um dies verdeutlichen:

gg) Notus versiculus: Tantum religio potuit suasisse malorum.

Nota rigicidia, praeprimis in Gallia, a defensoribus aequitatis cerebrinae plurimis persuasa, tanquam si opera sancta essent.

Non errabo, si dissidia ipsa protestantium, a clero Pontificio hactenus tantopere promota, si caedes multorum millium, si rapinas, incendia, uno verbo, si innumera & ineffabilia damna, quae Protestantium respublicae inde per duo fere secula passae sunt, si non unice, saltem praecipue huic aequitati cerebrinae & in thesi eius recensitis eius fructibus adscribam.[507]

gg) Das bekannte Sprichwort: Zu so viel Schlechtem konnte die Religion anraten.

Die bekannten Königsmorde, vor allem in Frankreich, zu denen von den meisten Vertretern der eingebildeten *aequitas* bewegt wurde, als ob die Taten heilig wären.

Ich werde mich nicht irren, wenn ich die vom päpstlichen Klerus bisher so sehr beförderten Streitigkeiten der Protestanten, wenn ich das Morden vieler tausend, die Räubereien, die Brände, in einem Wort, die unzähligen und unaussprechlichen Schäden, die die Länder der Protestanten dann über etwa zwei Jahrhunderte erlitten haben, nicht ausschließlich, wenigstens vornehmlich dieser eingebildeten *aequitas* und auch ihren in dieser These aufgezählten Erträgen zuschreiben werde.

---

506 *Kurbacher*, Zur Kritik der gedankenlosen Billigkeit (aequitas cerebrina) (Fn. 9), S. 470.
507 *Thomasius*, De aequitate cerebrina [1706] (Fn. 24), cap. 1, § 20, S. 24.

Thomasius leitet die Beispiele mit dem Sprichwort ein, dass die Religion zu so viel Schlechtem angeraten habe. Dies hat bereits *Lukrez* festgestellt[508], der in seinem Werk *De rerum natura* anhand der Opferung der Iphigenie veranschaulicht, was für ein Übel die Religion herbeiführen kann. Auch nennt Thomasius als heilig deklarierte Königsmorde in Frankreich[509], die von denjenigen initiiert wurden, die eine *aequitas cerebrina* verbreiten. Zuletzt führt er auch die Streitigkeiten zwischen den Protestanten auf den katholischen Klerus als eine Auswirkung der *aequitas cerebrina* zurück.[510] Alle drei Beispiele sollen also verdeutlichen, dass die mittels der (katholischen) Religion verbreitete *aequitas cerebrina*, Schäden in der Gesellschaft bewirkt hat, ihre Auswirkungen also im Staat spürbar sind. Bereits hier ist also erkennbar, dass Thomasius die *aequitas cerebrina* nahe an der katholischen Kirche verortet, was weiter unten im Rahmen der Verbreitung der *aequitas cerebrina* näher zu betrachten ist.[511] Die Folgen der *aequitas cerebrina* liegen für Thomasius demnach in einem Schaden für den Staat, der sich vor allem durch Uneinigkeiten oder Kriege äußert. An diesem Vorgang sieht er maßgeblich die Religion beteiligt. Das soll auch in den folgenden Abschnitten dargelegt werden, da sich nun von einer generellen, anthropologischen Betrachtung der *aequitas cerebrina* ab-

---

508 Vgl. *Lukrez*, Von der Natur/De rerum natura, in: *Diels*/Lukrez (Hg.), Von der Natur, 3. Aufl., Berlin/Boston 2013, lib. 1, Zeile 101, S. 14.

509 Thomasius macht nicht deutlich, von welchem Königsmord er hier redet. Gemeint sein könnte der Mord an dem französischen König Heinrich III. durch den Dominikanermönch Jacques Clément. Dieser erdolchte 1589 den König, wobei er von der katholischen Heiligen Liga bestärkt worden sein soll und vom Papst Sixtus V. als Märtyrer gefeiert und gelobt wurde vgl. *Hooper, Horace Everett*, Encyclopaedia Britannica, 11. ed., Cambridge 1911, s.v. Clément, Jacques, Sp. 490.

510 Auch hier geht aus Thomasius' Ausführungen nicht hervor, welche Streitigkeiten zwischen den Protestanten gemeint sind. Anhaltspunkte sind aber in den drei Jahre später erschienenen *Cautelae* ersichtlich, in denen Thomasius schildert, dass das Recht der evangelischen Fürsten noch nicht von den Eingriffen des päpstlichen Klerus befreit sei, was weitere Ursachen zu Folge habe, nämlich Streitigkeiten zwischen Reformierten und Lutheranern oder auch Streitigkeiten der reformierten Theologen in Belgien, vgl. *Thomasius*, Cautelae circa praecognita iurisprudentiae. In usum auditorii Thomasiani, Halle 1710, cap. 1, § 8, Anm. 2 und 5.

511 Dass und wieso die Religion für Thomasius der wesentliche Nutznießer und Nutzer der *aequitas cerebrina* ist, wird sich jedoch erst an späterer Stelle zeigen, da Thomasius im Rahmen der subtilen *aequitas cerebrina* und auch im Rahmen ihrer Verbreitung der katholischen Kirche eine große Ursächlichkeit beimisst, siehe dazu unten S. 236 ff. und S. 255 ff.

gewandt wird und sie stattdessen in einem speziellen, juristischen Kontext betrachtet wird.

IV. Der besondere Ursprung der *aequitas cerebrina*

Thomasius wendet sich in §8 und §9 dem besonderen Ursprung der *aequitas cerebrina* zu. Während er zuvor auf den Menschen im Allgemeinen geblickt hat, wendet er sich nun spezifisch dem Recht zu und zeigt auf, wie die allgemeingültigen Grundsätze der *aequitas cerebrina* dort zum Tragen kommen. Als konkrete Gründe für diese nennt er einerseits die in Deutschland vorherrschende Rechtslage (1.), andererseits in den Personen der Rechtsgelehrten (2.).

1. Unsicherheit und Unförmigkeit des deutschen Rechts

Speziell mit Blick auf die Rechtwissenschaft führt Thomasius die Entstehung der *aequitas cerebrina* auf eine unsichere und unförmige Rechtslage in Deutschland zurück. Hierfür macht er insbesondere das Nebeneinander verschiedener Rechtsordnungen verantwortlich[512], und knüpft damit an seinen vorherigen Gedanken an, dass ein „Mischmasch der Gesetze" eine *aequitas cerebrina* hervorruft.[513] Bei der nun folgenden Kritik an der Situation in Deutschland, sind immer wieder Parallelen zu Thomasius' Ausfüh-

---

512 Dieses Nebeneinander charakterisiert sich durch die Anwendung des heimischen Rechts auf der einen Seite und der Anwendung des römischen Rechts auf der anderen Seite. Zu Thomasius' Bevorzugung des deutschen Rechts siehe *Schubart-Fikentscher*, Christian Thomasius. Seine Bedeutung als Hochschullehrer am Beginn der deutschen Aufklärung, Berlin 1977, S. 24-28; *Luig*, Thomasius als Praktiker auf dem Gebiet des Privatrechts, in: *Vollhardt* (Hg.), Christian Thomasius (1655-1728), Tübingen 1997, S. 135 f. Zu seiner ablehnenden Stellung gegenüber dem römischen Recht vgl. *Luig*, Wissenschaft und Kodifikation des Privatrechts im Zeitalter der Aufklärung in der Sicht von Christian Thomasius (Fn. 9), S. 181-187. Siehe auch die Dissertation von *Ebner*, Kritik des römischen Rechts bei Christian Thomasius (Fn. 19). Vgl. auch *Kern*, Thomasius und das Deutsche Privatrecht, in: *Lück* (Hg.), Christian Thomasius (1655-1728). Wegbereiter moderner Rechtskultur und Juristenausbildung, Hildesheim 2006, S. 301 f., dem zufolge Thomasius' Verhältnis zum *usus modernus* zwiespältig ausgestaltet war, weil die Vermischung der Rechtsordnungen bei ihm anstieß.

513 Siehe oben Fn. 427.

rungen in der vier Jahre gehaltenen Vorlesung zur *Prudentia Legislatoria*[514] erkennbar, in der er zum Ende Regeln für eine gesetzgebende Klugheit darlegt. Sein erster Kritikpunkt betrifft die Menge der vorhandenen Gesetze:

Sed sunt praeterea etiam aliae causae peculiares frequentiam aequitatis cerebrinae in Iurisprudentia Germanica producentes.	Aber es gibt außerdem auch andere besondere Gründe, die das Vorkommen der eingebildeten *aequitas* in der deutschen Rechtswissenschaft herbeiführen.
Conqueruntur alii populi de paucitate legum, nostra Germania laborat legum multitudine.[515]	Andere Völker beklagen eine geringe Zahl der Gesetze, unser Deutschland leidet an einer Masse von Gesetzen.

Thomasius' Kritik richtet sich zunächst darauf, dass in Deutschland, nicht wie in anderen Nationen zu wenig, sondern zu viele Gesetze nebeneinander existieren. Auch in der *Prudentia Legislatoria* erklärte er, dass eine geringe Anzahl an Gesetzen klug ist.[516] Er beklagt sich auch über die Herkunft der Gesetze:

Gaudeant alii populi, quod habeant leges omnibus civibus notas, & ad statum reipublicae suae aptatas pariter, & ex statu prudenter deductas, nos habemus, eheu! causas multas easque gravissimas conquerendi, quod habemus leges peregrinas, ad statum reipublicae nostrae vel plane non aptabiles, vel cum summa tortura aptatas, quod habeamus leges,	Andere Völker freuen sich, dass sie von allen Bürgern gekannte Gesetze haben, die auch zum Zustand ihres Staatswesens passen und aus dem Zustand klug abgeleitet sind, wir haben, o weh!, viele und zwar die schwerwiegendsten Gründe zu klagen, dass wir fremde Gesetze haben, die für den Zustand unseres Staates entweder deutlich nicht brauchbar

---

514 *Thomasius*, Lectiones de Prudentia Legislatoria/Vorlesungen über die Gesetzgebungsklugheit, übers. durch Adolf Paul, in: *Paul/Mohnhaupt* (Hg.), Prudentia Legislatoria, München 2003. Zwar ist das Werk erst 1740 von *Gottfried Stolleis* herausgegeben worden, aber seinem Vorwort zufolge bereits 1702 verfasst worden.

515 *Thomasius*, De aequitate cerebrina [1706] (Fn. 24), cap. 1, § 8, S. 7.

516 *Thomasius*, Über die Gesetzgebungsklugheit (Fn. 514), Kap. 12, § 9, S. 204

quarum intellectum paucissimi Germanorum capiunt.[517]

sind oder mit höchster Qual angepasst sind, dass wir Gesetze haben, deren Sinn die wenigsten der Deutschen begreifen.

Thomasius erklärt, dass in anderen Ländern den Bürgern ihre Gesetze bekannt sind, die zum Zustand des Staates passen und aus diesem abgeleitet werden. Mit Blick auf Deutschland stellt er hingegen kritisch fest, dass viele fremde Gesetze gelten, die zum Staat gerade nicht passen oder mühsam angepasst werden und von den Bürgern nicht verstanden werden. Auch in dieser Hinsicht widerspricht die Rechtslage also einer klugen Gesetzgebung, wonach die Gesetze für die Bürger zum einen verständlich[518], zum anderen nicht fremd sein sollten[519]. Es folgt eine Aufzählung verschiedener Rechtsordnungen, die alle in Deutschland auffindbar sind:

Habemus leges Iudaicas, quales pleraeque Mosaicae sunt.

Wir haben jüdische Gesetze, dergleichen die meisten mosaisch sind.

Habemus Romanas & Graecas in corpore Iuris Iustinianei.

Wir haben römische und griechische im Corpus Iuris des Justinian.

Habemus Pontificias in Iure Canonico.

Wir haben päpstliche im kanonischen Recht.

Habemus Gallicas, Hispanicas, Italicas & quas non? quas ex ICtis harum gentium in foris nostris nostras leges allegamus.

Wir haben gallische, spanische, italienische und welche nicht, die wir von den Rechtsgelehrten dieser Völker vor unseren Gerichten als unsere Gesetze anführen?

Habemus statuta provinciarum Germanicarum infinita.[520]

Wir haben unzählige Statuten deutscher Provinzen.

Als fremde Rechte, die in Deutschland Geltung haben, nennt Thomasius das jüdische bzw. mosaische Recht, das im *Corpus Iuris Civilis* normierte römische und griechische Recht, das kanonische Recht und auch die Gesetze anderer Länder und deutscher Territorien. Diese Vielzahl an verschiedenen Rechtsordnungen trägt also zu der prekären Rechtslage in Deutschland bei. Nicht immer verbirgt sich hier jedoch auch eine Kritik

---

517 *Thomasius*, De aequitate cerebrina [1706] (Fn. 24), cap. 1, § 8, S. 7.
518 *Thomasius*, Über die Gesetzgebungsklugheit (Fn. 514), Kap. 12, § 10, S. 204.
519 *Thomasius*, Über die Gesetzgebungsklugheit (Fn. 514), Kap. 12, § 11, S. 204.
520 *Thomasius*, De aequitate cerebrina [1706] (Fn. 24), cap. 1, § 8, S. 7.

an diesen Rechtsordnungen selbst. So stellte das mosaische Recht für Thomasius ein gesetzgeberisches Ideal dar, weil es eine „Adaption eines Gesetzeswerkes an die sozialen Verhältnisse und Bedürfnisse eine Volkes" erkennen lässt.[521] Das mosaische Recht ist eine Rechtsordnung, die gerade an die sozialpolitische Realität angepasst wurde.[522] Eine Übernahme der alttestamentarischen Rechtsregeln hält Thomasius daher mangels Nutzen für die christlichen Staaten gerade nicht für angezeigt.[523]

Auch am römischen Recht kritisiert Thomasius, dass es für eine Anwendung vor deutschen Gerichten ungeeignet ist.[524] Hier reiht sich Thomasius in die Tradition einer ganzen Zeitstimmung ein, denn während die Rezeption des römischen Recht immer weiter zurücklag, das wirtschaftliche und kulturelle Leben sich entfaltete und neue Lebensformen der rechtlichen Berücksichtigung bedurften, wurde das römische Recht immer mehr als unvollkommen empfunden, weil seinen überlieferten Inhalten eine Entsprechung in der Praxis fehlte.[525] Der *Usus modernus* zeichnete sich gerade durch diese Mischform aus *ius patriae* und *ius romanum* aus, das in vielerlei Hinsicht dichotomisch bestimmt war, weil das Konkurrenzverhältnis zwischen *ius particulare* und *ius commune*, sowie deren hierarchische oder gleichgewichtige Rang- und Geltungsautorität untereinander klärungsbedürftig war.[526]

Thomasius schildert an dieser Stelle die Problematik eher als eine allgemeine, ohne dass er sein eher angespanntes Verhältnis zum römischen

---

521 *Link,* Herrschaftsordnung und bürgerliche Freiheit. Grenzen der Staatsgewalt in der älteren deutschen Staatslehre, Wien/Köln/Graz 1979, S. 256.

522 *Kühnel,* Das politische Denken von Christian Thomasius (Fn. 56), S. 133. Siehe zum mosaischen Recht als gesetzgeberisches Ideal auch *Tubies,* Prudentia legislatoria bei Christian Thomasius (Fn. 298), S. 132 ff.

523 Siehe auch *Tubies,* Prudentia legislatoria bei Christian Thomasius (Fn. 298), S. 177 ff.; *Kühnel,* Das politische Denken von Christian Thomasius (Fn. 56), S. 133. Eine Übernahme mosaischer Rechtsregeln sieht Thomasius gerade als Exempel für eine grobe *aequitas cerebrina* siehe unten S. 224 ff.

524 So ließ Thomasius in sämtlichen Dissertationen den geringen oder nicht bestehenden Gebrauch des römischen Recht untersuchen, vgl. *Luig,* Wissenschaft und Kodifikation des Privatrechts im Zeitalter der Aufklärung in der Sicht von Christian Thomasius (Fn. 9), S. 181-187. Zu Thomasius' Methodik den Gebrauch des römischen Rechts zu kritisieren *Ebner,* Kritik des römischen Rechts bei Christian Thomasius (Fn. 19), S. 40 ff.

525 *Wolf,* Große Rechtsdenker der deutschen Geistesgeschichte (Fn. 416), S. 413.

526 *Mohnhaupt,* Von der Ordnung der Rechte zur Ordnung des Rechts, in: *Haferkamp/Repgen* (Hg.), Usus modernus pandectarum, Köln/Weimar/Wien 2007, S. 110.

Recht vertieft[527]. Die Vielzahl an Gesetzen und deren unterschiedliche Herkunft, die ihren Ursprung nicht in den Gepflogenheiten der Deutschen haben, sondern lediglich importiert wurden, befördert schlussendlich die *aequitas cerebrina*. Thomasius zieht hier also die *aequitas cerebrina* heran, um ein Phänomen zu beschreiben, dass sich im Laufe des 18. Jahrhunderts breitmachte: Die ständige Zunahme gesetzlichen positiven Rechtsstoffes führte zu mehr Überschneidungen und Konkurrenzen zwischen tradierten historischen und neuen legislativen Rechtsstoffmassen, was einen vermehrt unübersichtlichen Rechtsquellenpluralismus zu Folge hatte, der eine Ordnung des Rechtsstoffs erforderlich machte.[528] Eine Ordnung sieht Thomasius gerade nicht gegeben, denn den Bürgern fehlt ein Überblick und die Kenntnis über das geltende Recht. Diese Unsicherheit der Rechtsquellenlage mündet dann in eine zusätzliche Rechtsunsicherheit aufgrund individueller Mängel der Rechtsgelehrten:

Habemus opiniones Doctorum non cohaerentes & saepe contradictorias, quae ex errore communi etiam mentiuntur iuris speciem in foris nostris.[529]	Wir haben nicht zusammenhängende und oft sich widersprechende Meinungen von Lehrern, die wegen eines gemeinen Irrtums auch den Schein des Rechts vor unseren Gerichten erdichten.

Thomasius sieht den besonderen Ursprung der *aequitas cerebrina* in nicht zusammenhängenden und widersprüchlichen Ansichten von Gelehrten, wenn diese aufgrund eines allgemeinen Irrtums ihre Meinung als Recht erscheinen lassen. Wie Thomasius im vorherigen Abschnitt § 7 erklärt hat, ist die *aequitas cerebrina* ein Irrtum, der aus den Vorurteilen der menschlichen Seele entsteht.[530] Da es sich bei diesen gerade um einen allgemeinen Grund der *aequitas cerebrina* handelt, der in jedem Menschen angelegt ist, sind auch die Juristen nicht gegen diese Vorurteile gefeit. Daher sieht Thomasius einen besonderen Grund der *aequitas cerebrina* in dem Handeln der Rechtsgelehrten, die einem Irrtum unterliegen und ihre darauf basierende Meinung als Recht verbreiten, auch wenn dies tatsächlich nicht der Fall ist. Diese Irrtümer der Rechtsgelehrten haben schwerwiegende Folgen:

---

527 Dies geschieht erst im zweiten Kapitel der Dissertation von 1706, welches aber nicht Gegenstand dieser Arbeit ist.

528 *Mohnhaupt*, Von der Ordnung der Rechte zur Ordnung des Rechts (Fn. 526), S. 110 f.

529 *Thomasius*, De aequitate cerebrina [1706] (Fn. 24), cap. 1, § 8, S. 7 f.

530 Siehe oben S. 146 ff.

In his singulis (excepto iure Mosaico ex divina sapientia propullulante) multum verborum ubivis reperire liceat, eruditionis & genuinae sapientiae parum, quam adhuc difficillimam reddunt interpretationes infinitae communes contra communes.	In diesen Einzelnen [Meinungen] (mit Ausnahme des mosaischen Rechts, das aus der göttlichen Weisheit ausgeht) kann man überall der Worte viel, der Gelehrsamkeit und echter Weisheit zu wenig finden, die die unzähligen gemeinen Auslegungen gegen gemeine am schwersten machen.
Quis iam miretur frequentiam aequitatis cerebrinae in iure tam informi, & tam incerto?[531]	Wer wundert sich schon über das Vorkommen der eingebildeten *aequitas* in einem so unförmigen und unsicheren Recht?

Abgesehen vom mosaischen Recht, welches der göttlichen Weisheit entspricht, hält Thomasius sämtliche Meinungen weder für gelehrt noch für weise. Die Weisheit wird noch durch *interpretationes communes contra communes*, also gegensätzliche Auslegungen, erschwert. In Thomasius' Augen entsteht also das Problem, dass durch die irrigen und sich auch widersprechenden Meinungen auch sich widersprechende Interpretationen ergeben. Dies kann dann ebenso wenig zu einer sicheren Rechtslage führen, wie die unterschiedlichen Gesetze, die den Auslegungen zugrunde liegen. Beides hat eine Unsicherheit und Unklarheit über das in Deutschland geltende Recht zur Folge. Entsprechend der allgemeinen Definition der *aequitas cerebrina* als eine billig erscheinende Unbilligkeit, bedeutet das für das deutsche Recht, dass dort eine *aequitas cerebrina* entsteht, weil die parallele Existenz unpassender Rechte als billig und weise empfunden wird, obwohl die Weisheit dadurch gerade nicht mehr gefördert wird.

2. Vielzahl falscher Rechtsgelehrter

Als zweite besondere Ursache für die Existenz der *aequitas cerebrina* im Recht nennt Thomasius das Auftreten falscher Rechtsgelehrter:

---

531 *Thomasius*, De aequitate cerebrina [1706] (Fn. 24), cap. 1, § 8, S. 7 f.

Auget aequitatem cerebrinam & multiplicat pruritus hominum judicandi de re, quam non didicerunt.

Es fördert und vervielfältigt die eingebildete *aequitas* die Begierde der Menschen über eine Sache zu urteilen, die sie nicht erlernt haben.

Conqueruntur saepe Domini Medici, quod ars medica tractetur ab omnis generis hominibus cum maximo damno reip[ublicae], cum quilibet, cuiuscunque status aut conditionis velit alteri dare consilium medicum.[532]

Oft beklagen Ärzte, dass die Heilkunst von Menschen jeder Herkunft mit größtem Schaden für das Staatswesen betrieben wird, weil jeder, gleich welchen Standes oder Zustandes einem anderen einen medizinischen Rat geben möchte.

Thomasius bemängelt, dass Menschen über eine Materie urteilen wollen, ohne dass sie darüber ausgebildet sind. Dies stellt zunächst nur eine anthropologische und damit allgemeine Grundlage der *aequitas cerebrina* dar, die nicht allein für die Rechtswissenschaft gilt, sondern beispielsweise auch die Medizin. So geschieht es aber nun auch, dass Menschen gleich welcher Profession sich die Tätigkeit der Rechtsgelehrten anmaßen:

Profecto, si ICti querelas movere pariter vellent, aeque magnas, si non maiores conquerendi causas haberent, cum omnes pariter, eruditi & non eruditi, divites & pauperes, honorati & vulgus hominum, de iustitia & iniustitia actionum humanarum non solum differant, sed & aliis consilia iuridica de actionibus secundum regulas aequitatis & iustitiae instituendis suppeditare gestiant, imo saepissime leges corrigere aut doctrinas ICtorum tanquam iniustas & iniquas eliminare, & e Republ[ica] non literaria solum, sed & civili eiicere plusquam dictoria potestate audeant.[533]

Sicherlich, wenn Rechtsgelehrte auch Streit erregen wollten, hätten sie ebenso große, wenn nicht mehr Gründe, sich zu beschweren, weil auch alle, Gelehrte und Ungelehrte, Reiche und Arme, Vornehme und das gemeine Volk, über Gerechtigkeit und Ungerechtigkeit menschlicher Handlungen nicht nur reden, sondern auch anderen juristische Ratschläge über das Ausrichten von Handlungen nach den Regeln der *aequitas* und Gerechtigkeit geben wollen, ja sie wollen am häufigsten Gesetze korrigieren oder die Lehren der Rechtsgelehrten als ungerecht und unbillig ausmerzen, und [die Lehren] nicht nur aus dem gelehrten,

---

532 *Thomasius*, De aequitate cerebrina [1706] (Fn. 24), cap. 1, § 9, S. 8.
533 *Thomasius*, De aequitate cerebrina [1706] (Fn. 24), cap. 1, § 9, S. 8.

> sondern auch dem bürgerlichen Staat mehr als durch besagte Hoheit vertreiben.

Thomasius begreift es als Eingriff in die Kompetenz der Rechtgelehrten, wenn andere Menschen sich in ihre Tätigkeit einmischen, indem sie über die Gerechtigkeit menschlicher Handlungen sprechen und Ratschläge geben. Die Kompetenzen der Rechtsgelehrten lassen sich am besten in Verbindung mit dem Begriff der Rechtswissenschaft (*Iurisprudentia*) ermitteln.

In den *Institutiones* erklärt Thomasius, dass die *Iurisprudentia* die Lehre vom Geben, Auslegen und Anwenden der Gesetze sowie vom Recht ist.[534] Da der Begriff zugleich die *prudentia* in sich enthält, beschreibt er also eine Klugheit in Bezug auf das Recht.[535] Thomasius unterteilt die *Iurisprudentia* in eine gesetzgebende (*legislatoria*), ratgebende (*consultatoria*) und urteilende (*iudicialis*), welche sich mit der Gesetzgebung, respektive dem an Gesetzen zu orientierendem Handeln und der Anwendung der Gesetze auf bereits geschehene Handlungen befasst.[536] Als Rechtsgelehrte bezeichnet Thomasius

---

534 *Thomasius*, Institutiones (Fn. 23), lib. 1, cap. 1, § 154, S. 42: „Ex tot Iuris significatibus, quis iam ad iurisprudentiam pertinet? Suo modo omnes. Quippe non solum docet, quomodo Leges sint ferendae, explicandae, & c. applicandae, sed & exponit naturam Facultatis, cuilibet iure competentis & supeditat remedia eandem tuendi & conservandi. Quid quod insuper & consulit, quomodo Actiones secundum legem sint instituendae, ut evadant iustae, & de institutis, an iustae sint vel minus iudicat, & haec omnia quidem ea intentione, ut homines evadant iusti." – Von den vielen Bedeutung des Rechts, was betrifft nun die Rechtswissenschaft? Auf bestimmte Weise alles. Freilich lehrt sie nicht nur, wie die Gesetze zu geben, erklären und anzuwenden sind, sondern sie legt auch die Natur der Fähigkeit dar, die jedem durch ein Recht zukommt und gewährt die Mittel diese zu erhalten und zu bewahren. Sie berät auch darüber, wie Handlungen nach dem Gesetz auszurichten sind, dass sie gerecht hervorgehen und wenn sie [die Handlungen] ausgerichtet sind, urteilt sie, ob sie gerecht sind oder weniger, und dies alles mit der Absicht, dass die Menschen gerecht hervorgehen.

535 *Thomasius*, Institutiones (Fn. 23), lib. 1, cap. 1, § 156, S. 42: „Igitur iurisprudentia in latissimo suo ambitu nihil aliud est, quam prudentia legum." – Deshalb ist die Rechtswissenschaft im weitesten Sinne nichts anderes, als die Klugheit der Gesetze.

536 *Thomasius*, Institutiones (Fn. 23), lib. 1, cap. 1, § 157, S. 43: „Quatenus autem leges sunt ferendae, aut actiones secundum easdem instituendas, dicitur in specie Iurisprudentia legislatoria vel consultatoria. Quatenus vero leges sunt applicandae ad actiones praeteritas, dici solet iudiciali. Et consultatio quidem de actionibus secundum leges dirigendis ac iudicium de actionibus perpetratis praesupponunt legum interpretationem & intellectum." – Sofern aber Gesetze gegeben oder Handlungen nach diesen ausgerichtet werden sollen, wird die Rechtswissenschaft

nun diejenigen, die diese Klugheit des Rechts besitzen.[537] Thomasius hält es berechtigterweise für beklagenswert, wenn jemand, der nicht die Klugheit des Rechts beherrscht, über gerechte Handlungen urteilt und berät sowie die Korrektur von Gesetzen und Kritik an anderen Rechtsgelehrten betreibt, da es sich hierbei gerade um Fähigkeiten handelt, die allein den Rechtsgelehrten zukommen. So schlussfolgert Thomasius, dass eine *aequitas cerebrina* entsteht, wenn sich diejenigen, die in dieser Klugheit nicht gelernt sind, der Aufgaben eines Rechtsgelehrten annehmen:

Et si tamen rem paulo penitius examines, omnes hi motus & turbae non aliunde proveniunt, quam quod plerique de actionum iustitia aut aequitate iudicantes secundam imaginationes proprii cerebri, & sic ex aequitate pure cerebrina iudicent, cum tamen nulla fundamenta genuina philosophiae moralis & iurisprudentiae iecerint, plurimi etiam horum talia subsidia aperte contemnant, & tanquam aequitati noxia fugiant, & aliis fugienda persuadere intendant.[538]	Und wenn du jedoch die Sache etwas genauer untersuchst, kommen all diese Bewegungen und Verwirrungen nicht anderswoher, als, dass die meisten, die die Gerechtigkeit oder *aequitas* von Handlungen nach den Vorstellungen des eigenen Gehirns beurteilen, und so nach einer rein eingebildeten *aequitas* urteilen, weil sie doch keinen echten Grundstein der Moralphilosophie und Rechtswissenschaft gelegt haben; die meisten derer verachten auch offen derartige Hilfen, weil sie diese als für die *aequitas* schädlich schmähen und beabsichtigen andere davon zu überzeugen, dass sie zu schmähen sind.

---

insbesondere gesetzgebende oder ratgebende genannt. Sofern tatsächlich Gesetze auf vorherige Handlungen angewandt sollen, spricht man gewöhnlich von der urteilenden. Und der Ratschlag über das Richten von Handlungen nach den Gesetzen und das Urteil über begangenen Handlungen setzt die Auslegung und das Verständnis von Gesetzen voraus.

537 *Thomasius*, Institutiones (Fn. 23), lib. 1, cap. 1, § 172, S. 47: „Qui Iurisprudentia pollent, dicuntur Iureprudentes, item IureConsulti, quos inter & Iurisperitos an differentia sit, acriter quidem disputatum fuit, sed disceptatio illa tanti nobis non videtur, ut cursum nostrum sistat." – Die der Rechtswissenschaft vermögend sind, werden Rechtsgelehrte, ebenso Rechtsberatene genannt, ob zwischen diesen und Rechtserfahrenen ein Unterschied ist, ist sehr ausführlich diskutiert worden, aber wir halten diese Streitfrage nicht für so groß, dass sie unseren Kurs aufhält.

538 *Thomasius*, De aequitate cerebrina [1706] (Fn. 24), cap. 1, § 9, S. 8.

Thomasius bezeichnet es als *aequitas cerebrina*, wenn sämtlich Nicht-Rechtsgelehrte über Gerechtigkeit und *aequitas* urteilen, wenn ihnen gerade die Grundlagen zu Moralphilosophie und Rechtswissenschaft fehlen.[539] Was diese (vermeintlich) als *aequitas* empfinden, ist also keine allgemeingültige, sondern entstammt allein deren Gehirn und ist deshalb eingebildet (*cerebrina*). Hier ist eine erneute etymologische Betrachtung des Begriffes *aequitas cerebrina* zu erkennen, denn er erklärt, dass sie ein Urteil betrifft, dass sich allein an den Vorstellungen des eigenen Gehirns orientiert. In Ergänzung zu Thomasius bisheriger Darstellung, kommt der Name also nicht nur daher zustande, weil es sich um ein Urteil des im Gehirn befindlichen Verstandes handelt[540], sondern weil dieses Urteil nicht anhand der objektiven Lehren der Moralphilosophie und Rechtswissenschaft gefällt wird, sondern allein anhand eigener, subjektiver, im Gehirn befindlicher Vorstellungen.

Während die *aequitas* gerade aus der Kenntnis der Morallehre entsteht,[541] stellt Thomasius' Beschreibung der *aequitas cerebrina* hier das Gegenteil dar, dessen Bezeichnung sich davon ableiten lässt, dass sie sich allein an der (subjektiven) Empfindung des Gehirns, nicht hingegen an der (objektiven) Morallehre oder Rechtswissenschaft orientiert. Dem fügt Thomasius zum Satzende hinzu, dass die falschen Rechtsgelehrten die Hilfen der Moralphilosophie und Rechtswissenschaft als schädlich abtun und versuchen, andere ebenfalls zu dieser Einsicht zu bewegen. Auch hier präsentiert Thomasius also ein zweidimensionales Verständnis der *aequitas cerebrina*, die einerseits ein fehlerhaftes Urteil in einem Menschen betrifft, welcher andererseits aber andere Menschen von ihrer Richtigkeit zu überzeugen sucht.

3. Fazit

Thomasius überträgt seine bisherigen allgemeinen Feststellungen konkret auf das Recht und stellt fest, dass in diesem Zusammenhang die *aequitas cerebrina* auf zweierlei Weise entstehen kann. Zum einen sieht er ihren Ursprung in der unübersichtlichen Rechtslage Deutschlands, da dort zahlreiche und unterschiedliche Rechtsordnungen vorherrschen. Mit Ausnah-

---

539 Dies sind aber gerade die Lehren, welche die Regeln menschlicher Handlungen (Moralphilosophie) und des Rechts (Rechtswissenschaft) vermitteln.
540 Vgl. oben Fn. 384.
541 Vgl. oben Fn. 232.

me vom mosaischen Recht hält Thomasius diese nicht für weise und sieht sich widersprechende Auslegungen als Folge. Gerade in dieser Unübersichtlichkeit erkennt er nun die *aequitas cerebrina*. Die verschiedenen Gesetze und Meinungen sind zwar nicht als weise einzustufen, aber sie haben dennoch Wirkung. Die Existenz der Gesetze verbreiten also den Anschein der *aequitas*. Zum anderen führt Thomasius die *aequitas cerebrina* auf falsche Rechtsgelehrte zurück, die über Gerechtigkeit und *aequitas* nach der eigenen, im Gehirn gebildeten Vorstellung urteilen, anstatt das Urteil nach der Moralphilosophie richten. Die Eigenheit der Rechtsgelehrten ist es nämlich gerade, dass sie die Jurisprudenz, also die auf das Recht bezogene Klugheit beherrschen. Diese individuelle Fehlvorstellung reicht für Thomasius jedoch nicht aus, stattdessen fügt er hinzu, dass andere von dieser Fehlvorstellung überzeugt werden müssen, so dass dieses Verhalten schlussendlich erst die Existenz der *aequitas cerebrina* begünstigt. Die aequitas cerebrina im Recht zeichnet sich also durch die Verbreitung unkluger Gesetze oder Lehren, von deren vermeintlicher Gerechtigkeit und *aequitas* andere Menschen überzeugt werden.

V. Einteilungen der *aequitas cerebrina*

Im Anschluss an die Untersuchung, wo sich ihr (besonderer) Ursprung im Recht finden lässt, nimmt Thomasius eine Einteilung der *aequitas cerebrina* vor, um sie dadurch übersichtlicher darzustellen:

In hac aequitatis cerebrinae ubique vagantis multitudine & infinitate ad melius intelligenda ea, quae hactenus diximus, & in posterum de ea differemus, multum conducet, si tentaverimus varium hoc & diversissime larvatum malum in certas classes & genera redigere.[542]

Um bei dieser Menge und Unendlichkeit der überall umherschweifenden eingebildeten *aequitas* das besser zu verstehen, was wir bisher gesagt haben und wovon wir auch künftig reden werden, wird es viel nützen, wenn wir versuchen, dieses vielseitige und auf verschiedenste Weise verhüllte Übel in gewisse Klassen und Gattungen zu bringen.

Thomasius erkennt, dass die bisherigen Feststellungen zur *aequitas cerebrina* trotz rechtlichen Bezuges noch sehr allgemein sind. Daher ordnet er sie

---

542 *Thomasius*, De aequitate cerebrina [1706] (Fn. 24), cap. 1, § 10, S. 9.

nun verschiedenen Kategorien zu. Diese sollen im Folgenden aufgezeigt werden. Zunächst ist auf die Unterteilung der *aequitas cerebrina* in *legislatoria*, *consultatoria* und *iudicialis* zu blicken (1.). Sodann folgt hinsichtlich der *aequitas cerebrina iudicialis* eine Unterscheidung in eine theoretische und praktische (2.). Zuletzt sind die Unterschiede der offenkundigen und subtilen *aequitas cerebrina* zu thematisieren (3.).

1. Einteilung in *legislatoria*, *consultatoria*, *iudicialis*

Thomasius unterteilt die *aequitas cerebrina* zuerst in eine gesetzgebende (*legislatoria*), ratgebende (*consultatoria*) und urteilende (*iudicialis*):

Initio non incommode dici possit aequitatem cerebrinam, uti eius opposita, aequitatem scilicet veram & iniquitatem esse vel legislatoriam, vel consultatoriam vel iudicialem.[543]	Am Anfang kann leicht gesagt werden, dass die eingebildete *aequitas*, wie ihre Gegenteile, nämlich die wahre *aequitas* und die Unbilligkeit entweder gesetzgebend, ratgebend oder urteilend ist.

Diese Unterteilung betrifft die *aequitas* und Unbilligkeit gleichermaßen und richtet sich nach den jeweils agierenden Juristen. So erklärt Thomasius zur gesetzgebenden *aequitas cerebrina*:

Legislatoria aequitas cerebrina est, quando legislator legem condit, quae prima fronte ratione aequa niti videtur, quam tamen si accuratius examines, facile deprehendere poteris, sub ea lege latere iniquitatem, quae damnum magis afferat reipublicae, quam ut ad promovendam eius quietem profit.[544]	Gesetzgebend ist die eingebildete *aequitas*, wenn der Gesetzgeber ein Gesetz verfasst, das sich dem ersten Anschein nach auf einen billigen Grund zu stützen scheint, wie du jedoch, wenn du genauer prüfst, leicht bemerken kannst, dass sich unter diesem Gesetz eine Unbilligkeit verbirgt, die dem Staat mehr Schaden zufügt, als dass sie zur Förderung ihres Friedens dienen kann.

---

543 *Thomasius*, De aequitate cerebrina [1706] (Fn. 24), cap. 1, § 10, S. 9.
544 *Thomasius*, De aequitate cerebrina [1706] (Fn. 24), cap. 1, § 10, S. 9.

Die gesetzgebende *aequitas cerebrina* betrifft den Fall, dass ein Gesetzgeber ein Gesetz verfasst, das einen scheinbar billigen Grund hat, sich aber bei genauerer Betrachtung als unbillig entpuppt und somit dem Staat eher Schaden als Frieden bringt. Anschließend erklärt Thomasius zur ratgebenden *aequitas cerebrina*:

Aequitas cerebrina consultatoria est, cum quis de futuris singulorum negotiis consilium dat sub larvata aequitate, damnum inique inferens ei, qui consilium petit.[545]	Die eingebildete *aequitas* ist ratgebend, wenn jemand unter scheinbarer *aequitas* über zukünftige Taten einzelner Rat gibt, während er demjenigen unbillig einen Schaden zufügt, der Rat sucht.

Thomasius bezeichnet die *aequitas cerebrina* als ratgebend, wenn jemand einen Rat gibt, der billig erscheint, aber tatsächlich den Ratsuchenden auf unbillige Weise schadet. Als letztes nennt er die *aequitas cerebrina* urteilend, wenn der Richter ein Gesetz auf eine begangene Handlung anwendet und dabei unbillig vorgeht, aber den Schein der *aequitas* walten lässt:

Denique cerebrina aequitas iudicialis est, cum iudex leges ad facta in societate civili obvenientia sub specie aequitatis inique applicat.[546]	Zuletzt ist die eingebildete *aequitas* gerichtlich, wenn der Richter Gesetze auf in der bürgerlichen Gesellschaft begangene Handlungen unter dem Schein der *aequitas* unbillig anwendet.

Mittels dieser drei Arten der *aequitas cerebrina* macht Thomasius deutlich, dass sie in drei Stadien eines Gesetzes zum Tragen kommen kann: beim Erlass eines Gesetzes, bei dem Ratschlag, wie das Verhalten nach dem Gesetz zu richten ist und bei der Anwendung des Gesetzes auf eine vergangene Handlung. Thomasius spricht die jeweiligen Personen an, die sich mit dem Recht auseinandersetzen, nämlich Gesetzgeber, Berater und Richter. Dies ähnelt der Dreiteilung der Rechtswissenschaft in den *Institutiones*, welche in Übereinstimmung mit obigen Definitionen das Geben von Gesetzen, die Beratung über das Handeln nach denselben und die Anwendung der Gesetze auf vergangene Taten betrifft.[547] Sie spiegeln allesamt

---

545 *Thomasius*, De aequitate cerebrina [1706] (Fn. 24), cap. 1, § 10, S. 9.
546 *Thomasius*, De aequitate cerebrina [1706] (Fn. 24), cap. 1, § 10, S. 9.
547 *Thomasius*, Institutiones (Fn. 23), lib. 1, cap. 1, § 157, S. 43, vgl. oben Fn. 536.

einen selbstständigen Zweig der Rechtswissenschaft wieder und können daher auch auf ihre Art eine *aequitas cerebrina* herbeiführen, was *Eugen Wohlhaupter* als Gewaltenteilung bezeichnet.[548] Auch *Kurbacher* und *Schott* erkennen eine Anlehnung an die aristotelische Gewaltenteilung in eine Legislative, Konsultative und Judikative, bei der spezifische Verfehlungen einer Hirnlosigkeit ausgemacht werden können.[549] Auch wenn in seinem Werk nirgendwo die Forderung nach einer institutionellen Gewaltenteilung zu finden ist[550], werden durch die Dreiteilung der Rechtswissenschaft und einer daran orientierten *aequitas cerebrina* die verschiedenen Bereiche des Rechts berücksichtigt. In jeder Sparte der Rechtswissenschaft kann zugleich eine *aequitas cerebrina* entstehen.

2. Einteilung in theoretisch und praktisch

Die nächste Einteilung nimmt Thomasius mit Blick auf die urteilende *aequitas cerebrina* vor, weil der Richter sich auf zweierlei Weise irren kann. So gilt es zwischen der theoretischen und praktischen *aequitas cerebrina* zu unterscheiden:

Caeterum duobus potissimum modis iudex intuitu aequitatis cerebrinae peccare potest; vel legem quae ad factum applicanda est, sub praetextu aequitatis cerebrinae inique explicando, vel legem plane deferendo aut mutando sub colore, ac si lex iniqui quid contineat.

Im Übrigen kann sich der Richter vornehmlich auf zwei Weisen in Hinsicht auf die eingebildete *aequitas* verfehlen; beim unbilligen Erklären eines Gesetzes, das auf eine Handlung angewandt werden soll, unterm Vorwand der eingebildeten *aequitas*, oder beim klaren Abweichen oder Ändern eines Gesetzes unter dem Schein, als wenn das Gesetz etwas Unbilliges enthält.

Brevitatis studio priorem speciem appellabimus theoreticam, posteriorem practicam.[551]

In der Bemühung um Kürze nennen wir den ersten Begriff theoretisch, den zweiten praktisch.

---

548 *Wohlhaupter*, Aequitas canonica (Fn. 3), S. 111, Fn. 3.
549 *Kurbacher*, Zur Kritik der gedankenlosen Billigkeit (aequitas cerebrina) (Fn. 9), S. 468. Ebenfalls *Schott*, Aequitas Cerebrina (Fn. 21), S. 156.
550 So *Kühnel*, Das politische Denken von Christian Thomasius (Fn. 56), S. 140.
551 *Thomasius*, De aequitate cerebrina [1706] (Fn. 24), cap. 1, § 11, S. 9.

Mit der theoretischen *aequitas cerebrina* beschreibt Thomasius den Fall, dass der Richter ein Gesetz nach der *aequitas*, aber tatsächlich unbillig auslegt. Praktisch ist sie hingegen, wenn der Richter offenkundig vom Gesetz abweicht oder dieses ändert, weil er dieses für unbillig hält. Obwohl der Richter als Praktiker tätig ist[552], kann ihm also ein praktischer, aber auch schon ein theoretischer Fehler unterlaufen:

Etsi enim iudicis officium totum sit practicum, cum tamen duabus ex partibus idem consistat, legum iusta interpretatione, & subsequente applicatione, ac interpretatio ab applicatione diversa plane sit, eamque praecedat, sane officium iudicis formaliter in applicatione consistit, contra interpretatio iudici communis est cum iuris interpretibus & patronis causarum, qui iudices non sunt, & hoc respectu magis ad theoriam referri potest quam applicatio.[553]	Denn obgleich die Pflicht des Richters gänzlich praktisch ist, besteht sie aber aus zwei Teilen, der gerechten Auslegung der Gesetze und darauffolgender Anwendung, und die Auslegung ist klar von der Anwendung getrennt und zwar geht sie dieser [der Anwendung] vorher, gewiss besteht die Pflicht des Richters förmlich in der Anwendung, die Auslegung dagegen ist dem Richter gemein mit den Auslegern des Rechts und Rechtsanwälten, die keine Richter sind, und in dieser Hinsicht kann sie [die Auslegung] mehr auf die Theorie bezogen werden als die Anwendung.

Thomasius löst den scheinbaren Konflikt zwischen der praktischen Tätigkeit des Richters und der gleichzeitigen Möglichkeit eine theoretische Verfehlung auf: Dieser ist ein Praktiker, weil seine eigentliche Tätigkeit die Anwendung der Gesetze und somit praktischer Natur ist. Dennoch ist seine Pflicht nicht auf die Praxis beschränkt, denn mit der Anwendung eines Gesetzes geht auch die Auslegung dessen einher, welche der Anwendung vorgelagert ist. Bevor der Richter das Gesetz anwenden kann, muss er dieses zunächst verstanden haben. Die Anwendung setzt also voraus, dass durch die Auslegung ein Verständnis der Norm erlangt wurde.[554]

---

552 Siehe auch oben Fn. 443.

553 *Thomasius*, De aequitate cerebrina [1706] (Fn. 24), cap. 1, § 11, S. 9 f.

554 Vgl. *Bühler*, Verstehen und Anwenden von Gesetzen in der juristischen Hermeneutik, in: *Schröder* (Hg.), Entwicklung der Methodenlehre in Rechtswissenschaft und Philosophie vom 16. bis zum 18. Jahrhundert, Stuttgart 1998, S. 107.

Daher vertritt Thomasius die Ansicht, dass ein Teil der richterlichen Arbeit auch aus theoretischen Vorgängen besteht und ihm auch hierbei Fehler unterlaufen können.

Somit kann der Richter schon vor seiner wesentlichen Tätigkeit der Rechtsanwendung eine (theoretische) *aequitas cerebrina* herbeiführen, indem er das Gesetz, das er anwenden will, unbillig auslegt. Thomasius' Ausführung hierzu, wo er auch rechtsmethodische Überlegungen einfließen lässt, sollen im Folgenden (a)) näher betrachtet werden. Im Anschluss folgt eine Darstellung des praktischen Irrtums durch den Richter (cc)). Bei Thomasius' Erläuterungen wird auffallen, dass er viele Begründungen aus dem von ihm bereits erwähnten[555] Werk *Dicastice sive de iudicium officio*[556] von *Ziegler* übernommen hat, der sich dort mit den Pflichten des ichters auseinandersetzte und diese vor dem Hintergrund der *aequitas* betrachtete. Das Werk soll insofern auch bei der Interpretation von Thomasius' Thesen herangezogen werden.

a) Theoretische *aequitas cerebrina*

Zur Erklärung der theoretischen *aequitas cerebrina* bindet Thomasius verstärkt seine Auslegungslehre ein. Daher ist zunächst ein Blick darauf zu werfen, was er bisher zur Auslegung festgelegt hat (aa)). Im Anschluss daran ist zu untersuchen, wie sich die billige Auslegung in dieses Bild einordnen lässt, deren Unterlassung eine theoretische *aequitas cerebrina* konstituiert. Mittels der Erklärung, wann der Richter eine *aequitas cerebrina* herbeiführt, bezieht Thomasius nämlich Stellung dazu, welchen Standpunkt er in der Diskussion um die Auslegung anhand der *aequitas* vertritt (bb)). Da die Auslegung eines Gesetzes nach der *aequitas* (scheinbar) die Macht des Gesetzgebers beschneitet, ist zuletzt darauf zu blicken, inwiefern Thomasius diesen Eingriff für zulässig hält (cc)).

aa) Thomasius' Auslegungslehre

Thomasius ist eine Schlüsselfigur in der Geschichte der deutschen Auslegung, weil er eine neue Systematisierung der juristischen Interpretati-

---

555 Siehe oben Fn. 443.
556 *Ziegler*, Dicastice sive de iudicum officio & delictis tractatus moralis. In quo tota Iudicis conscientia excutitur, Wittenberg 1672.

onslehre begründete, indem er die Methoden und Instrumentarien in den Vordergrund stellte.[557] Um zu verstehen, inwiefern die theoretische *aequitas cerebrina* eine fehlerhafte Auslegung bezeichnet, sollte zunächst verstanden werden, auf welchen Grundzügen Thomasius die Auslegung[558] aufbaut. Diese soll im Folgenden, ergänzend zu dem, was bereits oben zur Auslegung gesagt worden ist[559], kursorisch aufgezeigt werden.

Wie bereits oben festgestellt vertritt Thomasius in der *Ausübung der Vernunftlehre* den Standpunkt, dass die Auslegung dem Zweck dient, deutlich und auf wahrscheinliche Mutmaßungen gestützt zu erklären, welchen Willen jemand mit seinen schwer verständlichen oder dunklen Worten zum Ausdruck bringen wollte.[560] Voraussetzung dafür, dass eine Rede der Auslegung bedarf, ist die Unklarheit über den Inhalt der Worte.[561] Dabei gilt es nicht, die Bedeutung der Worte selbst zu erforschen, sondern den Gedanken, der der Formulierung zugrunde liegt.[562] Dass eine Rede undeutlich ist, führt Thomasius auf verschiedene äußere Gründe wie Schreibfehler oder innere Gründe, nämlich verschiedenste Arten unklarer Bedeutung der Worte zurück.[563] Zur Behebung dieser Dunkelheit nennt

---

557 Siehe zur Bedeutung von Thomasius für die Entwicklung der Methodenlehre die Darstellungen von *Schröder*, Christian Thomasius und die Reform der juristischen Methode, Leipzig 1995, S. 28-31 und *Danneberg*, Die Auslegungslehre des Christian Thomasius in der Tradition von Logik und Hermeneutik (Fn. 345), S. 260-297. Auf diese verweist *Luig*, Die Auslegung von Willenserklärungen im Naturrecht von Grotius bis Wolff, in: *Schröder* (Hg.), Theorie der Interpretation vom Humanismus bis zur Romantik - Rechtswissenschaft, Philosophie, Theologie, Stuttgart 2001, S. 144 f. Außerdem *Schott*, Gesetzesinterpretation im Usus modernus, ZNR (1999), 80 f.; *Hager*, Rechtsmethoden in Europa, Tübingen 2009, S. 20; *Schröder*, Recht als Wissenschaft, Bd. 1 (Fn. 17), S. 149 ff.
558 Ausführliche Darstellungen zu Thomasius' Auslegungslehre finden sich bei *Danneberg*, Die Auslegungslehre des Christian Thomasius in der Tradition von Logik und Hermeneutik (Fn. 345), S. 352-316; *Luig*, Die Auslegung von Willenserklärungen im Naturrecht von Grotius bis Wolff (Fn. 557), S. 144-152; *Bühler*, Verstehen und Anwenden von Gesetzen in der juristischen Hermeneutik (Fn. 554); *Schott*, Gesetzesinterpretation im Usus modernus (Fn. 557), S. 45-84; *Bühler/Cataldi Madonna*, Einleitung, in: *Bühler/Cataldi Madonna* (Hg.), Versuch einer allgemeinen Auslegungskunst (1757), Hamburg 1996, S. XXVII-XXIX.
559 Siehe oben S. 108 ff., wo die Regeln der guten Auslegung behandelt werden.
560 *Thomasius*, Ausübung der Vernunftlehre (Fn. 339), cap. 3, § 25, S. 163 f., vgl. oben Fn. 339.
561 *Thomasius*, Ausübung der Vernunftlehre (Fn. 339), cap. 3, § 32, S. 165 f.
562 *Thomasius*, Ausübung der Vernunftlehre (Fn. 339), cap. 3, §§ 33 f., S. 166.
563 *Thomasius*, Ausübung der Vernunftlehre (Fn. 339), cap. 3, §§ 37-55, S. 167-173.

er die fünf Regeln der guten Auslegung, auf welche die Mutmaßungen über den wirklichen Willen gestützt werden können.[564]

Thomasius nennt zudem verschiedene Arten der Auslegung und hebt die *interpretatio doctrinalis* hervor, weil diese sich nicht mit der Auslegung der eigenen Worte befasst.[565] Wenn diese Art der Auslegung die Gedanken (*mentalis* bzw. *logica*) und nicht die grammatikalische Bedeutung der Worte (*explicativa*) betrifft, unterteilt Thomasius die Auslegung in drei Kategorien (*declarativa*, *extensiva* und *restrictiva*), wobei er sich an dem Verhältnis zwischen den Worten und dem Gedanken des Verfassers orientiert.[566] Diese Kategorien beschreiben im Gegensatz zu den vorher aufgestellten Regeln der Mutmaßungen lediglich, auf welche Weise die Auslegung vollzogen wird.[567] So betrifft die *interpretatio declarativa* den Fall, dass die Worte des Urhebers oder ein zweifelhafter Fall genau seinen Gedanken entsprechen.[568] Hier wird bloß festgestellt, dass die Worte mit den Gedanken übereinstimmen.[569] Bei der *interpretatio extensiva* sind die Worte enger als der Gedanke des Autor bzw. ein strittiger Fall ist nicht vom Wortlaut erfasst.[570] Die *interpretatio restrictiva* kommt zur Anwendung, wenn die Worte weiter als die Gedanken sind oder ein strittiger Fall zwar erfasst ist, aber eigentlich nicht von den Gedanken des Autors.[571] Thomasius stellt klar, dass bei den drei Arten alle fünf Regeln der Auslegung zu beachten sind.[572]

Während bis dahin keine allgemeingültigen Regeln zur Sinnermittlung bestanden, sondern jeder Auslegungsoperation bestimmte Hilfsmittel zugeordnet wurden, hat Thomasius die Allgemeingültigkeit dieser Regeln festgestellt, was von den Autoren des 18. Jahrhunderts übernommen wurde.[573] So zeigt er auf, dass die fünfte Regel, die Ursache eines Gesetzes zu beachten, bei allen drei Auslegungsarten herangezogen wird.[574] Alle drei Formen der Auslegung sind stets eine „deklarative in einem anderen Sin-

---

564 *Thomasius*, Ausübung der Vernunftlehre (Fn. 339), cap. 3, §§ 65-91, S. 181-200, vgl. oben Fn. 342.
565 *Thomasius*, Ausübung der Vernunftlehre (Fn. 339), cap. 3, § 98, S. 202 f.
566 *Thomasius*, Ausübung der Vernunftlehre (Fn. 339), cap. 3, § 99 f., S. 203.
567 *Luig*, Die Auslegung im Naturrecht (Fn. 557), S. 150.
568 *Thomasius*, Ausübung der Vernunftlehre (Fn. 339), cap. 3, § 101, S. 204.
569 *Luig*, Die Auslegung im Naturrecht (Fn. 557), S. 150.
570 *Thomasius*, Ausübung der Vernunftlehre (Fn. 339), cap. 3, § 102, S. 204.
571 *Thomasius*, Ausübung der Vernunftlehre (Fn. 339), cap. 3, § 103, S. 204.
572 *Thomasius*, Ausübung der Vernunftlehre (Fn. 339), cap. 3, § 104, S. 205
573 *Schröder*, Recht als Wissenschaft, Bd. 1 (Fn. 17), S. 149 f. m.w.N.
574 *Thomasius*, Ausübung der Vernunftlehre (Fn. 339), cap. 3, § 105, S. 205.

ne", nämlich im Sinne einer *interpretatio logica*, denen eine bloß erklärende Auslegung im Sinne der *interpretatio grammatica* gegenübersteht.[575] Thomasius selbst hat nämlich bereits zuvor bemerkt, dass man einerseits die Worte ohne dahinterstehende Gedanken erklären (Grammatik) oder die Meinung eines Menschen aus den Worten ermitteln kann (Logik).[576] Das Besondere an seiner Strukturierung ist nicht die Aufteilung in eine *Interpretatio declarativa, extensiva* und *restrictiva*, denn diese Instrumentarien reichen bis ins Mittelalter zurück.[577] Neu ist hingegen die vorgelagerte Unterscheidung in eine logische und grammatische Auslegung. Zur Sinnermittlung ist in einem ersten Schritt der gewöhnliche Wortsinn (Grammatik) festzustellen, in einem zweiten Schritt, ob Wortlaut und Sinn divergieren und daher eine ausdehnende oder einschränkende Auslegung notwendig ist (Logik).[578] Thomasius hat also die alte, ergebnisorientierte Systematisierung nach einschränkender und ausdehnender Auslegung in eine neue instrumentenorientiere Einteilung gewandelt, die auf der Unterscheidung zwischen vernunftmäßiger und grammatischer Interpretation beruht.[579] Thomasius stellt nicht länger die (extensive, restriktive oder deklarative) Wirkung der Auslegung an erste Stelle, sondern vor allem ihre Instrumentarien.[580] Indem Thomasius die Interpretation danach unterscheidet, ob sie auf die Deutung von Sprachzeichen oder die Sinnermittlung gerichtet ist, hat er neue Maßstäbe für die Zukunft gesetzt.[581] Diese Unterscheidung ist in ihren wesentlichen Grundzügen bis heute erhalten geblieben, wobei die logische Interpretation sich heute in die logische, historische und systematische Auslegung unterteilen lässt.[582] Vor dem Hintergrund dieser Auslegungsarten kommt auch die theoretische *aequitas cerebrina* zum Tragen, wie nachfolgend aufgezeigt werden soll.

---

575 *Schott,* Gesetzesinterpretation im Usus modernus (Fn. 557), S. 81.

576 *Thomasius,* Ausübung der Vernunftlehre (Fn. 339), cap. 3, § 34, S. 166.

577 Siehe die Darstellung von *Schott,* Gesetzesinterpretation im Usus modernus (Fn. 557), S. 69 ff. und auch *Schröder,* Recht als Wissenschaft, Bd. 1 (Fn. 17), S. 58 ff.

578 *Schröder,* Christian Thomasius und die Reform der juristischen Methode (Fn. 557), S. 31.

579 *Schröder,* Christian Thomasius und die Reform der juristischen Methode (Fn. 557), S. 31.

580 *Luig,* Die Auslegung von Willenserklärungen im Naturrecht von Grotius bis Wolff (Fn. 557), S. 151 f.

581 *Schott,* Gesetzesinterpretation im Usus modernus (Fn. 557), S. 81.

582 *Luig,* Die Auslegung von Willenserklärungen im Naturrecht von Grotius bis Wolff (Fn. 557), S. 152.

bb) Die restriktive Auslegung anhand der *aequitas*

Thomasius präzisiert die theoretische *aequitas cerebrina* dahingehend, dass sie den Richter betrifft, der die Regeln einer billigen Auslegung missachtet, indem er es unterlässt, im Einzelfall den allgemeinen Wortlaut eines Gesetzes einzuschränken, um ein unbilliges und ungereimtes Ergebnis zu vermeiden:

Ad theoreticam itaque aequitatem cerebrinam pertinet, quando judex in legis interpretatione non observat regulas aequae interpretationis, quae suadet verba legis generalia esse restringenda, ne iniquum sequatur aut absurdum.[583]	Deshalb betrifft es eine theoretische eingebildete *aequitas*, wenn der Richter bei der Gesetzesauslegung nicht die Regeln billiger Auslegung beachtet, die dazu rät, dass die allgemeinen Worte eines Gesetzes eingeschränkt werden müssen, damit nicht etwas Unbilliges oder Ungereimtes daraus folgt.

Thomasius bringt hier zum Ausdruck, dass es die billige Auslegung fordert, ein Gesetz einzuschränken, um ein unbilliges oder ungereimtes Ergebnis zu vermeiden. Bei dieser Formulierung sind Parallelen zu den *Institutiones* erkennbar. Dort erklärt Thomasius, dass die einschränkende Auslegung sich aller Regeln der Auslegung bedient[584], weshalb auch die (bereits oben erwähnte[585] dritte) Regel, dass die Auslegung nicht etwas Unbilliges oder Ungereimtes ergeben soll, für die einschränkende Auslegung von Bedeutung ist.[586] Während Thomasius bei der Formulierung dieser Regel noch davon gesprochen hat, dass die Auslegung nicht etwas

---

583 *Thomasius*, De aequitate cerebrina [1706] (Fn. 24), cap. 1, § 12, S. 10.

584 *Thomasius*, Institutiones (Fn. 23), lib. 2, cap. 11, § 106, S. 316: „[…] At restrictiva etiam reliquas regulas interpretationis declarativae admittit. […]" – […] Aber eine einschränkende gestattet auch die übrigen Regeln der erklärenden Auslegung […].

585 Siehe oben Fn. 346.

586 *Thomasius*, Institutiones (Fn. 23), lib. 2, cap. 11, § 109, S. 317: „Deinde II. quod supra notavimus, non ita interpretanda esse verba, ut nullus, aut absurdus vel iniquus effectus sequatur, etiam in restrictiva interpretatione usum suum exerit. Nam nemo mentis compos absurda velle credendus est." – Dann zweitens, was wir oben bemerkt haben, dass Worte nicht so auszulegen sind, dass Nichts, oder eine ungereimte oder unbillige Wirkung draus folgt, hat auch bei der restriktiven Auslegung seinen Nutzen. Denn es ist nicht zu glauben, dass wer seiner Sinne mächtig ist, etwas Ungereimtes will.

Naturrechtswidriges ergeben soll[587], nennt er bei der einschränkenden Auslegung nun die *aequitas* als Maßstab.[588] Daher erklärt er nun wie auch Aristoteles[589], dass zu dieser Regel auch die Einschränkung eines Gesetzes nach der *aequitas* gehört, wodurch verhindert werden soll, dass ein allgemein gefasstes Gesetz auf einen bestimmten Einzelfall angewandt wird, der vom allgemeinen Gesetz nicht erfasst wird und dadurch die strikte Gesetzesanwendung zu einem naturrechtswidrigen Ergebnis führt.[590] Thomasius hat also in den *Institutiones* festgelegt, dass die Auslegung kein unbilliges Ergebnis herbeiführen darf und daher eine Einschränkung des Gesetzes zulässig ist.

Dies veranschaulicht er anhand des Beispiels, dass einem Gesetz zufolge Fremde geköpft werden sollen, wenn sie auf die Stadtmauern steigen, aber gemäß dem Naturrecht eine Bestrafung unterbleiben soll, wenn dies geschieht, um bei der Verteidigung gegen einen Feind zu helfen.[591] Dieses Beispiel zieht er auch in der *Ausübung der Vernunftlehre* zur Erklärung der einschränkenden Auslegung heran, wo er jedoch nicht den naturrechtlichen Widerspruch als Grund für die Einschränkung nennt, sondern dass

---

587 Siehe oben Fn. 346.

588 Die *aequitas* ist aber gerade eine Entsprechung des Naturrechts, siehe oben S. 80, was diese alternative Formulierung nun verdeutlicht.

589 Vgl. oben Fn. 335 zu Aristoteles' Forderung nach der Billigkeit auszulegen.

590 *Thomasius*, Institutiones (Fn. 23), lib. 2, cap. 11, § 112, S. 318: „Pertinet huc interpretatio legis secundem aequitatem, quae est correctio eius, in quo lex deficit ob universalitatem, ubi nempe ex naturali ratione ostenditur, casum quendam peculiarem sub universali lege non comprehendi, eo quod alias, & si literam legis praecise quis sequatur, orietur inde aliquid legibus naturalibus & divinis repugnans, quod merito pro absurdo habetur, cum ad talia nemo possit obligari." – Sie betrifft die Auslegung eines Gesetzes nach der Billigkeit, welches eine Verbesserung dessen ist, worin das Gesetz wegen der Universalität Mangel hat, da sich nämlich aus natürlicher Vernunft zeigt, dass ein ungewöhnlicher Fall unter diesem Gesetz nicht begriffen werde, weil sonst, wenn man dem Buchstaben des Gesetzes genau befolgt, etwas daraus folgen würde, welches den natürlichen und göttlichen Gesetzen zuwider ist, weil zu solchen Dingen niemand verbunden werden kann.

591 *Thomasius*, Institutiones (Fn. 23), lib. 2, cap. 11, § 113, S. 319: „Ita si lex iubeat peregrinum, qui moenia adscenderit, capite plecti, & peregrinus in obsidione muros ascenderit & hostem subeuntem scalis deiecerit [...] cessabit utrobique poena, quia lex naturae dictitat, beneficium praemium mereri non poenam." – So, wenn ein Gesetz befiehlt, dass man einem Fremden, der auf die Mauern steigt, den Kopf abschlagen soll und ein Fremder bei Belagerung die Mauern besteigt und den auf Leitern herannahenden Feind vertrieben hätte [...] wird man auf beiden Seiten die Strafe unterlassen, weil das Gesetz der Natur lehrt, dass eine Wohltat eine Belohnung und keine Strafe verdient.

die Worte eines Textes weiter sind als die Gedanken, bzw. nicht von den Gedanken des Urhebers (*ad mentem Autoris*) erfasst sind.[592] In der Dissertation von 1706 begründet Thomasius die Einschränkung hingegen wieder damit, dass ein unbilliges Ergebnis verhindert werden soll.

Lässt sich nun daraus schließen, dass Thomasius eine Einschränkung anhand der *aequitas* zulässt und somit den Willen des Gesetzgebers hintenanstellt, weil entgegen seiner im Gesetz festgelegten Worte entschieden wird? Dieser These ist mit „Nein" zu begegnen.[593] Dies ergibt sich zum einen aus den *Institutiones*, wo Thomasius die einschränkende Auslegung nach der dritten Regel damit begründet, dass kein Mensch etwas Ungereimtes wollen würde.[594] Er unterstellt also dem Gesetzgeber, dass er in seinem Gesetz stets etwas Sinnvolles und Billiges bezweckt. Diese Unterstellung bringt er auch in der *Ausübung der Vernunftlehre* zum Ausdruck. Indem er dort die einschränkende Auslegung ermöglicht, wenn ein Fall zwar unter den Wortlaut fällt, aber nicht *ad mentem Autoris*, unterscheidet er zwischen dem Wortlaut der gesetzlichen Regelung und den Gedanken des Autors oder Gesetzgebers, denn die konventionelle Wortbedeutung und der Gedanke des Gesetzgebers sind nicht in Übereinstimmung, weshalb die einschränkende Auslegung vom Wortlaut absehen und nur das berücksichtigen soll, was der Autor gemeint hat.[595] In Übereinstimmung mit *Bühler* ist festzustellen, dass sich die Meinung des Autors gerade aus Überlegungen erschließen lässt, die dem Autor bzw. Gesetzgeber Rationalität zuschreiben.[596] So erklärt Thomasius selbst, dass die drei Arten der Auslegung nicht auf unterschiedlichen Regeln beruhen, sondern sich alle drei auch auf die fünfte Regel[597] zurückführen lassen, weshalb die restriktive Auslegung auf der Annahme beruht, dass die Regelung wegfällt, wenn

---

592 *Thomasius*, Ausübung der Vernunftlehre (Fn. 339), cap. 3, § 103, S. 204.

593 Eine andere Ansicht vertritt *Schröder*, der zwischen einer Restriktion nach der *ratio legis* und *aequitas* unterscheidet und lediglich bei ersterer eine Rationalitätsunterstellung annimmt, während bei der *aequitas* allein aus einem allgemeinen Prinzip korrigiert wird, *Schröder*, Recht als Wissenschaft, Bd. 1 (Fn. 17), S. 158 f.

594 Siehe auch oben Fn. 56.

595 *Bühler*, Verstehen und Anwenden von Gesetzen in der juristischen Hermeneutik (Fn. 554), S. 108.

596 *Bühler*, Verstehen und Anwenden von Gesetzen in der juristischen Hermeneutik (Fn. 554), S. 109.

597 In der *Ausübung der Vernunftlehre* legt Thomasius zuvor als fünfte Regel fest, dass die Ursachen des Gesetzes beachtet werden müssen, vgl. *Thomasius*, Ausübung der Vernunftlehre (Fn. 339), cap. 3, § 81 ff., S. 191 ff.

der Grund wegfällt.[598] Die Aufgabe der restriktiven Auslegung ist es also, eine hypothetische Überlegung anzustellen, wie der Gesetzgeber den Fall entschieden hätte, wenn er den Fall gekannt hätte, wobei die Auslegung sich dann an der Vernunft und somit *aequitas* orientiert.[599] Der Gesetzgeber ist dann nicht als konkretes, empirisch vorfindliches Individuum zu betrachten, sondern als eine idealisierte Entität, weil überlegt wird, wie er sich gemessen an bestimmten Rationalitätsannahmen in einer Situation, in der er sich weder befindet noch befand, verhalten würde.[600] Bei der Einschränkung eines Gesetzes anhand der *aequitas* sind also naturrechtliche Maßstäbe bei Unterstellung des gesetzgeberischen Willens heranzuziehen. In Übereinstimmung mit der obigen Festellung, dass die Regeln der Auslegung naturrechtliche Grundsätze mittels des gesetzgeberischen Willens einfließen lassen[601], richtet sich die billige Auslegung nicht entweder nach dem Willen des Gesetzgebers oder der *aequitas*, sondern soll den an der *aequitas* ausgerichteten Willen des Gesetzgebers ermitteln und dementsprechend ein Gesetz einschränken.

Die *aequitas* als Inbegriff der naturrechtlichen Normen dient also dann als Korrektiv des Gesetzes, um in dem speziell gelagerten Einzelfall das Gesetz billig, also naturrechtskonform anwenden zu können. Unterlässt der Richter hingegen eine solche Einschränkung nach der *aequitas*, stellt es für Thomasius eine *aequitas cerebrina* dar. Konsequenterweise müsste Thomasius dieses Szenario lediglich unbillig nennen, denn entsprechend seiner vorher aufgestellten Grundsätze, dass die *aequitas cerebrina* inhaltlich zwar unbillig ist, aber wie eine *aequitas* erscheint oder darüber hinweggetäuscht wird[602], fehlt dieses täuschende Element bei der theoretischen *aequitas cerebrina*. So auch, wenn man erneut das Beispiel mit den Fremden auf der Mauer betrachtet. Hier ist es eigentlich eindeutig, dass das Gesetz zu weit gefasst ist und der Richter gegen die *aequitas* verstößt, wenn er dieses nicht

598 *Thomasius*, Ausübung der Vernunftlehre (Fn. 339), cap. 3, § 106, S. 205 f.
599 Siehe dazu, dass die Regeln der guten Auslegung letzlich Billigkeitserwägungen einbeziehen, bereits oben S. 108 ff. Ebenso *Bühler/Cataldi Madonna*, Einleitung (Fn. 558), S. XXIX, dass die dritte, vierte und fünfte Regel dem interpretierten Autor Rationalität unterstellen und insofern ein Billigkeitsprinzip vorliegt. Auch *Danneberg* erkennt in der vieren und fünften Regel eine von Thomasius formulierte Billigkeitsannahme *Danneberg*, Die Auslegungslehre des Christian Thomasius (Fn. 345), S. 312.
600 *Bühler*, Verstehen und Anwenden von Gesetzen in der juristischen Hermeneutik (Fn. 554), S. 109.
601 Siehe oben bei S. 108 ff.
602 Die *aequitas cerebrina* ist unbillig, erscheint aber billig, siehe S. 119 ff.

einschränkt, obwohl die Fremden die Mauer zur Verteidigung betreten. Thomasius bezieht zu dieser Offensichtlichkeit Stellung:

Etsi enim, si contra faciat judex, haec iniquitas videatur satis aperta, adeoque per dicta superius plane non videatur ad aequitatem cerebrinam pertinere, revera tamen & hic color aliquis & fucus usurpari consuevit, uti nullum vitium est, quod non pallio virtutis se occultare studeat.[603]	Denn obgleich, wenn der Richter dagegenhandelt, diese Unbilligkeit sehr klar scheint und daher durch das oben Gesagte deutlich nicht die eingebildete *aequitas* zu betreffen scheint, wird tatsächlich aber gewöhnlich irgendein Schein und blauer Dunst angewandt, wie kein Laster existiert, das nicht danach strebt sich durch den Mantel der Tugend zu verbergen.

Thomasius räumt ein, dass eine unterbliebene einschränkende Auslegung zwar deutlich erkennbar unbillig ist, hält aber an der Bezeichnung als *aequitas cerebrina* fest. Ohne näher zu erläutern, worauf er diese Annahme stützt, erklärt er, dass das Ergebnis zwar offensichtlich unbillig ist, aber auch hier eine Verstellung angewandt wird, weil grundsätzlich versucht wird, ein Laster als Tugend zu verkaufen. Schließlich hat Thomasius oben bereits beim besonderen Ursprung der *aequitas cerebrina* festgestellt, dass dieser darin liegt, dass die Morallehre nicht berücksichtigt wird und zugleich das, was wirklich billig ist, als unbillig angeprangert wird.[604] Für ihn steht mithin fest, dass eine Verschleierung der eigenen Unbilligkeit regelmäßig stattfindet. Wie dies geschieht ist für ihn hingegen nicht von Belang. Wie schon in seinen Ausführungen zum allgemeinen und besonderen Ursprung beschäftigt er sich auch hier nicht damit, auf welche Weise die *aequitas cerebrina* an andere herangetragen wird, sondern damit, wo sie ihren Ausgangspunkt hat, weshalb Thomasius nur aufzeigt, wie die theoretische *aequitas cerebrina* herbeigeführt wird. Im Umkehrschluss folgt daraus, dass Thomasius die Möglichkeit einer Gesetzeseinschränkung unter Billigkeitsgesichtspunkten vertritt und einen Verstoß hiergegen der *aequitas cerebrina* zuordnet. Dies könnte jedoch mit der Rolle des Gesetzgebers kollidieren, weshalb sich Thomasius nun diesem Konflikt widmet.

---

603 *Thomasius*, De aequitate cerebrina [1706] (Fn. 24), cap. 1, § 12, S. 10.
604 Vgl. oben Fn. 538.

cc) Begründung für die Einschränkung nach der *aequitas*

Bereits zweimal ist die Frage aufgeworfen worden, inwiefern eine (restriktive) Auslegung nun den Gesetzeber oder die *aequitas* beachtet, was als Kompromiss zu Gunsten beider beantwortet wurde.[605] In diesem Zusammenhang stellt sich auch die Frage, ob eine Billigkeitseinschränkung des Gesetzes überhaupt zulässig ist. Anlass für diese Frage ist der Umstand, dass im 17. und 18. Jahrhundert die meisten Territorien aus absolutistischen Herrschaften bestanden, bei denen die gesamte Staatsgewalt ungeteilt und -beschränkt in der Hand des Monarchen bzw. Landesherrn lag.[606] Es herrschte Einigkeit darüber, dass die Gesetzgebung zu den wichtigsten Majestäts- und Souveränitätsrechten bzw. Regalien gehörte und eine mehr oder weniger umfassende Verfügungsmacht des Regenten über den Rechtsstoff beinhaltete.[607] Der Herrscher, der die Macht der Gesetzgebung bei sich zu monopolisieren suchte, fürchtete daher, dass dieses Monopol durch die Auslegung wieder ausgehebelt würde.[608] Thomasius erkennt die Problematik um die Zulässigkeit einer Auslegung nach der *aequitas*, denn er greift diesen Konflikt zwischen Gesetz und *aequitas* nun auf. Hierfür stellt er zunächst klar, welchen Umfang die Pflicht des Richters hat:

Scilicet officium iudicis est secundum leges iudicare, non contra.

Selbstverständlich ist es die Pflicht des Richters nach Gesetzen zu urteilen, nicht dagegen.

Legislator vero mentem suam verbis legis declarat.[609]

Der Gesetzgeber erklärt freilich seine Absicht durch die Worte des Gesetzes.

---

605 Siehe oben bei S. 108 ff. und soeben unter S. 180 ff.

606 *Frotscher/Pieroth*, Verfassungsgeschichte. Von der Nordamerikanischen Revolution bis zur Wiedervereinigung Deutschlands, 19. Aufl., München 2021, S. 55, Rn. 113. Zum Problem der Souveränität *Link*, Herrschaftsordnung und bürgerliche Freiheit (Fn. 521), S. 66 ff. Siehe auch die umfassende Darstellung zur Souveränität und höchsten Gewalt *Stolleis*, Geschichte des öffentlichen Rechts in Deutschland, Bd. 1, 2., ergänzte Aufl., München 2012, S. 170-186. Zur Gesetzgebungsmacht *Stolleis*, Condere leges et interpretari, in: ZRG. Germanistische Abteilung 101 (1984), S. 89-116. Zur Zentralisierung der positiven Rechtsbildung und der Veränderung des Gesetzesbegriffes *Schröder*, Aequitas und Rechtsquellenlehre in der frühen Neuzeit (Fn. 18), S. 283 ff.

607 *Stolleis*, Condere leges et interpretari (Fn. 606), S. 92.

608 *Stolleis*, Condere leges et interpretari (Fn. 606), S. 96 f.

609 *Thomasius*, De aequitate cerebrina [1706] (Fn. 24), cap. 1, § 12, S. 10.

Thomasius räumt ein, dass der Richter seine Urteile an den Gesetzen ausrichten soll, nicht entgegen dieser, denn die Worte des Gesetzes spiegeln den Gedanken des Gesetzgebers wider.[610] Daher gibt es Richter, die mit dieser Begründung auch die Auslegung nach der *aequitas* vollends ablehnen und dadurch eine *aequitas cerebrina* hervorrufen:

Itaque tales iudices in tali casu clamant, adesse clara verba legis, & veram aequitatem rationibus firmis legem restringentem, pro iniqua legis correctione venditant, adeoque cerebrina illa sua praetendunt, quod limites officii sui transgredi nolint, & revera tamen transgrediuntur, ac ita summa imis miscent. i)[611]	Deshalb rufen solche Richter in einem solchen Fall aus, dass deutliche Worte des Gesetzes vorliegen und sie halten die wahre *aequitas*, die durch starke Ursachen ein Gesetz beschränkt, für eine unbillige Korrektur des Gesetzes, und daher geben sie durch ihre eingebildete [*aequitas*] vor, dass sie nicht die Grenzen ihrer Pflicht überschreiten wollen und tatsächlich aber überschreiten sie und so vermengen sie hoch mit tief.

Thomasius erklärt, dass die Gegner einer solchen Auslegung die Korrektur durch die *aequitas* ablehnen und diese für unbillig halten, weil das Gesetz deutliche Angaben macht und dadurch in ihren Augen keiner Auslegung bedarf. In genau diesem Verhalten sieht Thomasius aber die *aequitas cerebrina* verwirklicht: Die Richter lehnen eine Auslegung anhand der *aequitas* ab, weil sie darin eine Überschreitung ihrer Kompetenzen sehen, obwohl gerade in dieser Ablehnung eine Überschreitung liegt. Thomasius ergänzt seine Argumentation mit einem Verweis in Fußnote i) auf die *Dicastice* von *Ziegler*, der sich dort mit der *aequitas* des Richters und dessen Möglichkeiten, harte Gesetze auszulegen, befasst hat.[612] *Ziegler* vertritt in der von Thomasius zitierten Passage die Ansicht, dass ein Richter ein hartes Gesetz nicht einschränken darf, wenn der Wille des Gesetzgebers diese Härte vorsieht. In diesem Zusammenhang weist er dann wie auch später Thomasius darauf hin, dass der Richter Meinung und Gesinnung des Gesetzgebers im

---

610 Dass Thomasius keinesfalls eine Billigkeitseinschränkung auch entgegen des gesetzgeberischen Willen befürwortet, macht er dann noch durch die praktische *aequitas cerebrina* deutlich, vgl. sogleich S. 190 ff.

611 *Thomasius*, De aequitate cerebrina [1706] (Fn. 24), cap. 1, § 12, S. 10.

612 *Ziegler*, Dicastice (Fn. 556), concl. 36, §§ 35 ff., S. 674 ff.

Auge behalten soll.[613] Unter Bezugnahme auf *Ulpians* Regel[614], dass ein Gesetz hart, aber nun einmal so geschrieben sei, lehnt er eine Korrektur des Gesetzes, allein weil es unbillig ist, ab.[615] Eine generelle Anpassung eines Gesetzes, um seine Unbilligkeit aufzuheben, lehnen also Thomasius und auch *Ziegler* ab. Die Regel *Ulpians* zieht Thomasius seinerseits heran, um seine Argumentation gegen eine pauschale Ablehnung der Billigkeitskorrektur zu bestärken:

Abutuntur lege Ulpiani, & ab eo benedicta, quod dura quidem sit lex, sed ita tamen scripta male applicant.	Sie missbrauchen das Gesetz Ulpians, und wenden das von ihm gut Gesagte, dass das Gesetz gewiss hart sei, aber so doch geschrieben, schlecht an.
Respexerunt ad hanc aequitatem cerebrinam Paulus & Celsus supra adducti, dum aequitati verae opponunt iuris scientiam i.e. angustam verborum legis observationem magis quam sententiae. **m)**[616]	Auf diese eingebildete *aequitas* haben die oben angeführten Paulus und Celsus geblickt, als sie der wahren *aequitas* die Rechtswissenschaft gegenüberstellen, das heißt eine enge Beachtung der Worte eines Gesetzes mehr als des Sinnes.

Thomasius sieht den Fehler der *aequitas*-Gegner darin, dass sie *Ulpians* Lehrsatz über die Härte des Gesetzes falsch anwenden. Es stellt für Thomasius nämlich eine *aequitas cerebrina* dar, wenn der Wortlaut des Gesetzes mehr Beachtung findet, als der Sinn, den der Gesetzgeber dadurch vermitteln wollte. Zur Bekräftigung seiner Argumentation verweist Thomasius in Fußnote m) abermals auf *Ziegler* und die klassischen Juristen *Paulus*

---

613 *Ziegler*, Dicastice (Fn. 556), concl. 36, § 39 a.E., S. 678: „Sed hic tamen caveat iudex, ne calumniose & per cavillationem, verba interpretetur, seposito vero sensu & mente Legislatoris." – Aber hier soll der Richter sich hüten, das er verdrehend und durch Verleumdung Worte auslegt, entlegen vom Sinn und Geiste des Gesetzgebers.

614 D.40.9.12.1: „[...] quod quidem perquam durum est, sed ita lex scripta est." – [...] das ist gewiss sehr hart, aber so ist das Gesetz geschrieben.

615 *Ziegler*, Dicastice (Fn. 556), concl. 36, § 39, S. 677 f.: „Quin lex tam dura sit, ut aquitatis rationi prorsus adversetur, aequitas vero teneri non possit, quin lex offendatur, nihilominus legem observandam esse docet Antonius Faber." – Ja, wenn das Gesetz so hart ist, dass es der Lehre der *aequitas* geradewegs widerspricht, kann die *aequitas* tatsächlich nicht erfüllt werden; ja das Gesetz ist anstößig, trotzdem muss das Gesetz beachtet werden, lehrt Antonius Faber.

616 *Thomasius*, De aequitate cerebrina [1706] (Fn. 24), cap. 1, § 12, S. 10 f.

und *Celsus*, die in der Autorität der Rechtswissenschaft eine Quelle der irrtümlichen Beurteilung von gut und billig sahen.[617] Er hält also grundsätzlich eine Auslegung anhand der *aequitas* für zulässig, wenn das Gesetz sonst zu einem unbilligen Ergebnis führen würde, aber nur unter der zusätzlichen Voraussetzung, dass der Gesetzgeber den unbilligen Wortlaut im konkreten Fall nicht so gewählt hätte.

Thomasius' Bekenntnis zur restriktiven Auslegung anhand der *aequitas* reiht sich in einen lebendigen Diskurs über die Zulässigkeit einer solchen Korrektur durch den Richter ein.[618] Um 1600 war die Ansicht verbreitet, dass bei eindeutigem Wortlaut aber unsicherer *mens* eine Einschränkung nach der *aequitas* zulässig war, weil man vermuten durfte, dass der Gesetzgeber im Einzelfall ein solches Ergebnis nicht gewollt hätte.[619] Im Grunde handelt es sich hier nicht um eine Sinnauslegung nach der *ratio legis*, sondern eine naturrechtliche Korrektur des positiven Rechts, sodass das Naturrecht sich „sozusagen in die Interpretationslehre" hineinverlängert.[620] Einigkeit herrschte darüber, dass eine Billigkeitskorrektur auf keinen Fall zulässig war, wenn das strenge und unbillige Spezialgesetz vom Gesetzgeber bewusst so gegeben worden war, wodurch der Eingriff des Richters in das geschriebene Recht ausgeschlossen war.[621] Am Prinzip der *aequitas* bei der Auslegung wurde im Wesentlichen bis in die Anfänge des 18. Jahrhunderts festgehalten, es stieß aber ab der Jahrhundertmitte vermehrt auf Widerspruch und verschwand in der Wende zum 19. Jahrhundert

---

617 Siehe oben Fn. 452: „Im Allgemeinen sagen sie, dass bei Fragen nach dem Billigen und Guten vielfach unter der Autorität der Rechtswissenschaft verhängnisvoll geirrt wird."

618 Eine Kurzfassung zum Auf- und Abstieg der (ungeschriebenen) *aequitas* liefert *Schröder*, Recht als Wissenschaft, Bd. 1 (Fn. 17), S. 17 ff. Für eine ausführliche Darstellung siehe *Schröder*, Aequitas und Rechtsquellenlehre (Fn. 18), S. 267-278

619 Siehe die Verweise bei *Schröder*, Recht als Wissenschaft, Bd. 1 (Fn. 17), S. 66 Fn. 343 auf *Phedericis*, De interpretatione iuris commentarii IV, Lyon 1536, S. 75 f.; *Donellus*, Commentarii de jure civili, 6. Ausg., Nürnberg 1589, lib. 1, cap. 13, §§ 11-14, S. 91-101; *Forster*, Interpres, sive de interpretatione iuris libri duo, Wittenberg 1613, lib. 2, cap. 3, Nr. 20, S. 1032 f.; *Hunnius*, De interpretatione et authoritate iuris libri II, Gießen 1615, cap. 4, S. 14 f.; *Grotius*, De aequitate, indulgentia et facilitate (Fn. 3), S. 37 ff. Siehe auch *Schröder*, "Pluralisierung" als Deutungskonzept für den Wandel der Rechtstheorie in der Frühen Neuzeit?, in: *Müller/Oesterreicher/Vollhardt* (Hg.), Pluralisierungen, Berlin/New York 2010, S. 109. Ebenfalls *Schröder*, Aequitas und Rechtsquellenlehre (Fn. 18), S. 276 f.

620 *Schröder*, "Pluralisierung" als Deutungskonzept für den Wandel der Rechtstheorie in der Frühen Neuzeit? (Fn. 619), S. 109.

621 Siehe die Nachweise bei *Schröder*, Recht als Wissenschaft, Bd. 1 (Fn. 17), S. 66, Fn. 347. Ebenso *Schröder*, Aequitas und Rechtsquellenlehre (Fn. 18), S. 277.

vollständig.[622] Eine solche Gesetzeskorrektur war mit dem Aufkommen des positiven Recht jedoch nicht kompatibel.[623] Schließlich passte die *aequitas* noch in den „juristischen Pluralismus" des Mittelalters, nicht aber in die absolutistische Rechtsquellenlehre des 17. und 18. Jahrhunderts, in der die (positive) Rechtsbildung beim Gesetzgeber zentralisiert war.[624] Thomasius, der eine Einschränkung nach der *aequitas* für notwendig hält, ist also einem Spektrum zuzuordnen, dass an einem Bestand der *aequitas* festzuhalten versucht. Hierbei ist Thomasius' Kompromissbereitschaft erkennbar, denn auch wenn er den absolutistisch geprägten Gesetzesbegriff vertritt[625], dass ein Gesetz von einem Herrscher ausgeht[626] und die *aequitas* als Bestandteil des Naturrechts betrachtet[627], hält er an einer *aequitas*-Korrektur fest und versucht diese gegen kritische Stimmen zu verteidigen. Er löst den Widerspruch zwischen Billigkeitskorrektur und Souveränität des Gesetzgebers dahingehend, dass er diesen die ganze Zeit im Blick behält und auf seine hypothetische Entscheidung abstellt, ohne dabei naturrechtliche Konzepte über dessen Gesetze zu stellen. Gerade die Stellung des Gesetzgebers ist für Thomasius das ausschlaggebende Argument für eine Billigkeitskorrektur, weil dessen im Gesetz zum Ausdruck gebrachter Wille durch die *aequitas* aufrechterhalten werden soll. Der Wortlaut ist nur eine verbale Einkleidung des gesetzgeberischen Willens, daher oder gerade deswegen ist alleine der Wille und nicht der Gesetzeswortlaut von Bedeutung. Thomasius sieht in der Korrektur durch die *aequitas* keine Umgehung des gesetzgeberischen Willens, sondern stattdessen in der unterlassenen Einschränkung, weil der Wille dann gerade missachtet wird.

---

622 *Coing*, Europäisches Privatrecht, Bd. 1: Älteres Gemeines Recht (1500 bis 1800) (Fn. 8), S. 130; *Schott*, "Rechtsgrundsätze" und Gesetzeskorrektur. Ein Beitrag zur Geschichte gesetzlicher Rechtsfindungsregeln, Berlin 1975, S. 86 ff. Ebenso *Schröder*, Recht als Wissenschaft Bd. 1 (Fn. 17), S. 158.

623 *Schröder*, Recht als Wissenschaft, Bd. 1 (Fn. 17), S. 160. *Schröder* stellt eine Korrelation zwischen Eliminierung der *aequitas* und dem wandelnden Gesetzesbegriff fest, siehe *Schröder*, Aequitas und Rechtsquellenlehre (Fn. 18), S. 283 ff. und 296 ff. Dass die Eliminierung auch aufgrund der Absorption der *aequitas* durch das Naturrecht bedingt wurde, kann anhand Thomasius' zumindest nicht bestätigt werden, denn auch dieser setzte Naturrecht und *aequitas* gleich, argumentiert aber klar für eine Einschränkung nach der *aequitas*.

624 *Schröder*, Aequitas und Rechtsquellenlehre (Fn. 18), S. 286.

625 Siehe zur Veränderung des Gesetzesbegriffes *Schröder*, Aequitas und Rechtsquellenlehre (Fn. 18), S. 283 ff.

626 Zu Thomasius' Ausführungen zum Gesetz im engeren Sinne siehe oben Fn. 69.

627 Siehe oben die S. 151 ff.

Doch warum bezeichnet Thomasius es nicht nur als Unbilligkeit, sondern als *aequitas cerebrina*, wenn eine Auslegung nach der *aequitas* unterlassen wird? Diese Frage lässt sich mit Blick auf die Vorurteile beantworten. Als allgemeine Quellen der *aequitas cerebrina* hat Thomasius die Vorurteile des Verstandes genannt, der ein voreiliges Urteil über Gut und Schlecht fällt.[628] Der Mensch fällt dann ein unwahres Urteil, weil er sich von der Autorität anderer überzeugen lässt oder aus Ungeduld eine übereilte Meinung fasst.[629] Auch bei der unterlassenen Billigkeitseinschränkung könnte man den Ausgangspunkt in diesen Vorurteilen erkennen. Denn derjenige, der am Wortlaut des Gesetzes festhält, ohne auch den dadurch vermittelten Willen des Gesetzgebers zur berücksichtigen, lässt sich von der Autorität des Gesetzes beirren oder unterlässt es zumindest den Sinn zu ermitteln, was als Vorurteil der Autorität und Übereilung gewertet werden kann. Da es nun gerade die Vorurteile sind, die eine *aequitas cerebrina* erzeugen[630] (also auch den Willen, andere Menschen von den falschen Ansichten zu überzeugen), ist eine Bezeichnung der unterlassenen Billigkeitsauslegung als *aequitas cerebrina* nachvollziehbar.

b) Praktische *aequitas cerebrina*

Neben der theoretischen *aequitas cerebrina* kann der Richter jedoch auch eine praktische herbeiführen. Diese betrifft den Fall, dass der Richter ein Gesetz aufgrund seiner Unbilligkeit nicht anwenden will und dadurch aktiv in die Gesetzeslage eingreift, wodurch er die Macht des Gesetzgebers beschneidet (aa)). Darüber hinaus sieht Thomasius darin auch einen Eingriff in die Kompetenzen anderer Rechtsgelehrten (bb)) und macht deutlich, dass der Richter diese Korrektur aber auch nicht vornehmen darf, wenn er zusätzlich als Rechtslehrer tätig ist. Zwar ist diese Doppelrolle möglich, aber sie muss dem jeweiligen Amt entsprechend unterschiedlich ausgeübt werden (cc)). Auf diese Facetten der praktischen *aequitas cerebrina* ist im Folgenden einzugehen.

---

628 Siehe oben S. 146 ff.
629 Vgl. oben Fn. 461.
630 Vgl. oben Fn. 479.

aa) Eingriff in die Macht des Gesetzgebers

Anders als die theoretische *aequitas cerebrina* betrifft die praktische nicht den Fall, dass der Richter eine billige Auslegung unterlässt, sondern er entgegen eines Gesetzes entscheidet. An dieser Stelle spielt der Wille des Gesetzgebers eine herausragende Rolle für Thomasius' Argumentation. So erklärt er zunächst, wann eine vom Richter hervorgerufene *aequitas cerebrina* praktisch ist:

Contrario casu procedit aequitas cerebrina practica, si perspicuum sit, legis sensum eum esse, qui iudici non placet, & iudex tamen contra legem, quam arguit, iudicat.[631]	Im entgegengesetzten Fall tritt die praktische eingebildete *aequitas* hervor, wenn es klar ist, dass der Sinn des Gesetzes einer ist, der dem Richter nicht gefällt und der Richter dann gegen das Gesetz, das er der Unbilligkeit beschuldigt, urteilt.

Mit der praktischen *aequitas cerebrina* beschreibt Thomasius den Fall, dass dem Richter der Zweck eines Gesetzes missfällt, welches er daher wegen seiner Unbilligkeit missachtet. Während es bei der theoretischen *aequitas cerebrina* also um die Ermittlung des Sinnes eines Gesetzes mittels der Auslegung ging, betrifft die praktische *aequitas cerebrina* den Zeitpunkt nach der Auslegung. Der Sinn des Gesetzes ist bekannt, aber der Richter weigert sich dieses wegen seiner Unbilligkeit anzuwenden. Daraus lässt sich erneut schließen, dass Thomasius durch die theoretische *aequitas cerebrina* zwar die Auslegung anhand der *aequitas* fordert, aber nur innerhalb der Grenzen des gesetzgeberischen Willens. Ist dieser deutlich erkennbar und der Richter entscheidet sich trotzdem dagegen, führt der Richter wiederum eine *aequitas cerebrina* herbei, diesmal eine praktische. Thomasius liefert damit zugleich eine negative Definition der billigen Auslegung, indem er erklärt, dass diese dem Richter gerade nicht zur Verfügung steht, um jedes unbillige Gesetz zu korrigieren. Diese Einschränkung der *aequitas*-Auslegung begründet Thomasius mit der Macht des Gesetzgebers:

---

631 *Thomasius*, De aequitate cerebrina [1706] (Fn. 24), cap. 1, § 13, S. 11.

Leges condere summae potestatis est, & iudicare qui vult, ius sibi praescriptum habeat, secundum quod iudicet.[632]

Gesetze zu erlassen beruht auf größter Herrschaftsmacht und wer urteilen will, soll das Recht für sich vorgeschrieben halten, nach dem er urteilt.

Thomasius erklärt, dass es zur höchsten Macht (*summa potestas*) gehört, ein Gesetz zu erlassen und der Richter daher sein Urteil nach diesem richten muss. Schon bei der Betrachtung der theoretischen *aequitas cerebrina* hat Thomasius zum Ausdruck gebracht, dass der Gesetzgeber bei der Auslegung des positiven Rechts eine herausragende Rolle spielt.[633] Thomasius bringt hier ein Verständnis des positiven Rechts zum Ausdruck, das sich erst im 17. Jahrhundert entwickelt hat.[634]

Während sich das Gesetz im 16. und frühen 17. Jahrhundert auf eine Anordnung eines Souveräns zurückführen ließ und eine materielle Gerechtigkeit und Zweckmäßigkeit aufwies[635], entwickelte sich der Gesetzesbegriff im Laufe des 17. Jahrhunderts zu einem wertfreien, der allein den gesetzgeberischen Willen zum Ausdruck bringen sollte.[636] Diese Sichtweise zeichnete sich bereits im 16. Jahrhundert ab, als *Jean Bodin* das Gesetz als einen der Befehl der höchsten Gewalt bezeichnete[637], was später von

---

632 *Thomasius*, De aequitate cerebrina [1706] (Fn. 24), cap. 1, § 13, S. 11.

633 Siehe oben S. 213 ff. Siehe dort auch den Verweis auf *Schröder* in Fn. 623, der in dem wandelnden Gesetzesbegriff auch einen Grund für die Eliminierung der *aequitas* erkannt hat.

634 Siehe zur Entwicklung des positiven Rechts und seiner Loslösung vom Naturrecht *Schröder*, Schröder 2012 – Recht als Wissenschaft, Bd. 1 (Fn. 17), S. 101-103, 115-117; *Schröder*, "Gesetz" und "Naturgesetz" in der frühen Neuzeit, Stuttgart 2004, S. 16-18; *Mohnhaupt*, Potestas Legislatoria und Gesetzesbegriff im Ancien Régime, Ius Commune (1972), S. 199 ff.; *Mohnhaupt*, Gesetz und Gesetzgebung im Rahmen einer zu konkretisierenden Rechtsquellenordnung bei Christian Thomasius (Fn. 88), S. 215-242; *Willoweit*, Der Usus modernus oder die geschichtliche Begründung des Rechts, in: *Willoweit* (Hg.), Die Begründung des Rechts als historisches Problem, Berlin/Boston 2000. Zur Entwicklung des Gesetzesbegriffes bei Thomasius *Link*, Herrschaftsordnung und bürgerliche Freiheit (Fn. 521), S. 120 ff.

635 *Schröder*, Recht als Wissenschaft, Bd. 1 (Fn. 17), S. 15; *Schröder*, "Gesetz" und "Naturgesetz" in der frühen Neuzeit (Fn. 634), S. 5-7.

636 *Schröder*, Recht als Wissenschaft, Bd. 1 (Fn. 17), S. 101; *Schröder*, "Gesetz" und "Naturgesetz" in der frühen Neuzeit (Fn. 634), S. 16. Außerdem *Mohnhaupt*, Potestas Legislatoria und Gesetzesbegriff (Fn. 634), S. 199.

637 *Bodin*, De republica libri sex, Editio Tertia, prioribus multo emendatior, Lyon 1586, lib. 1, cap. 8, S. 102: „Est enim lex nihil aliud, quam summae potestatis

Hobbes übernommen wurde.[638] Dieser Vorstellung vom positiven Gesetz als Wille des Gesetzgebers wurde ausgehend von *Pufendorf* dann auch im deutschen Naturrecht übernommen.[639] Die Theorie, dass das Gesetz allein auf dem Willen des Gesetzgebers beruht, wird dann zum entscheidenden Fundament für den Machtanspruch des europäischen Herrschers im Absolutismus.[640] Dem folgt auch Thomasius, der in den *Fundamenta* das Gesetz im engsten Sinne als Befehl des Herrschers definiert[641] und in der *Prudentia Legislatoria* die Gesetzgebung ausdrücklich demjenigen zuspricht, der auch die höchste Macht im Staat hat.[642] Alleiniges Wesensmerkmal des Gesetzesbegriffes war also die durch den Herrscherwillen bestimmte Natur eines Gesetzes.[643] Auf Grundlage dieser Gesetzgebungsmacht kritisiert Thomasius nun die Billigkeitskorrektur des Richters, die sich gerade gegen den gesetzgeberischen Willen richtet. Eben diesen, legitimiert durch die *summa potestas*, will er durch den Richter beachtet wissen. Andernfalls, erklärt er, wäre auch der vom Richter geleistete Eid, die Gesetze zu beachten, obsolet:

Et quorsum iuramenta a iudicibus constitutis exigi necessum esset, si ad leges praescriptas nullus haberi deberet respectus.

Wozu wäre es nötig, dass Eide von eingesetzten Richtern abgelegt werden, wenn auf verordnete Gesetze keine Rücksicht genommen werden müsste?

Nec enim id solum iurare mos est, velle se ex bono & aequo atque ex conscientia sua litem dirimere, sed etiam, laturos se sententiam secundum leges, sive ut Iustinianus loquitur, omni modo sese cum veritate

Denn es ist nicht nur Sitte, zu schwören, dass man nach dem Guten und Billigen und nach seiner Überzeugung einen Streit schlichten will, sondern auch, dass man sein Urteil nach den Gesetzen fäl-

---

iussum". Für *Bodin* liegt der Inhalt der Gewalt in der Fähigkeit ihres Trägers, Gesetze zu geben und aufzuheben. Der Träger der Souveränität ist „legibus absolutus". Aber auch er muss nach göttlichem Recht regieren und das Naturrecht in Form von Gerechtigkeit verwirklichen, vgl. *Scupin, Hans-Ulrich*, Der Begriff der Souveränität bei Johannes Althusius und bei Jean Bodin, in: der Staat 4 Nr. 1 (1965), S. 22.

638 *Hobbes*, Opera philosophica quae latine scripsit omnia, Bd. 2, hg. von William Molesworth, London 1839 [1658], cap. 6, § 9, S. 222.

639 *Schröder*, Recht als Wissenschaft, Bd. 1 (Fn. 17), S. 102 m.w.N.

640 *Mohnhaupt*, Potestas Legislatoria und Gesetzesbegriff (Fn. 634), S. 200.

641 Siehe oben Fn. 69.

642 *Thomasius*, Über die Gesetzgebungsklugheit (Fn. 514), Kap. 5, § 130, S. 131.

643 *Mohnhaupt*, Gesetz und Gesetzgebung (Fn. 88), S. 220.

& legum observatione iudicium esse disposituros. n)[644]

len wird, oder wie Justinian gesagt hat, dass sie ein Urteil durchaus mit Wahrheit und Beachtung der Gesetze fällen werden.

In wörtlicher Wiedergabe der Gedanken *Zieglers*[645] erklärt Thomasius, dass die Gesetze für den Richter bindend sind, weil dieser einen Eid darauf ablegt, dass er seine Entscheidung nicht nur auf das Gute und Billige stützen wird, sondern auch auf die Gesetze. Als Bekräftigung zieht er in Fußnote n) ein justinianisches Gesetz[646] heran, dem zufolge bei der Urteilsfindung das Gesetz beachtet werden muss. Er hält das Gesetz also für einen unangefochtenen Bestandteil der Urteilsfindung durch den Richter. Das belegt er auch anhand der Eidesformeln, mit denen die Richter sich verfluchen, sollten sie die Gesetze nicht beachten:

Extat de iudicibus illis, qui leges sibi praescriptas negligunt, & ex suo placito sententiam ferunt terribilis admodum constitutio Leonis & Alexandri Impp. circa initium seculi decimi scripta, & diris execrationibus firmata o) uti & iam Iustiniani tempore ex eius praescripto iudices semetipsos diris & execrationibus devovere adigebantur p).[647]

Es existiert über jene Richter, die ihnen vorgeschriebene Gesetze nicht beachten und ein Urteil nach eigenem Belieben fällen, eine sehr ehrwürdige Konstitution der Kaiser Leo und Alexander, um den Beginn des 10. Jahrhundert geschrieben und durch grausame Verwünschungen bekräftigt, wie schon zur Zeit Justinians nach seiner Vorschrift die Richter vereidigt wurden, sich selbst unter Bestrafungen und Verwünschungen zu verfluchen.

Wie schon *Ziegler*[648] sieht Thomasius die richterliche Pflicht, das Gesetz zu beachten auch durch eine Konstitution der römischen Kaiser *Leo* und

---

644 *Thomasius,* De aequitate cerebrina [1706] (Fn. 24), cap. 1, § 13, S. 11.
645 *Ziegler,* Dicastice (Fn. 556), concl. 36, § 6, S. 652.
646 C.3.1.14.pr.: „[...] nisi prius sacramentum praestitissent omnimodo sese cum veritate et legum observatione iudicium esse disposituros" – [...] als wenn sie zuvor einen Eid geleistet hätten, dass sie ein Urteil durchaus mit Wahrheit und Beachtung der Gesetze fällen werden.
647 *Thomasius,* De aequitate cerebrina [1706] (Fn. 24), cap. 1, § 13, S. 11 f.
648 *Ziegler,* Dicastice (Fn. 556), concl. 36, §§ 7, 8 a.E., S. 652 ff.

Alexander[649] und die achte justinianische Novelle[650] belegt. Beide haben die Eidesformel des Richters zum Inhalt, wonach dieser sich verflucht, sollte er den Ansprüchen seines Amtes nicht nachkommen. Daher resümiert Thomasius, dass der Richter auch das harte Gesetz beachten muss:

Quin si lex tam dura sit, ut aequitatis rationi prorsus adversetur, aequitas vero teneri non possit, quin lex offendatur, nihilominus tamen lex observanda est, ad exemplum Ulpiani. q)[651]	Ja, wenn das Gesetz so hart ist, dass es geradezu der Lehre der *aequitas* entgegentritt, kann die *aequitas* tatsächlich nicht erfasst werden, ja das Gesetz muss getadelt werden, trotzdem jedoch muss das Gesetz beachtet werden nach dem Beispiel Ulpians.

Thomasius stellt fest, dass die Härte eines Gesetzes zwar der *aequitas* widersprechen kann, es aber trotzdem beachtet werden muss und die Unbilligkeit des Gesetzes lediglich gerügt werden darf. Hierbei gibt er erneut wörtlich *Ziegler* wieder[652] und verweist in Fußnote q) auf *Antonius Faber*[653]. In den betreffenden Stellen legen *Faber*[654] und auf ihm aufbauend auch *Zieg-*

---

649 Thomasius verweist in Fußnote o) auf die Eidesformel aus der unter dem Namen *de iudicibus* bekannten Novelle der byzantinischen Kaiser Leo und Alexander: „Inveniat iste & Deum & coelestes omnes & incorporeas potestates sibi nunquam non adversantes. Immature ex hac vita excidat potius, quam excedat. Incommodis insuper afficiatur perpetuis. Ipsius aedium fundamenta ignis tandem devoret, & posteritas eo redigatur inopiae ut panem ostiatim quaerat." – Er soll Gott, alle Götter und unkörperlichen Kräfte immer gegen sich gewandt finden. Er soll früher aus dem Leben scheiden, als es überschreiten. Plagen sollen ihn fortwährend treffen. Das Feuer soll das Fundament seines Hauses treffen und seine Nachkommen sollen an den Bettelstab gebracht werden, dass sie das Brot von Tür zu Tür erbetteln müssen.

650 Thomasius verweist in Fußnote p) auf den in Novelle 8, Anhang am Ende formulierten Richtereid: „Si vero non haec omnia ita servavero, recipiam hic et in futuro saeculo in terribili iudicio magni dei domini et salvatoris nostri Iesu Christi et habeam partem cum Iuda et lepram Giezi et tremorem Cain" – Wenn ich all das nicht einhalte, werde ich hier und in der Zukunft vor dem furchterregenden Richterstuhl des großen Herrn Gottes und Jesus Christus, unserem Erlöser, für Judas gehalten werden und mit der Lepra des Ghazi und Kains Zorn versehen werden.

651 *Thomasius*, De aequitate cerebrina [1706] (Fn. 24), cap. 1, § 13, S. 12.

652 *Ziegler*, Dicastice (Fn. 556), concl. 36, § 39, S. 677 f., vgl. oben Fn. 615.

653 *Faber*, Iurisprudentiae papinianeae scientia, Lyon 1607, tit. 1, princ. 2, ill. 2, S. 6.

654 *Faber*, Iurisprudentiae papinianeae scientia (Fn. 653), tit. 1, princ. 2, ill. 2, S. 5 f.: „Secundo ex hoc eodem principio fit ut aequitatem ante oculos habere semper

ler[655] dar, dass es allein dem Fürsten obliegt, im Gesetz die *aequitas* zum Ausdruck zu bringen. Sie eröffnen aber dem Richter die Möglichkeit im Wege der Auslegung zu ermitteln, ob der Sinn des Gesetzes eine *aequitas* erfassen soll und dementsprechend im konkreten Fall als Bestandteil des Gesetzes zu beachten ist. Thomasius zieht hier abermals *Ulpians* Lehrsatz über die Härte des Gesetzes[656] heran, den er also dahingehend versteht, dass der Richter grundsätzlich beachten muss, was der Gesetzgeber im Gesetz normiert hat, egal wie unbillig das Gesetz ist. Wie er schon zur theoretischen *aequitas cerebrina* erklärt hat, ist jedoch nicht der Fall erfasst, dass ein unbilliges Gesetz auch dem gesetzgeberischen Willen widerspricht. Dann darf eine Einschränkung möglich sein. Thomasius versteht *Ulpians* Satz also wie folgt: „Das [der Wille] ist gewiss sehr hart, aber so ist das Gesetz geschrieben". Die *aequitas* darf zur Ermittlung des wirklichen Willens

---

iudex habeat [...] Idemque in Principe obtinet, ut studio aequitatis omnia facere debeat & ad aequitatis rationem omnia corrigere. Itemque in omnibus legum conditoribus, ut aequitatis debeant esse fautores. Aequitatem vero ante oculos habere nihil aliud est quam ex personarum qualitate, ex causa, ex tempore & ex bona fide rem aestimare. Nimirum quoties talis casus emergit qui aequitatis interpretationem recipiat. – Aus diesem zweiten Prinzip ergeht, dass der Richter immer die aequitas vor Augen haben muss [...] Daher obliegt es dem Fürsten, dass er durch das Studium der *aequitas* alles machen muss und alles nach der Lehre der *aequitas* korrigieren muss. Und so für alle Gesetzgeber, dass sie Beschützer der *aequitas* sein sollen. Die *aequitas* vor Augen zu haben bedeutet also nichts anderes als durch die Eigenschaft der Personen, den Grund, die Zeiten und dem guten Glauben das Interesse zu vermuten. Selbstverständlich sofern sich ein derartiger Fall zeigt, der eine Auslegung der *aequitas* gestattet."

655 Die von Thomasius zitierte Aussage *Zieglers* ist Teil des § 39, in dem *Ziegler* eine Auslegung nach der *aequitas* bei eindeutigem Wortlaut und Willen des Gesetzgebers verneint. In dem darauf folgenden § 40 widmet sich *Ziegler* jedoch dem Fall, dass Wortlaut und Wille des Gesetzgebers auseinandergehen, so dass in diesem Fall die *aequitas* herangezogen werden darf, vgl. *Ziegler*, Dicastice (Fn. 556), concl. 36, § 40, S. 678: „Secundo casu, quando nempe in quaestione proposita ratio monet, plus aliquid legem sensisse atque voluisse, quam verbis expressum sit, non adstringere se debet illis praecise verbis iudex, sed benigniori interpretatione ex aequo & bono repetita voluntatem & sententiam ipsam prudenter eruet, eamque sequetur [...] quod aequum fuerit, quod menti & voluntati legislatoris convenerit." – Im zweiten Fall, wenn freilich in der vorgelegten Frage die Vernunft anrät, dass ein Gesetz mehr gemeint und gewollt hat, als durch Worte ausgedrückt ist, soll der Richter sich nicht genau an diese Worte binden, sondern er erforscht durch eine wohlwollende, aus dem billigen und guten hergeleitete Auslegung den Willen und Sinn und folgt diesem [...] dass das billig sein wird, was mit Geist und Willen des Gesetzgebers übereinstimmt.

656 D.40.9.12.1: „Das ist gewiss sehr hart, aber so ist das Gesetz geschrieben.", vgl. oben Fn. 614.

und zur dementsprechenden Einschränkung herangezogen werden (sonst entstünde eine theoretische *aequitas cerebrina*), nicht aber um ein gewollt unbilliges Gesetz zu umgehen (sonst entstünde eine praktische *aequitas cerebrina*). Dass der Richter ein Gesetz nur dann anhand der *aequitas* einschränken darf, wenn es die *aequitas* bezwecken sollte, führt Thomasius auf das doppelte Wesen der *aequitas* zurück:

Est enim aequitas duplex: intrinseca una, quae rigorem legis scriptae ex mente legis & facti circumstantiis temperat & inflectit, & haec aequitas ad officium iudicis pertinet r) altera extrinseca, quae obversa fronte cum iure committitur, & non a verbis solum sed etiam a sententia scriptae legis aliena est.	Die *aequitas* ist nämlich doppelt: die eine innerlich, die die Starrheit des geschriebenen Gesetzes nach dem Geist des Gesetzes und den Umständen einer Handlung mäßigt und moduliert und diese *aequitas* betrifft die Pflicht des Richters; die andere äußerlich, die in zugewandter Front mit dem Recht zusammengeführt wird und sich nicht nur von den Worten, sondern auch vom Sinn des geschriebenen Gesetzes unterscheidet.
Haec solius principis potestati reservatur. s)	Sie ist einzig der Macht des Fürsten vorbehalten.

Thomasius unterscheidet zwischen einer innerlichen (*intrinseca*) und einer äußerlichen (*extrinseca*) aequitas. Erstere betrifft die Modifizierung des Gesetzes anhand der Einzelfallumstände sowie des im Gesetz zum Ausdruck gebrachten Willens und obliegt dem Richter.[657] Dies belegt er in Fußnote r) mit mehreren Digestenstellen *Ulpians*, wonach der Richter seine Ent-

---

657 So auch in wörtlicher Übereinstimmung: *Ziegler*, Dicastice (Fn. 556), concl. 36, § 35, S. 674 f.

scheidung auf die *aequitas* stützen darf[658], sowie unter Bezugnahme auf *Jacob Gothofredus*[659] und *Reinhard Bachovius*[660].

Gothofredus spricht sich in seiner Kommentierung zu D. 50.17.85.2 für eine Einschränkung durch den Richter aus. Dort nimmt er auch auf D. 13.4.4.1 Bezug und erklärt, dass der Richter die *aequitas* vor Augen haben soll, die er eher berücksichtigen soll, als bloß das strenge, geschriebene Recht.[661] An dieser Stelle wird nun deutlich, dass Thomasius die Unterteilung der *aequitas* nicht von *Ziegler* übernommen hat, sondern beide tatsächlich von *Gothofredus*, denn schon er hat zwischen innerlicher und äußerlicher *aequitas* unterschieden. So nennt auch er die *aequitas* innerlich und dem Recht ähnlich, die eine Starrheit des Rechts anhand des Sinnes des Gesetzes und der Umstände mäßigt und bewegt.[662] Diese innerliche

---

658 D. 11.7.14.13: „[...] Et generaliter puto iudicem iustum non meram negotiorum gestorum actionem imitari, sed solutius aequitatem sequi, cum hoc ei et actionis natura indulget." – Und gemeinhin glaube ich, dass ein gerechter Richter nicht der bloßen Klage wegen geführter Geschäfte nachkommt, sondern ungebundener der *aequitas* folgt, weil ihm das die Natur der Klage gestattet. D. 13.4.4.1: „[...] In summa aequitatem quoque ante oculos habere debet iudex, qui huic actioni addictus est." – [...] Zusammengefasst soll der Richter, der zu dieser Klage ernannt wurde, auch die *aequitas* vor Augen haben. D. 50.17.85.2: "Quotiens aequitatem desiderii naturalis ratio aut dubitatio iuris moratur, iustis decretis res temperanda est." – Wenn ein natürlicher Grund oder Zweifel des Rechts die *aequitas* des Begehrens hindert, muss die Sache durch gerechte Beschlüsse gemildert werden.

659 *Gothofredus*, Novus in titulum Pandectarum de diversis regulis iuris antiqui commentarius, Genf 1653.

660 *Bachovius*, Notae et animadversiones ad disputationes Hieronymi Treutleri, tom. 1, Köln 1688.

661 *Gothofredus*, Commentarius pandectarum (Fn. 659), S. 399: „Atque hoc illud tandem est, decantatum, iudicem ante oculos habere oportere aequitatem, non nudam & meram iuris rationem, *l. quod si Ephesi, de eo quod cert. loco.* Item illud est quod placuisse dicitur in *l. placuit 8. Cod. de iudiciis,* in omnibus rebus praecipuam esse iustitiae aequitatisque quam stricti iuris rationem [Hervorh. im Original]." – Und es ist zuletzt die Leier, dass der Richter die *aequitas* vor Augen haben soll, nicht eine reine und bloße Beachtung des Rechts, D. 13.4.4.1. Ebenso ist es das, von dem man sagt, dass in C. 3.1.8 angenommen wurde, dass bei allen Angelegenheiten die Gerechtigkeit und *aequitas* vorzugwürdig ist, als die Beachtung des strengen Rechts.

662 *Gothofredus*, Commentarius pandectarum (Fn. 659), S. 400: „Verum brevissima distinctione rem abolui oportet, aequitatis videlicet intrinsecae & extrinsecae: Intrinsecam voco, quae in oculos incurrens, legibusque aliis adiuta, Regulam iuris stricti eiusque rigorem ex mente legis & ex circumstantiis temperat & inflectit, quae ipsi iuri cognata est." – Aber durch eine kürzeste Unterscheidung soll die Sache beendet werden, nämlich der innerlichen und äußerlichen *aequi-*

aequitas muss der Richter in seine Entscheidungen einbeziehen.[663] *Gothofredus* dient folglich sowohl *Ziegler* als auch Thomasius als Vorbild, als sie dem Richter eine Korrektur des Gesetzes nach seinem Sinn und Einzelfall zugestehen. Auch der zitierte *Bachovius* lässt die *aequitas* einer strengen Beachtung des Wortlautes entgegenstehen, weil andernfalls der Wille des Gesetzgebers umgangen wird, weshalb bei unsicherer Begriffsbedeutung die *aequitas non scripta* herangezogen werden darf.[664]

Beide von Thomasius herangezogenen Quellen sprechen sich also für eine am Sinn des Gesetzes ausgerichtete *aequitas*-Korrektur aus und bezeichnen dies als *aequitas intrinseca*, respektive *non scripta*. Dieser Begriffe hat sich auch Thomasius angenommen, denn er hat bereits für die *aequitas* im positiven Recht festgelegt, dass diese unter anderem *non scripta* ist, wenn die Regeln der billigen Auslegung angewandt werden.[665] Mittels der Bezeichnung als *intrinseca* gelingt es aber die Zulässigkeit einer solchen Korrektur durch den Richter zu verdeutlichen. Diese gesteht Thomasius dem Richter nämlich deshalb zu, weil sie dem Gesetz bzw. seinem Sinn innewohnt. Das Gesetz wird also eigentlich aus sich selbst heraus korrigiert, weil es zwar im konkreten Fall die *aequitas* nicht erfasst, aber gemäß seiner ermittelten *mens* die *aequitas* erfassen soll. Der Zusatz *intrinseca* macht diese Korrektur, die im Gesetz selbst angelegt ist, deutlich. Daher verwundert es nicht, wenn *Schröder* feststellt, dass sich manche Autoren „haarscharf der mittelalterlichen *aequitas scripta* an[näherten]" und sich diese Gesetzes-

---

tas: Ich nenne sie innerlich, die sich vor Augen zeigend und unterstützt durch andere Gesetze die Regel des strengen Rechts und seine Härte nach dem Sinn und den Umständen mäßigt und moduliert, die dem Recht selbst ähnlich ist.

663 *Gothofredus,* Commentarius pandectarum (Fn. 659), S. 400: „& huius aequitatis rationem iudex suis decretis habere potest imo debet." – Und die Lehre dieser *aequitas* kann, ja sogar soll der Richter in seinen Beschlüssen enthalten.

664 *Bachovius,* Notae ad Treutleri (Fn. 660), disp. 1, thes. 2, lit. B, S. 5: „[...] & hac ratione saltem pugnare dicitur aequitas cum iure stricto, quatenus hoc significat rigidam observantiam & captationem verborum, cum neglectis circumstantiis ius universale facto singulari applicatur, & ita mens legislatoris circumvenitur [...] sed ubi rigor iuris est scriptus in aliquibus terminis, & dubitatur de quibusdam terminis, qui non omnino similes sunt, aequitas non scripta servabitur." – Und daher wird zumindest gesagt, dass die *aequitas* gegen das strenge Recht kämpft, sofern dieses eine starre Beachtung und Jagen der Worte bezeichnet, weil durch vernachlässigte Umstände das allgemeine Recht im Einzelfall angewandt wird und so die Meinung des Gesetzgebers umgangen wird [...]. Aber wo die Härte des Gesetzes in irgendwelchen Begriffen geschrieben ist und über einige Begriffe gezweifelt wird, die nicht gänzlich ähnlich sind, soll die ungeschriebene *aequitas* beachtet werden.

665 Vgl. oben Fn. 331.

treue auch bei Thomasius finden lässt[666], denn faktisch handelt es sich bei dieser Auslegung um nichts anderes als eine schon im Gesetz bzw. seinem Willen normierte *aequitas*. Die Aufgabe des Richters ist es also eigentlich, die bereits im Gesetz enthaltene *aequitas* im Einzelfall zum Vorschein zu bringen. Die *aequitas* ist daher innerlich und zugleich ungeschrieben.

Hiervon unterscheidet Thomasius die äußerliche *aequitas*. Zu dieser erklärt er, dass sie mit dem Recht zusammengeführt wird. Sie unterscheidet sich vom Wortlaut und Sinn des geschriebenen Gesetzes und wird allein dem gesetzgebenden Fürsten zuteil.[667] Dies bekräftigt er in Fußnote s) abermals mit *Ulpians* Lehrsatz zur Härte des Gesetzes und einem Kaisergesetz, dem zufolge allein dem Kaiser die Auslegung zwischen *aequitas* und Gesetz und die Korrektur einer Härte vorbehalten sei.[668] Weiterhin verweist er auf einen Brief von *Quintus Aurelius Symmachus*, der ebenfalls erklärt, dass Urteile, die das Gesetz abmildern, als verdorben anzusehen sind und allein dem Kaiser die Macht obliegt, das strenge Recht zu verändern.[669] Diese römischen Quellen legt Thomasius der äußerlichen *aequitas* zugrunde. Diese betrifft die reine Korrektur eines harten Gesetzes, die nur dem Fürsten zustehen soll. Sie wirkt nämlich von außen auf das Gesetz ein und verändert dieses, denn sie ist noch nicht im betreffenden Gesetz enthalten, sondern wird erst in dieses durch die Veränderung aufgenommen. Diese Erklärung lässt sich auch bei *Ziegler* finden, der aber ergänzt, dass der Fürst bei der Auslegung die *aequitas* vom Gesetz trennt, wogegen der

---

666 Vgl. *Schröder*, Aequitas und Rechtsquellenlehre (Fn. 18), S. 277 f.

667 So auch *Ziegler*, Dicastice (Fn. 556), concl. 36, § 36, S. 675.

668 Vgl. D. 40.9.12.1, siehe oben Fn. 614; vgl. auch C. 1.14.1: „Inter aequitatem iusque interpositam interpretationem nobis solis et oportet et licet inspicere." – Die zwischen *aequitas* und Recht eingeschobene Auslegung zu untersuchen ist allein uns erlaubt und möglich. Vgl. auch C. 1.14.9: „[...] Si quid vero in isdem legibus latum fortassis obscurius fuerit, oportet id imperatoria interpretatione patefieri duritiamque legum nostrae humanitati incongruam emendari." – Wenn aber in diesen Gesetzen vielleicht etwas Dunkleres gesetzt wurde, sollen die Kaiser durch Auslegung aufdecken und die mit Menschlichkeit nicht übereinstimmende Härte unserer Gesetze verbessern.

669 Vgl. *Symmachus*, Epistolarum ad diversos libri X, Editio Nova: Quam plurimis epistolis numquam editis aucta, Paris 1604, lib. 10, epist. 63: „[...] Alia est enim conditio magistratuum, quorum corruptae videntur esse sententiae, si sint legibus mitiores; alia dominorum principum potestas, quos decet acrimoniam severi iuris inflectere." – [...] Das eine ist nämlich der Zustand der Magistrate, deren Urteile als verdorben angesehen werden, wenn sie milder als die Gesetze sind; Das andere ist die Macht der Kaiser, denen es zusteht die Schärfe des strengen Rechts zu beugen.

Richter die *aequitas* von den Worten des Gesetzes trennt.[670] *Ziegler* macht also deutlich, dass der Fürst durch die *aequitas* auf das Recht einwirkt, der Richter hingegen nur auf die Worte des Rechts. Auch die Ausführungen zur äußerlichen *aequitas* sind letztlich auf *Gothofredus* zurückzuführen, der es ebenfalls allein dem Fürsten attribuiert, ein unbilliges Gesetz zu korrigieren, wogegen der Richter ein (scheinbar) unbilliges Gesetz nicht korrigieren darf.[671] Bezeichnend ist auch, dass *Gothofredus* hier den Zusammenhang zur *aequitas cerebrina* herstellt und ermahnt, dass diese äußerliche *aequitas* nicht zu einer Macht der Richter werden darf, die sich eigentlich in deren Gedanken und dadurch auch im Gesetz finden lässt. In diesem Fall ist dann eine *aequitas cerebrina* anzunehmen.[672] Damit kehren wir zur hier gegenständlichen praktischen *aequitas cerebrina* zurück.

Thomasius zeigt gerade mittels der praktischen *aequitas cerebrina* auf, dass die reine Billigkeitskorrektur eines Gesetzes durch den Richter unzulässig ist. Diese Art der Billigkeitskorrektur im Sinne einer äußerlichen *aequitas* steht allein dem Fürsten zu. Der Richter darf allein die innerliche *aequitas* anwenden, also die *aequitas*, die sich schon im Gesetz finden lässt. Ist die *aequitas* nicht im Gesetz enthalten, wird aber dennoch vom Richter

---

670 *Ziegler,* Dicastice (Fn. 556), concl. 36, § 36, S. 675: „Inter utramque vero hoc maxime interest, quod, cum uterque legem ex aequitate interpretari dicatur, Principis interpretatio unum ab altero separet, ius ab aequitate, sed iudex per suam interpretationem aequitatem non a iure separet sed tantum a verbis iuris, quippe quae sine sententia legis non sunt." – Zwischen beiden ist es tatsächlich sehr wichtig, dass, weil von beiden gesagt wird, dass Gesetz nach der *aequitas* ausgelegt wird, die Auslegung des Fürsten das eine vom anderen trennt, das Recht von der *aequitas*, aber der Richter durch seine Auslegung die *aequitas* nicht vom Recht trennt, sondern nur von den Worten des Rechts, die ja ohne den Sinn des Gesetzes nicht existieren.

671 *Gothofredus,* Commentarius pandectarum (Fn. 659), S. 401: „Extrinsecam aequitatem voco, quae iam observa fronte cum iure committitur, quia videlicet ius olim aequabile aquumque visum, hodie aequum esse defiit, vel potius iudex defiisse putat. Et hanc sane aequitatis rationem sibi Principes reservarunt suique iuris fecere." – Die *aequitas* nenne ich äußerlich, die sich mit zugeneigter Front mit dem Recht vereint, weil nämlich das Recht einst für gleich und billig gehalten wurde, heute aufhört billig zu sein oder eher der Richter glaubt, dass es unbillig ist. Und diese Beachtung der *aequitas* haben sich gewiss die Fürsten vorbehalten und zu ihrem Recht gemacht.

672 *Gothofredus,* Commentarius pandectarum (Fn. 659), S. 401: „Ne alioquin cerebrinae aequitatis obtentu, soluta iudicum potestas evaderet, & quantum cuiusque iudicis animo sederet, tantum etiam legibus locus esset." – Dass sie nicht sonst, unter dem Anschein einer eingebildeten *aequitas*, zu einer Macht der Richter wird und wie sie im Geist des Richters sitzt, so hat sie auch ihren Platz im Gesetz.

angewandt, ist sie in *Gothofredus'* Augen alleine im Kopf des Richters, nicht aber im Gesetz vorhanden. Und so stellt es letztlich auch Thomasius fest.[673] Bei der Billigkeitskorrektur nach innen geht es also darum, dass das Gesetz in seinem Inhalt unverändert bleibt, der Richter versucht lediglich mit Hilfe seiner Auslegung die im Gesetz zum Ausdruck gebrachte *aequitas* im Einzelfall aufrecht zu erhalten, während die Korrektur von außen einen Eingriff in das Gesetz darstellt. *Aequitas* und Gesetz fallen auseinander, so dass dieses einer Korrektur bedarf. Diese darf der Richter jedoch nicht vornehmen, sondern allein der Fürst als Gesetzgeber. Wenn der Richter sich anmaßt ein Gesetz der *aequitas* entsprechend zu ändern, konstruiert er also gerade keine *aequitas*, sondern eine praktische *aequitas cerebrina*:

Qui itaque iudices tam ingeniosi sibi videntur, ut legem iniquitatis arguere, aut non satis considerate scriptam dicere, atque hinc ex suo cerebro litem decidere haud verentur, illi aperte extra limites officii sui versantur, & aequitatem sibi constituunt extra ius plane cerebrinam & captiosam. t)[674]	Deshalb kommen sich diese Richter so scharfsinnig vor, dass sie sich nicht scheuen, ein Gesetz der Unbilligkeit zu rügen oder nicht sehr bedacht geschrieben zu nennen und daher aus ihrem Gehirn einen Streit zu entscheiden, sie handeln deutlich außerhalb ihrer Pflicht und schaffen deutlich eine eingebildete und betrügerische *aequitas* außerhalb des Rechts.

In abermaliger Übereinstimmung mit *Ziegler*[675] schließt Thomasius seine Überlegungen zur praktischen *aequitas cerebrina* mit der Feststellung ab, dass der Richter seine Pflicht überschreitet, wenn er ein Gesetz als unbillig oder nicht bedacht rügt. Sein Urteil basiert auf der Entscheidung seines Gehirns. Die von ihm angewandte *aequitas*-Korrektur des Gesetzes ist dann eine eingebildete und betrügerische, die außerhalb des Rechts liegt. Der von Thomasius hier verwendete Begriff des Rechts bezieht sich folglich nicht auf die natürliche Rechtsordnung, sondern das positive Recht eines Gesetzgebers. Die *aequitas*, mag sie auch naturrechtlich valide sein, hat

---

673 Siehe oben Fn. 538: „Und wenn du jedoch die Sache etwas genauer untersuchst, kommen all diese Bewegungen und Aufruhren nicht anderswoher, als, dass die meisten, die die Gerechtigkeit oder *aequitas* von Handlungen nach den Vorstellungen des eigenen Gehirns beurteilen [...]."
674 *Thomasius*, De aequitate cerebrina [1706] (Fn. 24), cap. 1, § 13, S. 12 f.
675 *Ziegler*, Dicastice (Fn. 556), concl. 36, § 38 a.E., S. 676.

positivrechtlich keine Bedeutung. Zieht der Richter diese zur Korrektur heran, wandelt er nicht mehr im Bereich der für ihn zulässigen im Gesetz verankerten *aequitas*, sondern nimmt die Aufgabe des Fürsten wahr. Diese Anmaßung einer fremden Pflicht stellt dann eine *aequitas cerebrina* dar, mag sie auch inhaltlich richtig und das Gesetz tatsächlich unbillig sein, denn der Richter entscheidet den Streit nicht nach Maßgabe des Rechts, sondern seiner eigenen Vorstellung im Gehirn, so dass seine Entscheidung nicht zu einer *aequitas*, sondern eben zu einer eingebildeten führt. Stimmen positives Recht und *aequitas* nicht überein, darf nur der Fürst mit Hilfe der *aequitas* von außen auf das Recht einwirken. Diese Sichtweise bekräftigt Thomasius in Fußnote t) mit zahlreichen Verweisen u.a. auf *Francesco Mantica*[676] und *Juan Garcia de Saavedra*[677], die ebenfalls eine ungeschriebene (also nicht im Gesetzessinn erfasste) *aequitas* ablehnen und als Schein der *aequitas* verwerfen.

Thomasius stellt anhand der praktischen *aequitas cerebrina* endgültig klar, in welchem Verhältnis Naturrecht (und damit die *aequitas*) und positives Recht zueinanderstehen. Dem positiven Recht gebührt der Vorrang, denn auch wenn dieses naturrechtswidrig ist, behält es seine Gültigkeit bei und kann nur durch den Gesetzgeber geändert werden. Hier tritt also zu Tage, dass Thomasius von einem dualistischen Rechtsbegriff ausgeht, der sich im Laufe des 17. Jahrhundert abgezeichnet hat, denn das positive Recht wurde zunehmend als wertfrei aufgefasst.[678] Dem positiven Recht steht als zweite Rechtsquelle das Naturrecht gegenüber, dessen Grund nicht im Gesetzgeber, sondern in der Natur des Menschen und der Vernunft lag, so dass sich zwei Geltungsgründe des Rechts, Natur und Wille

---

676 *Mantica*, Vaticanae lucubrationes de tacitis et ambiguis conventionibus. In libros vigintiseptem dispertitae, Cologny 1615, lib. 1, tit. 17, § 16, S. 40: „Sed advertendum est primo, quod iudex non debet recedere a iure scripto propter aequitatem non scriptam." – Aber zuerst ist zu bemerken, dass der Richter nicht vom geschriebenen Recht nach der ungeschriebenen *aequitas* abweichen darf.

677 *García de Saavedra*, De expensis et meliorationibus tractatus, Ed. omnium postrema, Amsterdam 1655, cap. 1, Nr. 28, S. 28 f.: „Advertimus tamen non esse hanc aequitatem in omni genere causarum arripiendam, neque subvertendas esse leges, & reipublicae instituta conculcanda temere sub specie aequitatis: nam quae aequitas sine iure, sine lege, quae scripta non est, sed capitose arrepta, pestilentissimum virus est." – Wir bemerken jedoch, dass man diese *aequitas* nicht auf jede Sorte von Fällen anwenden soll, dass man nicht die Gesetze vereiteln darf und dass man die Absicht des Staates grundlos missachtet unter dem Schein der *aequitas*: Denn diese *aequitas* ohne Recht, ohne Gesetz, die nicht geschrieben ist, sondern eigensinnig eingeschlichen, ist ein schädlichstes Virus.

678 Siehe dazu oben ab Fn. 634.

des Gesetzgebers gegenüber stehen.[679] Der einheitliche wird also zu einem dualistischen Rechtsbegriff.[680] Der Widerspruch zwischen diesen beiden Rechtquellen wird dann zu Lasten des Naturrechts aufgelöst, welches nur noch als subsidiäre Rechtsquelle gilt.[681] Dieser Vorzug des positiven Rechts setzte sich bis ins 18. Jahrhundert fort. *Schröder* hält es daher für zulässig, diese Entwicklung als „Gesetzespositivismus" zu bezeichnen, unter der Prämisse „Positivismus mit Naturrecht" handelt, weil das positive Recht zwar vorrangig, aber noch nicht vom Naturrecht getrennt ist.[682]

Diese Vorstellung spiegelt sich auch in Thomasius' Schilderung der praktischen *aequitas cerebrina* wieder. Die *aequitas* als Synonym fürs Naturrecht ist gesondert neben dem Recht, nämlich dem positiven Recht, zu betrachten. Beide mögen miteinander übereinstimmen oder nicht, das positive Recht behält in jedem Fall seine Gültigkeit und ist durch niemanden außer dem Gesetzgeber selbst zu korrigieren. Eine Korrektur durch den Richter darf und muss nur durch die Auslegung erfolgen, wenn die *aequitas* ohnehin im Gesetz enthalten ist, aber im Einzelfall nicht zum Ausdruck kommen kann. Auch Thomasius erkennt also den Vorrang des positiven gegenüber dem Naturrecht an, hat sich von diesem aber noch nicht vollständig gelöst, so dass bei ihm ein „Positivismus mit Naturrecht" im Sinne *Schröders*[683] erkennbar ist. Thomasius hat in seinen Werken dem Naturrecht außerordentliche Aufmerksamkeit geschenkt und im Wege der *aequitas non scripta* eine quasi Beachtung zugelassen, wonach der Richter gerade die naturrechtliche *aequitas* einbeziehen soll. An oberster Stelle steht aber der Wille des Gesetzgebers und so darf dieser nicht umgangen werden, um eine (praktische) *aequitas cerebrina* zu vermeiden.

bb) Kollision mit den Theoretikern des Rechts

Thomasius blickt im Rahmen der praktischen *aequitas cerebrina* nicht nur auf die Beschneidung der Macht des Gesetzgebers, sondern auch auf die Kollision mit der Tätigkeit anderer Rechtsgelehrter, namentlich der Berater und Universitätslehrer. Ohne dies gleichfalls als eine *aequitas cerebrina* zu bezeichnen, macht Thomasius nun deutlich, dass der Richter, der unbe-

---

679 *Schröder*, Recht als Wissenschaft, B. 1 (Fn. 17), S. 103.
680 *Schröder*, Recht als Wissenschaft, Bd. 1 (Fn. 17), S. 111.
681 *Schröder*, Recht als Wissenschaft, Bd. 1 (Fn. 17), S. 116 m.w.N.
682 *Schröder*, Recht als Wissenschaft, Bd. 1 (Fn. 17), S. 117.
683 Vgl. *Schröder*, Recht als Wissenschaft, Bd. 1 (Fn. 17), S. 117.

rechtigterweise ein unbilliges Gesetz korrigiert, auch in den Pflichtenkreis anderer Juristen eingreift und geht hier zunächst auf die Berater ein:

Scilicet confundunt hi aequitatis ce-rebrinae sectatores officia ac perso-nas diversas ICtorum.

Freilich verwechseln diese Anhän-ger der eingebildeten *aequitas* Pflich-ten und verschiedene Personen der Rechtsgelehrten.

Non solum judices agunt, sed & la-tus principum cingunt ICti, utpote ad consilia de utilitate & emendatio-ne regni ac reipublicae adhibiti vel adhibendi.[684]

Nicht nur handeln Richter, sondern stehen den Fürsten auch Rechtsge-lehrte zur Seite, die nämlich zu Beratungen über Nützlichkeit und Verbesserung von Regierung und Staatswesen herangezogen wurden oder heranzuziehen sind.

Thomasius erklärt, dass bei der praktischen *aequitas cerebrina* eine Konfu-sion der Pflichten und Arten von Rechtsgelehrten vorliegt. Neben dem Richter gibt es noch andere Rechtsgelehrte, nämlich diejenigen, die den Fürsten über Nützlichkeit und Verbesserung von Reich und Staatswesen beraten. In diesem Zusammenhang beraten die Rechtsgelehrten auch über Gesetze:

Horum officium etiam est, regem vel principem admonere de corri-gendis legibus, quae vel ab initio iniquitate vel duritie aut aequitate cerebrina laborarunt, vel etiam suc-cessu temporis mutato reip. statu & circumstantiis pristinis, quae le-gis lationem suadebant, aequae esse cessarunt.

Deren Pflicht ist es auch, den König oder Fürsten zu ermahnen, Gesetze zu korrigieren, die entweder von vornherein an einer Unbilligkeit, Härte oder eingebildeten *aequitas* ge-litten haben oder auch im Verlauf der Zeit durch einen veränderten Zustand des Staatswesens und ver-gangene Umstände, die einen Gesetz-zesvorschlag empfohlen haben, ver-säumten billig zu sein.

Et hi libere etiam iudicant de le-gibus, cum iudices contra debeant iudicare ex legibus.[685]

Und diese urteilen auch ungehin-dert über Gesetze, während Richter dagegen nach Gesetzen urteilen sol-len.

---

684 *Thomasius*, De aequitate cerebrina [1706] (Fn. 24), cap. 1, § 14, S. 13 f.
685 *Thomasius*, De aequitate cerebrina [1706] (Fn. 24), cap. 1, § 14, S. 14.

Die Tätigkeit der Rechtsgelehrten umfasst es, den Fürsten auf Missstände der Gesetze hinzuweisen. Wenn diese schon immer unbillig waren oder durch veränderte Umstände geworden sind, dürfen die Gelehrten ihn darauf hinweisen, diese zu korrigieren. Den Rechtsgelehrten steht es dann also zu, über ein Gesetz zu urteilen, während der Richter nur nach diesem urteilen darf.

In dieser Aufgabenzuteilung der Rechtsgelehrten lässt sich ein Ansatz der Gewaltenteilung erkennen. Zwar hat Thomasius die Gesetzgebung als alleinige Aufgabe des Fürsten angesehen.[686] Sein Herrschaftsverständnis war also von ungeteilter Souveränität bzw. absoluter Macht gekennzeichnet[687], was schon daran deutlich wird, dass er einen Eingriff durch den Richter im Wege der praktischen *aequitas cerebrina* ablehnt. Gleichzeitig eröffnet Thomasius jedoch die Möglichkeit der Beratung des Fürsten durch Rechtsgelehrte.[688] Daran lässt sich erkennen, dass sich Thomasius dem Gedanken der Begrenzung fürstlicher Macht annähert. Thomasius wirkt nämlich auf eine „arbeitsteilige Zusammenarbeit von *doctor* und *princeps*" hin.[689] Diese Kooperation tritt zum einen im Verhältnis zu den (törichten) Untertanen zu Tage[690], denn wie oben gezeigt, bedürfen die

---

686 Vgl. oben Fn. 641 und 642.

687 *Kühnel*, Das politische Denken von Christian Thomasius (Fn. 56), S. 140.

688 Zur Rolle der Gelehrten im fürstlichen Absolutismus *Schneiders*, Die Philosophie des aufgeklärten Absolutismus, in: *Bödeker/Herrmann* (Hg.), Aufklärung als Politisierung - Politisierung der Aufklärung, Hamburg 1987. Dazu auch *Kühnel*, Das politische Denken von Christian Thomasius (Fn. 56), S. 140 ff.; *Grunert*, Normbegründung und politische Legitimität (Fn. 11), S. 278 ff. Zum Vorrang der Macht bei der Rechtssetzung *Schneiders*, Naturrecht und Liebesethik (Fn. 90), S. 258-262. Zur Unterscheidung von Befehl und Rat bei der Gesetzgebung *Rüping*, Theorie und Praxis bei Christian Thomasius, in: *Schneiders* (Hg.), Christian Thomasius (1655-1728), Hamburg 1989, S. 140 f. *Weber*, Zwischen Fürstenabsolutismus und Räteherrschaft, in: *Vollhardt* (Hg.), Christian Thomasius (1655-1728), Tübingen 1997 nimmt hingegen eher eine Einordnung der Gelehrten in das politische Denken Thomasius' vor, ohne auf die Beziehung zum Fürsten einzugehen.

689 *Schneiders*, Die Philosophie des aufgeklärten Absolutismus (Fn. 688), S. 36. Ähnlich auch *Kühnel*, Das politische Denken von Christian Thomasius (Fn. 56), S. 141. Diese Arbeitsteilung bringt Thomasius auch schon in den *Fundamenta* zum Ausdruck. Da sich Thomasius der dortigen Argumentation bedient, um die Heilung der *aequitas cerebrina* durch den Fürsten und nicht die Gelehrten zu begründen, sei auf den Abschnitt S. 273 ff. verwiesen.

690 Zu den Normen des Rats und Befehls gegenüber den Untertanen siehe *Schneiders*, Die Philosophie des aufgeklärten Absolutismus (Fn. 688), S. 35 ff.; *Kühnel*, Das politische Denken von Christian Thomasius (Fn. 56), S. 141. Außerdem *Grunert*, Normbegründung und politische Legitimität (Fn. 11), S. 208 ff.

Menschen der allgemeinen Norm des Naturrechts, das die drei Regeln des *iustum, decorum* und *honestum* umfasst.[691] Die Durchsetzung dieser Regeln erfolgt auf unterschiedlichen Wegen: Während der Rechtsfrieden des *iustum* durch Befehle (*imperium*) durchgesetzt wird, zielt der Rat (*consilium*) auf die Erfüllung der moralischen Normen des *honestum* und *decorum* ab[692] und auch auf der Ebene des positiven Rechts entfaltet das Gesetz eine zwingende Wirkung, der Rat nicht.[693]

Zum anderen kommt die Kooperation aber auch im Verhältnis des Fürsten zu den Beratern zum Ausdruck, wie Thomasius in der Dissertation festlegt. Dass der Fürst sehr wohl dem Rat eines Rechtsgelehrten unterliegt, hat er bereits in den *Fundamenta* festgelegt, denn nicht nur kann der Fürst dem Lehrer befehlen, sondern er soll sich auch der Weisheit des Lehrers bedienen.[694] Das Verhältnis von Fürst und Rat wird also nicht nur durch einen impliziten „Anspruch auf politische Mitbestimmung im Sinne von Mitregierung"[695] charakterisiert, sondern zusätzlich auch durch das Verhältnis zueinander, durch die Kontrolle absolutistischer Macht. Indem das aktive Moment politischer Kontrolle zum Anspruch auf Mitbestimmung hinzutritt, kann in der Beteiligung der Räte am Prozess der Entscheidungsfindung auch ein Instrument zur intendierten Verhinderung der Tyrannei gesehen werden.[696] Thomasius erkennt, dass dem fürstenstaatlichen Absolutismus Schranken gesetzt werden müssen, was er jedoch nicht durch erzwingbare Pflichten für den Staat durchführt, sondern indem er mittels Ratschlägen an die Einsicht des Fürsten appelliert.[697] Der Gesetzeskorrektur durch den Fürsten sind also Kritik oder Ratschläge der Berater vorgelagert. Sie stellen für Thomasius das zulässige Maß fürstlicher Kontrolle dar und dürfen daher über Gesetze urteilen, während die Richter nur nach diesen urteilen dürfen. Der Richter greift durch die praktische *aequitas*

---

691 Siehe oben Fn. 289.

692 Siehe oben Fn. 124.

693 Siehe oben Fn. 69.

694 *Thomasius,* Fundamenta (Fn. 23), lib. 1, cap. 4, § 80, S. 90: „Ex quo etiam sequitur, quod Doctor debeat esse sub Imperio Principis, Princeps vero adhibere Doctores sapientiae in consilium." – Daraus folgt, dass der Lehrer unter dem Befehl des Fürsten sein muss, der Fürst aber die Lehrer der Weisheit zu Rate ziehen muss.

695 So *Schneiders,* Die Philosophie des aufgeklärten Absolutismus (Fn. 688), S. 38.

696 *Kühnel,* Das politische Denken von Christian Thomasius (Fn. 56), S. 147.

697 *Luig,* Christian Thomasius (Fn. 10), S. 251. Anderer Ansicht ist *Kühnel,* Das politische Denken von Christian Thomasius (Fn. 56), S. 147, der darin eher einen Appell an die potentiellen Berater der Fürsten erkennt.

cerebrina aber nicht nur in den Pflichtenkreis der Berater ein, sondern auch den der an den Universitäten tätigen Rechtsgelehrten:

Similis est ratio doctrinae academicae.	Ähnlich ist die Weise der akademischen Lehre.
Cum enim Academiae debeant esse seminaria reipublicae, adeoque etiam praeparare futuros consiliarios circa prudentiam legislatoriam, ad quam etiam pertinet prudens legum correctio, hinc necesse est, ut libertas relinquatur doctoribus academicis vel in lectionibus, vel in disputationibus subinde differendi de aequitate legum, & eam secundum dictamen rectae rationis examinandi, sed tamen libertas doctorum academicorum non tanta est, quanta consiliariorum.[698]	Weil nämlich die Universitäten Pflanzstätten des Staates sein und daher auch zukünftige Berater auf die gesetzgebende Klugheit vorbereiten müssen, auf die sich auch die kluge Korrektur der Gesetze bezieht, ist es daher notwendig, dass den Lehrern die Freiheit gelassen wird in Vorlesungen oder Disputationen wiederholt über die *aequitas* der Gesetze zu reden, und diese nach der Stimme der rechten Vernunft zu untersuchen und dennoch ist die Freiheit der Lehrer nicht so, wie die der Ratgeber.

Thomasius erklärt, dass neben den Beratern der Fürsten auch die Universitätslehrer dazu befugt sind, die *aequitas* eines Gesetzes zu untersuchen. Die Lehrer bilden nämlich die fürstlichen Berater in der gesetzgebenden Klugheit (*prudentia legislatoria*) aus, die einer Gesetzeskorrektur zugrunde liegt, weshalb Thomasius die Universitäten auch als „Pflanzstätte des Staates" bezeichnet. Die Lehrer bilden folglich das letzte Glied in der Kette der Gesetzgebung. An vorderster Stelle steht der Fürst, der einzig zur Gesetzgebung befugt ist. An zweiter Stelle stehen die Berater, die den Fürsten hinsichtlich der Gesetzgebung beraten, da sie in der *prudentia legislatoria* ausgebildet sind. An letzter Stelle stehen die Universitätslehrer, denen Thomasius deshalb Kompetenzen einräumt, weil sie es sind, die den Berater die *prudentia legislatoria* überhaupt vermitteln.

Hierbei handelt es sich um eine Form der *prudentia*, der Bewegung zum Guten hin.[699] Zur *prudentia legislatoria* führt Thomasius in der gleichnamigen Vorlesung aus, dass hierzu ein Gesetzesverständnis gehört, also ob ein

---

698 *Thomasius*, De aequitate cerebrina [1706] (Fn. 24), cap. 1, § 14, S. 14.
699 Siehe zur Klugheit bereits oben S. 99 ff.

Gesetz vernünftig ist.[700] Dort erklärt Thomasius auch, dass es die Pflicht der Rechtsgelehrten ist, Rat zu erteilen und die Gesetzgebungsklugheit damit verbunden ist.[701] So kommt er wie auch in der Dissertation zu dem Entschluss, dass die Universitäten „Pflanzstätten des Staates" sind, an denen die Ratgeber der Gesetzgeber herangebildet werden.[702] Bei der *prudentia legislatoria* handelt es sich also um die Bewegung zu einer guten Gesetzgebung hin, also den Willen mit den richtigen Mitteln gute Gesetze zu erlassen.[703] Diese stellt das Bindeglied zwischen Ratgebern und Lehrern dar, weil sie diese verinnerlichen und weitervermitteln müssen. Beiden kommt also die Aufgabe zu, zu untersuchen, ob Gesetze billig sind. Dennoch sind die Aufgaben nicht vollkommen identisch ausgestaltet. Es besteht zwischen ihnen ein gravierender Unterschied hinsichtlich der auf die *aequitas* zu untersuchenden Gesetze, denn Thomasius grenzt die Freiheit der Universitätslehrer gegenüber der Tätigkeit der Berater ein:

Illa pertinet etiam ad leges indubias etiam ab ipso principe latas, cuius consiliarii sunt.	Jene bezieht sich auf unzweifelhafte auch vom Fürsten selbst erlassene Gesetze, dessen Ratgeber sie sind.
Postulat enim eorum officium, ut etiam admoneant principem de utilitate reipublicae, & cum hoc sit in secreto, non exponitur autoritas principis.[704]	Deren Pflicht verlangt nämlich, dass sie auch den Fürsten an die Nützlichkeit für das Staatswesen erinnern, und weil dies im Verborgenen geschieht, wird die Autorität des Fürsten nicht bloßgestellt.

Den Beratern steht es frei, sich mit unzweifelhaften Gesetzen zu befassen, die der Fürst selbst erlassen hat, da es gerade deren Pflicht ist, an die Nützlichkeit für das Staatswesen zu erinnern. Da die Berater mit ihren Untersuchungen jedoch nicht nach außen treten, sondern den Fürsten selbst beraten, bleibt ihre Kritik verborgen. Die Autorität des Fürsten wird nicht in Frage gestellt, was der entscheidende Faktor ist, warum sich die Berater auch mit den fürstlichen Gesetzen befassen dürfen, wovon die Universitätslehrer[705] ausgenommen sind:

---

700 *Thomasius*, Über die Gesetzgebungsklugheit (Fn. 514), Kap. 1, § 4, S. 99.
701 *Thomasius*, Über die Gesetzgebungsklugheit (Fn. 514), Kap. 1, § 5, S. 99.
702 *Thomasius*, Über die Gesetzgebungsklugheit (Fn. 514), Kap. 1, § 9, S. 100.
703 *Tubies*, Prudentia legislatoria bei Christian Thomasius (Fn. 298), S. 97.
704 *Thomasius*, De aequitate cerebrina [1706] (Fn. 24), cap. 1, § 14, S. 14.
705 Siehe zur Stellung der Hochschullehrer bei Thomasius *Kühnel*, Das politische Denken von Christian Thomasius (Fn. 56), S. 282-294.

At doctores academici eum in finem non sunt constituti, ut principem ratione regiminis admoneant, nec poterit etiam reverentia & veneratio principi debita conservari, si in cathedris academicis examinetur aequitas legum a principe praeprimis noviter latarum.

Aber die Lehrer sind zu diesem Zweck nicht bestimmt, dass sie den Fürsten mit Vernunft an die Staatsleitung erinnern, und es kann auch nicht die dem Fürsten gebührende Ehrfurcht und Ehrerbietung gewahrt werden, wenn an den Universitätslehrstühlen die *aequitas* der vom Fürsten zuvorderst neu erlassenen Gesetze untersucht wird.

Ergo libertas academicarum cathedrarum eo saltem se extendit, ut doceant auditores, genuinam aequitatem legum ab aequitate cerebrina secernere, per exempla legum peregrinarum, aux ex domesticis antiquatarum, aut quae antiquandae sunt, praeprimis si dubium sit, an eae leges in republica receptae sint, ac usum practicum habeant, aut habere possint.[706]

Also richtet sich die Freiheit der Universitätslehrstühle allein darauf, den Schülern beizubringen, die echte *aequitas* der Gesetze von der eingebildeten *aequitas* zu trennen, am Beispiel fremder Gesetze, auch aus Einheimischen verworfener oder zu verwerfender [Gesetze], zuvorderst, wenn ein Zweifel besteht, ob diese Gesetze im Staat rezipiert sind und praktischen Gebrauch haben oder haben können.

Von den Beratern unterscheiden sich die Universitätslehrer zunächst darin, dass sie den Fürsten nicht zu einer vernünftigen Staatsführung anleiten müssen. Thomasius hebt zudem hervor, dass auch die Ehrfurcht und Ehrerbietung vor dem Fürsten leiden kann, wenn die Gelehrten vom Fürsten selbst erlassene Gesetze auf die *aequitas* untersuchen. Stattdessen soll sich ihre Tätigkeit darauf beschränken, über die Unterscheidung der echten *aequitas* von der eingebildeten zu unterrichten. Dies soll entweder anhand fremder Gesetze geschehen, oder anhand einheimischer Gesetze, die verworfen wurden oder werden müssen, weil zweifelhaft ist, ob diese rezipiert und tatsächlich im Gebrauch sind. Anders als die Berater untersuchen die Lehrer die *aequitas* nicht im Verborgenen, sondern teilen ihre Erkenntnisse mit anderen Personen. Thomasius befürchtet einen Ansehensverlust des Fürsten, weshalb dieser an den Universitäten nicht auf den Prüfstand gestellt werden darf. Eine wissenschaftliche Freiheit ist also nur innerhalb der Grenzen der fürstlichen Macht gegeben. Gegenüber den

---

706 *Thomasius,* De aequitate cerebrina [1706] (Fn. 24), cap. 1, § 14, S. 14 f.

persönlichen Überzeugungen des Lehrers besitzt die Loyalitätspflicht im öffentlichen Amt absolute Priorität.[707] Thomasius „arkanisiert" die Klugheit politischer Entscheidungsfindung, weshalb sie außerhalb jeder legitimen öffentlichen Kritik steht und keine Gegenstand wissenschaftlicher Beschäftigung sein kann.[708] Die Gesetzgebungsmacht soll unantastbar beim Fürsten verbleiben und nicht öffentlich in Frage gestellt werden. Dennoch lässt sich der Einfluss der Universitäten auf die politischen Entscheidungen nicht leugnen, wie Thomasius mit der Bezeichnung als „Pflanzstätte des Staates" deutlich macht. Mögen die Rechtsgelehrten auch keine politische Verantwortung übernehmen, will ihnen Thomasius faktisch die Führung des Staates übertragen.[709] Trotz der grundsätzlich allumfassenden und absoluten Kompetenz des Gesetzgebers überlässt Thomasius ihm nicht die Schaffung der rechtlichen Grundlagen des Staatslebens.[710] Gegenstand wissenschaftlicher Erörterung darf daher beispielsweise das gemeine Recht sein:

Quales sunt intuitu Germaniae pleraeque leges iuris Iustinianei, & respectu Germaniae protestantis pleraeque leges iuris canonici, quatenus utrumque civile est, non quatenus genuina dictamina iuris naturae & gentium repetit.[711]	Derartig beschaffen sind mit Rücksicht auf Deutschland viele Gesetze des justinianischen Rechts, und mit Rücksicht auf das protestantische Deutschland viele Gesetze des kanonischen Rechts, sofern beides bürgerlich ist, nicht sofern es die wahren Stimmen des Natur- und Völkerrechts wiederholt.

Thomasius nennt als Gesetze, die für eine Untersuchung an den Universitäten zulässig sind, das römische und kanonische Recht. Einschränkend fügt er hinzu, dass dies nur für die positiven, nicht aber für die natur- oder völkerrechtlichen Gesetze gilt. Dies lässt sich mit Blick auf Thomasius' Rechtsverständnis nachvollziehen, denn er hält das natürliche Recht für auf einem göttlichen Willen beruhend und nicht durch den Menschen veränderbar.[712] Zudem ist auch rein begriffslogisch eine *aequitas*-Untersuchung der naturrechtlichen Normen nicht möglich, da Thomasius die

---

707 *Kühnel*, Das politische Denken von Christian Thomasius (Fn. 56), S. 287.
708 *Kühnel*, Das politische Denken von Christian Thomasius (Fn. 56), S. 291.
709 *Kühnel*, Das politische Denken von Christian Thomasius (Fn. 56), S. 293 f.
710 *Luig*, Christian Thomasius (Fn. 10), S. 246 f.
711 *Thomasius*, De aequitate cerebrina [1706] (Fn. 24), cap. 1, § 14, S. 15.
712 Siehe oben den Abschnitt zum positiven und natürlichen Recht S. 32 ff.

aequitas gerade mit dem Naturrecht gleichsetzt.[713] Dieses kann also nicht hinsichtlich der *aequitas* untersucht werden, denn ein Verstoß des Naturrechts gegen das Naturrecht stellt ein Paradox dar, das daher keiner Überprüfung bedarf. Thomasius stimmt hier im Ergebnis mit dem Gedanken *Pufendorfs* überein, der ebenso bemerkt, dass eine *aequitas*-Korrektur des Naturrechts nicht möglich ist, weil eine Diskrepanz zwischen Natur und Gesetz nicht besteht.[714] Bei *Pufendorf*, vor allem aber bei seinen Kommentatoren wird deutlich, dass die *aequitas* in dem Naturrecht aufgeht[715], was auch Thomasius in beiden Dissertationen zum Ausdruck bringt. Abgesehen von dieser bloß sprachlich differenzierten Eingrenzung soll es den Hochschullehrern folglich zustehen, die Gesetze des römischen und kanonischen Rechts hinsichtlich der *aequitas* zu untersuchen und dies zu unterrichten.

Thomasius nimmt also eine Abstufung der zulässigen Tätigkeiten der Rechtstheoretiker vor und stellt die Freiheit der Lehrer hinter die der Berater. Diese Subordination dient der Manifestation der fürstlichen Macht, denn diese soll nicht in Frage gestellt werden. Folglich dürfen die Berater (nicht öffentlich) über Gesetze des Fürsten urteilen, die Universitätslehrer (öffentlich) nur über fremde oder bereits außer Kraft gesetzte Gesetze. Eine öffentliche Gesetzeskritik hat zu unterbleiben. Der Herrscher darf lediglich durch seine Berater dazu angeleitet werden eine billige Gesetzeslage herzustellen. Bei der Aufgabenverteilung zwischen Universitätslehrern und Ratgebern kommt also einmal mehr der Vorrang zum Vorschein, den Thomasius der Gesetzgebungsmacht des absolutistischen Herrschers beimisst. In diese Sphäre darf der Richter überhaupt nicht eingreifen, da er nicht über, sondern nur nach Gesetzen urteilen darf. Das Verbot einer Gesetzeskorrektur durch den Richter ergibt sich schon daraus, dass der Fürst alleinig als Gesetzgeber fungiert. Ein Zuwiderhandeln stellt eine praktische *aequitas cerebrina* dar. Als weiteren Grund führt Thomasius auch an, dass sonst die Kompetenzen der Berater und Universitätslehrer beschnitten werden. Auch dies steht im Zusammenhang mit der unantastbaren Gesetzgebungsmacht des Herrschers, weil dieser von den Beratern

---

713 Siehe dazu oben S. 80 ff.

714 *Pufendorf*, De Iure Naturae (Fn. 490), lib. 5, cap. 12, § 21, S. 557: „Aequitatem in lege naturali locum habere non posse; quam natura non loquatur universalius, quam lex exigit." – Dass die *aequitas* im natürlichen Gesetz nicht stattfinden kann, weil die Natur nicht allgemeiner spricht, als es das Gesetz fordert.

715 *Schröder*, Recht als Wissenschaft, Bd. 1 (Fn. 17), S. 115, Fn. 87, m.w.N. Zum Aufgehen der *aequitas* im Naturrecht siehe auch *Schröder*, Aequitas und Rechtsquellenlehre (Fn. 18), S. 301-304.

instruiert wird, welche ihr Wissen wiederum von den Universitätslehrern erhalten haben. Die praktische *aequitas cerebrina* beschreibt also den Fall, dass der Richter sich der *prudentia legislatoria* annimmt, die auszuüben dem Fürsten und darüber zu unterrichten den Beratern und Universitätslehrern zusteht.

cc) Ausübung verschiedener Ämter durch eine Person

Abschließend widmet sich Thomasius der Frage, in welchem Fall ein Richter der *aequitas cerebrina* unterliegen kann, wenn er noch ein anderes Amt wahrnimmt. So kann es passieren, dass der praktisch arbeitende Richter auch noch die Stelle eines Rechtstheoretikers wahrnimmt oder, dass ein Theoretiker sowohl die Rolle des Universitätslehrers als auch eines Beraters in sich vereint. Wie sind diese Ämter dann auszuüben? Thomasius stellt zunächst das Grundszenario dar, dass der Richter sich eines anderen Amtes annimmt:

Uti vero iudices, qui legem iudiciis praescriptam iniquitatis arguunt, & contra illam iudicant, vel ideo etiam practice magis quam theoretice peccant, quod quandoque contingere possit, ut lex praescripta emendatione indigeat, emendatio tamen non sit iudicum sed consiliariorum: [...].[716]	Wie aber die Richter, die ein für Urteile verbindliches Gesetz der Unbilligkeit rügen und gegen jenes urteilen, deswegen eher praktisch als theoretisch sündigen, wenn es sich auch irgendeinmal ereignen kann, dass ein vorgeschriebenes Gesetz einer Verbesserung bedarf, die Verbesserung jedoch nicht den Richtern, sondern den Beratern zusteht.

Als Grundsatz legt Thomasius fest, dass ein Richter eine praktische *aequitas cerebrina* herbeiführt, wenn er gegen ein Gesetz entscheidet, weil er dieses für unbillig hält, obwohl es für ihn verbindlich ist. Nicht die Richter, sondern die Berater dürfen zu Verbesserung herangezogen werden. Dieses Szenario wendet Thomasius nun ins Gegenteil um:

[...] ita etiam ex altera parte, si contingat, eundem hominem & persona iudicis & consiliarii esse indutum,	[...] So auch im Gegenteil, wenn es sich ereignet, dass derselbe Mensch die Rolle des Richters und des Rat-

---

716 *Thomasius*, De aequitate cerebrina [1706] (Fn. 24), cap. 1, § 15, S. 15.

aut etiam, si ei non liceat saltem in academiis docere, sed & si ei data sit potestas de iure respondendi, & sententiarum formulas iudicibus praescribendi, posse haec duo officia (non distincta solum sed & plane opposita) absque metu contradictionis moralis diversimode exerceri nullum est dubium.[717]

gebers spielt, oder auch, wenn er nicht nur an den Universitäten lehren darf, sondern wenn ihm auch die Macht gegeben ist, einen juristischen Rat zu geben und den Richtern Urteilsformeln vorzuschreiben, ist kein Zweifel, dass er diese zwei (nicht nur verschiedenen, sondern auch klar entgegengesetzten) Pflichten ohne Furcht vor einem moralischen Widerspruch verschiedenartig ausüben kann.

Für den Fall, dass eine Person mehrere Ämter ausübt, sei es der Richter, der auch als Berater tätig ist, sei es der Universitätslehrer, der zugleich auch Berater ist, hält Thomasius es für zulässig entsprechend dieser Ämter zu handeln. Die Person darf dann beide sich widersprechenden Pflichten ausüben, ohne in einen moralischen Widerspruch zu geraten. Die Ausübung eines Amtes schließt also nicht die Ausübung eines anderen Amtes aus. Entscheidend ist es allein, die Pflichten des jeweiligen Amtes nicht zu überschreiten. Daher veranschaulicht Thomasius anhand dreier Beispiele, dass derjenige, der sowohl als Lehrer, als auch als Richter tätig ist, zwei gegensätzliche Entscheidungen treffen kann:

Ita in cathedra multa erudite doceri solent de reliquiis papatus in legibus matrimonialibus etiam apud protestantes; & tamen, ubi tales leges papizantes a principe evangelico consistoriis sunt praescriptae, secundum illas haud dubie iudicandum erit.[718]

So wird am Lehrstuhl vieles gelehrig über die Überbleibsel des Papsttums in den ehelichen Gesetzen auch bei den Protestanten gelehrt; und dennoch, wo derartige papisantische Gesetze vom evangelischen Fürsten in den Kabinetten verordnet worden sind, muss nach denen ohne Zweifel geurteilt werden.

Als erstes Beispiel führt Thomasius an, dass jemand als Universitätslehrer sehr wohl den Verbleib päpstlicher Regeln zum Eherecht im protestantischen Staat untersuchen darf. Hat der evangelische Fürst jedoch päpst-

---

717 *Thomasius*, De aequitate cerebrina [1706] (Fn. 24), cap. 1, § 15, S. 15.
718 *Thomasius*, De aequitate cerebrina [1706] (Fn. 24), cap. 1, § 15, S. 15.

liches Recht in seine Gesetzgebung aufgenommen, muss sie auch angewandt werden. Diese Pflichtenkollision kann auch beim römischen Recht auftreten:

Ita doceri solet, quod clausula libellorum, desuper nobilissimum iudicis officium implorando sit inanis & nullius usus.	So wird gelehrt, dass die Klausel der Klagschrift „hierüber das mildrichterlichste Amt anrufen"[720] inhaltlos und zu niemandes Nutzen ist.
At, si ad acta ex ducatu Magdeburgico sententia sit ab eodem doctore formanda, ob legis praescriptionem merito actorem condemnaret, qui clausulam illam omisisset. **u**)[719]	Aber, wenn im magdeburgischen Herzogtum von demselben Lehrer eine aktenmäßige Sentenz gefällt werden muss, verurteilt er wegen der Vorschrift des Gesetzes mit Recht den Kläger, der jene Klausel unterlassen hat.

Als zweites Beispiel gibt Thomasius an, dass ein Universitätslehrer im Herzogtum Magdeburg einerseits lehren kann, dass die Klausel *de super nobile iudicis implorando* nicht mehr notwendig ist. Andererseits muss er als Richter ein Urteil nach der ihm vorliegenden Aktenlage[721] fällen und gegen den Kläger urteilen, der diese Klausel unterlassen hat, weil die magdeburgische Prozessordnung[722] die Verwendung der Klausel verlangt.

---

719 *Thomasius*, De aequitate cerebrina [1706] (Fn. 24), cap. 1, § 15, S. 15 f.

720 Hierbei handelt es sich um eine Klausel in der Konklusion einer Klageschrift mit der Bedeutung: Worüber und was sonst nach Art und Eigenschaft dieser Sache hätte gebeten werden können, sollen oder mögen, will der Richter das mild-richterliche Amt imploriert haben, *Zedler, Johann Heinrich*, Grosses vollständiges Universal-Lexikon aller Wissenschaften und Künste, Bd. 6 Ci-Cz, 2., vollst. photomechanischer Nachdr. [der Ausg.] Leipzig/Halle 1733, Graz 1996, s.v. Clausula de implorando officium iudicis nobile, Sp. 289. Nach dieser Klausel soll der Richter also bei einem eventuell unbestimmten Klageantrag nach billigem Ermessen entscheiden.

721 *Zedler, Johann Heinrich*, Grosses vollständiges Universal-Lexikon aller Wissenschaften und Künste, Bd. 37 Send-Si, 2., vollst. photomechanischer Nachdr. [der Ausg.] Leipzig/Halle 1743, Graz 1996, s.v. Sententz (Actenmäßige), Sp. 146. Ein solcher Rechtsspruch oder Urteil, welches denen geführten Akten vollkommen gemäß ist, und weder mehr noch weniger enthält, als von den Parteien gebeten und bewiesen worden ist.

722 Auf diese verweist er in der Fußnote **u**). Sie ordnet an, dass diese Klausel ans Ende der Klage gestellt werden muss und dem Kläger sonst 5 Taler Strafe drohen: *Magdeburg, Herzogtum*, Chur-Fürstliche Brandenburgische Im Hertzogthume Magdeburg Publicirte Proceß Ordnung. Anno 1686, Halle in Sachsen

Thomasius nennt noch ein weiteres Beispiel, wann eine Person als Lehrer und Richter unterschiedliche Ansichten vertreten kann:

Ita multa in cathedris iuridicis doceri solent quotidie de parum christiano, imo & parum prudente & saepe iniquo exercitio actionis iniuriarum, & tamen idem doctor extra cathedram absque contradictione morali forte eadem hora pronunciat de iusto actionis huius exercitio **w**).[723]

So vieles wird an den juristischen Lehrstühlen täglich über die kaum christliche, ja sogar kaum kluge und oft unbillige Ausübung der *actio iniuriarum* gelehrt und dennoch entscheidet derselbe Lehrer außerhalb des Lehrstuhls ohne moralischen Widerspruch etwa zur selben Zeit über die gerechte Ausübung dieser Klage.

Drittens erklärt Thomasius, dass ein Lehrer an der Universität lehren kann, dass die Ausübung der *actio iniuriarum* weder christlich, noch klug oder billig ist[724] und dennoch moralisch einwandfrei vor Gericht entscheiden darf, dass diese Klage rechtmäßig ausgeübt wird, weil dies von Rechts wegen gilt.[725] Alle drei Beispiele verdeutlichen also, dass ein Richter sein

---

1686, ad cap. 18, § 1, S. 63 f.: „In der ersten *Supplic* oder Klage soll das *factum* und Geschicht/ daraus die *Actio* und Forderung herrühret/ klar und gründlich fürbracht/ und nach solcher Geschichts-Erzehlung/ eine rechte und förmliche *petition* oder Bitte angestellet/ auch zu Ende der *Supplic* oder Klage/ die Gemeine/ gewöhnliche und nothdürftige *Clausul*: worüber oder was sonst nach Art und Eigenschafft dieser Sache/ *omni meliori modo* gebeten werden sollen oder mögen/ wird das Richterliche Ambt *decenter imploriret*: bey 5. Thalern Straffe/ nicht aussen gelassen werden/ damit/ obgleich die Petition der Klare *inept* und unförmlich/ oder nicht gnugsam wäre/ dennoch auff die *Narrata* und erzehlete Geschichte ergehen und erkant werden möge/ was Recht ist; Gestalt ein jeder Richter *vi huius Clausulae*, schuldig und befugt seyn soll/ das jenige/ was der *Advocat circa Ius* übergangen/ *secundum Acta & probata in sententionando* zu *suppliren* [Hervorh. im Orig.].“

723 *Thomasius*, De aequitate cerebrina [1706] (Fn. 24), cap. 1, § 15, S. 16.

724 Siehe zur *actio iniuriarum* und ihrer Geltung bzw. Abschaffung in den Territorien *Moosheimer*, Die actio injuriarum aestimatoria im 18. und 19. Jahrhundert. Eine Untersuchung zu den Gründen ihrer Abschaffung, Tübingen 1997, S. 13-90.

725 Dies belegt Thomasius in der Fußnote **w**), mit der Formel: „Und seyd N. der zugefügten *injurien* halber, da Ihr denselben Anspruchs zu erlassen nicht gemeinet, *injuriarum* zu belangen wohl befugt V. R. W." [Hierbei handelt es sich womöglich um ein Konsil der hallensischen Fakultät zu einem spezifischen Rechtsfall. Zum jetzigen Zeitpunkt ist die Formel in keiner betreffenden Konsiliensammlung der Fakultät zu finden. Insbesondere das Kürzel V[on] R[echts]

Urteil nach dem Recht fällen muss, aber an der Universität sehr wohl ein Gesetz hinsichtlich der *aequitas* untersuchen darf. Eine solche Doppelrolle und von daher kontroverse Ansichten hält Thomasius für zulässig.

Es scheint so, als sähe Thomasius in diesem Szenario einen Sonderfall, in welchem der Richter ausnahmsweise doch ein Gesetz kritisieren darf. Von einem Sonderfall kann hier jedoch nicht die Rede sein, denn Thomasius stellt gerade nicht fest, dass der Richter in dieser Funktion ein Gesetz kritisieren darf, sondern nur in der Funktion des Rechtslehrers. Eine Person darf entsprechend ihres Amts tätig werden. Thomasius untermauert also lediglich die Unantastbarkeit des Gesetzes gegenüber Eingriffen des Richters. Er bekräftigt genau das, was er hinsichtlich der praktischen *aequitas cerebrina* schon dargelegt hat: Der Richter darf nicht eigenmächtig in die Gesetze eingreifen und deren Anwendung aus Billigkeitsgründen unterlassen. Er hat das Gesetz als verbindlich anzusehen und in sein Urteil einzubeziehen. Auf Grundlage dieser Beispiele stellt Thomasius schlussendlich für die theoretische und praktische *aequitas cerebrina* fest:

Ita si quis in cathedra sibi putet defendendum esse, quod fures inique suspendantur, (de quo tamen mox quaedam distinctius videbimus) transmitti hoc potest cum caeteris aequitatis cerebrinae theoreticae exempli.	Also wenn jemand am Lehrstuhl meint, dass man vertreten muss, dass Diebe unbillig gehängt werden, (worüber wir jedoch bald etwas differenzierter denken werden), kann das bei den übrigen Beispielen der theoretischen eingebildeten *aequitas* belassen werden.
At si idem sua hac sententia velit legem Carolinam, aut mores publice receptos corrigere, graviorem censuram ob cumulationem aequitatis cerebrinae practicae meretur **x**).[726]	Aber, wenn derselbe durch sein Urteil die *lex carolina*, oder die öffentlich angenommenen Sitten korrigieren will, verdient er eine schwerere Besserungsstrafe wegen der Häufung der praktischen eingebildeten *aequitas*.

W[egen] weist aber Ähnlichkeiten zu den Gutachten in den *Consilia Hallensium* auf, weshalb davon auszugehen ist, dass Thomasius sich auf ein solches bezieht, vgl. *Stryk/Thomasius/Ludewig*, Consilia Hallensium Iureconsultorum, Bd. 1, Halle im Magdeburgischen 1733, cons. 7, Sp. 24].

726 *Thomasius*, De aequitate cerebrina [1706] (Fn. 24), cap. 1, § 15, S. 16.

Thomasius stellt klar, dass es eine theoretische *aequitas cerebrina* darstellt, wenn ein Universitätslehrer die Todesstrafe eines Diebes für unbillig erachtet. Auch hier greift der Lehrer nicht in das bestehende Gesetz ein, sondern kritisiert dieses lediglich, was Thomasius zwar auch als *aequitas cerebrina* auffasst, aber mangels eines tatsächlichen Eingriffs nur als theoretisch bezeichnet. Er weist darauf hin, dass an späterer Stelle die Diskussion zur Hängung eines Diebes noch einmal aufgegriffen wird.[727] Ist dieser Lehrer auch als Richter tätig und korrigiert in seinem Urteil entsprechend seiner Ansicht die *lex carolina*[728], bewertet Thomasius dies als schwerwiegendere, nämlich praktische *aequitas cerebrina*, denn der Richter greift in ein kaiserliches Gesetz ein.[729] In Thomasius' Augen kann eine Person also verschiedene Ämter ausüben und den jeweiligen Ämtern entsprechend widersprüchlich agieren. Ob jemand eine *aequitas cerebrina* herbeiführt, hängt von den Ansprüchen ab, die an das jeweilige Amt gestellt werden. So kann ein Universitätslehrer ein Gesetz zu Recht kritisieren, in der Person des Richters jedoch nicht. Unterlässt er die Anwendung eines Gesetzes aus Billigkeitsgründen, stellt dies eine praktische *aequitas cerebrina* dar. Hingegen ist die unzulässige *aequitas*-Kritik eines Universitätslehrers nur eine theoretische *aequitas cerebrina*, weil er nicht in die Gesetzeslage eingreift.

---

727 Die *aequitas* der Hängung des Diebes wird von Thomasius im Rahmen der groben *aequitas cerebrina* diskutiert und auch bekräftigt, siehe unten S. 222 ff.

728 Thomasius bezieht sich auf die *Constitutio Criminalis Carolina*, die unter besonderen Voraussetzungen in den Artikeln 159, 160 und 162 für den Diebstahl die Todesstrafe vorsah, vgl. *Radbruch*, Die Peinliche Gerichtsordnung Kaiser Karls des Fünften von 1532, 6., durchges. Aufl., Stuttgart 1984, S. 104 ff.

729 Thomasius verweist in Fußnote **x**) auf *Joachim Hoppes* Kommentar zu den Institutionen, der in Bezug auf den *usus hodiernus* von I. 4.1.5 feststellt, dass über die *aequitas* der Erhängung von Dieben diskutiert wird, aber schlussendlich resümiert, dass Richter und Rechtsgelehrte besten Gewissens die Strafe für Diebe anordnen können, weil sie ja gerade nach dem Gesetz und nicht über dieses urteilen sollen, vgl. *Hoppe*, Commentatio succincta ad Institutiones Iustinianeas, Frankfurt (Oder) 1701, lib. 4, tit. 1, § 5 a.E., S. 886 f.: „Ex quibus omnibus etsi satis constet, sua iustitia non destitui hanc poenam, dubium tamen non est, quin, si qui in illis locis, ubi eadem recepta, vel iudices sint, vel iurisconsulti, qui eam iniustam esse putent, nihilominus istam salva conscientia dictare possint, quia iudicum aut iurisperitorum non est de legibus, sed secundum leges iudicare." – Wenn auch allgemein genug bekannt ist, dass diese Strafe ihre Gerechtigkeit hat, besteht doch kein Zweifel, dass, wenn in den Orten, wo sie rezipiert ist, entweder Richter oder Rechtsgelehrte sind, die diese für ungerecht halten, trotzdem diese reinen Gewissens anordnen können, weil es den Richtern und Rechtskundigen nicht zusteht über, sondern nach Gesetzen zu urteilen.

Es wird folglich deutlich, dass der Unterschied zwischen theoretischer und praktischer *aequitas cerebrina* in der Eingriffsintensität besteht.

c) Fazit

Thomasius stellt für den Richter fest, dass sich dieser auf theoretische und auf praktische Weise irren kann. Er führt eine theoretische *aequitas cerebrina* herbei, wenn er es unterlässt im Wege der Auslegung den billigen Sinn eines Gesetzes zu ermitteln. Zu einer praktischen *aequitas cerebrina* führt es hingegen, wenn er ein Gesetz aus Billigkeitsgesichtspunkten gar nicht erst anwendet. Der Unterschied der theoretischen und der praktischen *aequitas cerebrina* liegt also darin, dass der Richter bei ersterer seine Pflicht unterschreitet und gar nicht tätig wird, obwohl er es eigentlich müsste, wodurch ein unbilliges Ergebnis entsteht, dass er als billig ausgibt. Bei letzterer überschreitet der Richter seine Pflicht, indem er auf das bestehende Gesetz einwirkt und nach seinem Gutdünken modifiziert, obwohl dies allein dem Fürsten zusteht. Dieser allein ist berechtigt unbillige Gesetze zu ändern. Wenn der Richter dieses dennoch vornimmt, mag das Ergebnis zwar billig sein, ist aber trotzdem nur eingebildet billig, weil die unbillige Situation nur durch den Fürsten behoben werden darf.

Thomasius macht durch seine Schilderungen zur theoretischen und praktischen *aequitas cerebrina* also letztlich deutlich, in welchem Verhältnis positives Recht und Naturrecht zueinanderstehen sollen. Dieses Verhältnis veranschaulicht er anhand der Rolle des Richters, der auf theoretische und auf praktische Weise irren kann. Thomasius macht dadurch deutlich, dass er Naturrecht und positives Recht nicht als ebenbürtig betrachtet. Das positive Recht darf nicht zu Gunsten des Naturrechts geändert werden, sondern behält seine Gültigkeit. Eine Korrektur darf nur durch den Fürsten selbst erfolgen, dem die Gesetzgebungsmacht zusteht. Er darf also mittels der *aequitas extrinseca* von außen auf das Gesetz einwirken. Der Richter soll hingegen die bereits im Gesetz zum Ausdruck gebrachte *aequitas* (*intrinseca*) anwenden, was streng genommen keine Korrektur darstellt, sondern die Ermittlung, des ohnehin schon im Gesetz verankerten, billigen Willens des Gesetzgebers. Thomasius hält dies nicht für einen äußeren Eingriff in das Gesetz, sondern quasi als eine Modifizierung des Gesetzes durch sich selbst. Auch hier liegt der Grund in der Autorität des Fürsten.

Somit wird deutlich, dass grundsätzlich das geschriebene Gesetz an erster Stelle der Normenhierarchie steht. Nach diesem gilt es in erster Linie zu urteilen. Auch das Naturrecht darf nicht in Form der *aequitas* herangezogen werden, um ein Gesetz entsprechend seinen Voraussetzungen zu korrigieren. Jede Zuwiderhandlung konzipiert eine *aequitas cerebrina* im praktischen Sinne. Mittels der Unterscheidung zwischen theoretischer und praktischer *aequitas cerebrina* legt Thomasius also zum einen die Voraussetzungen für eine billige Auslegung fest und zum anderen, unter welchen Umständen das Naturrecht in das positive Recht hineinwirken darf.

3. Einteilung in offenkundig und subtil

Im Anschluss an die Unterscheidungen zwischen gesetzgebender, ratgebender und urteilender *aequitas cerebrina*, sowie theoretischer und praktischer *aequitas cerebrina* unterscheidet Thomasius diese zuletzt anhand der Erkenntnis durch andere Menschen und nennt die *aequitas cerebrina* dann offenkundig (*crassus*) oder subtil (*subtilis*):

Ulterius aequitas cerebrina est vel crassa vel subtilis.[730]	Weiterhin ist die eingebildete *aequitas* entweder offenkundig oder subtil.

Eine Unterscheidung dieser Begriffe nimmt er in der *Einleitung zur Vernunftlehre* vor, wo er zwischen verschiedenen Arten der Erkenntnis des Verstandes unterscheidet. Die Erkenntnis bezeichnet er als offenkundig, wenn man das Erkannte einem anderem ebenso deutlich beibringen kann.[731] Die Erkenntnis ist hingegen subtil, wenn sie einem anderen nicht so deutlich vermittelt werden kann.[732] Die Unterscheidung der Erkenntnis wird also in Ansehung anderer vorgenommen.[733] Entsprechend dieser Maßstäbe bezeichnet Thomasius die *aequitas cerebrina* als offenkundig:

Crassa, quando praetextus aequitatis ita comparatus est, ut facile a quocunque homine eiusdem falsitas deprehendatur.[734]	Grob, wenn der Vorwand der *aequitas* so beschaffen ist, dass mühelos von jedem Menschen derselben Falschheit begriffen werden kann.

---

730 *Thomasius*, De aequitate cerebrina [1706] (Fn. 24), cap. 1, § 16, S. 16.
731 *Thomasius*, Einleitung zur Vernunftlehre (Fn. 435), cap. 3, § 91, S. 118 f.
732 *Thomasius*, Einleitung zur Vernunftlehre (Fn. 435), cap. 3, § 92, S. 119.
733 *Thomasius*, Einleitung zur Vernunftlehre (Fn. 435), cap. 3, § 93, S. 119.
734 *Thomasius*, De aequitate cerebrina [1706] (Fn. 24), cap. 1, § 16, S. 16.

Thomasius nennt die *aequitas cerebrina* offenkundig, wenn ihre Falschheit für jedermann leicht zu erkennen ist. Zur subtilen *aequitas cerebrina* führt er aus:

Subtilis, quando aequitas cerebrina per autoritatem ea utentium aut eam introducentium in errorem communem abiit, ita ut eius falsitas, etsi alias evidenter demonstrata vix possit persuaderi praeiudicio illo imbutis.[735]	Subtil, wenn die eingebildete *aequitas* durch die Autorität der diese Nutzenden oder diese Einführenden in einen gemeinen Irrtum übergeht, so dass ihre Falschheit, wenn auch sonst offenbar gezeigt, kaum die von jenem Vorurteil Eingenommenen überzeugen lässt.

Thomasius bezeichnet die *aequitas cerebrina* als subtil, wenn sie zwar offensichtlich falsch ist, was aber nicht erkannt wird. Dies führt er darauf zurück, dass die Autorität derjenigen, die eine *aequitas cerebrina* hervorrufen, einen gemeinen Irrtum herbeiführen. Diejenigen, die dann von diesem Vorurteil (der Autorität) eingenommen sind, bemerken nicht, dass eigentlich eine *aequitas cerebrina* eingeführt wird. In Anlehnung an die Unterscheidung in der *Einleitung zur Vernunftlehre* beschreiben die Zusätze *crassus* und *subtilis* die Art und Weise, wie die *aequitas cerebrina* nach ihrer Entstehung anderen vermittelt wird. Die Unterscheidung betrifft also nicht die Menschen, die eine *aequitas cerebrina* hervorrufen, sondern nun diejenigen, die mittels einer *aequitas cerebrina* beirrt werden. Thomasius adressiert hier nicht die ursprüngliche (primäre) falsche Erkenntnis der *aequitas cerebrina*[736], sondern die Vermittlung dieser Erkenntnisse durch die ursprünglich Irrenden auf einer sekundären Ebene.[737] Dies verdeutlicht er anhand verschiedener Beispiele und wendet sich hinsichtlich der offenkundigen *aequitas cerebrina* dem Gebrauch des mosaischen Rechts zu (a)). Anschließend nennt er Beispiele für die subtile *aequitas cerebrina* und

---

735 *Thomasius*, De aequitate cerebrina [1706] (Fn. 24), cap. 1, § 16, S. 16.
736 Diese hat er schon im Rahmen des Ursprungs der *aequitas cerebrina* herausgearbeitet, vgl. oben S. 126 ff.
737 Damit kann dieser Abschnitt in enger Verbindung mit den Erträgen der *aequitas cerebrina* betrachtet werden, die Thomasius in § 20 schildert, aber bereits oben S. 153 ff. thematisiert werden, weil er dort auch darstellt, welche Wirkungen die *aequitas cerebrina* im Willen und Verstand des verursachenden Menschen hat. Dort nimmt er jedoch auch eine Betrachtung der Sekundärebene vor und arbeitet heraus, welche Konsequenzen die Herbeiführung der *aequitas cerebrina* hat.

bringt dabei insbesondere seine Abneigung gegenüber dem kanonischen Recht zum Ausdruck (b)).

a) Offenkundige *aequitas cerebrina*

Thomasius kommt zunächst auf Beispiele der offenkundigen *aequitas cerebrina* zu sprechen. Diese zeichnen sich dadurch aus, dass offensichtlich gegen eine bestehende Rechtslage verstoßen wird, indem rechtliche Vorgaben missachtet werden. Hierzu zählt er beispielsweise die theoretische und praktische *aequitas cerebrina* des Richters (aa)). Darüber hinaus ist auch das Vertreten von erkennbar falschen Rechtsauffassungen eine offenkundige *aequitas cerebrina* (bb)).

aa) *Aequitas cerebrina* des Richters

Zunächst bezeichnet Thomasius die theoretische und praktische *aequitas cerebrina* als offenkundig:

Exempla crassae aequitatis cerebrinae possunt esse praetextus iudicandi secundum leges in aperta cavillatione; & praetextus interpretandi legem ex aequitate in eius correctione per dicta superius.[738]	Beispiele der offenkundigen eingebildeten *aequitas* können sein, der Vorwand nach Gesetzen in klarer Verdrehung zu urteilen; und der Vorwand ein Gesetz nach der *aequitas* zu dessen Verbesserung auszulegen durch das oben Gesagte.

Thomasius nennt als Beispiele den Vorwand nach einem Gesetz in klarer Verdrehung zu urteilen oder ein Gesetz zur Verbesserung auszulegen und verweist dadurch auf seine vorherigen Erläuterungen zur theoretischen[739] und praktischen[740] *aequitas cerebrina* des Richters, der ein Gesetz aus scheinbarer *aequitas* nicht auslegt oder entgegen den Willen des Gesetzgebers korrigiert. Beide beschreiben ein Szenario, in dem sich jemand (der Richter) klar gegen das Gesetz wendet, indem er entweder dieses nicht

---

738 *Thomasius*, De aequitate cerebrina [1706] (Fn. 24), cap. 1, § 16, S. 16 f.
739 Siehe dazu oben S. 176 ff.
740 Siehe dazu oben S. 185 ff.

wie vorgeschrieben einschränkend auslegt[741], oder dieses zur Verbesserung auslegt. Dabei hat Thomasius sowohl das Gebot der Einschränkung als auch das Verbot der Verbesserung insbesondere anhand der römischen Juristen *Ulpian*, *Paulus* und *Celsus*[742] belegt. Ein Zuwiderhandeln stellt einen Verstoß gegen eindeutige Vorgaben dar und ist somit eindeutig erkennbar, weshalb die dann hervorgerufene *aequitas cerebrina* offenkundig ist.

bb) Erkennbar falsche Rechtsauffassungen

Ebenfalls stuft er es als offenkundig ein, wenn jemand eine juristische Meinung vertritt und dabei die Rechtsquellen missachtet, die in jedem Fall beachtet werden müssen. Zu Veranschaulichung greift er erneut auf die Frage zurück, ob die Todesstrafe für einen Diebstahl gerecht ist:

Sic satis crassus etiam est ille aequitatis praetextus, qui ICtos quosdam pariter ac theologos excoecavit, ut negarent, fures iuste suspendio puniri.[743]	So ist auch der Vorwand der *aequitas* sehr offenkundig, der einige Rechtsgelehrte wie Theologen geblendet hat, so dass sie verneint haben, dass Diebe durchs Aufhängen gerecht bestraft werden.

Thomasius bezeichnet auch die Ansicht, dass der Tod durch den Strang keine gerechte Strafe für einen Diebstahl ist, als offenkundige *aequitas cerebrina*. Dies begründet er damit, dass sich diese Meinung auf zwei erkennbar falsche Erwägungen stützt:

Nititur enim potissimum duabus hypothesibus palpabiliter falsis, quasi nimirum (1) lex Mosaica forensis, qualis haud dubie illa est, quae de	Er stützt sich nämlich vornehmlich auf zwei greifbar falsche Hypothesen, dass nämlich 1. das forensische mosaische Gesetz, was jenes ohne

---

741 So hat er bereits im Rahmen der theoretischen *aequitas cerebrina* erklärt, dass diese eigentlich klar erkennbar ist, aber dennoch als *cerebrina* zu bezeichnen ist, siehe oben Fn. 603.

742 Siehe oben Fn. 614 und 653 zu *Ulpian*, der sagte, dass das Recht zwar hart, aber so geschrieben sei. Siehe auch oben Fn. 452 und 617 zu *Paulus* und *Celsus*, welche feststellen, dass unter der Autorität der Rechtswissenschaft über das Gute und Billige geirrt wird, weshalb Thomasius die Ansicht vertritt, dass auf den Sinn des Gesetzes mehr geachtet werden muss als auf den Wortlaut.

743 *Thomasius*, De aequitate cerebrina [1706] (Fn. 24), cap. 1, § 16, S. 17.

furum poena agit, sit norma omnium legum civilium, & quasi (2) proportio, quae haud dubie quaerenda est inter delictum & poenam, debeat quaeri inter poenam & obiectum delicti, aut clarius, quasi obiectum delicti (pecunia) sit ipsum delictum (furtum). Reliqua momenta huc pertinentia evolvantur apud alios. z)[744]

Zweifel ist, welches über die Strafe der Diebe handelt, eine Richtschnur aller bürgerlichen Gesetze ist; und dass 2. das Verhältnis, das man ohne Zweifel zwischen Vergehen und Strafe herstellen muss, zwischen Strafe und Gegenstand des Vergehens gesucht werden muss, oder klarer wie der Gegenstand des Vergehens (Geld) die Straftat selbst ist (Diebstahl). Die übrigen sich hierauf beziehenden Punkte werden bei anderen behandelt.

Thomasius erklärt, dass sich die Gegner der Todesstrafe beim Diebstahl fälschlicherweise zum einen auf das mosaische Recht ((1)), zum anderen auf die Proportionalität der Strafe ((2)), berufen.[745] Auf diese in Thomasius' Augen falschen Hypothesen ist im Folgenden genauer einzugehen.

(1) Mosaisches Recht

Dass die Todesstrafe fälschlicherweise als ungerechte Strafe für einen Diebstahl angesehen wird, führt Thomasius fürs Erste auf die irrige These zurück, dass das mosaische Gesetz[746] eine Richtschnur des bürgerlichen Gesetzes sein soll. Er lehnt es ab, dass das vortestamentarische mosai-

---

744 *Thomasius*, De aequitate cerebrina [1706] (Fn. 24), cap. 1, § 16, S. 17.

745 Thomasius verweist in Fußnote z) auf die Werke von *Joachim Hoppe*, *Martin Chemnitz* und *Ziegler*, die sich mit diesen und weiteren Argumenten auseinandergesetzt haben. So hat er die Aufzählung von *Hoppe* übernommen, der in seinem Institutionen-Kommentar die Gerechtigkeit der Todesstrafe beim Diebstahl untersucht und u.a. auf die irrtümliche Argumentation mit dem göttlichen Recht und die Proportionalität der Strafe hinweist, vgl. *Hoppe*, Commentatio ad Institutiones (Fn. 729), lib. 4, cap. 1, § 5, S. 885 f.

746 Das forensische Recht betrifft anders als das Zeremonialgesetz nicht den Gottesdienst, sondern die weltliche Rechtsordnung, vgl. *Thomasius*, Institutiones (Fn. 23), lib. 1, cap. 2, § 126, S. 86: „Lex divina particularis est vel ceremonialis vel forensis. Illa respicit ordinationes circa cultum divinum, hac in specie decisiones causarum forensium inter Judaeos […]." – Das besondere göttliche Recht ist entweder zeremoniell oder forensisch. Jenes blickt auf die Regelungen des Gottesdienstes, dieses mit Blick auf die Entscheidungen gerichtlicher Fälle

sche Recht als materielle Grundlage für das positive Recht herangezogen wird.[747] Eine Begründung hierfür liefert Thomasius nicht, sein Verweis auf *Hoppe* in der Fußnote **z**) legt jedoch nahe, dass er mit dessen Ansicht, dass die im Alten Testament geregelte Geldstrafe nur zum jüdischen Staat passe und daher nicht im derzeitigen Staat angewandt werden dürfe[748], konform geht. Diese Ansicht vertritt auch *Chemnitz*, auf den Thomasius in Übereinstimmung mit *Hoppe* ebenfalls in Fußnote **z**) verweist.[749]

Diesen Grundgedanken, dass das jüdische Recht nicht mehr zum Staat passt, hat Thomasius in den *Institutiones* erläutert, wo er erklärt, dass das mosaische Gesetz seine Gültigkeit verloren hat, weil nämlich das jüdische Gesetz mit dem Untergang des jüdischen Staates und der Zerstreuung der Juden erloschen und das zeremoniale Gesetz mit der Einführung neuer Sakramente und eines neuen Gottesdienstes durch Christus gegenstandslos geworden sei.[750] Aufgrund dieser Ausdifferenzierung ist Thomasius,

---

zwischen den Juden […]. Siehe zur Unterscheidung auch *Kühnel,* Das politische Denken von Christian Thomasius (Fn. 56), S. 37 f.

747 Thomasius' Verhältnis zum mosaischen Recht war grundsätzlich von Ehrfurcht geprägt. So hat Thomasius bereits zuvor das mosaische Recht als weise bezeichnet, vgl. oben Fn. 531. Dennoch lehnte er seine materielle Geltung aber ab. Zu Thomasius' Verhältnis zum mosaischen Recht siehe ausführlich *Tubies,* Prudentia legislatoria (Fn. 298), S. 100 ff.; *Izumo,* Die Gesetzgebungslehre im Bereich des Privatrechts bei Christian Thomasius (Fn. 16), S. 65 ff.; *Kühnel,* Das politische Denken von Christian Thomasius (Fn. 56), S. 37 ff., 133 f.; *Link,* Herrschaftsordnung und bürgerliche Freiheit (Fn. 521), S. 223 ff., 232 ff. 253-260; *Mohnhaupt,* Gesetz und Gesetzgebung im Rahmen einer zu konkretisierenden Rechtsquellenordnung bei Christian Thomasius (Fn. 88), S. 233 ff.; *Rüping,* Die Naturrechtslehre des Christian Thomasius und ihre Fortbildung in der Thomasius-Schule (Fn. 96), S. 57-59.

748 *Hoppe,* Commentatio ad Institutiones (Fn. 729), lib. 1, tit. 4, § 5 (1), S. 885: „Et poena pecuniaria, quae furibus in veteri testamento dictata, forensis fuit, et ad rempublicam iudaicam duntaxat restricta, ut adeo neutiquam ad nostras politias sit extendenda." – Und die Geldstrafe, die den Dieben im Alten Testament auferlegt wurde, war forensisch, und ist nur auf den jüdischen Staat beschränkt, wie es daher nicht auf unsere heutigen Verfassungen übertragen werden darf.

749 Vgl. *Chemnitz,* Locorum theologicorum pars secunda, Frankfurt a. M. 1591, Praeceptum 7, S. 99: „Quaeritur, an iustum sit fures punire suspendio, cum Lex divina hanc poenam non constituerit. Sed vera responsio est, constitutiones Mosaicas nostras politicas non obligare […]." – Es wird untersucht, ob es gerecht ist Diebe durchs Erhängen zu bestrafen, weil das göttliche Gesetz diese Strafe nicht vorsieht. Aber die wahre Antwort ist, dass die mosaischen Konstitutionen unsere Politik nicht verpflichten […].

750 *Thomasius,* Institutiones (Fn. 23), lib. 1, cap. 2, § 131 S. 87: „Lex forensis extincta fuit extincta Republica Judaica & dispersis Judaeis per totum terrarum orbem. Ceremonialis expiravit adventu Christi […]." – Das forensische Recht ist mit

anders als z.B. noch *Grotius*[751], in der Lage den Nutzen des mosaischen Gesetzes als materielle Vorlage für jegliche menschliche Gesetzgebung zu bestreiten.[752] Er begründet dies damit, dass die christliche Obrigkeit den Nutzen des Staates vor Augen haben muss, der sich vom Nutzen für den jüdischen Staat unterscheidet.[753]

In den *Institutiones* nimmt er dann auch auf die Behandlung des Diebstahls im mosaischen Recht Bezug und erklärt, dass eine Geldstrafe im jüdischen Volk zwar ausreichend war, dass aber, wenn sie den Zweck nicht mehr erfüllen kann, der Fürst die Strafe erhöhen muss.[754] Daraus

---

der Auslöschung des jüdischen Staates und die zerstreuten Juden in alle Länder ausgelöscht. Das zeremoniale ist mit der Ankunft Christi vergangen [...].

751 *Grotius* zufolge sollte das mosaische Recht den christlichen Fürsten grundsätzlich inhaltlich als Vorbild dienen, vgl. *Grotius*, De iure belli ac pacis libri tres, Paris 1625, lib. 1, cap. 1, § 17, S. 15: „Huic primae observationi affinis est altera, licere nunc his qui imperium inter Christianos obtinent leges ferre eius sensus cuius sunt leges per Mosem datae, nisi si quae sint leges quaerum tota substantia ad tempus Christi exspectati & Evangelii nondum revelati pertineat, aut nisi Christus ipse contrarium aut in genere aut in specie constituerit. Nam his tribus causis demtis nulla potest alia excogitari, cur quod olim Mosis lege fuit constitutum nunc sit extra ea quae licent." – Mit dieser ersten Beobachtung ist die andere verwickelt, dass es nun ihnen, die die Herrschaft unter den Christen innehaben, erlaubt ist, Gesetze zu erlassen, deren Sinn die von Moses gegebenen sind, außer wenn es Gesetze sind, deren ganze Substanz die Zeit vor dem erwarteten Christi und das noch nicht offenbarte Evangelium betrifft oder wenn nicht Christus selbst das Gegenteil im Allgemeinen oder Speziellen festlegt hat. Denn nachdem man diese drei Fälle wegnimmt, kann nichts anderes ersinnt werden, warum das, was einst durch Moses als Gesetz festgelegt wurde, nun außerhalb dessen sei, was sie erlauben.

752 *Kühnel*, Das politische Denken von Christian Thomasius (Fn. 56), S. 38.

753 *Thomasius*, Institutiones (Fn. 23), lib. 1, cap. 2, § 134, S. 88 f.: „[...] At Magistratuum Christianorum singuli suarum rerumpublicarum utilitatem prae oculis habere debent, quae ab utilitate Reip. Judaicae poterit esse diversa." – [...] Aber die Einzelnen der christlichen Obrigkeiten müssen den Nutzen für ihre Staaten vor Augen haben, die vom Nutzen für den jüdischen Staat unterschiedlich sein kann.

754 *Thomasius*, Institutiones (Fn. 23), lib. 1, cap. 2, § 135, S. 89: „E.g. Lex Forensis furtum restitutione dupli vel quadrupli punit. Sufficiebat hoc ad coercenda furta in populo Judaico. Ergo et si in aliqua Rep. hae poenae sint sufficientes, bene facit princeps, si illas usurpet; quod, si finem suum nequaquam obtineant, sed nihilominus furta multiplicentur, peccat princeps, si crescentibus delictis non simul poenas crescere procuret." – Zum Beispiel bestraft das forensische Recht den Diebstahl durch eine doppelte oder vierfache Restitution. Dies reichte im jüdischen Volk aus, um Diebe zu bändigen. Also auch wenn in irgendeinem Staat diese Strafen ausreichend sind, tut der Fürst recht, wenn er diese nutzt; dass, wenn sie ihren Zweck keineswegs erreichen, sondern nichtsdestoweniger

schließt er, dass das mosaische Gesetz dem Gesetzgeber keine konkrete Regel vorschreibt, so dass er auch kein Unrecht tut, wenn seine Gesetze gegen jenes verstoßen, weshalb auch die Bestrafung des Diebstahls mit dem Strang irrtümlicherweise kritisiert wird.[755] Da das mosaische Recht also seinen Zweck nicht im christlichen Staat erfüllen kann, darf es auch nicht als Vorlage für das Gesetz dienen. Thomasius setzt mithin einem statischen Verständnis von Recht und Politik die Auffassung einer spezifisch historischen und soziopolitischen Bedingtheit politischer Zweck- und Rechtssetzung entgegen.[756] Dem pflichtet Thomasius auch in der *Prudentia legislatoria* bei, wo er ebenfalls erklärt, dass es unmöglich ist, einen christlichen Staat mit mosaischen Gesetzen zu verbessern[757] und die geringere Strafe für den Diebstahl im mosaischen Staat passend war, weil es dort keine Anreize zu Ausschweifungen gab.[758]

Der in den *Institutiones* und der *Prudentia legislatoria* entwickelte Gedanke, dass das mosaische Recht nicht zu den Gepflogenheiten des christlichen Staates passt, spiegelt sich auch in der Dissertation von 1706 wieder, da Thomasius es als offensichtlich falsch bezeichnet, dass das mosaische Recht dem fürstlichen Recht inhaltlich als Grundlage dienen soll. Der Verweis auf andere Quellen, die in Abrede stellen, dass das mosaische Recht zum fürstlichen Staat passt, legt nahe, dass Thomasius auch in der Dissertation das Gesetz als dynamisches Produkt betrachtet, welches an den Wandel einer Gesellschaft angepasst werden muss. Diese Divergenz zwischen dem vergangenen Zustand des antiken jüdischen Staates und dem gegenwärtigen Zustand des frühmodernen Staates ist ausschlaggebend dafür, dass das jüdische Gesetz nicht der Gesetzgebung zugrunde liegen kann. Im Vordergrund der Argumentation steht für Thomasius hier also nicht unbedingt die unberührbare Gesetzgebungsmacht des Fürsten, sondern die

---

Diebstähle vermehrt werden, verfehlt der Fürst, wenn er bei vermehrenden Delikten nicht zugleich die Strafen zu vermehren pflegt.

755 *Thomasius*, Institutiones (Fn. 23), lib. 1, cap. 2, § 136, S. 89 f.: „Illi vero plane falluntur, qui putant legem divinam forensem normam praescribere principibus, secundum quam & ipsi Leges in Rebuspublicis suis formare debeant, ita ut peccent, si praeter aut contra illas aliquid disponant, & ex ista hypothesin v.g. suspendium furum impugnant.“ – Jene irren tatsächlich, die glauben, dass das göttliche forensische Gesetz den Fürsten eine Norm vorschreibt, nach der sie die Gesetze in ihren Staaten bilden müssen, so dass sie verfehlen, wenn sie etwas vorbei oder gegen jene verordnen, und wegen dieser Hypothese zum Beispiel das Erhängen von Dieben bekämpfen.

756 *Kühnel*, Das politische Denken von Christian Thomasius (Fn. 56), S. 38.

757 *Thomasius*, Über die Gesetzgebungsklugheit (Fn. 514), Kap. 11, § 20, S. 198.

758 *Thomasius*, Über die Gesetzgebungsklugheit (Fn. 514), Kap. 11, § 24, S. 199.

Frage, was ihm als Leitfaden für die Gesetzgebung dienen darf. Aufgrund seiner mangelnden Aktualität darf das mosaische Recht nicht als Richtlinie des menschlichen Rechts dienen. Die Geltungskraft des mosaischen Rechts lässt sich in Thomasius Augen eindeutig aufgrund eines gesellschaftlichen Wandels negieren. Beruft sich jemand auf das mosaische Recht, um eine bestehende Rechtslage (wie im Falle der *lex carolina*) zu kritisieren, stellt das dann eine offenkundige *aequitas cerebrina* dar.

(2) Proportionalität von Strafen

Die Kritik an der Todesstrafe stellt für Thomasius auch deshalb ein Beispiel für eine offenkundige *aequitas cerebrina* war, weil sie sich auch auf die, in seinen Augen falsche, These zur Proportionalität von Strafen stützt. Er nimmt also nicht nur einen Exkurs ins mosaische Recht, sondern auch in seine strafrechtlichen Lehren vor.[759] Er erklärt, dass tatsächlich ein Verhältnis zwischen Strafe und Vergehen gefunden werden muss, wogegen die Ablehnung der Todesstrafe damit begründet wird, dass eine Proportionalität zwischen Strafe und Gegenstand des Delikts hergestellt werden müsse, also der Gegenstand (z.B. gestohlenes Geld) und die Straftat selbst (z.B. Diebstahl) miteinander gleichgesetzt werden.[760] Wieso die gegenteili-

---

759 Thomasius' Ansichten zum Strafrecht, speziell zur Todesstrafe sind bisher nur wenig erforscht worden. Hervorzuheben ist jedoch zum seinem Strafrecht zwischen Absolutismus und Liberalismus: *Cattaneo*, Delitto e pena nel pensiero di Christian Thomasius, Mailand 1976. Darauf kritisch bezugnehmend: *Luig*, Zur Bewertung von Christian Thomasius' Strafrechtslehren als Ausdruck liberaler politischer Theorie (Fn. 49). Auch *Cattaneo*, Staatsräsonlehre und Naturrecht im strafrechtlichen Denken des Samuel Pufendorf und Christian Thomasius, in: *Schnur* (Hg.), Staatsräson, Berlin 1975, S. 427-439. Sowie *Rüping*, Die Naturrechtslehre des Christian Thomasius (Fn. 96), S. 55 ff. Außerdem *Nagler*, Die Strafe. Eine juristisch-empirische Untersuchung, Neudr. d. Ausg. Leipzig, 1918, Aalen 1970, S. 305 ff. Siehe auch den Hinweis, dass Thomasius sich im Großen und Ganzen mit den Todesstrafen und ihrer Anwendung abgefunden hat bei *Bühler*, Die Naturrechtslehre und Christian Thomasius (1655-1728) (Fn. 9), S. 63. Ebenso *Sewing*, Studien zur Todesstrafe im Naturrecht, Bonn 1966, S. 156 ff. Siehe auch die Hinweise auf Thomasius' Ansichten zur Zweckmäßigkeit der Todesstrafe bei *Strub*, Der Einfluss der Aufklärung auf die Todesstrafe, Zürich 1973, S. 72, 82, 90.

760 Vgl. oben Fn. 744: „Er stemmt sich nämlich vornehmlich auf zwei handgreiflich falsche Hypothesen, [...] dass 2. das Verhältnis, das man ohne Zweifel zwischen Vergehen und Strafe herstellen muss, zwischen Strafe und Gegenstand des Vergehens gesucht werden muss, oder klarer wie der Gegenstand des Vergehens

ge Ansicht eine offenkundige *aequitas cerebrina* darstellt, stellt Thomasius nicht dar.

Klarheit könnte jedoch erneut sein Verweis auf *Hoppe* in Fußnote z) schaffen, von dem er auch den Diskussionspunkt über die Proportionalität übernommen hat. Dieser erklärt, dass die Gegenmeinung die Beziehung von Strafe und Delikt als unverhältnismäßig beanstande, weil das menschliche Leben nicht mit Geld verglichen werden könne.[761] Hierauf erwidert er, dass hier die falschen Positionen miteinander verglichen werden, da sich die Bestrafung nicht nach dem Gegenstand des Deliktes, sondern der Beschaffenheit des Delikts, sprich der Überschreitung des Gesetzes, richte. Daher sei die Verhältnismäßigkeit zwischen Strafe und Delikt gegeben, da das Leben des Menschen gegen die Überschreitung des Gesetzes abgewogen werde.[762] Weitere Gegenargumente der Todesstrafe, die *Hoppe* sogleich widerlegt, sind die Irreversibilität des Todes im Gegensatz zur Restitution des Diebstahls[763], die geringere Strafe für die Zerstörung einer Sache[764] und die Möglichkeit alternativer Strafen.[765] In Bezug auf das letzte Argument erwidert er, dass nicht die bessere, sondern gerechte Strafe

---

(Geld) die Straftat selbst ist (Diebstahl). Die übrigen sich hierauf beziehenden Beweggründe werden bei anderen behandelt."

761 *Hoppe*, Commentatio ad Institutiones (Fn. 729), lib. 4, tit. 1, § 5, a.E. (2), S. 885 f.: „Nec minus ullius momenti est, quod (2) obiicitur, nullam proportionem esse inter hanc poenam, et hoc delictum, dum vita hominis nulla ratione cum pecunia, et quidem in specie cum quinque solidis possit comparari." – Und von noch weniger Belang ist, was 2. erwidert wird, dass kein Verhältnis zwischen dieser Strafe und diesem Delikt besteht, weil das Leben des Menschen aus keinem Grund mit Geld, und gewiss insbesondere mit einigen Münzen verglichen werden kann.

762 *Hoppe*, Commentatio ad Institutiones (Fn. 729), lib. 4, tit. 1, § 5, a.E. (2), S. 886: „Nam resp. in irrogatione poenarum non ad delicti quantitatem, seu ad rem, circa quam delinquitur, sed ad delicti qualitatem, seu transgressionem legis esse respiciendum, et sic proportio erit hoc casu inter vitam hominis, et inter hoc delictum ratione qualitatis, quae apparet ex transgressione legis humanae, violato praecepto divino, et e turbata societate communi." – Denn ich antworte, dass bei der Frage der Strafen nicht auf die Größe des Vergehens, oder auf die Sache, an der sich vergangen wurde, sondern auf die Beschaffenheit des Vergehens, oder die Überschreitung des Gesetzes geblickt werden muss, und so besteht ein Verhältnis in diesem Fall zwischen dem Leben des Menschen und zwischen diesem Vergehen durch Ursache der Beschaffenheit, die aus der Überschreitung des menschlichen Gesetzes, verletzter göttlicher Vorschrift und aus gestörter gemeiner Gesellschaft erscheint.

763 *Hoppe*, Commentatio ad Institutiones (Fn. 729), lib. 4, tit. 1, § 5, a.E. (3), S. 886.

764 *Hoppe*, Commentatio ad Institutiones (Fn. 729), lib. 4, tit. 1, § 5, a.E. (4), S. 886.

765 *Hoppe*, Commentatio ad Institutiones (Fn. 729), lib. 4, tit. 1, § 5, a.E. (5), S. 886.

von Bedeutung ist, denn gemäß dem Verhältnis zwischen Strafe und Delikt liege es in der Hand des Fürsten, welche Strafe er auferlegen möchte,
wobei er sich von zahlreichen Juristen bestätigt sieht.[766] *Hoppe* betont hier
noch einmal, dass sich die Strafe nicht nach dem Delikt, sondern nach der
Gesetzesüberschreitung richtet. Die Bestrafung hat ihren Grund nicht in
der Verletzung eines Rechtsgutes, sondern in der Überschreitung des Gesetzes an sich und somit der Verletzung fürstlicher Gesetzgebungsmacht.

Seine Überlegungen schließt *Hoppe* mit der bereits oben erwähnten
Feststellung ab, dass die Todesstrafe gerecht sei und die Rechtsgelehrten
diese auch anordnen müssen, weil sie nach und nicht gegen Gesetze urteilen müssen.[767] *Hoppe* widerlegt letztendlich alle Argumente gegen die
Todesstrafe beim Diebstahl und versteht es dabei, der Souveränität des
Fürsten besondere Bedeutung zukommen zu lassen, indem er erklärt, dass
es diesem überhaupt erst obliegt, die Strafe festzulegen, welche sodann *qua*
ihrer fürstlichen Herkunft auch gerecht ist. Diesen Vorgaben folgend müssen Richter und Gelehrte ihre Entscheidung treffen. Seiner Argumentation
ist anzumerken, dass die Unverletzlichkeit der Gesetzgebungsmacht, die
allein beim Fürsten liegen soll, für ihn einen hohen Stellenwert genießt.
Dieser Gedanke kann auch auf Thomasius übertragen werden, da er sich
Hoppes Argumentation in der Dissertation von 1706 bedient, weshalb sich
auch in Thomasius' These, dass eine Strafe nicht mit dem verletzten Gegenstand, sondern mit der Gesetzesverletzung selbst in Relation stehen
muss, ein Bekenntnis zum Absolutismus erkennen lässt.

---

766 *Hoppe*, Commentatio ad Institutiones (Fn. 729), lib. 4, tit. 1, § 5, a.E. (5), S. 886:
„Resp. quod hic non quaeratur, quis modus coercendi fures melior sit, sed
quis iustus sit: et evicta superius proportione inter vitam hominis, et inter hoc
delictum, ius determinandi poenam, vel irrogandi unam e pluribus in re morali-
ter illicita principi competet iure supremae potestatis, prout pluribus deducit."
– Ich antworte, dass hier nicht gefragt werden soll, welche Weise Diebe zu
zäumen besser ist, sondern welche gerecht ist: Und durch die oben dargelegte
Proportion zwischen Leben des Menschen und diesem Delikt, steht das Recht
eine Strafe festzulegen oder eine aus vielen in einer moralisch unerlaubten
Angelegenheit aufzuerlegen dem Fürsten mit Recht der höchsten Macht zu.
Hoppe verweist u.a. *Struve*, *Richter* und *Carpzov*, die bestätigen, dass im sächsischen Recht auch ein Diebstahl mit dem Strang bestraft werden kann.
767 Vgl. oben Fn. 729: „Wenn auch allgemein genug bekannt ist, dass diese Strafe
ihre Gerechtigkeit hat, besteht doch kein Zweifel, dass, wenn in den Orten,
wo sie rezipiert ist, entweder Richter oder Rechtsgelehrte sind, die diese für
ungerecht halten, trotzdem diese reinen Gewissens anordnen können, weil es
den Richtern und Rechtskundigen nicht zusteht über, sondern nach Gesetzen
zu urteilen."

Auch Thomasius hat den Staatszweck vor Augen, wenn er in den *Institutiones* ausführt, dass die Strafe dem Wohl des Volkes dienen[768] und immer mit Blick auf ihre Nützlichkeit für den Staat erfolgen soll.[769] Das Staatsoberhaupt sollte sich also allein davon leiten lassen, dass die Strafe ihren Zweck der Besserung des Staatswesens erfüllt.[770] Die Entscheidung über das Strafmaß wird dabei nicht vom Naturrecht festgelegt, sondern dem Fürsten überlassen, der in dem Maß strafen soll, wie es für die allgemeine Besserung notwendig ist.[771] Indem Thomasius auf den zukünftigen Nutzen abstellt, lassen sich Anklänge eines Abschreckungszweckes finden, doch anstatt weiter auf diesen einzugehen, postuliert Thomasius nun die Proportionalität von Vergehen und Strafe. Diese weist zunächst in Richtung Abschreckung, weil er auf die Unterdrückung der Verbrechensneigung abstellt.[772] Da er aber sodann die

---

768 *Thomasius*, Institutiones (Fn. 23), lib. 3, cap. 7, § 63, S. 303: „[...] Populi salus suprema lex esto, mox deduximus officium speciale de poenis recte temperandis. Sine poenarum enim irrogatione salus publica non potest consistere." – [...] Das Wohl des Volkes muss das höchste Gesetz sein, bald haben wir die besondere Pflicht vom rechten Mäßigen der Strafen hergeleitet. Denn ohne das Auferlegen der Strafen kann das Wohl des Staates nicht bestehen.

769 *Thomasius*, Institutiones (Fn. 23), lib. 3, cap. 7, §§ 101, 115 a.E., S. 318: „§ 101: Principis poenam inferentis officium respicit praeceptum generale. PUNI DELINQVENTES, QVANTUM AD UTILITATEM REIPUBLICAE OPUS EST [...]; § 115: [...] & princeps, qui in poenis semper ultimo reflectitur ad utilitatem Reipublica similes circumstantias ponderat [Hervorh. i. Orig.]." – § 101: Die Pflicht des eine Strafe auferlegenden Fürsten betrifft die allgemeine Vorschrift. Bestrafe die Verbrecher, wie sehr es für den Nutzen des Staates nötig ist [...]. § 115: [...] und der Fürst, der bei den Strafen immer zuletzt den Nutzen des Staates bedenkt, soll dergleichen Umstände gewichten.

770 *Nagler*, Die Strafe (Fn. 759), S. 307.

771 *Thomasius*, Institutiones (Fn. 23), lib. 3, cap. 7, § 118, S. 324 f.: „Venio ad puniendi modum, ubi praecipitur: PUNI QVANTUM AD EMENDATIONEM COMMUNEM EST OPUS. Quod enim poenae genus & quantum praecise singulis peccatis sit infligendum, ius naturale non determinat, sed summo imperio civili definiendum relinquit [...] [Hervorh. i. Orig.]." – Ich komme zur Art zu strafen, wo vorgeschrieben wird: Strafe so viel zur allgemeinen Besserung nötig ist. Nämlich welche Sorte der Strafe und wie viel den einzelnen Vergehen anzutun ist, bestimmt nicht das Naturrecht, sondern bleibt zu entscheiden der höchsten bürgerliche Macht überlassen.

772 *Thomasius*, Institutiones (Fn. 23), lib. 3, cap. 7, § 120, S. 325 f.: „[...] hoc est, illae tantae sint, quantae sufficiunt ad reprimendam libidem mortalium qua feruntur in peccatum [...]." – [...] Das heißt, sie sind so groß, wie sie genügen, um die Lust der Menschen, sofern sie sündigen sollen, zu bändigen [...].

Einzelheiten des Delikts einbezieht[773], kommt *Nagler* nicht umhin, in der Proportionalität eher einen Vergeltungsgedanken zu erkennen, so dass von einer reinen Abschreckungslehre nicht die Rede sein könne.[774]

Gleichzeitig könnte in der hier genannten Proportionalitätsforderung auch ein Abwenden vom Absolutismus zu erkennen sein. Es wird nämlich weitestgehend die Ansicht vertreten, dass das Proportionalitätsprinzip als Ausgangspunkt für die „Humanisierung des Strafrechts in der Aufklärungszeit" diente.[775] Die Forderung nach Proportionalität habe nämlich den staatlichen Strafanspruch beschränkt und daher zu einer Milderung des traditionell strengen Strafrechts geführt.[776] So erkennt *Kleinheyer* den Ursprung des Proportionalitätsprinzips in der Herleitung der staatlichen Strafgewalt aus dem Naturrecht, weil der Staatszweck, an dem sich die staatliche Strafgewalt orientierte, nicht jedes, sondern nur das unbedingt erforderliche Mittel rechtfertigte, auch wenn es eher Anhaltspunkte des zu

---

773 Nämlich die Wichtigkeit des Delikts im Sinne des Gegenstandes, der Wirkung und Häufigkeit, sowie die Person des Verbrechers, vgl. *Thomasius*, Institutiones (Fn. 23), lib. 3, cap. 7, § 121-128, S. 326 ff.

774 *Nagler*, Die Strafe (Fn. 759), S. 308 f. So auch *Günther*, Die Idee der Wiedervergeltung in der Geschichte und Philosophie des Strafrechts. Das deutsche Strafrecht nach der Carolina bis zur Mitte des 18. Jahrhunderts und die juristische und philosophische Strafrechtslitteratur vor Kant, Neudr. d. Ausg. Erlangen 1889, Aalen 1966, S. 169; *Rüping*, Die Naturrechtslehre des Christian Thomasius (Fn. 96), S. 57; *Kleinheyer*, Wandlungen des Delinquentenbildes in den Strafrechtsordnungen des 18. Jahrhunderts, in: *Fabian, Bernhard (Hg.)*, Deutschlands kulturelle Entfaltung. Die Neubestimmung des Menschen, München 1980, S. 237.

775 Vgl. *Kleinheyer*, Wandlungen des Delinquentenbildes (Fn. 774), S. 237. Außerdem *Dannecker*, Das intertemporale Strafrecht, Tübingen 1993, S. 76, 88 ff.; *Eisenhardt*, Deutsche Rechtsgeschichte, 7., überarbeitete Aufl., München 2019, S. 213, Rn. 463; *Günther*, Die Idee der Wiedervergeltung (Fn. 774), S. 216; *Seelmann*, Gaetano Filangieri und die Proportionalität von Straftat und Strafe, ZStW Bd. 97, Heft 2 (1985), S. 251 ff.

776 *Kleinheyer*, Wandlungen des Delinquentenbildes (Fn. 774), S. 237; *Dannecker*, Das intertemporale Strafrecht (Fn. 775), S. 89; *Schmoeckel*, Humanität und Staatsraison. Die Abschaffung der Folter in Europa und die Entwicklung des gemeinen Strafprozeß- und Beweisrechts seit dem hohen Mittelalter, Köln 2000, S. 467. Anderer Ansicht ist *Rüping*, Formen staatlicher Strafe im 18. bis 20. Jahrhundert, in: *Schumann (Hg.)*, Das strafende Gesetz im sozialen Rechtsstaat, Berlin/New York 2010, S. 36.

verwerfenden Prinzips der Vergeltung[777] und nicht der Abschreckung in sich trage.[778]

Ob auch Thomasius' Ausführungen zur Proportionalität von Vergehen und Strafe auch Gedanken der Machtbeschränkung in sich tragen, wird kontrovers diskutiert.[779] So vertritt *Cattaneo* die Ansicht, dass Thomasius die Gefahr der überwiegenden Staatsräson in der Straftheorie, die der ausschließliche und einseitige Utilitarismus *Pufendorfs* in sich berge, durch die Voraussetzung der Proportion unterbunden habe.[780] Dieser Ansicht tritt *Reulecke* entgegen, der nicht erkennen kann, dass Thomasius mittels der Proportionalität von Vergehen und Strafe ein Kriterium zu Beschränkung von Herrscherrechten zugunsten des Individuums schafft, sondern im Gegenteil die Möglichkeit, individuelle Rechte zugunsten des absolutistischen Staates einzugrenzen.[781] Thomasius beziehe sich mit der Abwägung von Strafe und Vergehen nämlich nicht auf die einzelne Tat und ihre Bestrafung, sondern auf Strafen generell, dass diese so groß sein sollen,

---

777 So lehnt auch Thomasius die Vergeltung als Strafzweck wegen ihrer Unmenschlichkeit ab *Thomasius*, Institutiones (Fn. 23), lib. 3, cap. 7, §§ 37, 39, S. 295 f.: „§ 37: [...] inhumanum esset, si ob solum malum praeteritum homo vellet afficere hominem [...]; § 39: Unde no mirare, quod si homo in poenis tantum respiciat malum praeteritum, id ad vitia spectet, & crudelitatis nomine insigniatur [...]. – [...] wäre es unmenschlich, wenn nur wegen eines vergangenen Übels der Mensch einen Menschen bestrafen wollte [...]; § 39: Dass man sich daher nicht wundert, dass es, wenn ein Mensch beim Strafen nur auf vergangene Übel betrachtet, die Laster betrifft und mit dem Namen der Grausamkeit bezeichnet wird.

778 *Kleinheyer*, Wandlungen des Delinquentenbildes (Fn. 774), S. 237.

779 Zustimmend *Cattaneo*, Staatsräsonlehre und Naturrecht (Fn. 759), S. 433 ff., der in der Proportionalität einen Übergang von Absolutismus zum Liberalismus erkennt. Vgl. *Seelmann*, Gaetano Filangieri und die Proportionalität (Fn. 775), S. 251 f., der jedoch erst bei späteren Naturrechtlern eine Begrenzung der Nützlichkeit für den Staat erkennen kann. Thomasius bescheinige hingegen allenfalls, dass Strafe und Nutzen im Verhältnis zu einander stehen müssen. Daher auch eher ablehnend. Keinerlei begrenzende Funktion erkennen *Rüping*, Formen staatlicher Strafe (Fn. 776), S. 36, siehe auch *Rüping*, Theorie und Praxis bei Christian Thomasius (Fn. 688), S. 143; *Reulecke*, Gleichheit und Strafrecht im deutschen Naturrecht des 18. und 19. Jahrhunderts, Tübingen 2007, S. 104 ff.

780 *Cattaneo*, Staatsräsonlehre und Naturrecht (Fn. 759), S. 435. Anders *Rüping*, Formen staatlicher Strafe (Fn. 776), S. 36, der in der Proportionalität der Strafe vor allem keine strafrechtsbegrenzenden Folgerungen erkennt, da Thomasius die Legitimität der Todesstrafe weiterhin anerkannte, vgl. *Rüping*, Theorie und Praxis bei Christian Thomasius (Fn. 688), S. 143, Fn. 30.

781 *Reulecke*, Gleichheit und Strafrecht (Fn. 779), S. 105.

die böse Begierde bändigen.[782] Tatsächlich erscheint diese Erklärung nachvollziehbar, wenn man Thomasius' utilitaristisch geprägten Äußerungen, dass die Strafe soweit gehen soll, wie für den Nutzen des Staates und die allgemeine Besserung nötig ist, betrachtet. Die Proportionalität vermag keine Beschränkung des Utilitarismus, sondern nur eine Beschränkung der Strafe durch Utilitarismus darzustellen.

Cattaneo leitet seine These zudem aus den *Fundamenta* her, in denen Thomasius die Proportionalität der Strafe um den Zusatz ergänzt, dass sie demjenigen zustehen soll, der sie verdient[783], was *Reulecke* jedoch mit dem Hinweis widerlegt, dass Thomasius sich hierbei nicht auf die inhaltliche Ausgestaltung der Strafe bezogen, sondern sie nur formal definiert habe, da nämlich laut Thomasius derjenige die Strafe verdiene, der gegen die Obrigkeit verstoßen habe.[784] Daraus schließt *Reulecke*, dass das Erfordernis der Proportion von Vergehen und Strafe nicht dazu geeignet oder bestimmt sei, die Strafbefugnisse des absoluten Herrschers einzuschränken, da die Strafe vom zugrundeliegenden Deliktsbegriff abhing, der allerdings ebenso wenig wie der ihm zugrundeliegende Staatszweck des Gemeinwohls fest umrissen war.[785] Thomasius' Erfordernis der Proportionalität zwischen Strafe und Vergehen ist also nichts anderes als eine Proportionalität von Strafe und Strafzweck (dem Schutz des Allgemeinwohls).[786] Im Gegensatz zu *Cattaneo* erkennt *Reulecke*, dass Thomasius seine Straftheorie in den Dienst des Gemeinwohls stellte und die Strafe zu einem politischen Instrument des absoluten Herrschers macht.[787] Daher kommt *Reulecke* zu dem Ergebnis, dass die scheinbare Beschränkung der Strafe durch

---

782 *Reulecke*, Gleichheit und Strafrecht (Fn. 779), S. 105. Mit Verweis auf Thomasius' Erklärung zur Proportionalität *Thomasius*, Institutiones (Fn. 23), lib. 3, cap. 7, § 120, S. 325 f., siehe oben Fn. 772.

783 *Cattaneo*, Staatsräsonlehre und Naturrecht (Fn. 759), S. 436 f. Siehe seinen Verweis auf *Thomasius*, Fundamenta (Fn. 23), lib. 1, cap. 7, § 16, S. 140: „Neque enim praemia & poenae optatum effectum producent, nisi tribuantur merentibus, & inter ea, ac facta, quibus applicantur, sit proportio." – Nämlich nicht die Belohnungen & Bestrafungen werden die erwünschte Wirkung erreichen, wenn sie nicht denjenigen, die sie verdienen, zugeteilt werden, und unter denen und Taten, auf die sie angewandt werden, ein Verhältnis ist.

784 *Reulecke*, Gleichheit und Strafrecht (Fn. 779), S. 105 f. unter Verweis auf *Thomasius*, Fundamenta (Fn. 23), lib. 1, cap. 7, § 17, S. 14: „Is vero meretur praemium, qui fecit secundum regulas sapientium; is meretur poenam, qui fecit contra." – Er verdient eine Belohnung, der sich nach den Regeln der Weisen verhält; er verdient eine Strafe, der dagegenhandelt.

785 *Reulecke*, Gleichheit und Strafrecht (Fn. 779), S. 106.

786 *Reulecke*, Gleichheit und Strafrecht (Fn. 779), S. 106.

787 *Reulecke*, Gleichheit und Strafrecht (Fn. 779), S. 108.

die Proportionalität dem Herrscher also zugleich die Befugnis eröffnete, das Strafrecht als Instrument der Beförderung des gemeinen Wohls zu verwenden, weshalb die Proportionalität von Vergehen und Strafe keine Anhaltspunkte für die humanisierende Tendenz der Strafrechtspraxis des aufgeklärten Absolutismus liefern könne.[788]

In Übereinstimmung mit *Reulecke* ist festzustellen, dass in Thomasius' Proportionalitätslehre keine bahnbrechenden Zugeständnisse für das Individuum zu erkennen sind. Die Strafe orientiert sich zwar am Allgemeinwohl. Dieses ist aber nicht klar umrissen und unterliegt somit der Willkür des Fürsten, denn laut Thomasius soll der Fürst Strafe nach diesen Gesichtspunkten ausrichten.[789] Faktisch kann also nicht von einer Einschränkung der Strafe die Rede sein. Die Strafe berücksichtigt nicht das Individuum, sondern fungiert eher als ein Mittel zum Zweck, weil sie der Besserung und Nutzen der Allgemeinheit dient.

Strafbegrenzende Tendenzen kommen in jedem Fall nicht in der Dissertation von 1706 zum Ausdruck, da Thomasius selbst keine Erklärung zu seinen Proportionalitätsvorgaben macht und stattdessen *Hoppe* für sich sprechen lässt. Da dieser gerade die Gesetzesüberschreitung selbst in die Überlegung mit einbezieht und er eine Legitimation der Strafe im Willen des Fürsten erkennt, ist bei *Hoppe* und somit auch mittelbar bei Thomasius gerade keine objektivierbare Beschränkung zugunsten des Individuums erkennbar. Eine solche Beschränkung ist eher bei der von Thomasius kritisierten Gegenseite erkennbar. Dort steht nicht das Vergehen an sich im Vordergrund, sondern objektivierbare Kriterien der Tat, nämlich der Gegenstand an dem sich vergangen wurde. Wenn die Strafe sich nun nach diesem richtet, also eine Proportionalität von Strafe und Gegenstand des Vergehens hergestellt wird, entzieht sich die Strafe tatsächlich dem Einfluss des Fürsten, der nicht mehr auf das Allgemeinwohl zur Strafbestimmung zurückgreifen kann. Die Strafe erfährt dann eine objektivierbare Richtung. Diese fehlt gerade bei der von Thomasius initiierten Proportionalität zwischen Strafe und Vergehen. Diese orientiert sich wesentlich mehr an den Vorgaben des Fürsten.

Thomasius' Kritik an der (falschen) Proportionalitätsforderung gründet also einmal mehr auf dem Schutz der fürstlichen Autorität. Die objektivierbare Proportionalität bezeichnet er hingegen als grobe *aequitas cerebrina*. Die Straffestsetzung dem fürstlichen Einfluss zu entziehen ist für Tho-

---

788 *Reulecke*, Gleichheit und Strafrecht (Fn. 779), S. 110.
789 *Thomasius*, Institutiones (Fn. 23), lib. 3, cap. 7, §§ 101, 115, 118, S. 318, 324 f., siehe oben Fn. 769, 771.

masius also nicht nur unbillig, sondern auch ein derartig offensichtlicher
Verstoß, der grob ins Auge fällt.

b) Subtile *aequitas cerebrina*

Nachdem Thomasius die offenkundige *aequitas cerebrina* untersucht hat,
setzt er sich mit der subtilen *aequitas cerebrina* auseinander. Wie Thomasius eingangs erklärt hat, ist diese offenkundig falsch, aber die Autorität
derjenigen, die diese hervorrufen beirrt andere Menschen, so dass sie ihre
Falschheit nicht erkennen.[790] Auch hier geht es also um die sekundäre
Ebene der *aequitas cerebrina*, nämlich wie diese nach ihrer Entstehung
an andere Menschen vermittelt wird. Auf die Merkmale dieser subtilen
aequitas cerebrina geht Thomasius nun näher ein:

Non tamen putandum est, ac si subtilis semper melioribus utatur praetextibus.	Dennoch darf man nicht glauben, als wenn die subtile [eingebildete *aequitas*] immer bessere Vorwände benutzt.
Si homines a praeiudiciis essent vacui, aeque palparent praetextus huius subtilis aequitatis cerebrinae.[791]	Wenn Menschen ohne Vorurteile wären, würden sie ebenso die Vorwände dieser subtilen eingebildeten *aequitas* begreifen.

Thomasius stellt klar, dass sich die subtile *aequitas cerebrina* nicht dadurch
auszeichnet, dass sie bessere Vorwände als die offenkundige heranzieht. Sie
würde nämlich von den Menschen erkannt werden, wenn sie keinen Vorurteilen unterlägen. Wie er schon bei seiner anfänglichen Beschreibung
deutlich gemacht hat, hält er also für eine Bedingung der subtilen *aequitas
cerebrina*, dass Menschen aber sehr wohl Vorurteilen unterliegen. Hierbei
spielt das Vorurteil der Autorität eine herausragende Rolle, das sich auf die
dummen, aber auch die scharfsinnigen Menschen auswirkt:

---

790 Siehe oben Fn. 735: „Subtil, wenn die eingebildete *aequitas* durch die Autorität
der diese Nutzenden oder diese Einführenden in einen gemeinen Irrtum über-
geht, so dass ihre Falschheit, wenn auch sonst offenbar gezeigt, kaum die von
jenem Vorurteil Eingenommenen überzeugen lässt."
791 *Thomasius*, De aequitate cerebrina [1706] (Fn. 24), cap. 1, § 17, S. 17.

Interim autoritas plurium, quorum interest, homines ista aequitate cerebrina decipi, & accedentes quaedam regulae aequitatis naturalis, inconvenienter tamen applicatae, impediunt hebetiores, ut lucem veritatis ferri nequeant.[792]

Die Autorität mehrerer, denen daran gelegen ist, dass die Menschen durch diese eingebildete *aequitas* betrogen werden und hinzutretende jedoch in unpassender Weise angewandte Regeln der natürlichen *aequitas*, hindern unterdessen die Dümmeren daran, das Licht der Wahrheit ertragen zu können.

Zunächst arbeitet Thomasius heraus, dass diejenigen, die mittels der *aequitas cerebrina* betrügen wollen, durch ihre Autorität, aber auch unpassend angewandte Regeln der *aequitas* die dümmeren Menschen daran hindern, die Wahrheit, also das tatsächlich Billige zu erkennen. Diese Autorität hat aber zugleich auch Auswirkungen auf die scharfsinnigen Menschen:

Sagaciores vero, fraudem videntes, metu potentiae & clamoris, quibus feliciter hactenus abusi sunt defensores regni tenebrarum & aequitatis cerebrinae, reprimuntur, ut veritatem quidem videant, sed taceant.[793]

Die Scharfsinnigeren hingegen, die den Betrug sehen, werden aus Furcht vor Macht und Getöse, die die Verteidiger des Reiches der Finsternis und der eingebildeten *aequitas* bisher erfolgreich missbraucht haben, gehemmt, so dass sie die Wahrheit zwar sehen, aber schweigen.

Die Autorität derjenigen, die eine *aequitas cerebrina* einführen, wirkt sich auch auf die klügeren Menschen aus. Diese erkennen zwar, dass andere Menschen durch die *aequitas cerebrina* getäuscht werden, unterlassen es aber auf diesen Betrug hinzuweisen, weil sie sich vor Repressalien der Täuschenden fürchten. Die subtile *aequitas cerebrina* ist folglich von einer Duplizität gekennzeichnet, da ihre Nutzer die Menschen entweder täuschen oder zumindest zum Schweigen bringen.

Die Furcht der Klügeren wird von den „Verteidigern des Reichs der Finsternis" hervorgerufen. Hier kündigt Thomasius an, welchen Kurs er für seine folgenden Ausführungen einschlagen wird, denn er bedient sich einer Formulierung, die von *Hobbes* als Bezeichnung für die Vertreter

---

792 *Thomasius*, De aequitate cerebrina [1706] (Fn. 24), cap. 1, § 17, S. 17.
793 *Thomasius*, De aequitate cerebrina [1706] (Fn. 24), cap. 1, § 17, S. 17.

der katholischen Kirche verwendet wurde.[794] Im Zusammenhang mit der *aequitas cerebrina* bringt er also nun seine Missbilligung der katholischen Kirche zum Ausdruck.[795] Gerade mit dieser bringt er nun auch die subtile *aequitas cerebrina* in Verbindung:

Exempla huius aequitatis cerebrinae fere ex toto iure Canonico peti possent, quatenus a iure civili abit.	Beispiele dieser eingebildeten *aequitas* können fast aus dem ganzen kanonischen Recht genommen werden, sofern es vom bürgerlichen Recht abweicht.
Ita repletum est falsis eiusmodi & hypocriticis aequitatis ac pietatis praetextibus; ita altas radices eiusmodi praetextus egerunt in animis hominum, ut errores istos alioquin	So ist es erfüllt worden von derartig falschen und heuchlerischen Vorwänden der *aequitas* und Frommheit; so haben derartige Vorwände tiefeindringende Wurzeln in

---

794 Dieser Begriff wurde wesentlich von *Hobbes* geprägt, der sich dem Reich der Finsternis in seinem *Leviathan* widmet, wo er die Priesterschaft und den religiösen Aberglauben kritisiert und dass Reich der Finsternis nicht nur dem Herrschaftsgebiet Satans, sondern vor allem dem Zustand der Unterdrückung durch Aberglaube und Priesterbetrug zuordnet, vgl. *Pott*, Aufklärung und Aberglaube: Die deutsche Frühaufklärung im Spiegel ihrer Aberglaubenskritik (Fn. 456), S. 168 ff. Auch *Carl Schmitt* verstand *Hobbes* so, dass dieser die römische Kirche mit dem Reich der Finsternis gleichstellte, vgl. *Schmitt*, Der Staat als Mechanismus bei Hobbes und Descartes, Archiv für Rechts- und Sozialphilosophie Bd. 30 (1936), S. 625. Siehe auch *Taubes*, Der Fürst dieser Welt. Carl Schmitt und die Folgen, 2., verb. Aufl., München 1985, S. 13, der sogar den zentralen Gegenstand des *Leviathan* in der Bekämpfung der von der Papstkirche (dem Reich der Finsternis) angestrebten Theokratie sieht.

795 Dass Thomasius hinter der *aequitas cerebrina* vor allem Motive des Papsttums verborgen sieht, hat bereits *Ahnert* erkannt vgl. *Ahnert*, Roman Law in Early Enlightenment Germany (Fn. 20), S. 160 ff. Zu Thomasius' Forderung den Staat vom Einfluss der Kirche zu emanzipieren vgl. *Kühnel*, Das politische Denken von Christian Thomasius (Fn. 56), S. 153 ff. Thomasius' Misstrauen gegenüber der Einmischung in die Politik durch den Klerus thematisiert auch *Ahnert*, The Prince and the Church in the Thought of Christian Thomasius, in: *Hunter/ Saunders* (Hg.), Natural law and civil sovereignty, Gordonsville 2002, S. 94. Zur Abgrenzung des kirchlichen von staatlichen Lebensraum vgl. *Wolf*, Große Rechtsdenker der deutschen Geistesgeschichte (Fn. 416), S. 409 ff. Zur Unterscheidung von Kirche und Staat *Wiebking*, Recht, Reich und Kirche in der Lehre des Christian Thomasius (Fn. 59), S. 178 ff.

satis crassos vix ac ne vix quidem agnoscant in media luce Evangelica ICti protestantes.[796]

den Gedanken der Menschen geschlagen, dass die protestantischen Rechtsgelehrten solche sonst sehr groben Irrtümer kaum und nicht einmal kaum erkennen mitten im evangelischen Licht.

Thomasius erklärt, dass sich viele Beispiele für die subtile *aequitas cerebrina* im kanonischen Recht finden lassen, zumindest soweit es vom bürgerlichen, fürstlichen Recht abweichen. Die Autorität der katholischen Kirche ist folglich als Ausgangspunkt der subtilen *aequitas cerebrina* zu betrachten. Thomasius betrachtet hier einmal mehr das kanonische Recht in Relation zum bürgerlichen Recht. Bereits an anderer Stelle hat Thomasius festgelegt, dass das kanonischen Recht hinsichtlich der *aequitas* untersucht werden darf, wenn es bürgerlichen, also menschlichen, nicht aber, wenn es natur- oder völkerrechtlichen Ursprungs ist.[797] Wenn das kanonische Recht nun auch vom bürgerlichen Recht abweicht, konstituiert es eine *aequitas cerebrina*.

Dass diese dann als subtil zu bezeichnen ist, führt Thomasius darauf zurück, dass das kanonische Recht des Öfteren vorgibt, billig und fromm zu sein, was nun schon so tief in den Menschen verwurzelt ist, dass selbst die protestantischen Rechtsgelehrten diesen eigentlich groben Irrtum nicht im „evangelischen Licht" erkennen können. Thomasius verdeutlich somit bereits hier die subtile *aequitas cerebrina* anhand des kanonischen Rechts, weil dieses eine solche Autorität ausübt, dass es nicht mal von den protestantischen Gelehrten angezweifelt wird. Hierfür nennt er sodann konkrete Beispiele, nämlich die durch das kanonische Recht eingeführten Regeln der Verjährung (aa)) und des Einhaltens von Eidschwüren (bb)), auf welche im Folgenden einzugehen ist.

aa) Verjährung

Als erstes Beispiel für eine subtile *aequitas cerebrina*, die sich im kanonischen Recht finden lässt, nennt Thomasius das Erfordernis des guten Glaubens bei der Verjährung:

---

796 *Thomasius,* De aequitate cerebrina [1706] (Fn. 24), cap. 1, § 17, S. 18.
797 Siehe oben Fn. 711.

Ita v. g. notum est, quantum illa bonae fidei perpetuitas etiam in praescriptione diutissimi temporis a iure Canonico contra principia Iuris Romani requisita commendari soleat ubique a protestantibus, cum tamen ex dictamine rectae rationis immemorialis temporis praescriptio fundet se in sola derelictione, quae quamcunque malam fidem purgat [...].798

So ist zum Beispiel bekannt, wie viel die vom kanonischen Recht entgegen den Prinzipien des römischen Rechts geforderte Fortdauer des guten Glaubens auch bei der Verjährung der längsten Zeit gewöhnlich von den Protestanten empfohlen wird, obwohl doch gemäß der Stimme der rechten Vernunft sich die Immemorialverjährung auf einer einzigen Verlassung gründet, die jeden schlechten Glauben reinigt [...].

Thomasius kritisiert, dass im kanonischen Recht bei der *praescriptio diutissimi temporis*799 ein guter Glaube während der gesamten Verjährungsdauer gefordert wird800, was aber dem römischen Recht widerspricht.

---

798 *Thomasius*, De aequitate cerebrina [1706] (Fn. 24), cap. 1, § 17, S. 18.

799 Siehe dazu vor allem *Nörr*, Die Entstehung der longi temporis praescriptio. Studien zum Einfluss der Zeit im Recht und zur Rechtspolitik in der Kaiserzeit, Köln 1969. Hierbei handelte es sich um ein römischrechtliches Instrument der Ersitzung. Um die mit langdauerndem Besitz verbundene Stellung zu schützen, wurde in der vorklassischen Zeit die *longi temporis praescriptio* [Einrede der langen Zeit] entwickelt, die der Besitzer als Verschweigungseinrede bei der Vindikation entgegenhalten konnte vgl. *Kaser*, Das römische Privatrecht. 1. Abschnitt: Das altrömische, das vorklassische und klassische Recht, 2. Aufl., München 1971, S. 424. Zur nachklassischen Entwicklung *Kaser*, Das römische Privatrecht. 2. Abschnitt: Die nachklassischen Entwicklungen, 2., neu bearb. Aufl. mit Nachträgen zum 1. Abschn., München 1975, S. 285 f. *Justinian* schuf mit der *longissimi temporis praescriptio* [Einrede der längsten Zeit] eine außerordentliche Ersitzung, wodurch die Vindikation erst nach 30 bzw. 40 Jahren verjährte *Kaser*, Das römische Privatrecht, 2. Abschn., S. 287. Da es bei Thomasius nicht auf die inhaltliche Unterscheidung, ob nur ein Rechtserwerb oder auch eine Einrede geltend gemacht wird, ankommt, wird im Folgenden „*praescriptio*" sowohl mit „Verjährung" als auch mit „Ersitzung" übersetzt.

800 Das trifft beispielsweise für den *Liber Extra* zu, wo die Redlichkeit des Besitzers während der ganzen Verjährungszeit gefordert wird vgl. Decretalium de Gregorii papae IX (Liber Extra), in: Friedberg, Emil; Richter, Emil Ludwig (Hg.), Corpus Iuris Canonici, Secunda editione, Graz Unveränd. Nachdr. der Ausg. Leipzig, 1879 (1959), lib. 2, tit. 26, cap. 17, Sp. 388: „Qui alieno nomine possidet, non praescribit; nec etiam is, qui proprio nisi habeat bonam fidem et iustum titulum, si praesumptio est contra eum [...]." – Wer in fremden Namen besitzt, ersitzt nicht; auch nicht der Eigenbesitze, wenn er nicht guten Glauben hat und einen gerechten Titel, und wenn keine Vermutung gegen ihn

Tatsächlich steht in *Justinians Codex* normiert, dass derjenige, der im guten Glauben besitzt, nach einer zehn- bzw. zwanzigjährigen Verjährung geschützt ist[801], während dieser gute Glaube im 39. Titel zur dreißig- bzw. vierzigjährigen Verjährung nicht genannt wird und nur ausdrücklich vorausgesetzt wird, wenn der Besitzer die Klage zur Zurückforderung der Sache erheben möchte.[802] Dennoch sollen auch protestantische Rechtsgelehrte die kanonische Ansicht vertreten haben.[803]

---

spricht. Außerdem Decretalium de Gregorii papae IX (Liber Extra), lib. 2, tit. 26, cap. 19, Sp. 391: „Si praescriptio non erat completa, malam fidem habet, et ideo non praescribit." – Wenn die Einrede nicht vollständig war, hat er bösen Glauben, und daher ersitzt er nicht. Ebenso wird im *Liber Sextus* bestimmt, dass der unredliche Besitzer niemals ersitzen könne: Liber Sextus Decretalium de Bonifacii papae VIII, in: Friedberg, Emil; Richter, Emil Ludwig (Hg.), Corpus Iuris Canonici, Secunda editione, Graz Unveränd. Nachdr. der Ausg. Leipzig, 1879 (1959), lib. 5, tit. 13, reg. 2, Sp. 1122: „Possessor malae fidei ullo tempore non praescribit." – Der bösgläubige Besitzer ersitzt zu keiner Zeit.

801 Vgl. C.7.35.7: „Praescriptione bona fide possidentes adversus praesentem annorum decem, absentem autem viginti muniuntur." – Die in guten Glauben Besitzenden werden in der Nähe durch zehnjährige, in der Ferne durch zwanzigjährige Verjährung geschützt.

802 Vgl. C.7.39.8.pr.: „Si [...] titulo rem aliquam bona fide per decem vel viginti annos possederit et longi temporis exceptionem contra dominos eius vel [...] sibi adquisierit posteaque fortuito casu possessionem eius rei perdiderit, posse eum etiam actionem ad vindicandam eandem rem habere [...]." – Wer infolge eines Rechtstitels [...] eine Sache im guten Glauben zehn oder zwanzig Jahre besessen hat, und gegen die Eigentümer derselben oder [...] für sich das Recht auf den Einspruch der Verjährung erworben hat und nachher durch einen Zufall den Besitz er Sache verloren hat, der kann [...] auch die Klage der Zurückforderung dieser Sache erheben. Darüber hinaus C.7.39.8.1: „Quod si quis eam rem desierit possidere, cuius dominus [...] exceptione triginta vel quadraginta annorum expulsus est, praedictum auxilium non indiscrete, sed cum moderata divisione ei praestare censemus, ut, si quidem bona fide ab initio eam rem tenuit, simili possit uti praesidio, sin vero mala fide eam adeptus est, indignus eo videatur [...]." – Wenn jemand aufgehört hat diese Sache zu besitzen, deren Eigentümer [...] durch die dreißig- oder vierzigjährige Verjährung vertrieben worden ist, dem kommt die erwähnte Hilfe des Rechts nicht ohne Unterschied, sondern mit einiger Verschiedenheit zuteil, dass, wenn er die Sache von Anfang an im guten Glauben besessen hat, er sich desselben Schutzes bedienen kann, wenn er sie aber im Wissen der Unrechtmäßigkeit erlangt hat, so soll er dessen unwürdig sein [...].

803 Thomasius belegt diese Behauptung nicht. Als protestantische Vertreter dieser Ansicht kommen aber z.B. *Carpzov* und *Struve* in Betracht vgl. *Carpzov*, Iurisprudentia Forensis Romano-Saxonica, Leipzig 1673, part. 2, constit. 3, definit. 7, S. 398: „Qua ceu veriore & in practica recepta opinione stante, ne quidem in foro Saxonico praescriptionem tricennalem cum mala fide perfici posse, rectissime afferunt [...]" – So durch wahrere und in praktisch eingeführte erscheinender

Dieser Ansicht tritt Thomasius aber entschieden entgegen. Unter Verweis auf die gesunde Vernunft sieht er den Grund für eine Immemorialverjährung[804] allein in der Dereliktion des Gegenstandes, so dass der böse Glaube des Besitzers nicht mehr von Belang sein soll. Die Begründung hierfür hat Thomasius bereits in den *Fundamenta* geliefert, wo er erklärt, dass das Erfordernis des guten Glaubens bei einer *longissimi temporis praescriptio* den Rechtsfrieden stört. Dieser verlangt, dass Streitereien irgendwann zu einem Ende finden und eine endgültige Eigentumszuordnung möglich ist. Außerdem widerspricht die kanonische Ansicht auch dem Rechtsinstitut der Dereliktion, wonach auch ein bösgläubiger Besitzer in der Lage ist, Eigentum zu erlangen.[805] Darüber hinaus meint Thomasius zu erkennen, dass die Geistlichen mit dem steten Gutglaubenserfordernis

---

Meinung, dass gewiss nicht an den sächsischen Gerichten die dreißigjährige Verjährung mit bösen Glauben bewirkt werden kann, bringen auf richtigste Weise hervor [...]. Vgl. auch *Struve*, Iurisprudentia romano-germanica forensis, Jena 1704, lib. 2, tit. 10, § 31, S. 171: „Caeterum cum iure Canonico & hodiernis moribus, uti aph. 9 monitum, omni tempore usque ad completam usucapionem, b. f. requiratur: ideo quocunque tempore superveniens mala fides, & quaelibet interpellatio, modo malam fidem inducat, praescriptionem interrumpit." – Im Übrigen mit dem kanonischen Recht und den heutigen Sitten, wie unter 9 gezeigt, wird zu jeder Zeit ununterbrochen guter Glaube zur vollendeten Besitzverjährung erfordert: Daher während zu irgendeiner Zeit böser Glaube hinzutritt und eine beliebige Unterbrechung sogleich bösen Glauben veranlasst, unterbricht die Ersitzung.

804 Wenn also ein Recht solange ausgeübt worden ist, dass der Anfang dieser Ausübung über Menschengedenken hinausliegt, so dass angenommen wird, dass dieses Recht irgendwann und irgendwie rechtgültig erworben worden ist *Pierer*, s.v. Verjährung, in: *Pierer* (Hg.), Pierer's Universal-Lexikon der Vergangenheit und Gegenwart oder Neuestes encyclopädisches Wörterbuch der Wissenschaften, Künste und Gewerbe, Bd. 18, 4., umgearbeitete und stark vermehrte Aufl., Altenburg 1857, S. 478 f.

805 *Thomasius*, Fundamenta (Fn. 23), lib. 2, cap. 10, § 14, S. 168: „[...] quod sententia iuris canonici de requisito bonae fidei etiam in praescriptione longissimi temporis, etsi videatur prima fronte pia, revera tamen turbet tranquillitatem humani generis, cui valde interest, lites quacunque aliquando finiri, & dominia rerum aliquando esse in certo, repugnet etiam rationibus § 194, 195. Nam si dominus rem dereliquit, etiam qui ab initio in mala fide fuit, post derelictionem sit dominus." – [...] dass die Meinung des kanonischen Rechts von der Voraussetzung des guten Glaubens auch bei der Verjährung der längsten Zeit, auch wenn sie auf dem ersten Blick fromm erscheint, tatsächlich doch die Ruhe des menschlichen Geschlechts stört, der sehr daran gelegen ist, dass alle Streite irgendwann enden und das Eigentum der Dinge irgendwann sicher ist; sie widerstrebt auch den Lehren der §§ 194, 195 [der *Institutiones*]. Denn, wenn der Herr eine Sache verlassen hat, so wird er, der auch von Anfang an bösgläubig war, nach der Dereliktion derselben Eigentümer.

bei der Verjährung eine eigene Agenda verfolgen, weil sie dadurch allezeit ihre kirchlichen Güter zurückfordern können:

[...] & ius Canonicum istud principium saltem invenerit, eum in finem, ut laici nunquam possent praescribere bona clericorum, contra clerici, (quibus nunquam poterat opponi a laicis pro superstitione illorum temporum exceptio metus alias iustissimi, sc.[ilicet] purgatorii) possent quacunque fraude & concussione ad se trahere bona laicorum sine metu exceptionis de deficiente bona fide adversus ipsos retorquendae.[806]

[...] und das kanonische Recht hat das Prinzip nur erfunden, zu dem Zweck, dass die Weltlichen niemals geistliche Güter ersitzen können, dagegen können die Geistlichen, (denen niemals von den Weltlichen nach den damals abergläubischen Zeiten die Einrede wegen der sonst rechtmäßigsten, nämlich reinigenden Furcht entgegengestellt werden kann) durch jeden Betrug und Schrecken weltliche Güter an sich ziehen ohne Furcht die Einrede vom fehlenden guten Glauben gegen sich selbst zu erwidern.

Thomasius unterstellt den Geistlichen, dass sie mit Hilfe des dauerhaft erforderlichen guten Glaubens verhindern wollen, ihr Eigentum an weltliche Bürger zu verlieren, weil die Ersitzung bzw. Verjährung eben nur bei durchgehender Gutgläubigkeit möglich ist, wenn dem kanonischen Recht gegenüber dem römischen Recht Vorrang gewährt wird. In den *Fundamenta* erklärte er zudem, dass die Geistlichen *de facto* ihr Eigentum jederzeit unter dem Gesichtspunkt der Bösgläubigkeit herausverlangen konnten, da ein Besitzer immer hätte wissen müssen, dass geistliche Güter nicht veräußert werden können.[807] Auf Basis des kanonischen Rechts kann Thomasius zufolge somit faktisch nie eine Ersitzung (kirchlicher Güter) geschehen.

---

806 *Thomasius*, De aequitate cerebrina [1706] (Fn. 24), cap. 1, § 17, S. 18.
807 *Thomasius*, Fundamenta (Fn. 23), lib. 2, cap. 10, § 15, S. 169: „Facile tamen historiae Ecclesiasticae gnaro patet, quem usum praetexta haec pietas attulerit Clero Romano, ut videlicet eius ope potuerint vindicare omnia bona Ecclesiastica, quocunque modo alienata, & per immemoriale tempus etiam possessa, sub specie, quod possessores fuerint in mala fide, ut qui scire debuerint, bona Ecclesiastica non posse alienari." – Jedoch ist dem, der die Geschichte der Kirche versteht, leicht klar, was für einen Nutzen diese vorgespielte Frommheit dem römischen Klerus bringt, dass nämlich sie durch diese alle kirchlichen Güter, wohin auch immer sie veräußert und für undenkliche Zeit auch besessen wurden, wiederannehmen konnten, unter dem Vorwand, dass die Besitzer im bösem Glauben waren, weil sie wissen mussten, dass kirchliche Güter nicht veräußert werden können.

Außerdem sieht Thomasius sich in seinem Verdacht, dass die Geistlichen ihre Besitztümer sichern wollen, dadurch bestätigt, dass sie andersherum keinen fehlenden guten Glauben gegen sich gelten lassen müssen. Dies veranschaulicht er anhand der *exceptio metus iusti*[808], welche den Geistlichen nicht entgegengehalten werden kann[809], weshalb sie sich mittels Betruges oder Zwang weltliche Güter aneignen können, ohne hierfür belangt zu werden. Thomasius wirft also den Vertretern des kanonischen Rechts vor, mit dem Festhalten an einem Gutglaubenstatbestand allein die Sicherung eigenen Vermögens zu bezwecken. Aufgrund dieser versteckten und eigennützigen Motive stellt diese Regelung auch ein Beispiel für eine subtile *aequitas cerebrina* dar.

bb) Einhalten von Eidschwüren

Als ein weiteres Beispiel für eine, durch das kanonische Recht herbeigeführte, subtile *aequitas cerebrina* nennt Thomasius die Vorgabe, dass ein Eid eingehalten werden muss, auch wenn das dem Eid zugrundeliegende Rechtsgeschäft unwirksam ist:

Sic regula illa iuris Canonici, principiis Iuris Romani plane opposita, quod iuramenta, quae salva salute aeterna servari possunt, sint servanda, etsi alias promissiones absque iuramentis nullum haberent effectum, (ex qua aliae doctrinae peculiares de regulis interpretandi iuramen-

So auch jene Regel des kanonischen Rechts, die den Prinzipien des römischen Rechts deutlich widerspricht, dass man Eidschwüre, die ohne Verlust der ewigen Seligkeit gehalten werden können, einhalten müsse, auch wenn solche Versprechen ohne Eidschwüre unwirksam wären,

---

808 Gemeint ist hier die *exceptio metus* [Einrede der Furcht]. Sie findet in D. 44.4.4.33 Erwähnung und verheißt demjenigen eine Einrede, der durch ein erpresserisches Geschäft zu einer Leistung verpflichtet worden ist, vgl. *Kaser*, Das römische Privatrecht, 1. Abschn. (Fn. 799), S. 245. Siehe zu den Rechtsbehelfen wegen *metus* auch ausführlich *Martens*, Durch Dritte verursachte Willensmängel, Tübingen 2007, S. 7 ff.

809 Auch hier nennt Thomasius keine Belege. Gemeint ist wahrscheinlich, dass im kanonischen Recht keine äquivalente Regel zur *exceptio metus* existierte. So befasst sich der *Liber Extra* zwar in einem ganzen Titel mit den *exceptiones*, nennt aber Furcht oder Zwang nicht als Grund hierfür, siehe Liber Extra (Fn. 800), lib. 2, tit. 25, Sp. 374 ff. Hingegen wird an anderer Stelle gefordert, dass auch mittels Furcht abgepresste Eidschwüre einzuhalten sind, vgl. Liber Extra (Fn. 800), lib. 2, tit. 24, cap. 8, Sp. 361, siehe sogleich Fn. 811.

ta a regulis interpretandi alias pro-missiones plane diversis, & similes profluunt,) [...].[810]

(woraus andere eigentümliche Lehren über die Regeln der Auslegung von Eidschwüren, die von den Regeln andere Versprechen auszulegen gänzlich abweichen, und ähnliche hervorfließen,) [...].

Thomasius kritisiert, dass im kanonischen Recht Eidschwüre, die ohne Schaden für das eigene Seelenheil eingehalten werden können,[811] selbst wenn das ohne Eid getätigte Versprechen keine Wirkung entfalten würde. Auch diese Konstellation soll nämlich dem römischen Recht widersprechen.[812] Dennoch nimmt Thomasius wahr, dass sich die Regel großer Beachtung erfreut:

[...] ita imposuit etiam perspicacissimis viris, Grotio & Pufendorffio, ut eius falsitatem non observarent; ita commendatur adhuc hodie in cathedris & libris ICtorum protestantium tanquam pia & aequissima, ut nemo, quod sciam, de ea aequitate cerebrina dubitare hactenus fuerit ausus.[813]

[...] so hat sie die einsichtsvollsten Herren, *Grotius* und *Pufendorf*, getäuscht, dass sie ihre Falschheit nicht erkannt haben; so wird immer noch heute an den Lehrstühlen und in den Büchern der protestantischen Rechtsgelehrten gleichsam fromm und am billigsten empfohlen, dass niemand, das weiß ich, gewagt hat, über diese eingebildete *aequitas* bis jetzt zu zweifeln.

---

810 *Thomasius*, De aequitate cerebrina [1706] (Fn. 24), cap. 1, § 17, S. 18.

811 Auch hier nennt Thomasius keine Quellen es lassen sich aber Hinweise im *Liber Extra* finden, vgl. Liber Extra (Fn. 800), lib. 2, tit. 24, cap. 8, Sp. 361: „Si iuramentum per metum extortum servari potest sine interitu salutis aeternae, servandum est; ecclesia tamen Romana consuevit a tali iuramento absolvere." – Wenn ein durch Furcht abgenötigter Eid gehalten werden kann ohne Verlust der ewigen Seligkeit, muss er gehalten werden; doch die römische Kirche ist es gewohnt von solch einem Eid zu lösen.

812 Durch das Einführen des Eides wichen die Kanonisten nämlich vom römisch-rechtlichen Formalismus ab und bewirkten, dass jeder ohne die Einhaltung bestimmter Formalitäten eine klagbare Verpflichtung eingehen könne, so dass durch den Eid das *pactum nudum* „bekleidet" wurde, vgl. *Helmholz*, Kanonisches Recht und europäische Rechtskultur, Tübingen 2014, S. 177.

813 *Thomasius*, De aequitate cerebrina [1706] (Fn. 24), cap. 1, § 17, S. 18 f.

Thomasius merkt an, dass auch Gelehrte wie *Grotius* und *Pufendorf* die Falschheit dieser kanonischen Vorgabe nicht erkannt haben, die auch an den protestantischen Fakultäten gelehrt wird. Mit Blick auf die *Institutiones* und *Fundamenta* lässt sich besser verstehen, warum hier *Grotius* und *Pufendorf* Gegenstand Thomasius' Kritik werden. In den *Fundamenta* erklärt Thomasius, dass der Eid in naturrechtswidriger Weise für einen eigenständigen Satz gehalten wird, durch den man gegenüber Gott ein Versprechen ablegt, anstatt ihn als Anhängsel zur betrachten, durch das Gott lediglich als Zeuge angerufen wird.[814] Hierbei bekräftigt er seine Feststellung aus den *Institutiones*, wo er den Eid als angehängte Äußerung bezeichnet.[815] Thomasius erklärt in den *Fundamenta*, dass aus diesem falschen Lehrsatz auch *Pufendorf* und *Grotius* falsche Folgerungen abgeleitet haben.[816] So

---

814 *Thomasius*, Fundamenta (Fn. 23), lib. 2, cap. 9, § 7, S. 164: „Sed ut magis extenderent fines fori pseudo interni & Iurisdictionis Ecclesiasticae, docuerunt contra principia Iuris Naturae & Gentium, ac si clausula iuratoria non consideranda sit ut accessorium quippiam, (de quo vide hic § 14 seqq.) sed ut propositio separata, in qua aliquid promittatur deo quod tamen falsum esse, ostendit ipsa formula iurandi & invocotio dei in testem. Vide hic § 34 & ibi notata." – Aber wie sie die Grenzen des falschen inneren Gerichts und der kirchlichen Gerichtsbarkeit ausweiten würden, haben sie entgegen der Regeln des Natur- und Völkerrechts gelehrt, als wenn eine Eidesformel nicht irgendwie als Anhängsel anzusehen ist (Hierüber siehe §§ 14 ff.), sondern als eine getrennte Äußerung, in dem Gott etwas versprochen wird, dass das jedoch falsch ist, zeigt die Eidesformel selbst und die Anrufung Gottes als Zeuge. Siehe hier § 34 und die dortigen Anmerkungen.

815 *Thomasius*, Institutiones (Fn. 23), lib. 2, cap. 8, § 14, S. 158: „[...] iuramenta esse orationem accessoriam, quae iam aliam assertionem & promissionem, quam firmet praesupponit [...]." – [...] dass Eide eine angefügte Äußerung sind, die eine andere Behauptung oder Versprechen, die sie bekräftigt, voraussetzt [...]. Wohlbemerkt stimmt Thomasius hier mit *Pufendorf* überein, der ebenfalls bemerkt, dass der Eid keine neue und besondere Verbindlichkeit erschaffe, sondern einer von sich aus gültigen Verbindlichkeit angehängt sei *Pufendorf*, De Iure Naturae (Fn. 490), lib. 4, cap. 2, § 6, S. 340: „[...] Iuramenta in se non producere novam & peculiarem obligationem, sed obligationi in sese validae velut accessorium quoddam vinculum supervenire [...]. – [...] dass Eide an sich keine neue und eigene Verpflichtung herbeiführen, sondern der an sich gültigen Verpflichtung als eine angehängte Fessel unterstützen [...].

816 *Thomasius*, Fundamenta (Fn. 23), lib. 2, cap. 9, § 8, S. 164: „Haec hypothesis falsa ita communis facta, ac pro articulo fidei habita fuit, ut non solum Grotius adhuc (vide modo citatos §§ 31 & 34) sed & Pufendorffius (vide § 47 & seqq.) se ex conclusionibus falsis inde promanantibus non potuerint explicare." – Diese falsche Hypothese ist so gemein gemacht und für einen Glaubenspunkt gehalten worden, dass nicht nur Grotius (siehe die zitierten §§ 31 und 34), sondern auch Pufendorf (siehe § 47 ff.) sich aus falschen hervorströmenden Folgerungen nicht befreien können.

lehnt es Thomasius übereinstimmend mit *Pufendorf* ab, einen von Räubern abgenötigten Eid einzuhalten[817], wogegen *Grotius* zufolge der Eid gegenüber Gott gemacht wurde und daher eingehalten werden müsse.[818]

Thomasius weicht aber auch von *Pufendorf* ab, da dieser behauptet hat, dass bei einem Eid keine Verdrehung möglich sei, weil man Gott zum Zeugen anruft, den man nie betrügen könne,[819] wogegen Thomasius dies nicht für den Grund hält, warum beim Eid keine Arglist möglich ist.[820] Sowohl *Grotius* als auch *Pufendorf* vertreten also unter bestimmten Umständen die Ansicht, dass ein Eid Geltungskraft hat, auch wenn das

---

817 *Thomasius*, Institutiones (Fn. 23), lib. 2, cap. 8, § 31, S. 163: „Quod si iuramentum metu sit extortum a latrone, non alium effectum habebit, quam quem supra probavimus prolixio, sequi promissionem iniuratam piratae factam." – Wenn ein Eid durch Furcht von einem Wegelagerer abgepresst wurde, wird er keinen anderen Effekt haben, als wir oben näher bewiesen haben, dass es aus einem gemachten unvereidigten Versprechen folgt. Vgl. ebenfalls *Pufendorf*, De Iure Naturae (Fn. 490), lib. 4, cap. 2, § 8, S. 343: „Scilicet cum pirata sit communi hostis omnium, seu qui citra antegressam iniuriam spoliat aut trucidat, quoscunque nactus fuerit, adeoque ex professo perturbet, & abrumpat socialitatem a Deo inter homines constitutam; igitur non prodesse ipsi debere vinculum, quo homines ad institutum Dei sociabiles inter se solent necti." – Nämlich ein Pirat ist ein gemeiner Feind aller, oder der ohne vorausgegangenes Unrecht raubt oder tötet, wen auch immer er angetroffen hat, und daher stört er offenbar und zerreißt die von Gott unter den Menschen errichtete Gesellschaft; dass ihm deshalb die Fessel nützen soll, durch die die nach Plan Gottes geselligen Menschen unter sich gewöhnlich verbunden werden.

818 Vgl. *Grotius*, De iure belli ac pacis libri tres (Fn. 751), lib. 2, cap. 13, § 15, S. 305: „[…] Non enim persona sola respicitur, cui iuratur, sed is qui iuratur Deus qui ad obligationem pariendam sufficit […]." – […] Denn es wird nicht allein die Person berücksichtigt, der geschworen wird, sondern auch Gott, bei dem geschworen wird, was ausreicht, um eine Verpflichtung zu erzeugen […].

819 *Pufendorf*, De Iure Naturae (Fn. 490), lib. 4, cap. 2, § 12, S. 346: „Hoc autem efficiunt iuramenta ob interpositam Dei invocationem, quem neque astu quis deceperit, & cui nemo impune illuserit, ut ab negotiis, quibus adiiciuntur, omnis interpretatio cavillatoria sit excludenda […]." – Diese Eide ergeben wegen der angefügten Anrufung Gottes, den niemand durch List täuschen könnte, dem niemand ungestraft betrügen könnte, dass von Geschäften, denen sie angehängt werden, jede verdrehende Auslegung ausgeschlossen sein muss […].

820 *Thomasius*, Institutiones (Fn. 23), lib. 2, cap. 8, § 48, S. 168: „Hinc quod dicitur: a iuramentis omnem dolum & cavillationem seu fraudulentem interpretationem abesse debere, recte se habet, sed huius tamen assertionis causam non principaliter in eo quaererem, quasi interposita in iuramento Dei invocatio, quem neque astu quis deceperit, & cui nemo impune illuserit eum effectum producat […]." – Daher wird das gesagt: dass von Eiden jede List, Verdrehung oder betrügerische Auslegung entfernt sein muss, verhält sich rechtens, aber ich würde jedoch den Grund dieser Bemerkung nicht vorwiegend darin suchen, als ob die dem

zugrundeliegende Rechtsgeschäft unwirksam ist. Hiergegen wendet sich auch Thomasius in der Dissertation. Selbst protestantische Gelehrte sollen an der Geltungskraft eines Eides trotz unwirksamen Versprechen festhalten, so dass letztlich keiner dieses Konstrukt anzweifelt, was eine *aequitas cerebrina* darstellt. Gerade dies hat er als symptomatisch für die subtile *aequitas cerebrina* beschrieben, weil sie von Personen angewandt wird, deren Autorität andere Menschen beeindruckt, die deren Ansichten dann unkritisch wiederholen. Die Geltung des Eides stützt sich aber auf zwei, in Thomasius' Augen, offensichtlich falsche Überlegungen:

Et tamen non aliis fundamentis nititur, quam istis duobus evidenter falsis: Iuramenti praestationem non esse actum civilem sed mere spiritualem, i.e. ad cultum divinum spectantem; item clausulam iuratoriam in promissis & assertionibus non esse here accessoriam, sed in se continere perfectum ac separatum sensum, ita ut v.g. in promissionibus latroni factis haec clausula efficiat, ut promissio fiat Deo.[821]	Und dennoch stützt sie sich auf keine anderen Grundlagen, als diese zwei unverkennbar falschen: Dass das Leisten eines Eides keine bürgerliche Handlung ist, sondern bloß eine geistliche, das heißt die göttliche Verehrung betrifft; ebenfalls, dass die Eidesformel bei Versprechen und Behauptungen nicht bloß anhängend ist, sondern in sich auch einen vollkommenen und absonderlichen Sinn enthält, so dass zum Beispiel bei einem Räuber gegenüber gemachte Versprechen diese Formel verursacht, dass ein Versprechen gegenüber Gott gemacht wird.

Thomasius erklärt, dass diese *aequitas cerebrina* (der unaufhebbaren Gültigkeit eines Eides) erstens auf der falschen Annahme beruht, dass der Eid als geistliche, nicht als bürgerliche Handlung wahrgenommen wird. Schon in den *Institutiones* definiert er den Eid als eine Anrufung Gottes, der als Zeuge ein Versprechen bestätigen soll.[822] Zweck ist es, dass Menschen aus Gottesfurcht fester daran gebunden werden, die Wahrheit zu sagen und

---

Eid angefügte Anrufung Gottes, den niemand durch List täuschen könnte und den niemand ungestraft betrügt, diesen Effekt herbeiführt [...].
821 *Thomasius*, De aequitate cerebrina [1706] (Fn. 24), cap. 1, § 17, S. 19.
822 *Thomasius*, Institutiones (Fn. 23), lib. 2, cap. 8, § 6, S. 155: „Definimus autem Iusiurandum, quod sit deliberata numinis divini tanquam testis & vindicis invocatio, in assertionis aut promissionis confirmationem." – Wir definieren aber

Versprechen tatsächlich einzuhalten, da die Furcht vor menschlichen Konsequenzen nicht groß genug zu sein scheint[823] und dass eine Sicherheit über den Wahrheitsgehalt und das Einhalten des Versprechens gegeben wird.[824] Der Eid soll also lediglich als eine Absicherung fungieren, die vom Glauben an Gott getragen wird.

Zweitens basiert die Ansicht von der Wirksamkeit eines Eides Thomasius zufolge auf der ebenso falschen Überlegung, dass der Eid nicht als akzessorisch zum Versprechens betrachtet wird. Stattdessen wird ihm eine eigenständige Bedeutung zugesprochen, indem er als Versprechen gegenüber Gott gewertet wird, was Thomasius bereits in den *Fundamenta* als falsche Grundlage für die immerwährende Wirksamkeit des Eides dargestellt hat.[825] Aus diesem Grund wird beispielsweise angenommen, dass der einem Räuber aus Furcht abgeleistete Eid als Versprechen gegenüber Gott verstanden werde.[826] Ein Eid hat in Thomasius' Augen also keine andere Bindungskraft als das Versprechen selbst, denn er ist lediglich eine bürger-

---

den Eid, dass er eine Anrufung des göttlichen Willens als Zeuge und gleichsam Beschütze zur Bestätigung einer Bemerkung oder eines Versprechens ist.

823 *Thomasius,* Institutiones (Fn. 23), lib. 2, cap. 8, § 7, S. 156: „Finis enim omnis iuramenti ex parte eius, qui sibi iurari curat, est, ut homines ad enunciandum verum aut servandum promissum firmius adstringantur metu divini numinis omnipotentis & omniscii, cuius vindictam, si scientes fallant per iuramentum in se invocent, ubi alias metus ab hominibus imminens non satis efficax videbatur, quorum vires contemnere aut declinare vel scientiam se posse fallere sperabant." – Der Zweck jedes Eides auf Seiten dessen, der sich schwören lässt, ist, dass Menschen zu wahrem Aussagen oder Einhaltung eines Versprechens fester gebunden werden aus Furcht des alleskönnenden und -wissenden göttlichen Willens, dessen Rache sie auf sich rufen, wenn sie wissend durch den Eid täuschen, wo andernfalls die drohende Furcht vor Menschen nicht für genug wirksam gehalten wird, deren Kräften sie trotzen oder ausweichen bzw. das Wissen hoffen betrügen zu können

824 *Thomasius,* Institutiones (Fn. 23), lib. 2, cap. 8, § 9, S. 156: „Ex intentione autem eius qui iurat, iuramenti finis est certitudo & fides, ut nempe alter, quicum agitur, certus & securus reddatur vel de veritate illorum quae affirmantur aut negantur, vel de fide iurantis, sive de impletione eorum quae promittuntur." – Aber nach der Absicht dessen, der schwört, ist der Zweck des Eides die Sicherheit und der Glaube, dass nämlich der andere, mit dem man handelt, sicher und sorglos gemacht wird, entweder über die Wahrheit dessen was bestätigt oder abgelehnt wird oder über die Treue des Schwörenden, oder über die Erfüllung dessen, was versprochen wurde.

825 Vgl. oben Fn. 814 und 816.

826 Hier bezieht sich Thomasius offenkundig auf *Grotius,* der einen gegenüber einem Räuber abgeleisteten Eid für wirksam hält, weil der Eid eigentlich Gott und nicht dem Menschen geleistet wird, vgl. oben Fn. 818.

liche Handlung, die sich akzessorisch zum Versprechen verhält, und gerade keine eigene Verpflichtung in sich trägt. Obwohl der Eid also weder rechtlich verbindlich ist noch als eigenständiger Satz betrachtet werden kann, sondern er eher die Rolle eines Supplements einnimmt, beharrt das kanonische Recht auf dessen zwingender Einhaltung, unabhängig von der Wirksamkeit des zugrundeliegenden Versprechens, was Thomasius als eine *aequitas cerebrina* empfindet.

Das Vorliegen dieser beiden falschen Vorstellungen, auf die das Einhalten von Eidschwüren gestützt wird, ist eine Eigenschaft, die eine *aequitas cerebrina* subtil macht. Denn zu dieser hat Thomasius erklärt, dass sie keine „besseren Vorwände als die offenkundige" heranzieht.[827] Auch der subtilen *aequitas cerebrina* liegen also offensichtliche Fehlvorstellungen zugrunde. Hier tritt jedoch hinzu, dass sie von Menschen hervorgerufen wird, deren Autorität nicht angezweifelt wird, weshalb eine Verbreitung dieser Ansichten ermöglicht wird. Die Wirksamkeit eines Eides trotz Unwirksamkeit des Rechtsgeschäfts ist folglich eine eindeutig falsche Auffassung, die vom Klerus dennoch aufrechterhalten wird. Den Grund für das Festhalten am Eid sieht Thomasius auch hier in der Bestrebung der Kirche, Macht und Vermögen zu manifestieren:

Vera ratio huius pseudo aequitatis inventae fuit, invasio in potestatem legislatoriam, & iudicialem intuitu negotiorum civilium, utpote quorum plerisque iuramenta post hoc inventum adiiciebantur; [...].[828]	Der wahre Grund dieser falschen erfundenen *aequitas* war der Angriff auf die gesetzgebende und richterliche Macht in Rücksicht auf bürgerliche Geschäfte, weil den meisten dieser die Eidschwüre, nachdem dies entdeckt wurde, beigefügt wurden; [...].

Thomasius erklärt, dass die Bindungskraft von Eiden eine *aequitas cerebrina* ist, der die Absicht der Geistlichen zugrunde liegt, die Macht des Gesetzgebers und Richter bezüglich bürgerlichen Geschäften an sich zu reißen. Erst aus diesem Grund ist der Eid den Rechtsgeschäften beigefügt worden.

Deutlicher drückt er dies in den *Fundamenta* aus, wo er erklärt, dass mit den christlichen Fürsten die Annahme erstarkt ist, dass ein Zeuge,

---

827 Siehe oben Fn. 791.
828 *Thomasius*, De aequitate cerebrina [1706] (Fn. 24), cap. 1, § 17, S. 19.

der nicht schwört, nicht glaubwürdig sei.[829] Im Zuge dessen haben die römischen Geistlichen den Grundstein gelegt, die *summa potestas* an sich zu reißen, beispielsweise indem sie mithilfe des innerlichen Gerichts und geistlicher Angelegenheiten über bürgerliche Sachen urteilen durften.[830] Weil bei den Eidschwüren Gott angerufen wurde, wurden diese dann zu den geistlichen Angelegenheiten gezählt, die aber bei sämtlichen gerichtlichen und außergerichtlichen Angelegenheiten angewandt wurden.[831] Vor diesem Hintergrund erkennt Thomasius in der Gültigkeit von Eiden die Bestrebung der Geistlichen dadurch die gesetzgebende und gerichtliche Macht an sich zu reißen und somit weltliche Gesetze und Urteile zu korrigieren.[832] Thomasius wirft den Geistlichen also vor, dass sie den Eid

---

829 *Thomasius*, Fundamenta (Fn. 23), lib. 2, cap. 9, § 4, S. 163: „Postquam vero Principes Christiani ad Imperii gubernacula admoti sunt, tum demum illa regula invaluit: non esse credendum testi iniurato, ut ibidem est ostensum." – Nachdem christliche Fürsten zur Regierung des Reiches gelangt sind, ist diese Regel erst erstarkt: das man dem unvereidigten Zeugen nicht glauben darf, das ist ebenda gezeigt worden.

830 *Thomasius*, Fundamenta (Fn. 23), lib. 2, cap. 9, § 5, S. 164: „Cum vero statim ab illis temporibus Clerus Romanus fundamenta iecerit summae potestatis acquirendae, ostendendum erit, quod inter illa fundamenta etiam illud fuerit, ut sub praetextu fori interni & causarum spiritualium ad se traherent potestatem iudicandi de negotiis plerisque civilibus." – Da sofort ab der Zeit der römische Klerus die Grundlagen gelegt hat, die höchste Macht zu erlangen, wird gezeigt werden, dass unter diesen Grundlagen auch jene war, dass sie unter dem Vorwand des inneren Gerichtes und der geistlichen Angelegenheit die Macht über viele bürgerliche Geschäfte zu urteilen, an sich rissen.

831 *Thomasius*, Fundamenta (Fn. 23), lib. 2, cap. 9, § 6, S. 164: „Et cum adeo viderent, in iuramentis invocari deum, ut testem & vindicem, adeoque iam praetextum adesse speciosum, causas iuramentorum ad spirituales referendi, operam dederunt, ut iuramenta adhiberentur in negotiis plerisque tam iudicialibus, quam extraiudicialibus." – Und weil sie daher gesehen haben, dass bei den Eiden Gott als Zeuge und Rächer angerufen wird und daher ein prächtiger Vorwand schon vorhanden war, die Angelegenheiten der Eide zu den geistlichen zu zählen, haben sie sich bemüht, dass Eide bei sämtlichen gerichtlichen und außergerichtlichen Geschäften angewandt werden.

832 *Thomasius*, Fundamenta (Fn. 23), lib. 2, cap. 9, § 10, S. 164: „Quod ergo haec regula tam diligenter inculcetur in Iure Canonico, aperte factum est ob Interesse Cleri Romani, quia hoc pacto Clerus sibi vindicavit tacite potestatem Legislatoriam & iudicialem corrigendi Leges Civiles & sententias iudicum secularium." – Dass also diese Regel im kanonischen Recht so sorgfältig eingeflickt wird, ist offensichtlich wegen des Interesses des römischen Klerus geschehen, weil der Klerus sich durch den Vertrag still der gesetzgebenden und gerichtlichen Macht bürgerliche Gesetze und Urteile weltlicher Richter zu korrigieren angenommen hat.

als Mittel nutzen, um sich in die weltliche Rechtsmaterie, nämlich das bürgerliche Recht, einzumischen und durch diese geistliche Komponente sowohl die Gesetzgebung als auch die Rechtsprechung zu unterwandern. Neben der Anmaßung von Macht hält Thomasius noch die Sicherung von Besitz für einen Grund der Wirksamkeit Eides bei unwirksamen Rechtsgeschäften:

[...] item, ne donationes latrociniis spiritualibus i.e. minis ustulationis purgatorii extortae exceptione metus invalidari possent a minus superstitiosis &c.[833]	[...] ebenfalls, dass Schenkungen, die durch geistliche Räubereien, das heißt durch Drohungen von Brandwunden des Fegefeuers, erpresst wurden, durch die Einrede wegen Furcht nicht von weniger Abergläubischen entkräftet werden konnten usw.

Als weiteren tatsächlichen Grund, der sich hinter der Wirksamkeit von Eiden verbirgt, führt Thomasius an, dass bei einer erpressten Schenkung, nicht die Einrede der Furcht entgegengehalten werden kann. Darauf nimmt er auch in den *Fundamenta* Bezug, wo er erklärt, dass die Geistlichen mit dem Eid bezwecken, sich zu bereichern, indem diejenigen, die der Kirche etwas versprochen haben und eigentlich eine Einrede wegen Betrug, List o.ä. entgegenhalten könnten, mittels des Eides dennoch an ihr Versprechen gebunden werden.[834] Thomasius unterstellt, dass durch den Eid also sämtliche nach dem bürgerlichen Recht geltenden Einreden ausgehebelt werden sollen. So hat er auch schon im Zusammenhang mit der Verjährung erklärt, dass diese Einrede der Furcht gegenüber dem Klerus nicht möglich sein soll.[835] Nun findet die Einrede außerdem keine Anwendung, weil der Eid als Versprechen gegenüber Gott in jedem Fall eingehalten werden muss, unabhängig von der Wirksamkeit des eigentlichen Versprechens. Thomasius unterstellt den kanonischen Regeln also,

---

833 *Thomasius*, De aequitate cerebrina [1706] (Fn. 24), cap. 1, § 17, S. 19.
834 *Thomasius*, Fundamenta (Fn. 23), lib. 2, cap. 9, § 11, S. 165: „Sed & subfuit interesse pecuniarum Cleri Romani, ut illi, qui Ecclesiis quid promisissent, & alias exceptionibus minorennitatis, doli, fraudulentiae, persuasionis & similibus se liberare possent, firmius tenerentur." – Aber es lag auch ein Geldinteresse des römischen Klerus' vor, weil jene, die den Kirchen etwas versprochen hatten und sich sonst durch Einreden wegen Minderjährigkeit, List, Betruges, Überzeugung und ähnlichem befreien konnten, fester gehalten wurden.
835 Siehe oben Fn. 806.

dass der Eid zu dem Zweck missbraucht wird, um die Durchsetzbarkeit kirchlicher Forderungen abzusichern. Hinter sämtlichen kanonischen Regeln verbergen sich nach Thomasius die Bestrebungen Macht und Besitz zu sichern. Als drittes Beispiel für eine subtile *aequitas cerebrina* nennt Thomasius das im kanonischen Recht geltenden Zinsverbot:

Tertium exemplum suppeditare potest doctrina iuris Canonici de pravitate usuraria.	Ein drittes Beispiel kann die Lehre des kanonischen Rechts über die übermäßige Zinsnehmung liefern.
Notae sunt ea de re lites inter ipsos protestantes v.g. Gisbertum Voetium & Martinum Schookium aliosque.	Bekannt sind hiervon die Streite zwischen den Protestanten selbst zum Beispiel *Gisbert Voet* und *Martin Schoock* und anderen.
Novissime autem omnium optime aequitatem cerebrinam iuris Canonici in doctrina de usuris vivis caloribus depinxit ICtorum Belgarum decus Gerardus Noodt, ut adeo non opus sit ea de re plura commemorare.[836]	Zuletzt aber schildert am allerbesten die eingebildete *aequitas* des kanonischen Rechts der Glanz der belgischen Rechtsgelehrten, *Gerhard Noodt*, so dass es nicht nötig ist, über diese Sache viel zu sprechen.

Thomasius erklärt, dass auch die Regeln des kanonischen Rechts zur übermäßigen Zinsnehmung als ein Beispiel für die *aequitas cerebrina* anzusehen sind. Er verweist dabei lediglich auf die gegenläufigen Positionen der protestantischen *Juristen Gisbert Voet* und *Martin Schoock*. Unter Verweis auf *Gerhard Noodt* verzichtet Thomasius jedoch auf eine intensivere Darlegung, warum das Zinsverbot beispielhaft für eine subtile *aequitas cerebrina* steht. Diesem Vorgehen folgend, soll auch in der vorliegenden Arbeit auf die Diskussion bezüglich der wucherischen Zinsnehmung nicht weiter eingegangen werden, denn eine vertiefende Untersuchung der Zinsregelungen[837] lenkt den Fokus von der *aequitas cerebrina* weg.

---

836 *Thomasius*, De aequitate cerebrina [1706] (Fn. 24), cap. 1, § 17, S. 19.
837 Siehe zur Entwicklung des Zinsverbotes im kirchlichen Recht bis zur Neuzeit *Becker*, Das Zinsverbot im lateinischen Mittelalter, in: *Casper/Oberauer/Wittreck* (Hg.), Was vom Wucher übrigbleibt, Tübingen 2014, S. 20 ff. Ausführlich *Siems*, Handel und Wucher im Spiegel frühmittelalterlicher Rechtsquellen, Hannover 1992. Außerdem *Kriechbaum*, Die Stellungnahme der mittelalterlichen Legistik zum kanonistischen Zinsverbot, in: *Drecktrah/Willoweit/Landwehr* (Hg.), Rechtsprechung und Justizhoheit, Köln 2016, S. 23 ff.; *Trusen*, Die Anfänge öffentli-

c) Fazit

Thomasius arbeitet in den §§ 16 und 17 heraus, in welcher Weise die *aequitas cerebrina* an andere Menschen vermittelt wird. Hierbei unterscheidet er zwischen einer offenkundigen und subtilen *aequitas cerebrina*. Erstere umfasst erkennbar falsche Rechtsauffassungen, die durch Richter und Rechtsgelehrte in das Recht eingeführt werden und dadurch ihre Wirkung entfalten können. Letztere umfasst ihrem Wesen nach ebenfalls offensichtlich falsche Rechtsauffassungen, die aber deshalb verbreitet werden können, weil sie auf Personen zurückzuführen sind, deren Autorität nicht angezweifelt wird, weshalb derartige Regelungen anerkannt und nicht reflektiert werden. Die subtile *aequitas cerebrina* nimmt Thomasius zum Anlass um seine Abneigung gegenüber dem kanonischen Recht herauszuarbeiten. Dieses enthält viele Ansichten, die naturrechtswidrig und insofern unbillig sind. Sie werden aber dennoch aufgrund der Autorität der katholischen Kirche als billig erkannt oder zumindest nicht angezweifelt. Dabei sind die Beweggründe hinter diesen Regelungen allein solche, die der Kirche dienen sollen. Regelungen wie das Gutglaubenserfordernis bei der Verjährung und die Wirksamkeit von Eidschwüren dienen dem Macht- und Besitzerhalt der Kirche. Thomasius erkennt, dass derartige Regelungen folglich nur scheinbar billig sind, tatsächlich aber den unbilligen Interessen der katholischen Kirche dienen und daher eine billig erscheinende *aequitas*, nämlich eine *aequitas cerebrina*, darstellen.

VI. Verbreitung der *aequitas cerebrina* an den Universitäten

Thomasius befasst sich nun mit der Frage, welche Personen vorrangig die *aequitas cerebrina* verbreiten. Ihren Ausgangspunkt erkennt er in erster Linie in den Universitäten und sieht personell die Gelehrten und Lehrer in der Verantwortung. Hierbei differenziert er zwischen den katholischen (1.) und protestantischen Universitäten (2.), auf die im Folgenden näher einzugehen ist.

---

cher Banken und das Zinsproblem, in: *Lutter* (Hg.), Recht und Wirtschaft in Geschichte und Gegenwart, München 1975, S. 113 ff.

1. Beförderung an katholischen Universitäten

Nachdem Thomasius die Wesenszüge der *aequitas cerebrina* dargelegt hat
und sie anhand verschiedener Merkmale charakterisiert hat, geht er nun
auf diejenigen Personen ein, die jene hervorrufen. Dies nutzt er, um seine
Kritik am kanonischen Recht fortzusetzen, indem er die *aequitas cerebrina*
erneut auf die katholische Kirche zurückführt und vor allem deren Geistliche als Beförderer der *aequitas cerebrina* herausarbeitet. Doch zunächst
widmet er sich den Gelehrten allgemein. Zuvor hatte Thomasius zwar
noch den besonderen Ursprung der *aequitas cerebrina* darin gesehen, dass
(irgendwelche) Menschen über eine ihnen fremde Materie urteilen.[838] Von
dieser Ansicht nimmt er nun jedoch Abstand:

Etsi vero supra dicta doceant, omnium statuum homines laborare aequitate cerebrina eamque promovere; cum tamen praetextus ille aequitatis plerumque eruditionem aliquam spiret, haud dubie eruditi & Doctores pro promotoribus optimis maximis aequitatis cerebrinae habendi sunt.[839]	Wenn auch tatsächlich das oben Gesagte lehrt, dass die Menschen aller Stände an einer eingebildeten *aequitas* leiden und diese befördern; weil jedoch der Vorwand der *aequitas* meistens irgendeine Gelehrsamkeit verbreitet, muss man ohne Zweifel Gelehrte und Lehrer für die obersten Beförderer der eingebildeten *aequitas* halten.

Thomasius konkretisiert seine vorherige Feststellung hinsichtlich ihrer Allgemeinheit und erklärt nun, dass nicht jedwede Menschen, sondern in
erster Linie Gelehrte die *aequitas cerebrina* befördern, weil sie vor allem
bei der Verbreitung von Lehrmeinungen zum Tragen kommt. Dass die *aequitas cerebrina* vor allem durch Gelehrte verbreitet wird, führt Thomasius
wiederum auf die katholische Kirche zurück:

Accedit, quod Academiae in medio Papatu astutia Papali institutae sint ad adiuvandum clerum in controversia notissima inter sacerdotium & imperium; id quod omnium optime	Es kommt hinzu, dass die Akademien auf dem Höhepunkt des Papsttums durch päpstliche List errichtet wurden, um den Klerus bei allbekannten Streitigkeiten zwischen

---

838 *Thomasius*, De aequitate cerebrina [1706] (Fn. 24), cap. 1, § 9, S. 8, siehe oben
   Fn. 532.
839 *Thomasius*, De aequitate cerebrina [1706] (Fn. 24), cap. 1, § 18, S. 19 f.

fieri poterat, si Principes & Laici re-   geistlicher und weltlicher Macht
liqui persuaderentur de sanctitate &   zu unterstützen; dies konnte am al-
aequitate canonum Ecclesiasticorum   lerbesten geschehen, wenn Fürsten
& iuris inde denominati.[840]   und die übrigen Weltlichen sich von
der Heiligkeit und *aequitas* der ka-
nonischen Geistlichen und des danach benannten Rechts überzeugen
ließen.

Dass die *aequitas cerebrina* vor allem durch Gelehrte ihre Verbreitung
finden konnte, führt Thomasius auf die Universitäten zurück, weil diese
vom Papst gegründet wurden, um die geistliche Macht gegenüber der
weltlichen zu behaupten. Das sollte vor allem dadurch ermöglicht werden,
dass die weltliche Macht davon überzeugt wird, dass das kanonische Recht
billig ist. Tatsächlich war die Lehre in Deutschland eng mit den Universitäten verbunden, welche wiederum eng mit den politischen und religiösen
Vorstellungen ihrer Gründer, zumeist Länder, Städte oder Kirchen, verwo-
ben waren.[841] Um Thomasius' Sichtweise besser zu verstehen, sollte das
Universitätswesen im Zeitalter der Konfessionalisierung näher in den Blick
genommen werden.
    Die Phase der Reformation wirkte sich auf sämtliche Lebensbereiche
der deutschen Territorien aus. Sie führte zu einer kirchlichen Neuordnung
durch territoriale und städtische Obrigkeiten u.a. in Hessen, Kursachsen,
Nürnberg und Straßburg.[842] Die darauf folgende Konfessionalisierung ist
ein wichtiges Moment in der Territorialstaatsbildung und der Formierung
der frühmodernen Gesellschaft.[843] Die Zeit war wegen der Vermengung
von Politik und Religion konfessionell geprägt, denn religiöse Fragen wurden politisiert und die Politik bediente sich wiederum der Religion und
der von der Reformation ausgelösten religiösen Gegensätze. Mit einer Op-
tion für die Reformation konnten die Fürsten politische Vorteile gewin-
nen und durch verstärkte Zugriffsmöglichkeiten auf die Kireche und das

---

840 *Thomasius*, De aequitate cerebrina [1706] (Fn. 24), cap. 1, § 18, S. 20.
841 *Hunter*, The Secularisation of the Confessional State. The Political Thought of
     Christian Thomasius, Cambridge 2007, S. 35.
842 *Hecht*, s.v. Reformation, in: *Jaeger*, Enzyklopädie der Neuzeit, Bd. 10, Stuttgart
     2009, Sp. 800.
843 *Strohm*, Die produktive Kraft konfessioneller Konkurrenz, in: *ders. (Hg.)*, Refor-
     mation und Recht, Tübingen 2017, S. 133.

Kirchengut ihres Territoriums ihre Herrschaft ausbauen und den Staatsbildungsprozess vorantreiben.[844]

Dieser Prozess hatte auch Auswirkungen auf die Universitäten. Sie waren in der frühen Neuzeit doch alle konfessionell gebunden und fungierten als integrales obrigkeitsstaatliches Instrument zur Konfessionsbildung und -normierung innerhalb der Trägerterritorien sowie deren Nachbarterritorien ohne eigene höhere Bildungsanstalt.[845] Aus dem gemeinsamen Erbe der mittelalterlichen Universität entstanden spezifisch protestantische und katholische Bildungstraditionen, die Staat und Gesellschaft bestimmten. Schulen und Universitäten waren in den deutschen Territorien und Städten ein zentrales Instrument der Kirchen- und Konfessionspolitik.[846] Jeder Herrscher wollte über eine eigene Universität verfügen, um die Beamten und Geistlichen dort nach seinen politischen und konfessionellen Vorstellungen ausbilden zu lassen.[847] So wurden zahlreiche reformierte Universitäten gegründet und bereits bestehende wandten sich dem Luthertum zu.[848] Es entstand eine konfessionelle Segmentierung der europäischen Bildungslandschaft, da bei der Immatrikulation Konfessionseide abzuleisten waren und der Besuch konfessionsfremder Universitäten häufig von der Obrigkeit verboten wurde.[849] Im 18. Jahrhundert existierten dann in den evangelischen Reichsteilen 23 mit kaiserlichem Privileg ausgestattete Universitäten, von denen bereits acht vor der Reformation gegründet worden waren.[850]

Die Hochschule wandelte sich zu einer „Staatsanstalt und Konfessionsschule".[851] Anders als in Westeuropa, wo im späten 17. und 18. Jahrhundert Akademien „als bürgerliche Bildungseinrichtungen" entstanden, dien-

---

844 *Klueting*, Das Konfessionelle Zeitalter. Europa zwischen Mittelalter und Moderne, Darmstadt 2007, S. 182.

845 *Asche/Gerber*, s.v. Universität, in: *Jaeger*, Enzyklopädie der Neuzeit, Bd. 13, Stuttgart 2011, Sp. 1015.

846 *Schindling*, Die protestantischen Universitäten im Heiligen Römischen Reich deutscher Nation im Zeitalter der Aufklärung, in: *Hammerstein (Hg.)*, Universitäten und Aufklärung, Göttingen 1995, S. 9. Ebenso *Brendle*, Das konfessionelle Zeitalter, Berlin/Boston 2015, S. 138.

847 *Rüegg*, Geschichte der Universität in Europa, Bd. 2: Von der Reformation zur Französischen Revolution (1500-1800), München 1996, S. 337.

848 *Rüegg*, Geschichte der Universität in Europa, Bd. 2 (Fn. 847), S. 337.

849 *Asche/Gerber*, s.v. Universität (Fn. 845), Sp. 1018.

850 *Schindling*, Protestantische Universitäten (Fn. 846), S. 10.

851 *Bücking, Jürgen*, Reformation an den deutschen Universitäten in der frühen Neuzeit, in: *Rabe/Molitor/Rublack (Hg.)*, Festgabe für Ernst Walter Zeeden. Zum 60. Geburtstag am 14. Mai 1976, Münster 1976, S. 360.

ten die protestantischen und katholischen Universitäten im Reich den Landesherren „für die Ausbildung einer eigenen Beamtenschaft und Geistlichkeit im Zeitalter der Konfessionsspaltung".[852]

Die Konfessionsspaltung wirkte in den katholischen und den lutherischen Regionen auch auf das Recht und den Rechtsunterricht ein.[853] *Christoph Strohm* hat herausgearbeitet, dass die konfessionelle Konkurrenz in vielerlei Hinsicht Kulturwirkungen entfaltet hat.[854] Insbesondere wirkte sich die konfessionelle Konkurrenz neben der Territorialstaatsbildung auch auf das Bildungswesen und die juristischen Fakultäten aus, wobei auch eine mittelbare Wirkung der Reformation auf die Territorialstaatsbildung selbst erkennbar ist, die zumindest gefördert wurde.[855] Für die Rechtswissenschaft bedeutete die Reformation, dass durch eine Abwertung des kanonischen Rechts die zivilrechtliche Ausbildung an den Universitäten einen Aufschwung erfuhr, die sich von theologischen Grundentscheidungen emanzipierte. An den protestantischen Universitäten lösten sich die Juristen mehr von der Vorherrschaft der klerikalen Hierarchie. Vom Papst gegründete Universitäten dienten hingegen dem Zweck, eine rational einsichtige Doktrin zu sichern, vor allem aber die päpstliche Zentralgewalt gegenüber den weltlichen Herrschern zu stärken und die hierfür erforderlichen Kader zu rekrutieren.[856]

Vor eben diesem Hintergrund ist Thomasius' Kritik an den päpstlichen Universitäten ein Exempel für die konfessionelle Konkurrenz der verschiedenen Universitäten. Dabei ist anzumerken, dass Thomasius sich nicht nur gegen das römische Papsttum und das kanonische Recht, sondern ebenso gegen die lutherische Orthodoxie wandte.[857] Die Dissertation von 1706 ist an der Universität Halle entstanden, die von den reformierten brandenburgischen Landesherren gegründet wurde und in unmittelbarer Konkurrenz zur Universität Leipzig stand, von der Thomasius infolge der Konflikte mit der lutherischen Orthodoxie vertrieben worden war.[858] In

---

852 *Stolleis*, Reformation und öffentliches Recht in Deutschland, in: Der Staat vol. 24 No. 1 (1985), S. 53.

853 *Stolleis*, Reformation und Verrechtlichung am Beispiel der Reichspublizistik, in: *Strohm (Hg.)*, Reformation und Recht, Tübingen 2017, S. 59.

854 *Strohm*, Die produktive Kraft konfessioneller Konkurrenz (Fn. 843), S. 136 ff.

855 Dazu und im Folgenden *Strohm*, Die produktive Kraft konfessioneller Konkurrenz (Fn. 843), S. 141–145.

856 *Rüegg*, Geschichte der Universität in Europa, Bd. 1: Mittelalter, München 1993, S. 33.

857 *Strohm*, Die produktive Kraft konfessioneller Konkurrenz (Fn. 843), S. 157.

858 *Strohm*, Die produktive Kraft konfessioneller Konkurrenz (Fn. 843), S. 159.

Thomasius' Kritik an den Lehrinhalten der päpstlichen Universitäten spiegelt sich folglich die Abneigung gegenüber den Universitäten mit einem anderen religiösen Einschlag wider.

Wie er bereits zuvor festgestellt hat[859] wurden die Berater der Fürsten an den Universitäten ausgebildet und berieten auf Basis ihrer Kenntnisse die Fürsten. Thomasius befürchtet, dass die weltlichen Fürsten somit nicht unmittelbar, aber zumindest mittelbar durch ihre Berater vom kanonischen Recht überzeugt werden. Vermittels der an den Akademien ausgebildeten Berater konnte also auf die weltliche Macht eingewirkt werden. Thomasius stellt kursorisch dar, wie diese Beeinflussung an den Universitäten von Statten ging:

Strenue eo in opere laborarunt etiam primae facultates duae Academicae, Philosophica & Theologica, imbuendo multa millia auditorum Philosophia & Theologia scholastica passim aequitate tali cerebrina in doctrina morum repletis.[860]	Betriebsam waren auch die ersten zwei akademischen Fakultäten, die philosophische und theologische, mit dieser Aufgabe beschäftigt, indem sie viele tausend Schüler in der scholastischen Philosophie und Theologie unterwiesen, welche überall von einer derartigen eingebildeten *aequitas* in der Morallehre erfüllt sind.

Thomasius erklärt, dass anfänglich die philosophische und theologische Fakultät damit betraut waren, den Klerus in seiner Machtsicherung zu unterstützen, was durch die Unterrichtung der Scholastik geschah. Diese und auch das römische Recht waren gerade Traditionen des Rechts, die es im Wege der Aufklärung zu überwinden galt, um das Recht aus seiner Unmündigkeit zu befreien.[861] An dieser Stelle spricht Thomasius das erste Mal die scholastische Philosophie an, deren Bekämpfung er sich am Anfang seiner Lehrphase, eigentlich aber seine gesamte Schaffensphase verschrieben hat.[862] Da Thomasius die scholastische Philosophie jedoch nicht

859 *Thomasius*, De aequitate cerebrina [1706] (Fn. 24), cap. 1, § 14, S. 14, siehe oben Fn. 698.

860 *Thomasius*, De aequitate cerebrina [1706] (Fn. 24), cap. 1, § 18, S. 20.

861 *Luig*, Aufklärung und Privatrechtswissenschaft, in: *Hammerstein (Hg.)*, Universitäten und Aufklärung, Göttingen 1995, S. 160.

862 Vgl. *Hammerstein*, Jus und Historie (Fn. 52), S. 50 ff. Zur Kollision von Thomasius' aufklärerischer Forderung des Selbstdenkens mit der Scholastik vgl. *Schröder*, Christian Thomasius zur Einführung, Hamburg 1999, S. 26 ff. Siehe auch *Hun-*

allein als einen Mangel der katholischen Universitäten, sondern auch der protestantischen auffasst und sich dazu im § 19 äußert, soll seine Kritik erst sogleich unter 2. thematisiert werden. Nicht nur die theologische und philosophische Fakultät, sondern auch die juristische diente der Verbreitung der *aequitas cerebrina*:

Cum vero mox ICti iure Iustinianeo uti inciperent ad impugnandas istas aequitates cerebrinas pro eminentia sacerdotii prae imperio pugnantes, statim Ius Canonicum ipsis Papa opposuit & Canonistas, glaucomate cerebrinae aequitatis perpetuo incautioribus imponentes.[863]	Weil aber bald die Rechtsgelehrten begannen, das justinianische Recht zu gebrauchen, um diese eingebildeten *aequitates*, die für den Vorrang der geistlichen gegenüber der weltlichen Gewalt kämpften, zu bekämpfen, stellte der Papst ihnen sofort das kanonische Recht und die Kanonisten gegenüber, die mit dem blauen Dunst der eingebildeten *aequitas* fortwährend die Unvorsichtigen täuschen.

Thomasius stellt den Eintritt der päpstlichen Lehren in die juristische Fakultät als Resultat eines Wechselwirkungsprinzips dar: Als Reaktion auf die *aequitas cerebrina* der päpstlichen Machtsicherung an den anderen Fakultäten, befassten sich die Rechtsgelehrten mit dem römischen Recht. Wiederum als Reaktion darauf führte der Papst nun das kanonische Recht mitsamt seiner Gelehrten ein, mit dessen Hilfe die Unvorsichtigen getäuscht werden sollten. Thomasius beschreibt hier die Rezeption des römischen Rechts und integriert diesen Prozess in den Kampf gegen die Geistlichkeit und *aequitas cerebrina*, wodurch er zunächst einmal eine grundsätzliche Gutheißung der römischrechtlichen Materie zum Ausdruck bringt.

Zuerst und hauptsächlich war tatsächlich das justinianische Recht Gegenstand der mittelalterlichen Rechtswissenschaft, dessen Inhalte im 11. Jahrhundert wieder vermehrt in den Mittelpunkt des Interesses rückten.[864] Diese Entwicklung geht vor allem auf *Irnerius* zurück, der in Bologna

---

ter, The Secularisation of the Confessional State (Fn. 841), S. 54 ff. Außerdem *Wolf*, Große Rechtsdenker der deutschen Geistesgeschichte (Fn. 416), S. 380 ff. Auch *Sewing*, Studien zur Todesstrafe im Naturrecht (Fn. 759), S. 152.

863 *Thomasius*, De aequitate cerebrina [1706] (Fn. 24), cap. 1, § 18, S. 20.
864 *Coing*, Handbuch der Quellen und Literatur der neueren europäischen Privatrechtsgeschichte, Bd. 1: Mittelalter, München 1973, S. 155 f.

die Glossatorenschule begründete, welche erstmalig wieder das *Corpus Iuris Civilis* zum Gegenstand juristischer Studien machte.[865] Tatsächlich ist, wie von Thomasius geschildert, eine Wechselwirkung zwischen der Rezeption des römischen und dem kanonischen Recht zu erkennen, deren beider Wiege in Bologna liegt, wo auch der Mönch *Gratian* mit seinem *Decretum* den Grundstock für das *Corpus Iuris Canonici* schuf.[866] Thomasius führt diese Wechselseitigkeit auf Macht- und Billigkeitsbestrebungen zurück und erkennt in ihr zweifach eine *aequitas cerebrina*. Zum einen widerspricht die vom Klerus verbreitete Scholastik der *aequitas*, zum anderen täuscht das kanonische Recht eine *aequitas* vor, die die Unvorsichtigen täuscht. Einzig die medizinische Fakultät kann diesem Zweck nicht dienen:

Medici, uti serius in Academiis docere inceperunt, ita ars eorum de bono & aequo non est occupata, ut adeo inter promotores aequitatis cerebrinae numerari haud mereantur.[867]	Die Mediziner, wie sie später begonnen haben an den Akademien zu lehren, so ist deren Kunst vom Guten und Billigen nicht eingenommen, dass sie also nicht verdienen zu den Beförderern der eingebildeten *aequitas* gezählt zu werden.

Letzten Endes unterstellt Thomasius allen drei Fakultäten, dass sie dem Zweck dienen, die kirchliche Macht gegenüber der weltlichen zu behaupten. Demgegenüber ist einzig die medizinische Fakultät frei von der *aequitas cerebrina*. Dies führt er darauf zurück, dass diese zuletzt errichtete Fakultät sich nicht mit dem Guten und Billigen befasst. Ein Blick in Thomasius' *Prudentia consultatoria* macht deutlich, was er damit meint. Dort stellt er im dritten Kapitel die historische Entwicklung der Universitäten dar. Er nimmt die medizinische Fakultät von der Klugheitslehre aus, da ein Mediziner zwar Klugheit braucht, um eine Krankheit zu erforschen und die richtige Arznei zu finden, weshalb die Klugheitslehre auch zu den Medizinern gehört. Diese haben sich aber nicht mit der Klugheit selbst

---

865 *Wesenberg/Wesener*, Neuere deutsche Privatrechtsgeschichte. Im Rahmen der europäischen Rechtsentwicklung, 4. Aufl., Wien 1985, S. 24 f. Siehe auch *Coing*, Handbuch der Quellen und Literatur der neueren europäischen Privatrechtsgeschichte, Bd. 1: Mittelalter (Fn. 864), S. 155 ff.

866 *Wesenberg/Wesener*, Neuere deutsche Privatrechtsgeschichte (Fn. 865), S. 16.

867 *Thomasius*, De aequitate cerebrina [1706] (Fn. 24), cap. 1, § 18, S. 20 f.

befasst.[868] Die Mediziner benötigen zwar zur Ausübung ihres Faches die Klugheit, sie befassen sich dabei aber allein mit der Medizin spezialisiert und nicht mit der Klugheit im Allgemeinen. Mangels dieser Involvierung können sie also auch keine *aequitas cerebrina* hervorrufen. Anders verhält es sich mit den anderen drei Fakultäten, wie ebenfalls aus der *Prudentia consultatoria* deutlich wird.

Thomasius führt die Verbreitung der *aequitas cerebrina* folglich darauf zurück, dass die *aequitas* an den Universitäten vermittelt wird, wo die Gelehrten etwas als billig bewerten, weshalb auf diesem Wege auch statt der *aequitas* eine *aequitas cerebrina* gelehrt werden kann. Dass diese Lehren von der *aequitas* abweichen, führt Thomasius auf die Bestrebungen der Kirche zurück ihre Macht gegenüber den weltlichen Fürsten abzusichern. Indem Thomasius dem Papst eine Unterwanderung der universitären Lehrinhalte und Machtbestrebungen vorwirft, kommt neben einem generellen konfessionellen Einschlag noch ein weiterer Aspekt zum Ausdruck: Seine Forderung nach Trennung von Staat und Kirche. Durch Thomasius' Werk zieht sich die Frage nach dem Verhältnis von Kirche und Staat und die Forderung für eine Säkularisierung des Staates und dessen Lösung vom machtpolitischen Einfluss der Kirche darstellt.[869] Thomasius schreckt bei der Bestrebung den Staat und damit auch die Universitäten vom kirchlichen Einfluss zu befreien nicht davor zurück, der katholischen Kirche zu unterstellen, mittels der Lehre an den Universitäten ihre Macht zu sichern. Die Kritik an einer kirchlichen Beeinflussung scheint durchaus berechtigt, wenn Thomasius in seiner Schilderung zum *iustum* und der *aequitas* zum

---

868 *Thomasius*, De Prudentia Consultatoria (Fn. 23), cap. 3, § 25, S. 32: „[…] & prudentia omnino etiam medico opus sit in diiudicandis morborum causis & aptis inveniendis medicamentis & consiliis insuper medicorum saepius utantur aegrotantes aut qui morbos praecavere solent; nullum est dubium, etiam ad medicos suo modo pertinere doctrinam de prudentia. Quod vero eam non tradiderint, forte illa ratio fuit, quod ipsorum prudentia specialis sit circa certum obiectum occupata adeoque principia prudentiae tradenta sint ab illis, ad quos pertinet agere de prudentia in communi." – […] und auch ein Arzt braucht durchaus Klugheit bei der Erforschung der Ursachen von Krankheiten und beim Finden geeigneter Medikamente und [seiner] Ratschläge über Medikamente bedienen sich die Kranken und die Krankheiten vorbeugen wollen; es gibt keinen Zweifel, dass auch die Ärzte auf ihre Weise die Klugheitslehre betrifft. Dass sie aber diese nicht gelehrt haben, war vielleicht der Grund, weil deren Klugheit speziell ist, beschäftigt mit einem bestimmten Objekt und daher die Prinzipien der Klugheit von denen gelehrt werden müssen, die es auch betrifft von der Klugheit im Allgemeinen zu handeln.

869 *Kühnel*, Das politische Denken von Christian Thomasius (Fn. 56), S. 153 m.w.N.

Ausdruck bringt, dass allein das positive Recht als bindendes Gesetz im engeren Sinne wirken soll, während die Regeln des *honestum* und *decorum* durchaus beachtet werden sollen, aber eben einer Durchsetzbarkeit ermangeln, solange sie nicht in fürstlicher Gesetzgebung zum Ausdruck kommen.

An den philosophischen, theologischen und juristischen Fakultäten, welche das Gute und Billige, also die *aequitas* untersuchen und lehren, platzierte der Papst seine Lehren und konnte somit Einfluss auf die Fürsten ausüben, da deren Berater an den Universitäten ausgebildet wurden.

2. Verbreitung auch an protestantischen Universitäten

Thomasius betrachtet sodann die Verbreitung der *aequitas cerebrina* durch die Universitäten nach der Reformation. Wie gleich gezeigt wird, führt Thomasius die Verbreitung an den nun auch protestantischen Universitäten nicht auf Machtbestrebungen der Kirche zurück, sondern auf die Unterrichtung der scholastischen Philosophie. Daher dient dieser Abschnitt auch dazu, Thomasius' Verhältnis zu dieser Lehre zu akzentuieren. Thomasius sieht auch die protestantischen Universitäten nicht frei vom päpstlichen Einfluss und dessen Recht, weshalb auch jene den Rahmen dafür bieten, eine *aequitas cerebrina* zu vermitteln. Ihre Verbreitung ist nicht allein ein Phänomen der katholischen Hochschulen:

Non tamen putandum, doctores iuris Civilis aut Medicos ab aequitate cerebrina plane immunes esse; aut vitium illud saltem esse proprium Academiarum Pontificiarum.

Es darf jedoch nicht geglaubt werden, dass die Lehrer des bürgerlichen Rechts oder die Mediziner von der eingebildeten *aequitas* gänzlich frei sind oder, dass jenes Laster wenigstens typisch für die päpstlichen Akademien ist.

A potiori denominatio facienda fuit in paragrapho praecedente.[870]

Im vorangehenden Paragraphen musste sich die Benennung nach der Hauptsache richten.

Thomasius erklärt, dass auch die Lehrer des bürgerlichen Rechts und der Medizin zur Verbreitung der *aequitas cerebrina* beitragen können. Im vorigen Paragraphen hat er sich zwar mit dem Ausgangsfall der katholischen

---

870 *Thomasius*, De aequitate cerebrina [1706] (Fn. 24), cap. 1, § 19, S. 21.

Universitäten auseinandergesetzt, doch tatsächlich führt er die Verbreitung nicht nur auf diese zurück. Thomasius sieht, dass ebenso die protestantischen Universitäten betroffen sind. So betrachtet er zunächst die Universitäten, die ursprünglich vom Papst gegründet wurden und im Zuge der Reformation zum Protestantismus wechselten:

Pleraeque academiæ protestantium olim fuere pontificiae, neque reformationis tempore ab omni fermento pontificiae doctrinae fuere penitus purgatae.	Die meisten Akademien der Protestanten sind einst päpstlich gewesen, und durch die Zeit der Reformation nicht von allem Gärstoff der päpstlichen Lehre tief gereinigt worden.
At notum est, vel minimam partem fermenti inficere massam reliquam.[871]	Aber es ist bekannt, dass auch der kleinste Teil des Gärstoffs den übrigen Teig verderben kann.

Thomasius nimmt wahr, dass die nun protestantischen Universitäten sich trotz der Reformation nicht gänzlich vom päpstlichen Einfluss befreien konnten. Deshalb stellt er fest, dass auch das kleinste Überbleibsel vorreformatorischen Gedankenguts sich auf die jetzt protestantische Gesinnung auswirkt, was er anhand der Metapher verdeutlicht, dass ein Teig schon aufgrund eines bisschen Gärstoff gänzlich verdirbt. Thomasius missfällt insbesondere die Stagnation der Morallehre bei der Scholastik:

Mansit in Academiis istis doctrina moralis secundum praecepta Theologorum Scholasticorum id est Pontificiorum.[872]	Die Morallehre verharrte in diesen Akademien bei den Vorschriften der scholastischen, also der päpstlichen Theologen.

Thomasius erklärt, dass auch noch an den zum protestantischen Glauben konvertierten Universitäten die Morallehre von der scholastischen Theologie geprägt war. Auch diesen Kritikpunkt übernimmt er aus der *Prudentia consultatoria*, wo er ebenfalls bemängelt, dass auch nach der Reformation keine Klugheit von den Philosophen zu erwarten war, weil keine Verbesserung geschehen ist, sondern weiterhin die scholastische Philosophie den Studenten vermittelt wird.[873] An den protestantischen Universitäten wur-

---

871 *Thomasius*, De aequitate cerebrina [1706] (Fn. 24), cap. 1, § 19, S. 21.
872 *Thomasius*, De aequitate cerebrina [1706] (Fn. 24), cap. 1, § 19, S. 21.
873 *Thomasius*, De Prudentia Consultatoria (Fn. 23), cap. 3, § 22, S. 31: „Philosophi vero quomodo de tradendis prudentiae regulis cogitarent, cum a reformatoribus

de also an der Scholastik festgehalten, die in Thomasius' Augen nun mal keine Klugheit in sich trägt.[874] Doch was genau macht die Scholastik aus, dass diese Lehre für Thomasius problematisch ist und eine *aequitas cerebrina* befördert?

Der Begriff Scholastik bezieht sich auf die Theologie und Philosophie des Mittelalters und beschreibt strenggenommen nicht eine Denkepoche, sondern eine Denkform.[875] Mit der Entstehung der Universitäten wurden diejenigen Scholastiker genannt, die sich im Rahmen einer Schulgemeinschaft mit Wissenschaft beschäftigten.[876] Für die Scholastik waren drei Eigenschaften charakteristisch: Die Theologieabhängigkeit, ihr Text- und Autoritätsgebundenheit und ihre Schulgebundenheit.[877] Der Inhalt der Fächer richtete sich nach den Autoritäten, also autoritativen Texten und autorisierten Kommentaren, deren Kanon seit dem 12. Jahrhundert festgelegt war und in den darauf folgenden Jahrhunderten weitestgehend unverändert Bestand hatte.[878] Der Unterricht bestand aus Vorlesungen, in denen die offiziell anerkannten Texte gelesen wurden, um die Autoritäten zu

---

querelae quidem multae de corruptione Philosophiae sint prolatae, nulla tamen emendatio sufficiens fuerit tentata, sed mox ab aliis spinosa illa & inutilis Philosophia scholastica sub novo saltem nomine studiosis sit commendata [...].'' – Die Philosophen wären tatsächlich so darauf bedacht gewesen, die Regeln der Klugheit zu lehren, weil von den Reformatoren gewiss viele Klagen über die Verdorbenheit der Philosophie vorgetragen wurden, jedoch keine genügende Verbesserung versucht wurde, sondern bald von allen die quälende und nutzlose scholastische Philosophie unter zumindest neuen Namen den Studenten empfohlen wurde [...].

874 *Thomasius*, De Prudentia Consultatoria (Fn. 23), cap. 3, § 23, S. 31: „Et cum etiam apud Protestantes plerumque illa methodus fuerit continuata, interpretandi scripturas ad regulas Philosophiae Scholastico-Aristotelicae, & sic etiam Philosophis fuerit praescriptum, doctrinas philosophicas docere ex Aristotele, neque ulterius progredi, non potuerunt sane hi, etsi voluissent, de doctrina prudentiae cogitare, [...].'' – Und weil auch bei den Protestanten gewöhnlich jene Methode fortgesetzt wurde, die Schriften anhand der scholastisch-aristotelischen Philosophie auszulegen, und so auch den Philosophen vorgeschrieben war, die philosophischen Lehren nach Aristoteles zu lehren und nicht weiter fortzuschreiten, konnten diese freilich nicht, auch wenn sie gewollt hätten, über die Lehre der Klugheit nachsinnen [...].

875 *Schönberger*, s.v. Scholastik, in: *Angermann/Bautier (Hg.)*, Lexikon des Mittelalters, Bd. 7, München 1995, Sp. 1521.

876 *Mittelstraß, Jürgen*, Enzyklopädie Philosophie und Wissenschaftstheorie, Bd. 7, 2. Aufl., Stuttgart 2018, s.v. Scholastik, S. 269.

877 *Mittelstraß*, s.v. Scholastik (Fn. 876), S. 269.

878 *Rüegg*, Geschichte der Universität in Europa, Bd. 1: Mittelalter (Fn. 856), S. 54.

erfassen.[879] Ergänzt wurde dies durch Disputationen, in denen bestimmte Fälle oder Thesen untersucht wurden, wobei ebenfalls Argumente der gelehrten Autoritäten herangezogen wurden.[880] Erst mit dem Humanismus begann sich das Verhältnis zur Scholastik zu wandeln, weil die Autorität der antiken Texte zwar nach wie vor anerkannt war, diese aber nun auch durch neuere Texte ergänzt wurden.[881] Dennoch hatte die Scholastik im 16. Jahrhundert die Hochschulen aller Konfessionen fest im Griff und verlor erst im darauffolgenden Jahrhundert durch Wissenschaftsrevolution und Frühaufklärung an Bedeutung.[882] Der Scholastik war folglich zu eigen, dass sie an vorgegebenen Schemata und Meinungen festhielt.

Auf die Scholastik führt Thomasius in der Dissertation von 1706 die Verbreitung der *aequitas cerebrina* auch an den protestantischen Hochschulen zurück. Diese Abneigung hat er nicht nur in der *Prudentia consultatoria*, sondern auch in der *Ausübung der Vernunftlehre* zum Ausdruck gebracht. Dort begründet er seine Kritik damit, dass die Scholastik das Mittel ist, um das Vorurteil der Autorität zu verfestigen.[883] Dieser deutlich formulierte Kritikpunkt an der Scholastik spiegelt sich gerade auch in der Dissertation von 1706 wieder. Dort erklärt Thomasius nämlich, ohne explizit die Scholastik zu nennen, dass der Ursprung der *aequitas cerebrina* in den Vorurteilen der Übereilung und eben der Autorität liegt.[884] Die Kritik an der Scholastik baut also auf seiner zuvor formulierten anthropologischen Vorurteilslehre auf.

Wir erinnern uns, dass Thomasius den Zweck der Morallehre darin sieht, dass die Menschen das wahre und scheinbar Gute voneinander unterscheiden können.[885] Sie gibt die richtigen Mittel an die Hand, weil sie den Menschen darin unterweist, wie er seinen Verstand richtig gebraucht.[886] Der Verstand wird nämlich bei seiner Erkenntnis von Gut und Schlecht durch die Vorurteile der Übereilung und der Autorität beeinflusst, welche wiederum auf den schlechten Zustand des Willen zurückzu-

---

879 *Rüegg*, Geschichte der Universität in Europa, Bd. 1: Mittelalter (Fn. 856), S. 55.
880 *Rüegg*, Geschichte der Universität in Europa, Bd. 1: Mittelalter (Fn. 856), S. 55.
881 *Coing*, Europäisches Privatrecht, Bd. 1 (Fn. 8), S. 70.
882 *Hammerstein*, Handbuch der deutschen Bildungsgeschichte, Bd. 1: 15. bis 17. Jahrhundert. Von der Renaissance und der Reformation bis zum Ende der Glaubenskämpfe, München 1996, S. 332.
883 *Thomasius*, Ausübung der Vernunftlehre (Fn. 339), cap. 1, § 125, S. 61.
884 Siehe zu Thomasius' Vorurteilskritik oben S. 146 ff.
885 *Thomasius*, Fundamenta (Fn. 23), lib. 1, cap. 1, § 94, S. 33 f., vgl. oben Fn. 286.
886 *Thomasius*, Fundamenta (Fn. 23), lib. 1, cap. 1, § 95, S. 34, vgl. oben Fn. 287, siehe zum Wesen von Willen und Verstand oben den Abschnitt S. 82 ff.

führen sind.[887] Bei eben diesem Vorurteil der Autorität kann auch die Scholastik verortet werden: Eine Philosophie, die auf Autoritätsgläubigkeit setzt, begünstigt beim Leser die Veranlagung zur Anerkennung von Autoritäten, während eine Philosophie, die nicht derartig befangen ist, beim Leser die Veranlagung zum selbstständigen Nachdenken befördert.[888] Daher lässt sich also übereinstimmend mit *Klaus Petrus* sagen, dass Thomasius in der vernunftorientierten Morallehre das Heilmittel gegen die Scholastik sieht.[889] Sein Verständnis von der Vernunftlehre weicht in entscheidenden Punkten von den Auffassungen der aristotelischen und scholastischen Schule des 17. Jahrhunderts ab, was sich mit Blick auf den Aufgabenbereich der Vernunftlehre präzisieren lässt, welche zum einen die Regeln zur Unterscheidung des Wahren vom Falschen und zugleich auch die Mittel zu dieser Unterscheidung liefern soll.[890] Die Scholastik hingegen stellt in ihrer Autoritätsgläubigkeit und Weltfremdheit ein wissenschaftliches Vorurteil dar, welches es zu unterbinden gilt, weil die Freiheit von den Vorurteilen das gegen den Dogmatismus gerichtete dynamische Element darstellt, welches wissenschaftliche Stagnation verhindert und den wissenschaftlichen und kulturellen Fortschritt Deutschlands fördert.[891] Somit stehen sich Thomasius' Moralphilosophie und die Philosophie der Scholastik diametral gegenüber. Thomasius macht die Scholastik jedoch nur dafür verantwortlich, der Vorurteilsanfälligkeit der Menschen nicht entgegenzuwirken, sieht sie aber nicht als Ursache hierfür.[892]

Dies lässt sich auch mit einem Blick auf die *Einleitung zur Vernunftlehre* erkennen, wo Thomasius die Vorurteile als Hauptquelle aller Irrtümer bezeichnet[893], die wiederum ihren Ursprung im elenden Zustand des Verstandes in der Jugend des Menschen und dessen Leichtgläubigkeit haben, wodurch er für das Falsche empfänglich wird.[894] Thomasius ist daher dahingehend zu verstehen, dass der Mensch naturgemäß Vorurteilen

---

887 *Thomasius*, Ausübung der Sittenlehre (Fn. 112), cap. 1, § 28, S. 17, vgl. oben Fn. 466, siehe zu den Vorurteilen oben den Abschnitt S. 147 ff.

888 *Petrus*, "Scholastische Pedanterey" und "anklebende credulitas": Für oder wider die Autorität? Aspekte der Philosophie Christian Thomasius', Deutsche Vierteljahrsschrift für Literaturwissenschaft und Geistesgeschichte Bd. 68, Heft 3 (1994), S. 435 f.

889 So nämlich *Petrus*, "Scholastische Pedanterey" (Fn. 888), S. 436.

890 *Petrus*, "Scholastische Pedanterey" (Fn. 888), S. 436.

891 *Kühnel*, Das politische Denken von Christian Thomasius (Fn. 56), S. 284.

892 *Petrus*, "Scholastische Pedanterey" (Fn. 888), S. 437.

893 *Thomasius*, Einleitung zur Vernunftlehre (Fn. 435), cap. 13, § 37, S. 304.

894 *Thomasius*, Einleitung zur Vernunftlehre (Fn. 435), cap. 13, § 40, S. 305.

unterliegt, welche von der Scholastik dann jedoch nur bestärkt, nicht aber begründet werden können.[895] Wie Thomasius in den Überschriften zu § 18 und § 19 verlauten lässt, sucht er hier die „Beförderer" der *aequitas cerebrina* ausfindig zu machen, die er wegen der scholastischen Methodik auch an den protestantischen Universitäten vorfindet.[896] Während Thomasius sich zuvor also damit befasst hat, wie die *aequitas cerebrina* im Menschen entstehen kann, betrachtet er nun die nächste Stufe, auf wen die *aequitas cerebrina* zurückzuführen ist, wenn diese bereits existiert. In seinen Augen befördert die Scholastik die *aequitas cerebrina*, weil sie den Menschen nicht zu einem vorurteilsfreien Leben verleitet, sondern das Unterliegen von Vorurteilen noch unterstützt, indem sie das Nacheifern von Autoritäten lehrt, welches Thomasius in seinen moralphilosophischen Schriften abgelehnt hat. An der scholastischen Lehre haben aber nicht nur die zum Protestantismus konvertierten Universitäten, sondern auch die neuerdings protestantischen Universitäten festgehalten:

Nec aliter formatae sunt, quae post reformationem fuere institutae pleraeque academiae Principum protestantium.	Nicht anders sind die vielen Akademien der protestantischen Fürsten gestaltet, die nach der Reformation errichtet wurden.
Hac philosophia cum sint infecti Doctores omnium trium facultatum superiorum, non mirum, quod & a iuris civilis Doctoribus & Medicis suo modo promoveatur aequitas cerebrina.[897]	Weil durch diese Philosophie die Lehrer aller drei höheren Fakultäten verdorben sind, ist es kein Wunder, dass auch von den Lehrern des bürgerlichen Rechts und den Medizinern auf ihre Art die eingebildete *aequitas* befördert wird.

Thomasius räumt ein, dass die scholastische Lehre auch in den nach der Reformation gegründeten protestantischen Universitäten vorzufinden ist. Deren höhere Fakultäten, nämlich die Fakultäten des Rechts, der Theo-

---

895 *Petrus*, "Scholastische Pedanterey" (Fn. 888), S. 438.
896 *Thomasius*, De aequitate cerebrina [1706] (Fn. 24), cap. 1, §§ 18, 19, S. 19 ff.: „§ 18: Promotores aequitatis cerebrinae potissimum Theologi Pontificii & Canonista. § 19: A quorum fermento nec nostra Academia satis purgata." – § 18: Die Beförderer der *aequitas cerebrina* [sind] die päpstlichen und kanonischen Theologen. § 19: Von deren Gärstoff unsere Akademie nicht genügend gereinigt ist.
897 *Thomasius*, De aequitate cerebrina [1706] (Fn. 24), cap. 1, § 19, S. 21.

logie und der Medizin[898] stehen unter dem Einfluss der scholastischen Philosophie. Hieraus schließt er, dass auch die Gelehrten des bürgerlichen Rechts und der Medizin die *aequitas cerebrina* verbreiten. Dies lässt sich mit Blick auf die allgemeine Struktur der frühneuzeitlichen Universitäten verstehen.

Den höheren Fakultäten diente die untere Artistenfakultät als Grundlage und galt als Voraussetzung für ein theologisches, juristisches oder medizinisches Studium.[899] Gegenstand der Artistenfakultät war das Studium der Philosophie, das aus den Disziplinen der Logik, Ethik, Metaphysik und Physik bestand, die vorwiegend auf Grundlage der Werke Aristoteles' unterrichtet wurden.[900] Allen Bemühungen der Humanisten und Reformer zum Trotz änderte sich an diesem Inhalt auch in der frühen Neuzeit nur wenig, weshalb die aristotelische Ausrichtung beibehalten wurde.[901] Die Scholastik diente also allen Studenten als Grundlage und somit auch der juristischen Fakultät. Daraus schließt Thomasius, dass die scholastische Philosophie anderen drei Fakultäten derartig beeinflusst, weshalb die *aequitas cerebrina* dann auch durch die Lehrer des römischen Rechts und der Medizin verbreitet wird.

Thomasius findet hier kritische Worte gegenüber der Auswirkung der Scholastik auf die Rechtswissenschaft. Damit sind diese Feststellungen als juristische Vervollständigung seiner allgemein gefassten Moralphilosophie zu betrachten, die sich Thomasius' Bestrebungen einer wissenschaftlichen Neuordnung zuordnen lassen.[902] Mit Blick auf dessen Werk erkennt *Notker Hammerstein*, dass Thomasius für ein neues Wissenschaftssystem

---

898 Siehe zur Organisation der Universitäten durch Fakultäten *Rüegg*, Geschichte der Universität in Europa, Bd. 1 (Fn. 856), S. 110 ff. Thomasius beschreibt hier das Pariser Modell. Dieses sah eine Unterteilung in eine untere Fakultät, den *artes*, und drei höhere, Theologie, Recht und Medizin, vor. Dieses Modell wurde von Universitäten in ganz Europa und auch den im Deutschland des 14. und 15. Jahrhundert gegründeten Universitäten übernommen.

899 *Hammerstein*, Handbuch der deutschen Bildungsgeschichte, Bd. 1 (Fn. 882), S. 204 f.

900 *Rüegg*, Geschichte der Universität in Europa, Bd. 2 (Fn. 847), S. 462. So auch ausführlicher *Hammerstein*, Handbuch der deutschen Bildungsgeschichte, Bd. 1 (Fn. 882), S. 208 f.

901 *Rüegg*, Geschichte der Universität in Europa, Bd. 2 (Fn. 847), S. 463.

902 Siehe dazu die Untersuchungen von *Schindling*, Protestantische Universitäten (Fn. 846), S. 15 f. Grundlegend hierzu *Hammerstein*, Jus und Historie (Fn. 52), S. 50-71; *Schneiders*, Vernunft und Freiheit: Christian Thomasius als Aufklärer, Studia Leibnitiana Bd. 11, Heft 1 (1979); *Schneiders*, Aufklärung und Vorurteilskritik (Fn. 456), S. 84-112.

gekämpft hat.[903] Hierbei stehen philosophische Fragen am Anfang seiner Studien- und Lehrtätigkeit, die erst später juristischen weichen. Das lässt sich damit erklären, dass Thomasius erkannte, dass die Wissenschaften von der Theologie abhängig waren, was von der protestantischen Schulmetaphysik noch unterstützt wurde, weshalb Thomasius die säkularen Wissenschaften aus dieser Bindung lösen wollte.[904] Hierfür war zunächst eine Durchbrechung der aristotelischen Vorherrschaft notwendig sowie eine Platzierung seiner „unverfälschten" Wissenschaft vom Menschen, der Gesellschaft sowie menschlichen Handlungen und Beziehungen, ohne dabei die Religion gänzlich auszumerzen.[905] Dieses System errichtete Thomasius Ende des 17. Jahrhunderts vor allem in seiner Vernunft- und Sittenlehre, die als methodologische Neubestimmung der Wissenschaft verstanden werden können.[906]

Die dort formulierte Kritik am Vorurteil der Autorität zielt auf die selbstverschuldete Abhängigkeit von Autoritäten, insbesondere von der des Aristoteles, ab.[907] Für die wahre Philosophie war ein Bruch mit dem kritiklosen Vertrauen in menschliche Autoritäten erforderlich, womit sich Thomasius gegen das bloße Nachbeten fremder Gedanken und die endlosen Aristoteles-Kommentierungen in der neoscholastischen Schulphilosophie wandte, die nicht mehr einer lebendigen Überlieferung entsprachen. Somit erstrebte er eine Emanzipation der Philosophie von philosophischen Autoritäten, Sekten und auch Theologie, indem er zu geistiger Selbstbestimmung und Selbstständigkeit mahnte. Thomasius' Kritik an der Scholastik in der Dissertation kann also als konkrete Fortsetzung seiner Vorurteilskritik verstanden werden und veranschaulicht, warum Thomasius eine neue Moralphilosophie entwickelte. Thomasius beendet seinen Gedanken damit, dass neben der Scholastik noch viele weitere Lehren an den Akademien vertreten sind, die eine *aequitas cerebrina* befördern:

Accedunt aliae rationes plurimae, non quidem communes omnium Academiarum, sed tamen satis frequentes in multis, ne dicam in plerisque, quae ex intimis arcanis papa-	Hierzu kommen viele andere Lehren, gewiss nicht allen Akademien gemeine, aber doch genug zahlreiche, die in vielen, ich sage nicht in den meisten Fällen, aus innersten

---

903 Hierzu und im Folgenden *Hammerstein,* Jus und Historie (Fn. 52), S. 51 f.
904 *Hammerstein,* Jus und Historie (Fn. 52), S. 51.
905 *Hammerstein,* Jus und Historie (Fn. 52), S. 51 f.
906 *Hammerstein,* Jus und Historie (Fn. 52), S. 52.
907 Hierzu und im Folgenden *Schneiders,* Vernunft und Freiheit: Christian Thomasius als Aufklärer (Fn. 902), S. 12.

tus desumtae in viridi sunt observantia, sub praetextu religionis pietatis & aequitatis nil aliud intendentes, quam ut regnum aequitatis cerebrinae nullum patiatur detrimentum, sed maiora in dies incrementa nanciscatur.[908]

Geheimnissen des Papsttums Geltung haben, während sie unter dem Vorwand der Frömmigkeit der Religion und der *aequitas* nicht anderes beabsichtigen, als dass die Herrschaft der eingebildeten *aequitas* keinen Nachteil erleidet, sondern von Tag zu Tag mehr Wachstum erlangt.

Thomasius wendet sich zum Schluss seiner Scholastik-Kritik wieder der katholischen Kirche zu. So führt er auf diese einen Großteil der Lehren zurück, die vorgeben, fromm und billig zu sein, um tatsächlich die Herrschaft der *aequitas cerebrina* zu verfestigen, so dass diese keinen Nachteil erleidet. Zugleich sieht er aber davon ab, diesen Lehren weitere Beachtung zu schenken:

Sed de his prolixius hic disferere nec patitur instituti ratio, ff)[909] nec opus est ea de re multa monere in Academia nostra, cum per singularem Dei gratiam, & Potentissimi Regis nostri sapientiam atque prudentiam ministerii regii, ac praeterea etiam per ipsorum Professorum omnnium quatuor facultatum curam & vigilantiam hactenus id fuerit effectum, ut aequitatis illius cerebrinae regnum altas radices agere atque vires magnas sumere nequiverit.[910]

Aber über diese länger hier zu reden, gestattet weder der Ablauf des Vorhabens, ff) noch ist es nötig, auf diese Sache viel in unserer Akademie aufmerksam zu machen, weil durch die außerordentliche Gnade Gottes, die Weisheit unseres fähigsten Königs, die Klugheit des königlichen Ministeriums und außerdem auch durch die Sorgfalt der Professoren aller vier Fakultäten selbst und durch die Wachsamkeit bis jetzt erreicht wurde, dass die Herrschaft jener eingebildeten *aequitas* außer Stande war tiefe Wurzeln zu schlagen und große Stärke zu erlangen.

---

908 *Thomasius*, De aequitate cerebrina [1706] (Fn. 24), cap. 1, § 19, S. 21.
909 Die in der Fußnote ff) genannten Beispiele sollen in der vorliegenden Arbeit keine weitere Beachtung finden, da Thomasius diesen nur eine periphere Relevanz zuspricht und diese nur stichpunktartig nennt, da deren Umfang ein eigenes Buch füllen könnte.
910 *Thomasius*, De aequitate cerebrina [1706] (Fn. 24), cap. 1, § 19, S. 21-23.

Thomasius lenkt ein, dass vom eigentlichen Untersuchungsgegenstand abgewichen würde, wenn er vertieft auf die Beförderung der *aequitas cerebrina* (vor allem) durch katholische Machtbestrebungen einginge. Außerdem sieht er für die Universität in Halle ohnehin keine Notwendigkeit die Thematik zu vertiefen, denn der König, seine Minister und die Professoren an den Fakultäten haben ohnehin dafür Sorge getragen, dass die *aequitas cerebrina* in Halle nicht erstarken konnte.

Hier ist auffällig, das Thomasius sich der Verbreitung der *aequitas cerebrina* auch durch protestantische Universitäten widmet und nun seine Meinung relativiert, indem er erklärt, dass an der heimischen Universität in Halle eine Verbreitung der *aequitas cerebrina* gar nicht erst erfolgen konnte, unter anderem wegen der Weisheit des brandenburgischen Königs. Von seinen kritischen, wenn nicht provokanten Äußerungen rudert er also nun wieder zugunsten des Herrschers zurück. Während er die *aequitas cerebrina* zuvor noch als allgemeines Phänomen beschrieben hat, dass in der Beschaffenheit des Menschen seine Wurzeln hat, sich im Recht niederschlägt und an sämtlichen Universitäten Verbreitung findet, fügt er hinzu, dass unter der Herrschaft des Königs kein Raum für die *aequitas cerebrina* ist. Hierin kann eine weitere Anerkennung der absoluten Staatsmacht gesehen werden.

Allerdings ist dem entgegenzuhalten, dass der brandenburgische Kurfürst Friedrich III. (und zum Zeitpunkt der Dissertation auch König) mit der Gründung der Universität Halle 1694[911] zwar eine lutherische, aber keine militant orthodoxe Universität gründen wollte, die in den brandenburgischen Territorien eine gemäßigte Position einnahm, weshalb diese durch ihre Verbindung von Frühaufklärung und Pietismus zur wirkungsstarken Ausbildungsstätte für preußische Staat- und Kirchendiener wurde.[912] Die Universität in Halle sollte frei „von scholastischen Schulgrillen und Pedanterey" sein, die sich nicht an Autoritäten gebunden sah und die theologische Bevormundung der Wissenschaft durchbrach.[913] Sie

---

911   Zur Gründung der Universität in Halle siehe *Schrader*, Geschichte der Friedrichs-Universität zu Halle (Fn. 26); *Hammerstein*, Die deutschen Universitäten im Zeitalter der Aufklärung, ZFH Heft 1 (1983), S. 76-78; *Hammerstein*, Die Universitätsgründung im Zeichen der Aufklärung, in: *Baumgart/Hammerstein* (Hg.), Beiträge zu Problemen deutscher Universitätsgründungen der frühen Neuzeit, Nendeln 1978, S. 264-274. Außerdem bei *Schindling*, Protestantische Universitäten (Fn. 846), S. 15 ff.

912   *Schindling*, Protestantische Universitäten (Fn. 846), S. 16 m.w.N.

913   *Hammerstein*, Die deutschen Universitäten im Zeitalter der Aufklärung (Fn. 911), S. 76.

war als Gegenstück zu den anderen umliegenden Universitäten gegründet worden, die vornehmlich Gegner des scholastischen Lehrbetriebes beschäftigen sollte.[914] Thomasius' zurückhaltende Kritik gegenüber der eigenen Universität und Obrigkeit lässt sich also nicht unbedingt als Ehrfurcht vor der Obrigkeit deuten. Stattdessen liegt es nahe, dass er gerade mit Hilfe von König und Kollegium die hallische Universität als Antagonisten eines katholisch und scholastisch geprägten Lehrbetriebs sah.

VII. Behandlung der *aequitas cerebrina*

Thomasius beendet seine Analyse der *aequitas cerebrina* mit der Entwicklung von Lösungsansätzen, wie der Staat von ihr befreit werden kann. Diese zu bekämpfen obliegt in erster Linie dem Fürsten (1.). Unterstützung erfährt er von den Rechtsgelehrten, die ihm beratend zur Seite stehen (2.). Darüber hinaus eröffnet Thomasius aber auch die Möglichkeit, dass eine Behandlung auch in Form eines Ratschlages ohne Gesetzeskraft durch andere Personen als den Fürsten geschehen kann (3.).

1. Heilung betrifft Fürsten nicht Lehrende

Thomasius stellt sich die Frage, wem die Behandlung der *aequitas cerebrina* zukommt. Bei der Beantwortung dieser Frage vergleicht Thomasius den durch die *aequitas cerebrina* geschädigten Staat mit einem kranken Körper, welcher der Heilung bedarf:

Tam noxius Reipublicae morbus utique medicinam desiderat, imo potius desiderat medicum, qui medicinam genuinam praebeat aegrotantibus, eosque persuadeat, ut ea utantur, aut saltem, ut eam applicari sibi patiantur, neque eam applicationem aegre ferant.[915]	So verlangt die schädliche Krankheit des Staates durchaus eine Medizin, ja sie verlangt eher einen Mediziner, der den Erkrankten eine echte Medizin gibt, und diese überzeugt, dass sie diese benutzen, oder wenigstens, dass sie sie auf sich anwenden lassen, und sich nicht über diese Anwendung ärgern.

---

914 *Hammerstein*, Die Universitätsgründung im Zeichen der Aufklärung (Fn. 911), S. 269.

915 *Thomasius*, De aequitate cerebrina [1706] (Fn. 24), cap. 1, § 21, S. 24.

Thomasius stellt fest, dass die *aequitas cerebrina* wie eine Krankheit des Staates ist, gegen die zum einen ein Heilmittel vonnöten ist und zum anderen ein Mediziner, der den Staat dazu bewegt, dass Heilmittel zu verwenden. Diese Krankheitsmetaphorik ist nicht ungewöhnlich, denn schon in den *Institutiones* zieht Thomasius den Vergleich zwischen Staat und Körper heran, um das Staatswesen zu erklären. Dort unterscheidet er zwischen einem gut und schlecht verwalteten Staat, welchen er als gesund respektive krank bezeichnet.[916] Die Krankheit des Staates führt Thomasius entweder auf den Menschen zurück, wenn der Mangel in den verwaltenden oder regierenden Personen liegt[917], oder auf den Staat selbst, wenn dessen Gesetze mangelhaft sind.[918] Wie der Mensch auch, kann der Staat also einer Krankheit anheimfallen, was Thomasius jedoch nicht für verwerflich hält: Wie es dem Menschen nicht anzulasten ist, wenn er krank ist[919], so verhält es sich auch mit dem Staat, dass weder Herrscher noch

---

916 *Thomasius*, Institutiones (Fn. 23), lib. 3, cap. 6, § 34, S. 241: „Contigit vero seapius ut regimen alicubi bene, alicubi praeve & imprudenter administretur. Unde fit, ut aliae civitates sanae aliae morbidae & corruptae dicantur [...]." – Es geschieht tatsächlich öfter, dass eine Regierung irgendwo gut, irgendwo schlecht und unklug geleitet wird. Daher kommt es, dass die einen Staaten gesund, die anderen krank und korrupt genannt werden.

917 *Thomasius*, Institutiones (Fn. 23), lib. 3, cap. 6, § 35, S. 241: „Eorum autem morborum, quibus civitates infestantur, alii in hominibus alii in ipso statu haerent. Vitia hominum sunt, si, quibus imperii administratio incumbat, ad id munus gerendum sint inepti, vel officio suo negligentur aut prave fungantur, & si cives, quibus sola obsequii gloria relicta est, frenum mordeant." – Deren Krankheiten aber, von denen Staaten gefährdet werden, stecken entweder in den Menschen oder im Staat selbst. Die Laster der Menschen sind, wenn sie, denen die Verwaltung des Reiches obliegt, unfähig sind das Amt auszuüben, oder sie die Pflicht vernachlässigen oder schlecht verrichten, und wenn Bürger, denen die einzige Ehre zuteil kommt zu gehorchen, die Zügel ergreifen.

918 *Thomasius*, Institutiones (Fn. 23), lib. 3, cap. 6, § 36, S. 241 f.: „Vitia status sunt, ubi leges aut instituta civitatis non sunt attemperata ad genium populi aut regionis, aut ubi eadem cives disponunt ad turbas internas, aut ad iusta vicinorum odia incurrenda [...]." – Laster des Staates sind, wo Gesetze oder Einrichtungen des Staates nicht an den Geist des Volkes oder der Gegend angepasst sind, oder wo sie die Bürger zu inneren Unruhen bewegen oder in gerechten Hass der Nachbarn zu verfallen [...].

919 *Thomasius*, Institutiones (Fn. 23), lib. 3, cap. 6, § 42, S. 244: „[...] Initio quippe morbidum esse in se haud quaquam contumeliosum est, aut, quod semper culpam eius, qui morbo laborat, importet, quippe cum saepius dispositio imbecillis structurae corporae aut conditio vivendi honesta & necessaria etc. morborum causae existant; ita v.g. vita sedentaria eruditorum multorum morborum occasionem praebet." – [...] Zuerst ist es an sich gewiss nicht schmachvoll krank zu sein, oder, dass er, der an der Krankheit leidet, immer dessen Schuld trägt,

Untertanen Schuld an der Krankheit haben.[920] Indem Thomasius hier die
Schuld von beiden abwälzt, entzieht er dieser Kategorisierung zugleich das
„revolutionäre Potenzial", weil beide Akteure nicht für den politisch unge-
wollten und schlechten Zustand des Staates verantwortlich gemacht werden können, wodurch kein politisches Subjekt haftbar gemacht werden
kann und die Legitimität für ein umstürzlerisches Aufbegehren entfällt.[921]
Der Krankheitstopos eröffnet Thomasius die Möglichkeit einer Staatskri-
tik, ohne dass er sich eines gottlosen Staatsfeindes verdächtigt macht.[922] So
ist es naheliegend, dass es sich hier um ein rhetorisches Manöver handelt,
das verhindern soll, dass mittels der Krankheit des Staates letztlich der
Urheber, im absolutistischen Staat also der Fürst, adressiert werden soll.[923]
Thomasius' Argumentation ist eine Systemkritik abzugewinnen, weil er
dennoch die Mängel des Staates als „Krankheit" erkennt, die der Heilung
bedürfen, um wieder einen ordentlichen Zustand herzustellen.[924] Durch
den Vergleich mit einer Krankheit versucht Thomasius also deutlich zu
machen, dass der Staat in einem schlechten Zustand sein kann.

An dieser Metaphorik hält er dann auch fest, um die Diagnose eines
solchen Mangelzustandes zu rechtfertigen. Thomasius hält die Feststellung
der Krankheit beim Menschen und daher auch beim Staat nicht für ver-

---

weil gewiss öfter durch die Anordnung schwacher Struktur des Körpers oder
der ehrenhafte und notwendige Umstand zu leben etc. Gründe der Krankheiten
hervorbringen; so liefert z.B. ein sitzendes Leben die Gelegenheit für Krankheiten der Gelehrten.

920 *Thomasius*, Institutiones (Fn. 23), lib. 3, cap. 6, § 43, S. 244: „Similiter & in
rebuspublicis morbidis, etsi vitia quaedam comitentur statum, ista tamen nequaquam imputari debent ipsis imperantibus aut parentibus, sed si non semper,
certe saepius, necessitas ingens Reipublicae puta v.g. pacis & tranquillitatis
turbatae iterum recuperandae studium, illum morbum in statum introduxit."
– Ähnlich ist es auch bei den kranken Staaten, auch wenn sämtliche Laster
mit dem Staat vereinigt sind, sollen sie jedoch nicht den Herrschenden oder
Gehorchenden angerechnet werden, sondern hat, wenn auch nicht immer, aber
oft, nämlich eine ungeheure Notwendigkeit des Staats, z.B. das Streben den ge-
störten Frieden und Ruhe wiederzuerlangen, die Krankheit im Staat eingeführt.
921 *Kühnel*, Das politische Denken von Christian Thomasius (Fn. 56), S. 99.
922 *Grunert*, Normbegründung und politische Legitimität (Fn. 11), S. 282.
923 *Grunert*, Normbegründung und politische Legitimität (Fn. 11), S. 282 f.
924 *Kühnel*, Das politische Denken von Christian Thomasius (Fn. 56), S. 100.

werflich[925], stattdessen ist es die Pflicht des Arztes[926] und eben auch der Lehrer und Ratgeber eine Krankheit anzuzeigen und Heilmittel anzuraten.[927] Dabei stellt Thomasius klar, dass der Lehrer nur die Krankheit des Staates anzeigen soll[928], während die Behandlungsvorschläge durch den Berater erfolgen, welcher jedoch nicht zur Abschaffung des Regenten raten darf, da auch der Arzt dem Kranken keine Medikamente verschreiben darf, die den Kopf vernichten.[929] Dieser soll durch Medikamente nicht den gan-

---

925 *Thomasius*, Institutiones (Fn. 23), lib. 3, cap. 6, § 45, S. 245: „Quemadmodum ergo per declarationem morbi, utpote rei per se non contumeliosae, in reverentiam reipublicae & imperantibus debitam non peccatur, ita non omnis, qui morbidi terminum de aliquo praedicat id animo contumelioso, qui iniuriam importet, facere censendus est, quid? Quod saepius peccaret contra officium suum, morbum dissimularet." – Wie also durch die Kundgebung der Krankheit, nämlich einer an sich nicht schmachvollen Sache, sich nicht an der geschuldeten Ehrfurcht des Staates und der Herrschenden vergriffen wird, so darf nicht von jedem, der den Begriff der Krankheit über irgendeinen äußert, gedacht werden, dass er das in schmachvoller Absicht, die Unrecht verursacht, macht. Insoweit würde er oft gegen seine Pflicht verstoßen, würde der die Krankheit verschleiern.

926 *Thomasius*, Institutiones (Fn. 23), lib. 3, cap. 6, § 46, S. 245 f.: „Exemplo sit in corpore humano Physicus & Medicus, quibus non solum vitio verti non poterit, si morbum homini aperiant, sed &, ut ignorantia aut malitia imputaretur, si corpus morbidum tanquam sanitate perfecta praeditum sit, depraedicarent." – Als Beispiel sei beim menschlichen Körper der Naturkundige und Arzt, denen nicht nur kein Vorwurf gemacht werden kann, wenn sie die Krankheit eines Menschen offenlegen, sondern auch, dass Unkenntnis und Boshaftigkeit angerechnet würde, wenn sie den kranken Körper als ob er mit vollkommener Gesundheit ausgestattet sei, ausgeben würden.

927 *Thomasius*, Institutiones (Fn. 23), lib. 3, cap. 6, § 47, S. 246: „Eandem rationem esse puta Doctoris & Consiliarii in morbis Reipublicae [...]." – Dass nämlich derselbe Grund der Lehrer und Ratgeber bei den Krankheiten des Staates ist [...].

928 *Thomasius*, Institutiones (Fn. 23), lib. 3, cap. 6, § 52, S. 247: „At hanc quidem non intendit, qui Doctoris munus gerit, sed saltem morbum declarat, curam eius relinquendo aliis." – Aber gewiss zielt er nicht darauf ab, der das Amt des Lehrers bekleidet, sondern er zeigt eine Krankheit nur auf, ihre Heilung überlässt er anderen.

929 *Thomasius*, Institutiones (Fn. 23), lib. 3, cap. 6, § 53, S. 247 f.: „Qui & ipsi tamen peccarent contra regulas prudentiae & pietatis, si posito & cognito Reipublicae morbo consilii suppeditarent de tollendis imperantibus, quemadmodum stultus pariter & iniustus esset Medicus, qui cognito morbo hominis medicamenta eidem suppeditarent, caput, animae sedem, corrumpentia." – Diese würden jedoch gegen die Regeln der Klugheit und Frommheit verstoßen, wenn sie nach begonnener und erkannter Krankheit des Staates die Ratschläge gäben die Herrschenden zu beseitigen, wie der Arzt gewiss töricht und ungerecht wäre,

zen Mensch vernichten, sondern stattdessen die Körperteile stärken, wie auch der Rat seine Ratschläge nicht gegen den kranken Staat richten, sondern eher bewirken soll, dass die Krankheit nicht noch verstärkt wird.[930] Thomasius fordert lediglich eine durch behutsame Reformierung leistbare Begrenzung des Übels, ohne dass der Staat selbst dadurch vernichtet wird, was vermuten lässt, dass der Regent selbst das Übel sein kann.[931] Indem Thomasius in den *Institutiones* eine Parallele zwischen krankem Körper und kranken Staat sowie deren Behandlung zieht, macht er deutlich, dass sowohl Arzt als auch Gelehrte und Ratgeber beratend zur Seite stehen dürfen und den Mangel und dessen Behebung (in vorgegebenen Grenzen) aufzeigen dürfen. Die eigentliche Heilung ist ihnen jedoch nicht übertragen.

An dieser metaphorischen Darstellung hält Thomasius nun fest, um die Behandlung der *aequitas cerebrina* aufzuzeigen. Dafür legt er zunächst allgemein zugrunde, dass es sich als schwierig herausstellt, einen geeigneten Arzt zu finden:

Sed ubi iam inveniemus medicos in rebus publicis, quae sic communiter aequitate cerebrina infectae sunt, ut paucissimi sint, qui non eam pro vera & genuina aequitate amplectantur.	Aber wo sollen wir nun Mediziner in den Staaten finden, die allgemein so von der eingebildeten *aequitas* verdorben sind, dass die am wenigsten sind, die diese nicht als eine wahre und echte *aequitas* begreifen?

---

der nach erkannter Krankheit des Menschen ihm Medikamente verabreichen würde, die den Kopf, den Sitz der Seele, vernichten.

930 *Thomasius,* Institutiones (Fn. 23), lib. 3, cap. 6, § 54, S. 248: „Quin potius uti officium boni Medici saepius est, in corpore multis impuritatibus repleto, carnarinam medicamentis plane non movere, ne totus homo destruatur, sed potius suppeditare confortantia partes maxime vitales, sic consiliarii saepius erit, morbum, qui in Republica altas radices egit, tolerare inconcussum, & saltem consilia eo dirigere, ne latius serpat malum." – Ja eher wie die Pflicht eines guten Arztes öfter ist, bei einem von vielen Lasterhaftigkeiten gefüllten Körper, dass er durch Medikamente nicht das Fleisch bewegt, um nicht den ganzen Menschen zu zerstören, sondern eher [die Medikamente] verabreicht, die die Vitalteile stärken, so sei es auch öfter beim Rat, dass er eine Krankheit, die im Staat tiefe Wurzeln geschlagen hat, unerschüttert erträgt, und dass er dem Ratschläge gibt, und nicht weiter das Übel verbreitet.

931 *Grunert,* Normbegründung und politische Legitimität (Fn. 11), S. 284.

Necesse est tamen, ut eos inveniamus in ipsa republica, modo recte quaeramus.
Sunt ubique sapientes inter stultos, quamvis pauci sint.[932]

Es ist jedoch erforderlich, dass wir sie im Staat selbst finden, wir müssen nur richtig suchen.
Es sind überall Weise unter den Törichten, wenn sie auch wenige sind.

Die Suche nach einem fähigen Arzt zur Behandlung der *aequitas cerebrina* gestaltet sich in Thomasius' Augen deshalb als schwierig, weil diese schon derartig im Staat vorherrscht, dass es nur wenige gibt, die die *aequitas cerebrina* auch als solche erkennen. Dennoch ist gerade im Staat selbst nach dem Arzt zu suchen. Wenn auch vorwiegend Dumme den Staat bevölkern, gibt es nämlich auch wenige weise Bewohner. Die Behandlung der *aequitas cerebrina* legt Thomasius in die Hände des Fürsten:

Initio videndum, ad quos in republica cura aequitatis cerebrinae pertineat.
Utique ad imperantes non ad docentes.
Est enim & haec cura pars regimis publici.[933]

Anfänglich muss man sehen, wen die Behandlung der eingebildeten *aequitas* im Staat betrifft.
Jedenfalls die Befehlenden, nicht die Lehrenden.
Es ist nämlich auch diese Behandlung Teil der öffentlichen Leitung.

Indem Thomasius erklärt, dass eine Korrektur der *aequitas cerebrina* allein beim Fürsten liegt, weil auch diese zur öffentlichen Leitung gehört, steckt er den Machtbereich des Fürsten weiter ab. Nicht nur ist dieser in seiner Tätigkeit als Gesetzgeber frei und darf hierbei auch nicht durch Gelehrte hinterfragt werden.[934] Ihm und nicht den Gelehrten obliegt auch die Aufgabe der Unterbindung der *aequitas cerebrina* im Staat, denn die Pflichten der Befehlenden und Gelehrten stimmen nicht überein:

Aliud vero officium est imperantium, aliud docentium, & actiones eorum officiorum ita sunt diversae & plane oppositae, imo & tam multiplices, ut singula diversos homines,

Die Pflicht der Befehlenden ist eine, die der Lehrenden ist eine andere und die Ausführung ihrer Pflichten ist verschieden und deutlich entgegengesetzt, ja auch so vielfältig,

---

932 *Thomasius*, De aequitate cerebrina [1706] (Fn. 24), cap. 1, § 21, S. 24.
933 *Thomasius*, De aequitate cerebrina [1706] (Fn. 24), cap. 1, § 21, S. 24.
934 Siehe oben bei S. 204 ff. zum Verantwortungsbereich der Gelehrten an den Universitäten, die nicht in das vom Fürsten gegebene Recht eingreifen dürfen.

& singula etiam totum hominem re- dass eine jede [Pflicht] verschiedene
quirant.[935]   Menschen, und eine jede auch einen
                                      ganzen Menschen erfordert.

Thomasius grenzt die Aufgaben von Gelehrten und Fürsten streng voneinander ab und bedient sich seiner Argumentation aus den *Fundamenta*.
Dort führt er die Notwendigkeit von Rat (durch Berater) und Befehl
(durch Fürsten) auf die unterschiedlichen Arten der Dummheit in einer
Gesellschaft zurück.[936] Jede dieser Pflichten erfordert unterschiedliche Eigenschaften und nimmt den Menschen vollständig ein, weshalb Lehrer
und Fürst sich auch nicht in einer Person vereinen können.[937] Diese Argumentation überträgt Thomasius auch auf die Behandlung der *aequitas
cerebrina*, dass hierfür allein der Fürst zuständig ist, weil die Pflicht der
Lehrende eine andere ist und jeder nur in dem ihm klar zugeordneten
Bereich walten kann. Daher betrachtet es Thomasius als schädlich für das
Staatswesen, wenn der Herrscher Teile seiner Macht abgibt:

Istud maximo damno affecit rempu- Dieses hat dem Staatswesen größten
blicam, quod in antiqua illa inter Schaden zugefügt, dass im Altertum
Papas & Imperatores, seu ut vulgo zwischen Päpsten und Kaisern, oder
loqui amant, inter sacerdotium & wie sie gewöhnlich gerne genannt
imperium **hh**) de imperio controver- wurden, zwischen geistlicher und
sia sacerdotium vel ideo de imperio weltlicher Gewalt, bei Streit über
triumphaverit, quod imperatores ae- die weltliche Gewalt die geistliche
qui & iusti doctrinam iam olim sa- auch deshalb über die weltliche Ge-
cerdotio reliquerint, eique permiser- walt triumphierte, weil die Kaiser
                                      die Lehre des Billigen und Gerech-

---

935 *Thomasius*, De aequitate cerebrina [1706] (Fn. 24), cap. 1, § 21, S. 24 f.

936 *Thomasius*, Fundamenta (Fn. 23), lib. 1, cap. 4, § 78, S. 97 f.: „Cum autem in
    societate plurium hominum deprehendatur mixtura omnium horum trium ge-
    nerum stultitiae, sua sponte sequitur, quod ad regendam eiusmodi societatem
    opus sit & consilio & imperio […].“ – Weil aber in einer Gesellschaft vieler
    Menschen eine Mischung aller deren drei Arten der Torheit erfasst wird, folgt
    von sich aus, dass, um eine derartige Gesellschaft zu regieren sowohl Rat als
    auch Befehl notwendig ist […].

937 *Thomasius*, Fundamenta (Fn. 23), lib. 1, cap. 4, § 77, S. 98: „At in eiusmodi
    societatibus singulae normae requirunt totum hominem ob officia diversa, ad
    quae explenda unus idemque homo non potest esse aptus […].“ – Aber in derar-
    tigen Gesellschaften erfordern alle Normen einen ganzen Menschen wegen der
    verschiedenen Pflichten, die zu erfüllen ein und derselbe Mensch nicht in der
    Lage ist […].

int regulas aequitatis suae cerebrinae pro lubitu praescribere laicis.[938]

ten schon einst der geistlichen Gewalt überlassen haben und ihr gestattet haben, die Regeln ihrer eingebildeten *aequitas* nach Belieben den Weltlichen vorzuschreiben.

Während Thomasius gerade noch festgelegt hat, dass der allein befugt ist, den Staat von der *aequitas cerebrina* zu befreien, wechselt er nun offenkundig den Kontext, indem er einmal mehr die Existenz der *aequitas cerebrina* auf den Klerus zurückführt. Thomasius erklärt, dass der Konflikt zwischen geistlicher und weltlicher Macht vor allem deswegen zugunsten des Klerus ausgegangen ist, weil der Herrscher selbst den Geistlichen die Gewalt über *aequitas* und Gerechtigkeit überlassen hat. Thomasius bringt einmal mehr zum Ausdruck, was er zuvor[939] als subtile *aequitas cerebrina* bezeichnet hat: Obwohl der Fürst der Inhaber der höchsten Macht ist und somit Gesetze erlassen und korrigieren kann, konkurriert er mit dem Klerus, der ebenfalls Gesetze in den Staat eingeführt hat und damit zu einer Verstärkung der *aequitas cerebrina* beiträgt. Diesen in der Vergangenheit eingetretenen Zustand gilt es nun für den herrschenden Fürsten zu korrigieren.

2. Beteiligung an der Behandlung durch Lehrende

Neben dem Fürsten, sind aber auch die Gelehrten für die Behandlung der *aequitas cerebrina* zuständig. Wie schon in den *Institutiones* deutlich gemacht sieht er auch Lehrer und Ratgeber zur Heilung eines kranken Staates berufen.[940] Auf die Rolle der Gelehrten geht er nun intensiver ein. Hierbei spielen vor allem die Rechtsgelehrten eine herausragende Rolle (a)), aber auch Gelehrter anderer Fachgebiete sind dazu aufgerufen, sich an der Behandlung der *aequitas cerebrina* zu beteiligen (b)).

a) Behandlung durch Rechtsgelehrte

Thomasius sieht auch die Rechtsgelehrten zur Korrektur der *aequitas cerebrina* in der Verantwortung. Zwar fällt die Behandlung selbst in den

---

938 *Thomasius*, De aequitate cerebrina [1706] (Fn. 24), cap. 1, § 21, S. 25.
939 Siehe oben S. 236 ff.
940 Siehe oben Fn. 927.

Aufgabenbereich des Fürsten, er erfährt hierbei aber Unterstützung von Gelehrten:

Non tamen plane ab hoc negotio excludendi docentes.	Jedoch darf man nicht deutlich die Lehrenden von dieser Aufgabe ausschließen.
Cura huius morbi imperantibus & eorum ministris relinquenda.[941]	Die Behandlung dieser Krankheit muss den Herrschenden und deren Helfern überlassen werden.

Die Behandlung der *aequitas cerebrina* soll zwar nur durch den Fürsten erfolgen, Thomasius hält es aber sehr wohl für möglich, dass er Unterstützung von Helfern erfährt. Deren Zuständigkeitsbereich führt Thomasius nun näher aus:

Instructio vero horum & praeparatio, ut ad curam apti fiant, ad docentes pertinet.	Die Unterweisung dieser [Herrschenden] tatsächlich und die Vorbereitung, dass sie zur Behandlung fähig werden, betrifft die Lehrenden.
Hoc intuitu Academiae sunt seminaria reipublicae.[942]	In dieser Hinsicht sind die Akademien Pflanzstätten des Staates.

Thomasius erklärt, dass die Aufgabe der Gelehrten darin besteht, dem Herrscher zu helfen, nämlich indem sie ihn unterrichten und vorbereiten, die *aequitas cerebrina* zu beseitigen. Einmal mehr macht Thomasius deutlich, dass den Gelehrten eine elementare Rolle der Staatsleitung zukommt.[943] Der Fürst ist zwar der Machthaber und in seiner Position frei. Ihm vorgelagert sind jedoch die Gelehrten, ohne deren Beratung der Herrscher gar nicht in der Gerechtigkeit und *aequitas* gebildet wäre. Daher bezeichnet Thomasius die Universitäten abermals als „Pflanzstätten des Staates", weil an ihnen die Gelehrten ausgebildet werden, die später dem Fürsten beratend zur Seite stehen.[944] Dort wird also der Grundstein für eine fürstliche Entscheidung gelegt. Entsprechend seiner Vorstellung von

---

941 *Thomasius*, De aequitate cerebrina [1706] (Fn. 24), cap. 1, § 22, S. 25.
942 *Thomasius*, De aequitate cerebrina [1706] (Fn. 24), cap. 1, § 22, S. 25.
943 So auch schon oben S. 204 ff., wo Thomasius das Eingreifen des Richters in die Gesetzeslage als Kollision mit den Rechtsgelehrten sieht, weil diese den Fürsten über das Recht unterrichten sollen.
944 Siehe auch schon oben Fn. 698.

einer „arbeitsteiligen" Staatsleitung[945] hält Thomasius auch bei der Beseitigung der *aequitas cerebrina* eine Beteiligung von Gelehrten als Berater für erforderlich. Wie soeben schon deutlich wurde, sind Gelehrte mit Medizinern vergleichbar, die dem (an der *aequitas cerebrina*) erkrankten Staat ein Heilmittel empfehlen müssen[946], und somit ebenfalls an der Korrektur der *aequitas cerebrina* beteiligt. Thomasius befasst sich sodann mit der Frage, welche Fakultät mit dieser Verantwortung zu betrauen ist.

Inter quatuor facultates vero Academicas, ad quam prae reliquis pertineat cura ista praeparandi ministerium Principis, facile patebit, si earum scopos consideremus.[947]	Ja welche unter den vier akademischen Fakultäten es vor den anderen betrifft das Fürstenamt auf diese Behandlung vorzubereiten, wird sich leicht zeigen, wenn wir deren Zwecke betrachten.

Thomasius stellt fest, dass die geeigneten Gelehrten leicht zu ermitteln sind, wenn man den Zweck der vier Fakultäten betrachtet. Zunächst blickt er auf die theologische Fakultät und legt dar, warum ihr Zweck nicht dazu bestimmt ist, den Fürsten zu instruieren:

Theologica monstrat viam salutis aeternae, ac esse debet seminarium sacerdotii, seu, ut ex stylo Cleri Romani vocatur, ecclesiae.	Die theologische zeigt den Weg der ewigen Seligkeit und muss daher Pflanzstätte der geistlichen Gewalt sein, oder, wie im Stil des römischen Klerus gesagt wird, der Kirche.

---

945 Vgl. *Schneiders*, Die Philosophie des aufgeklärten Absolutismus (Fn. 688), S. 36; *Kühnel*, Das politische Denken von Christian Thomasius (Fn. 56), S. 141 f., siehe oben Fn. 689.
946 Vgl. oben Fn. 915.
947 *Thomasius*, De aequitate cerebrina [1706] (Fn. 24), cap. 1, § 22, S. 25.

At salus aeterna non acquiritur per regulas iusti & decori seu per bona opera sed per fidem.[948]

Aber die ewige Seligkeit wird nicht erlangt durch die Regeln des Gerechten und des Anständigen oder durch gute Taten, sondern durch den Glauben.

Die Gelehrten der theologischen Fakultät sind Thomasius zufolge nicht an der Behandlung der *aequitas cerebrina* beteiligt, weil dort der Weg zur ewigen Seligkeit gelehrt wird. Daher ist diese Fakultät einzig eine Pflanzstätte der Kirche, nicht aber des Staates. Die ewige Seligkeit wird nämlich allein durch den Glauben erlangt und nicht durch das Einhalten der Regeln des *iustum*, *decorum* und der Wohltätigkeit. Wie oben gezeigt[949], setzt sich aus diesen jedoch gerade die *aequitas* zusammen. Sie ist also kein Gegenstand der Theologie. Folglich kann im Umkehrschluss auch nicht die Korrektur der *aequitas cerebrina* in den Verantwortungsbereich der theologischen Fakultät fallen. Thomasius betrachtet zuletzt auch die anderen drei Fakultäten hinsichtlich ihres Zweckes und wem sie als Pflanzstätte dienen:

Facultates iuridica & medica, etsi utraeque sint seminaria reipublicae, haud dubie tamen medicina de corpore & regulis sanitatis sollicita est, iuridica de mente & regulis iusti & aequi.

Auch wenn beide, die juristischen und medizinischen Fakultäten Pflanzstätten des Staates sind, ist doch unstreitig die Medizin um den Körper und die Regeln der Gesundheit besorgt, die juristische Fakultät um die Seele und die Regeln des Gerechten und Billigen.

Philosophica facultas quod hactenus fuerit exclusa a cura aequitatis cerebrinae, in causa fuit, quod olim in papatu opem tulerit Theologiae scholasticae in stabilienda aequitate cerebrina, post reformationem vero, ubi vitium illud purgatum est, ma-

Dass die philosophische Fakultät bis jetzt von der Behandlung der eingebildeten *aequitas* ausgeschlossen war, war Ursache, weil sie einst im Papsttum der scholastischen Theologie half, die eingebildete *aequitas* zu festigen, nach der Reformation, wo jenes Laster bereinigt wurde, be-

---

948 *Thomasius*, De aequitate cerebrina [1706] (Fn. 24), cap. 1, § 22, S. 25.
949 Bereits oben unter S. 48 ff. wird herausgearbeitet, dass die *aequitas* sich mit dem *iustum* deckt. Das *decorum* wird ebenfalls von der *aequitas* umfasst, vgl. dazu vor allem S. 55 ff. Und auch das Erweisen von Wohltaten ist eine besondere Regel der *aequitas*, vgl. oben Fn. 157.

gis inserviat tamen seminario eccle-siae, quam reipublicae.[950]

treibt sie gewiss jedoch eher eine Pflanzstätte der Kirche als des Staates.

Thomasius hält die medizinische Fakultät zwar für eine Pflanzstätte des Staates. Allerdings befasst sie sich mit dem Körper und der Gesundheit und eben nicht mit den Prinzipien der *aequitas*. Die philosophische Fakultät hält Thomasius dagegen für eine Pflanzstätte der Kirche, weil die philosophischen Gelehrten den scholastischen Theologen geholfen haben, die *aequitas cerebrina* zu etablieren. Anders steht es um die juristische Fakultät, die Thomasius ebenfalls als Pflanzstätte des Staates bezeichnet, welche die Seele, sowie das Billige und Gerechte zum Gegenstand hat. Daher bleibt die Korrektur der *aequitas cerebrina* allein der juristischen Fakultät vorbehalten:

Igitur nihil restat, quin aperte dica-mus, ad iureconsultos pertinere doc-trinam de corrigenda aequitate cere-brina.[951]

Deshalb bleibt nichts übrig, dass wir offen sagen, dass die Lehre die ein-gebildete *aequitas* zu korrigieren die Rechtsgelehrten betrifft.

Anhand der unterschiedlichen Zweckrichtungen der Fakultäten arbeitet Thomasius heraus, dass allein die juristischen Gelehrten über die Korrektur der *aequitas cerebrina* beraten dürfen. Warum sich die Korrektur an-hand der Zweckrichtung der Fakultäten zuordnen lässt, wird deutlich, wenn man diese genauer in Blick nimmt.

Eine solche Kontrastierung der vier Fakultäten hat Thomasius bereits in den *Institutiones* vorgenommen, wo er die philosophische Fakultät zu-nächst von den anderen absondert, weil diese nur als Hilfsmittel dient, während die anderen grundlegend sind.[952] Der Zweck der medizinischen Fakultät ist der menschliche Körper, während die juristische und theolo-

---

950 *Thomasius*, De aequitate cerebrina [1706] (Fn. 24), cap. 1, § 22, S. 25.
951 *Thomasius*, De aequitate cerebrina [1706] (Fn. 24), cap. 1, § 22, S. 25 f.
952 *Thomasius*, Institutiones (Fn. 23), lib. 1, cap. 1, § 167, S. 46: „Igitur commodissi-me istarum quatuor facultatum distinctio sic videtur efferri posse. Facultates sunt vel instrumentales, puta Philosophica, vel Principales, tres reliquae." – Deshalb scheint die Unterscheidung dieser vier Fakultäten am geeignetsten so zum Vorschein kommen zu können. Die Fakultäten sind entweder helfend, nämlich die philosophische, oder hauptsächlich, die drei anderen.

gische Fakultät die Seele zum Gegenstand haben[953], wobei sie sich mit Blick auf das zeitliche Ausmaß der Glückseligkeit unterscheiden, denn die Rechtswissenschaft zielt auf das zeitliche, die Theologie auf das ewige Glück ab.[954] Theologie und Rechtswissenschaft sind dabei beide mit der Auslesung von Gesetzen beschäftigt, die sich allein anhand der anvisierten Glückseligkeit unterscheiden.[955] Ob ein Gesetz auf die ewige oder zeitliche Seligkeit abstellt, richtet sich danach, ob das ein Gesetz die Pflichten im Gottesdienst (dann ewig) oder gegen andere Menschen (dann irdisch) betrifft.[956]

Die Rechtswissenschaft ist folglich die einzige Disziplin, die sich mit den Pflichten gegenüber anderen Menschen befasst. Wie Thomasius eingangs erklärt hat, betrifft die *aequitas* gerade diese Regeln.[957] Da es gerade die Profession der Rechtsgelehrten ist, die *aequitas* zu untersuchen, muss damit auch die Befugnis einhergehen, den Fürsten über diese zu beraten. Konsequenterweise müssen die Rechtsgelehrten dann auch mit der Behandlung der *aequitas cerebrina* betraut werden.

---

953 *Thomasius*, Institutiones (Fn. 23), lib. 1, cap. 1, § 168, S. 46: „Principales vel pro obiecto habent corpus hominis, eiusque sanitatem intendunt, quod facit Medicina, vel animum humanum eiusque beatitudinem procurare allaborant." – Die hauptsächlichen haben zum Gegenstand entweder den Körper des Menschen, und vermehren dessen Gesundheit, was die medizinische macht, oder die menschliche Seele und erstreben ihre Glückseligkeit zu pflegen.

954 *Thomasius*, Institutiones (Fn. 23), lib. 1, cap. 1, § 169, S. 46: „Temporalem scilicet, quam intendit Iurisprudentia, & aeternam, quam Theologia." – Die zeitliche nämlich, welche die Rechtswissenschaft anstrebt, und die ewige, welche die Theologie [anstrebt].

955 *Thomasius*, Institutiones (Fn. 23), lib. 1, cap. 1, § 170, S. 46: „[...] hinc patet legum expositionem pro diversitate beatitudinis, cui subordinantur, modo ad Iurisconsultum pertinere, modo ad Theologum [...]. – [...] daraus folgt, dass die Erklärung der Gesetze nach dem Unterschied der Glückseligkeit bald zum Rechtsgelehrten, bald zum Theologen gehört [...].

956 *Thomasius*, Institutiones (Fn. 23), lib. 1, cap. 2, § 125, S. „[...] Leges has positivas vel dirigere officium hominis circa cultum Dei, vel circa alios homines. Illae immediate intendunt beatitudinem aeternam. Hae immediate temporalem." – [...] dass die positiven Gesetze entweder die Pflicht des Menschen im Gottesdienst oder gegen andere Menschen bestimmen. Jene richten sich unmittelbar auf die ewige Glückseligkeit, diese unmittelbar auf irdische Glückseligkeit.

957 Vgl. oben Fn. 92.

b) Beteiligung anderer Disziplinen

Während Thomasius zuvor noch die rechtswissenschaftliche Fakultät scharf von den übrigen drei Fakultäten abgegrenzt hat und allein den Rechtsgelehrten zugesprochen hat, über die Korrektur der *aequitas cerebrina* zu beraten, verwischt er nun doch die soeben gezogenen Grenzen. Thomasius hält zwar daran fest, dass es den Rechtsgelehrten obliegt, über die *aequitas cerebrina* zu beraten, legt aber einen weiten Maßstab für die Definition des Rechtsgelehrten an:

Cave tamen, ne per ICtos hic intelligas aut omnes, qui hoc titulo gaudent, vel in Dd. utriusque iuris in academiis more solenni renunciati sunt, aut eos solos.⁹⁵⁸	Aber hüte dich, jetzt alle als Rechtsgelehrte zu verstehen, die sich an diesem Titel erfreuen, oder die, die an den Akademien in feierlicher Sitte zu Doktoren beider Rechte ernannt wurden, oder einzig diese.

Thomasius warnt davor, allein diejenigen als Rechtsgelehrte aufzufassen, die entweder diesen Titel oder den des Doktors beider Rechte tragen. Ausschlaggebend ist nicht, ob jemandem die Ausübung der Rechtsgelehrtheit bescheinigt ist, sondern ob jemand diese tatsächlich auch ausüben kann:

Dant academiae facultatem iurisprudentiam docendi, (& privilegiis inde dependentibus fruendi) non dant aptitudinem.	Die Akademien gewähren die Ermächtigung, die Rechtswissenschaft zu lehren, (und sich an den anhängenden Privilegien zu erfreuen) sie gewähren nicht die Geschicklichkeit.
Et quamvis facultas dari non deberet nisi aptis, ita tamen omnia collegia sunt comparata, ut non semper fiant, quae fieri debebant.	Und wenn auch die Erlaubnis nur den Geschickten gewährt werden sollte, waren doch alle Kollegien so beschaffen, dass nicht immer geschieht, was geschehen musste.
Vitium hoc non heri aut nudius tertius ortum.	Dieses Laster ist nicht gestern oder vorgestern entstanden.
Respexit iam eo suo tempore prudentissimus Imperator Hadrianus in	Schon der klügste Kaiser Hadrian hat dies zu seiner Zeit in einer

---

958 *Thomasius*, De aequitate cerebrina [1706] (Fn. 24), cap. 1, § 23, S. 26.

responso acuto, quod viris dedit praetoriis. **kk**)[959]	scharfsinnigen Antwort bemerkt, die er Prätoren gab **kk**).

Thomasius erklärt, dass ein Rechtsgelehrter nicht anhand der Erlaubnis, sondern der Geschicklichkeit zu identifizieren ist. Nur weil jemand durch einen Titel dazu befähigt ist, das Recht zu lehren, heißt das nicht, dass dieser dazu auch tatsächlich fähig ist, obwohl eigentlich die Befähigung mit der Fähigkeit einhergehen sollte. Diese Unterscheidung hält Thomasius jedoch nicht für ein Problem seiner Zeit, sondern als eines, das schon zur Zeit *Hadrians* existierte. Als Beleg zieht er in Fußnote **kk**) *Pomponius* heran[960], der ein Reskript des Kaisers *Hadrian* wiedergibt, durch welches er den Prätoren erklärt, dass das *ius respondendi*[961] nicht erfragt, sondern gewährt werde und daher jedem zustehe, der es sich zutraue.[962] Unter Zuhilfenahme des hadrianischen Reskripts nimmt Thomasius also eine Eingrenzung und zugleich Ausweitung des Begriffes der Rechtsgelehrten vor, da er bemerkt, dass die Position des Rechtsgelehrten nicht an einen Titel oder eine erteilte Erlaubnis geknüpft ist, sondern lediglich an die tatsächlich bestehende Geschicklichkeit über das Recht zu lehren. Den Grundsatz der Fähigkeit überträgt Thomasius nun auch auf die Korrektur der *aequitas cerebrina*:

---

959 *Thomasius*, De aequitate cerebrina [1706] (Fn. 24), cap. 1, § 23, S. 26.

960 D.1.2.2.49: „[...] Et ideo optimus princeps Hadrianus, cum ab eo viri praetorii peterent, ut sibi liceret respondere, rescripsit eis hoc non peti, sed praestari solere et ideo, si quis fiduciam sui haberet, delectari se populo ad respondendum se praepararet." – [...] Und daher schrieb der beste Kaiser Hadrian, als Prätoren beantragten, dass sie antworten dürften, ihnen in einem Reskript, dass dies gewöhnlich nicht beantragt, sondern gewährt wird, und dass er sich daher freut, wenn jemand, der Selbstvertrauen hätte, sich bereithalten würde, dem Volk zu antworten.

961 Hierbei handelt es sich um ein von Kaiser *Augustus* geschaffenes Institut, wodurch einem Juristen gestattet wurde, im Namen des Kaisers Rechtsgutachten zu erstellen, die durch diese kaiserliche Autorität für den Richter Bindungskraft hatten, vgl. *Honsell/Mayer-Maly/Selb*, Römisches Recht, Berlin, Heidelberg 1987, § 15, S. 26 f.

962 *Hadrian* wich damit laut *Pomponius* als erster Kaiser von einer bis dahin gängigen Verleihungspraxis dieses Rechts ab, vgl. *Wieacker*, Römische Rechtsgeschichte, 2. Abschnitt, München 2006, § 45, S. 34.

Ergo & ad corrigendam doctrinam aequitatis cerebrinae ii soli ICti pertinent, qui id re ipsa praestant.

Also betrifft es einzig die Rechtsgelehrten die Lehre der eingebildeten *aequitas* zu korrigieren, die das in der Tat tun.

Imo vero, si id modo praestent, sufficit, etsi solenniter potestatem docendi non acceperint.[963]

Ja tatsächlich, wenn sie das nur tun, genügt es, auch wenn sie die Fähigkeit zu Lehren nicht feierlich erhalten haben

Thomasius versteht unter Rechtsgelehrten nur diejenigen, die auch tatsächlich im Recht befähigt sind, weshalb er auch die Korrektur der *aequitas cerebrina* nur denjenigen einräumt, die diese auch tatsächlich korrigieren können, unabhängig davon, ob ihnen die Erlaubnis zu Lehren erteilt wurde. Mit dieser Idealvorstellung, dass jeder ein Rechtsgelehrter ist, der es faktisch kann, widerspricht Thomasius sich jedoch selbst. Denn zuvor stellte er noch fest, dass falsche Rechtsgelehrte, die nicht im Recht ausgebildet sind, das Entstehen der *aequitas cerebrina* begünstigen.[964] Indiz für diese Ausbildung und Fähigkeit liefert aber gerade ein Titel, der das Studium der Rechtswissenschaften bescheinigt. Wenn Thomasius allein auf die Fähigkeiten abstellt, führt dies unweigerlich zu der Frage, wie dann erkannt werden kann, wer wahrhaftig in der Lage ist, die *aequitas cerebrina* zu erkennen. Zugleich eröffnet das sämtlichen Gelehrten Raum zur Korrektur einer *aequitas cerebrina*, solange sie nur meinen, die Lehre der *aequitas* zu beherrschen. Welchen Gedanken Thomasius damit verfolgt, wird jedoch deutlicher, wenn man versteht, welcher Zweck hinter der Korrektur einer falschen *aequitas* steht:

Doctrina corrigendi aequitatem cerebrinam non pertinet ad media acquirendi honores, divitias, potentiam, de quibus uti omnium statuum homines, ita & ICti, utpote qui & ipsi homines sunt, cum aliis disceptare solent, sed pertinet ad officia humanitatis, quae omnibus hominibus praestare aliis licet, pertinet ad

Die Lehre die eingebildete *aequitas* zu korrigieren betrifft nicht die Mittel, um Ehren, Reichtum oder Macht zu erhalten, über die sie, wie die Menschen aller Stände – so auch Rechtsgelehrte, weil sie selbst auch Menschen sind – mit anderen gewöhnlich streiten, sondern sie betrifft die Pflichten der Menschlichkeit, die man allen anderen Men-

---

963 *Thomasius*, De aequitate cerebrina [1706] (Fn. 24), cap. 1, § 23, S. 26.
964 Siehe oben Fn. 532.

onera, quae prae reliquis per modo dicta incumbunt ICtis.[965]

schen erweisen kann, sie betrifft die Aufgaben, die durch das gerade Gesagte den Rechtsgelehrten vor anderen obliegen.

Warum auch solche Rechtsgelehrte die *aequitas cerebrina* behandeln dürfen, die keinen derartigen Titel tragen, führt Thomasius darauf zurück, dass es bei dieser Korrektur nicht auf die mit einem Titel einhergehenden Privilegien ankommt. Er ist der Ansicht, dass es bei der Korrektur der *aequitas cerebrina* nicht darum geht, Ehre, Reichtum oder Macht zu erlangen, auch wenn das ein menschliches und somit auch den Rechtsgelehrten anhängendes Begehren ist, sondern um die Pflichten der Menschlichkeit und die Aufgaben, die den Rechtsgelehrten obliegen. Welcher Gedanke hier zum Ausdruck kommt, lässt sich mit Blick auf die *Prudentia consultatoria* verstehen, wo Thomasius erklärt, dass derjenige töricht ist, der Weisheit um der Macht und Reichtum willen erlangen möchte, derjenige aber weise ist, der die Weisheit um ihrer selbst willen anstrebt und erkennt, dass damit auch Macht und Reichtum einhergehen.[966] Allerding wollen aber viele Menschen diese Früchte der Weisheit erlangen, ohne weise zu sein.[967] Weisheit kann man also dann erst erlangen, wenn man tatsächlich

---

965 *Thomasius*, De aequitate cerebrina [1706] (Fn. 24), cap. 1, § 23, S. 26 f.

966 *Thomasius*, De Prudentia Consultatoria (Fn. 23), cap. 4, § 71, S. 57: „Stultus, qui sapientiam affectat propter divitias & potentiam. Sapiens vero, qui certo sibi persuadet, quod sapientia ditescat, nec sinat in obscuritate vivere. Igitur & homo prudens utitur opibus & potentia ad benefaciendum aliis tam stultis quam sapere incipientibus. Et in hoc consistit primaria felicitas potentum & divitum, quam qui negligunt, in summis divitiis & potentia sunt infelicissimi." – Töricht, wer wegen Reichtum und Macht nach Weisheit strebt. Wahrlich weise, wer gewiss überzeugt ist, dass die Weisheit reich wird und nicht duldet in Dunkelheit zu leben. Deshalb nutzt auch ein kluger Mensch Reichtum und Macht, um ebenso anderen Törichten Wohltaten zu erweisen, wie denjenigen, die anfangen weise zu sein. Und darin liegt die erste Glückseligkeit der Mächtigen und Reichen, wer diese vernachlässigt, ist in großen Reichtümern und Macht unglücklich.

967 *Thomasius*, De Prudentia Consultatoria (Fn. 23), cap. 4, § 74, S. 57 f.: „Sed hoc deterret maxime istos huius scientiae avidissimos. Volunt fructus sapientiae gustare, sed nolunt esse sapientes, volunt aliorum stultitiam nosse, nec credunt suam, aut etsi dicant, se credere, fallunt tamen, quia semper de aliena magis curiosi sunt, quam propria. Et si quis eis propriam ostendat, ut vel caeci palpare possint, nunquam tamen credunt, eam tantam esse, sed semper extenuare student." – Aber dies schreckt diejenigen, die dieser Wissenschaft begierig sind, sehr ab. Sie wollen die Früchte dieser Wissenschaft genießen, aber wollen nicht

weise sein möchte. Das Problem besteht aber darin, dass viele Menschen die Weisheit nur als Mittel zum Zweck der eigenen Bereicherung sehen und nicht die Weisheit selbst als Zweck ihres Studiums. Sie verkennen dann die eigene Torheit.

Diesen Grundsatz verfolgt Thomasius auch bei der Korrektur der *aequitas cerebrina*. Wer sich damit befasst, soll dies nicht in Hinblick auf eigene Privilegien machen, sondern allein aus dem Streben nach Menschlichkeit, also der Herstellung einer billigen Lage.[968] Die Lehre der *aequitas cerebrina* soll Thomasius zufolge also einen einzigen Zweck verfolgen, nämlich sich selbst. Solange das Motiv der Korrektur einer *aequitas cerebrina* auch tatsächlich ihre Korrektur ist, nimmt die handelnde Person in Thomasius' Augen die Stellung eines Rechtsgelehrten ein. Die Korrektur kann dann tatsächlich erfolgen und Klugheit herbeigeführt werden. Geschieht dies hingegen aus anderen Beweggründen, bleibt der Zugang zu Klugheit versperrt. Auf Grundlage dieser Thesen entwickelt Thomasius nun eine weite Definition des Begriffes des Rechtsgelehrten:

Sunt hic omnes illi ICti, qui sunt, id est, qui se tales praestant, non qui vocantur & non sunt.	Es sind alle jene Rechtsgelehrten, die es sind, das heißt, die sich derartig erweisen, nicht die [so] genannt werden und es nicht sind.
Neque putandum, quod studia aut Theologiae aut medicinae aut philosophiae impedimento sint doctrinae corrigendi aequitatem cerebrinam.[969]	Und man darf nicht glauben, dass das Studium entweder der Theologie, der Medizin oder der Philosophie an der Lehre die eingebildete *aequitas* zu korrigieren hindert.

Thomasius legt fest, dass all diejenigen Rechtsgelehrten sind, die sich als solche durch ihr Handeln erweisen, nicht aber diejenigen, die zwar Rechtsgelehrte genannt werden, aber nicht dementsprechend handeln. Daher soll das Studium an den anderen Fakultäten nicht automatisch jemanden von der Korrektur der *aequitas cerebrina* ausschließen. Ähnlich kompro-

---

weise sein, sie wollen anderer Torheit näher kennen, und glauben nicht die eigene; oder auch wenn sie sagen, dass sie glauben, versagen sie doch, weil sie immer über andere mehr besorgt sind, als über sich. Und wenn jemand ihnen die eigene [Torheit] zeigt, weil es auch Blinde begreifen, glauben sie jedoch nicht, dass sie so groß ist, sondern streben immer danach sie klein zu reden.

968 Denn Thomasius stellt die *Humanitas* als Oberbegriff für das Erweisen von Wohltaten dar, welches eines der Prinzipien der *aequitas* ist, vgl. oben Fn. 204.

969 *Thomasius*, De aequitate cerebrina [1706] (Fn. 24), cap. 1, § 23, S. 27.

missbereit zeigte sich Thomasius schon in der *Prudentia consultatoria*, wo er zunächst erklärt, dass die Klugheit zu raten den Juristen zukommt.[970] Das soll aber nicht bedeuten, dass Mitglieder anderer Fakultäten zu dieser Lehre keinen Zugang haben, sondern nur dass die Juristen sich keiner fremden Materie anmaßen.[971] Die Abgrenzung der Rechtswissenschaft hat Thomasius also eher zu anderen Materien vorgenommen, der Zugang dazu steht jedoch auch fachfremden Personen offen.

Indem Thomasius die Lehre über die *aequitas cerebrina* in einem ersten Schritt auf die Rechtsgelehrten beschränkt, schließt er eine große Zahl Gelehrter von dem höchsten Amt im Staat aus, denn die Beratung über die *aequitas* ist die letzte Instanz vor dem Fürsten[972], der zwar die Entscheidungsgewalt trägt, welche jedoch auf dem Ratschlag der Rechtsgelehrten basiert. Diese Beschränkung weitet Thomasius jedoch wieder aus, indem er nicht auf die Benennung, sondern die Fähigkeit zum Rechtsgelehrten abstellt. Eine andere Profession soll also nicht per se für die Korrektur der *aequitas cerebrina* ungeeignet sein. Dies begründet er damit, dass es tatsächlich Rechtsgelehrte gegeben hat, die an einer anderen Fakultät ausgebildet wurden und dennoch die Rechtswissenschaft bereichert haben:

Adsunt potius exempla virorum, quibus multum debet iurisprudentia, & huic unita doctrina prudentiae civilis ac disciplinae de moribus, qui vel Doctores promoti iuris haud fuere, vel certe ad eum gradu in

Es gibt eher Beispiele der Männer, denen die Rechtswissenschaft viel verdankt, und mit ihr vereint die Lehre der Staatsklugheit und der Sittenlehre, die entweder nicht zu Doktoren des Rechts erhoben worden

---

970 *Thomasius*, De Prudentia Consultatoria (Fn. 23), cap. 3, § 45, S. 36: „Nunc vero paucis ostendum, quo iure doctrina haec ad Ictos pertineat [...]." – Nun soll wohl kurz gezeigt werden, dass diese Lehre mit Recht die Rechtsgelehrten betrifft [...].

971 *Thomasius*, De Prudentia Consultatoria (Fn. 23), cap. 3, § 52, S. 39: „Cave tamen, ne putes, eum in finem ista a nobis fuisse allata, ut Ictis monopolium quoddam vindicare velimus tradendi prudentiae doctrinam, sufficit nobis saltem monstrasse, quod Icti, si tali tentent, non mittant falcem in messem alienam. Monopolia affectare nec sapientis nec prudentis est." – Hüte dich jedoch zu glauben, dass deswegen von uns hervorgebracht wurde, dass wir den Rechtsgelehrten das Monopol zuschreiben wollen der Lehre der Klugheit zu lehren, es genügt uns gezeigt zu haben, dass die Rechtsgelehrten, wenn sie derartig untersuchen, nicht die Sichel in fremdes Ernte stoßen. Es liegt weder an dem Weisen noch an dem Klugen Monopole zu ergreifen [...]."

972 Die Berater unterrichten den Fürsten nämlich über die Gesetzgebung und *aequitas*, vgl. oben Fn. 685.

sapientiae non pervenissent, nisi & aliarum facultatum studiis dedissent operam. ll)[973]	sind, oder sicherlich zu diesem Grad der Weisheit nicht gelangt wären, wenn sie sich nicht auch in Studien anderer Fakultäten angestrengt hätten. ll)

Zur Bestätigung seiner These, dass ein Rechtsgelehrter lediglich tatsächlich im Recht gebildet sein muss, ohne diesbezüglich einen Titel zu tragen, erklärt Thomasius, dass es Gelehrte gibt, die einen wichtigen Beitrag zur Rechtswissenschaft, Staatslehre oder Sittenlehre geleistet haben, die gar nicht im Recht promoviert wurden oder aber das Studium an einer anderen Fakultät aufgenommen haben. Dies demonstriert er in Fußnote ll) mit der exemplarischen Aufzählung der Rechtsgelehrten *Ziegler, Grotius, Pufendorf* und *Hermann Conring*.[974] Er erklärt, dass *Ziegler*[975] ohne sein Studium der Theologie nicht die *aequitas cerebrina* des kanonischen Rechts hätte

---

973 *Thomasius,* De aequitate cerebrina [1706] (Fn. 24), cap. 1, § 23, S. 27.

974 *Thomasius,* De aequitate cerebrina [1706] (Fn. 24), cap. 1, § 23, Fn. ll, S. 27: „Ita Zieglerus Ictus tot praeclaris scriptis, quibus iurisprudentiam ecclesiasticam illustravit, ac multa capita aequitatis cerebrinae iuris canonici detexit, forte non inclaruisset, nisi antea SS. Theologiae dedisset operam. Ita Grotius, ita Pufendorffius nunquam doctorum utriusque iuris gradu fuere ornati, etsi iurisprudentiam naturalem, fontem doctrinae corrigendi aequitatem cerebrinam a tenebris philosophiae scholasticae sepultam in lucem protraxerint, & pristino nitori restituerint. Ita medicinae studium & professio non obfuit Conringio, quin iurisprudentiam publicam a sordibus cerebrinae sapientiae repurgaverit, & Ictos ex sopore, in quo antea stertebant, excitaverit & c. [...].“ – So wäre der Rechtsgelehrte Ziegler, der durch so viele ruhmvolle Schriften, durch die er die kirchliche Rechtsgelehrtheit aufzeigte, und viele Häupter der *aequitas cerebrina* des kanonischen Rechts aufdeckte, wohl nicht bekannt, wenn er nicht vorher der heiligen Theologie seine Aufmerksamkeit geschenkt hätte. So wurden Grotius und Pufendorff niemals mit dem Grad des Doktors beider Rechte geehrt, auch wenn sie die natürliche Rechtswissenschaft, die begrabene Quelle der Lehre der Korrektur der eingebildeten *aequitas* von der Finsternis der scholastischen Philosophie ins Licht gebracht haben und in den früheren Glanz wiederherstellten. So war das Studium und der Beruf der Medizin für Conring nicht hinderlich, dass er das Staatsrecht vom Schmutz der eingebildeten Weisheit reinigte, und dem Rechtsgelehrten aus dem Schlaf, in dem sie vorher schnarchten, aufweckte etc. [...].

975 *Ziegler* (1621–1690) studierte zunächst Philosophie und Theologie, ehe er sich dem Studium der Rechtswissenschaften zuwandte *Waldberg,* Ziegler, Kaspar, ADB (1900), S. 185.

aufdecken können. *Grotius*[976] und *Pufendorf*[977] schreibt er die Befreiung des Naturrechts und damit auch der *aequitas* vom scholastischen Einfluss zu, obwohl sie nicht zum Doktor beider Rechte promoviert wurden. Und *Conring*[978] war zwar Mediziner, befasste sich aber dennoch mit der *aequitas cerebrina*, nämlich den eingebildeten Weisheiten im Staatsrecht. Unter Berücksichtigung der Leistung dieser Gelehrten für die Rechtswissenschaft bringt Thomasius in II) nun sein Missfallen über die akademische Zensur eines Werkes aufgrund des Doktorgrades seines Autors zum Ausdruck. Es soll nicht allein den Doktoren des Rechts gewährt sein, die bürgerliche Klugheit und das Recht zu untersuchen. Verwirft eine Zensur ein Werk als töricht und nicht für den studentischen Gebrauch geeignet, weil dessen Autor Theologe oder Mediziner ist, verwirft Thomasius sie ihrerseits als unweise.[979] Stattdessen begreift er die Schrift eines Gelehrten einer anderen Fakultät als ein „einzigartiges Werk göttlicher Vorsehung", dass

---

976 Anders als von Thomasius behauptet wird jedoch heute die Meinung vertreten, dass *Grotius* (1583–1645) weiterhin dem Erbe der Scholastik verbunden blieb, so *Wolf*, Große Rechtsdenker (Fn. 416), S. 259. In seinem juristischen Hauptwerk *De iure belli ac pacis libri tres* setzte er Überlegungen spanischer Theologen und Juristen des 16. Jahrhunderts fort, vgl. *Tuchtenhagen*, Grotius (de Groot), Hugo, in: *Bautz* (Hg.), Biographisch-Bibliographisches Kirchenlexikon, Herzberg 2000, Sp. 505.

977 *Pufendorf* (1632–1694) übernahm 1661 den neu eingerichteten Lehrstuhl für Natur- und Völkerrecht, den ersten seiner Art an einer deutschen Universität und veröffentlichte 1672 in Lund sein Hauptwerk *De iure naturae et gentium libri octo*, auf das sich später auch Thomasius beziehen sollte, vgl. *Luig*, Pufendorf, Samuel von, NDB (2003), S. 3.

978 *Conring* (1606–1681) wurde 1636 zum Professor der Medizin ernannt, widmete sich später u.a. auch der Geschichte des Rechts, mit deren Hilfe er nahezu das gesamte deutsche Staatsrecht betrachtete, vgl. *Breßlau*, Conring, Hermann, ADB (1876), S. 448.

979 *Thomasius*, De aequitate cerebrina [1706] (Fn. 24), cap. 1, § 23, Fn. ll, S. 27 f.: „[...] Igitur detestamur censuram nimis arrogantem, quae doctoribus iuris solis vindicat omnia, quae ad emendationem iurisprudentiae aut prudentiae civilis pertinent, quae de libris huc pertinentibus iudicium parum sapiens ferre solet: Theologus est, Medicus est, qui hoc augiae stabulum sibi repurgandum sumsit, ergo horum stultissimus conatus est, ergo libri eam in rem editi ex manibus studiosae iuventutis sunt excutiendi." – [...] Deshalb wollen wir eine zu sehr anspruchsvolle Zensur verabscheuen, die den Doktoren des Rechts allein alles zuschreibt, was die Verbesserung der Rechtswissenschaft oder bürgerlichen Klugheit betrifft, die gewöhnlich über sich hierauf beziehende Bücher ein wenig weises Urteil fällt: Er ist Theologe, er ist Arzt, der sich entschlossen hat, den Augiasstall zu reinigen, also ist das Vorhaben derer am törichtsten, also müssen darüber veröffentlichte Bücher aus den Händen der studierenden Jugend gerissen werden.

gerade aus dem unparteiischen Blickwinkel einer anderen Fakultät Mängel der juristischen Fakultät aufgedeckt worden sind.[980] Konträr zur Zensur fakultätsfremder Werke erkennt Thomasius also gerade den Mehrwert von Werken aus der Feder nichtjuristisch Ausgebildeter, weil diese externe Perspektive die Rechtswissenschaft bereichert.

Anhand der Aufzählung dieser vier großen Gelehrten und ihrer Werke belegt Thomasius also, dass der Stand des Rechtsgelehrten sich nicht auf ein vollständig absolviertes Studium der Rechtswissenschaft beschränkt, sondern tatsächlich allen offensteht, die sich für diese einsetzen und sie bereichern. Da Thomasius für den Status des Rechtsgelehrten weder Titel noch Studium für erforderlich hält, beschränkt sich die Überprüfbarkeit des tatsächlichen Status also auf eine a posteriori Betrachtung dessen, in welcher Weise der Gelehrte auf die Rechtswissenschaft eingewirkt hat. Entsprechen seine Lehren der Klugheit, bzw. korrigiert er wahrhaftig die *aequitas cerebrina*, qualifiziert ihn dieses tatsächliche Verhalten als Rechtsgelehrten, so wie es in der Vergangenheit bei *Grotius* etc. geschehen ist. Handelt er entgegengesetzt, kann er auch kein Rechtsgelehrter sein, mag er auch als solcher von der Universität betitelt werden. Er darf, dann nicht über die Korrektur der *aequitas cerebrina* beraten.

3. Mittel zu Behandlung der *aequitas cerebrina*

Thomasius schließt seine Betrachtung der Behandlung der *aequitas cerebrina* mit der Untersuchung der hierfür geeigneten Mittel ab. Auch hier greift er auf die Krankheitsmetaphorik zurück und vergleicht zunächst die Behandlung der *aequitas cerebrina* mit der Heilung des Körpers:

Sed & praeterea opera danda est, ut media curae aequitatis cerebrinae apta & idonea adhibeantur, quae ut in cura corporis & pro diversitate curantium **mm**) & pro diversitate	Aber auch ferner muss man sich bemühen, dass zur Behandlung der eingebildeten *aequitas* geeignete und taugliche Mittel herangezogen werden, die sich wie bei der Behand-

---

980 *Thomasius*, De aequitate cerebrina [1706] (Fn. 24), cap. 1, § 23, Fn. ll), S. 27 f.: „Potius tanquam singulare providentiae divinae opus agnoscimus, quod aliarum facultatum eruditi, utpote magis extra partes positi detegerint per omnia secula naevos aliarum facultatum." – Eher erkennen wir es als ein einzigartiges Werk göttlicher Vorsehung, dass Gelehrte anderer Fakultäten, nämlich eher unparteiische, in allen Jahrhunderten die Makel anderer Fakultäten aufgedeckt haben.

morbi **nn**) & pro diversitate aegro- | lung des Körpers auch je nach Ver-
tantium **oo**) variant. | schiedenheit der Heilenden **mm**), der Krankheit **nn**) und der Leiden- den **oo**) unterscheiden.

Tantum potissimas aberrationes summatim notemus.[981] | Wir wollen bloß die hauptsächlichs- ten Verwirrungen kurz kenntlich machen.

Thomasius bemerkt, dass bei der Behandlung des Körpers und daher auch bei der Behandlung der *aequitas cerebrina* die Geeignetheit und Tauglich-keit eines Heilmittels von der Krankheit sowie der Person des Heilenden und des Erkrankten abhängig ist. Dies verdeutlicht er in den Fußnoten **mm**), **nn**) und **oo**), wo er als erstes feststellt, dass sich die Tätigkeiten der Naturkundigen, Ärzte, Quacksalber und Chirurgen unterscheiden. Dem fügt er hinzu, dass Krankheiten wie Fußgicht, Fieber oder Ödeme alle unterschiedlicher Heilmittel bedürfen und die Behandlung eines robusten Westphalen sich von der eines schwachen Meißners unterscheide.[982] Wie die Art der Behandlung eines Körpers also von einzelnen Faktoren abhän-gig ist, soll auch die Behandlung der *aequitas cerebrina* vom Einzelfall abhängen. Daher betrachtet Thomasius nun Gesetze als Mittel gegen eine *aequitas cerebrina*:

Vitium commune est, aequitatem cerebrinam legibus curare velle, quae saepius debebat curari doctrina & consiliis.[983] | Es ist ein gemeiner Fehler, die einge-bildete *aequitas* mit Gesetzen behan-deln zu wollen, die öfter mit Lehre und Ratschlägen behandelt werden musste.

---

981 *Thomasius*, De aequitate cerebrina [1706] (Fn. 24), cap. 1, § 24, S. 28.

982 *Thomasius*, De aequitate cerebrina [1706] (Fn. 24), cap. 1, § 24, Fn. mm), nn), oo), S. 28: „**mm**) Ita aliud est officium physici, medici, pharmacopolae, chirurgi, &c. **nn**) Ita alia medicina applicatur podagrae, alia febri, alia hydropi &c. **oo**) Ita aliter prudens medicus in curando stomacho robusto Westphalico, aliter in stomacho debili Misnensi &c." – **mm**) So ist die Tätigkeit des Naturkundigen, Arztes, Quacksalbers, Chirurgen etc. verschieden. **nn**) So wird eine Arznei auf die Fußgicht, eine andere auf das Fieber, wieder eine andere auf die Wasser-sucht etc. angewandt. **oo**) So ist der Arzt beim Behandeln eines robusten west-phälischen Magens anders klug, anders [bei der Behandlung] eines schwachen meißner Magens.

983 *Thomasius*, De aequitate cerebrina [1706] (Fn. 24), cap. 1, § 24, S. 28.

Thomasius fasst es als allgemeinen Fehler auf, wenn Gesetze zur Behandlung der *aequitas cerebrina* herangezogen werden, obwohl eigentlich Lehre oder Ratschläge das richtige Heilmittel wären. Das begründet Thomasius damit, dass sich Gesetze und Ratschläge wesentlich unterscheiden:

Leges cogunt, consilia persuadent.	Gesetze zwingen, Ratschläge überzeugen.
Leges ad Principum & Consiliariorum politicorum eum in finem a Principibus selectorum, consilia ad doctorum, quicunque illi sint, officia pertinent.	Gesetze betreffen Pflichten der Fürsten und der zu diesem Zweck vom Fürsten ausgewählten politischen Berater; Ratschläge betreffen Pflichten der Lehrer, wer auch immer jene sind.
Horum mixtura semper turbavit rem publicam.[984]	Die Vermischung dieser [Pflichten] hat immer das Staatswesen aufgewühlt.

Thomasius erklärt, dass sich Gesetze und Ratschläge hinsichtlich ihrer Wirkungsweise und ihrer Anwender unterscheiden. Gesetze üben nämlich Zwang aus, wogegen Ratschläge nur überzeugen können. Auch unterscheiden sich diese hinsichtlich ihres Urhebers, weil Gesetze in den Aufgabenbereich des Fürsten und ihrer Berater fallen, Ratschläge dagegen in den Aufgabenbereich der Lehrer. Daher führt es unweigerlich zu einer Unruhe des Staates, wenn diese Pflichten vertauscht werden und jemand Gesetz respektive Ratschläge anwendet, obwohl diese ihm nicht zustehen. Zwischen Ratschlag und Gesetz bestehen also essentielle personelle und effektive Unterschiede, weshalb diese auch nicht gleichermaßen zur Behandlung der *aequitas cerebrina* herangezogen werden dürfen, denn eine Vermischung führt dann zu einer Störung des Staates. Dies verdeutlicht er, indem er ein weiteres Mal beispielshaft das kanonische Recht heranzieht:

---

984 *Thomasius*, De aequitate cerebrina [1706] (Fn. 24), cap. 1, § 24, S. 28.

Multa egregie dicta occurrunt in iure canonico, multum facientia ad curam aequitatis cerebrinae, si recte applicentur: contra magno rempublicam damno afficientia, si legalem coactionem secum ferant.[985]

Viele ausgezeichnete Worte begegnen im kanonischen Recht, die viel zur Behandlung der eingebildeten *aequitas* beitragen, wenn sie richtig angewandt werden: Dagegen fügen sie dem Staat einen großen Schaden zu, wenn sie gesetzlichen Zwang mit sich bringen.

Thomasius erklärt, dass das kanonische Recht tatsächlich Lösungen zur Behandlung der *aequitas cerebrina* bereithält. Es muss nur richtig, und zwar nicht in Gesetzesform, angewandt werden, da es sonst dem Staat schadet. Thomasius wiederholt hier abermals das Motiv von der Schädlichkeit des kanonischen Rechts, auf welches die *aequitas cerebrina* zurückzuführen ist. Nicht nur kann ihre Existenz (unter anderem) auf den unreflektierten Gebrauch des kanonischen Rechts[986] und seine Beförderung auf katholische Universitäten zurückgeführt werden[987], sondern auch in das Stadium der Behandlung der *aequitas cerebrina* kann das kanonische Recht hineinwirken. Hierbei lenkt Thomasius ein, dass das kanonische inhaltlich zwar sehr wohl zur Behandlung beitragen kann. Wichtig ist allerdings die richtige Anwendungsweise, die gerade nicht im gesetzlichen Zwang liegt. Hierzu führt Thomasius weiter aus:

Latet hic arcanum Papismi, non illius theologici, a quo ecclesiam liberarunt reformatores evangelici, sed papismi politici, cuius zizania subinde & apud nos supprimunt egregios fructus emendationis publicae.[988]

Hier steckt das Geheimnis des Papsttums, nicht des theologischen, von dem die evangelischen Reformatoren die Kirche befreit haben, sondern des politischen Papsttums, dessen Unkraut wiederholt auch bei uns die ausgezeichneten Früchte der öffentlichen Verbesserung unterdrückt.

Thomasius bezeichnet es als „Geheimnis des politischen Papsttums", wenn das kanonische Recht Gesetzeskraft entfaltet. Doch was meint der Begriff

---

985 *Thomasius*, De aequitate cerebrina [1706] (Fn. 24), cap. 1, § 24, S. 28.
986 Siehe oben S. 236 ff.
987 Siehe oben S. 254 ff.
988 *Thomasius*, De aequitate cerebrina [1706] (Fn. 24), cap. 1, § 24, S. 28 f.

des politischen Papsttums? Thomasius stellt ihm das theologische Papsttum gegenüber, von dem die Kirche durch evangelische Reformatoren befreit wurde. Es geht also nicht um den päpstlichen Einfluss auf die Kirche. Stattdessen geht es um den päpstlichen Einfluss auf den weltlichen Bereich, denn das politische Papsttum ist es, welches die öffentliche Besserung, also die Verbesserung des fürstlichen Staates verhindert. So erkennt auch *Kühnel* in dem „pejorativen Begriff" des politischen Papsttums eine weitere Erklärung der politischen und rechtlichen Missstände, die aus dem kirchlichen Machtkalkül resultieren.[989] Dabei sieht Thomasius dieses Machtkalkül gerade als Motivation hinter vielen kanonischen Gesetzen, was er als subtile *aequitas cerebrina* bezeichnet.[990] Wird nun versucht dieses Defizit abermals durch kanonische Gesetze zu beheben, erkennt Thomasius auch hier drin das politische Papsttum, dass also weiterhin machtpolitische Gründe der katholischen Kirche im Vordergrund stehen. Er greift in seiner Argumentation gegen eine Behandlung durch kanonische Gesetze also dieselben Punkte auf, die ihn schon zuvor dazu bewogen haben, die katholische Kirche als Verursacher der *aequitas cerebrina* zu betrachten: das Streben nach Macht und Vermögen. Diese hält Thomasius für zentrale Motive des kanonischen Rechts, weshalb es auch nicht (in Gesetzesform) bei der Behandlung der *aequitas cerebrina* helfen kann. Das politische Papsttum ist somit bei der Schaffung, aber auch bei der Lösung des Problems von Bedeutung. Daher fasst Thomasius nun noch einmal zusammen, welche grundlegenden Mängel das kanonische Recht in sich trägt:

Foventur haec zizania partim frequenti, si non communi, neglectu prudentiae civilis & doctrinae morum; partim commodis privatis (saltem apparentibus) eorum, qui lucrum ex istis intimis papismi arcanis in variis & docentium & rempublicam gubernantium classibus sentiunt.[991]	Dieses Unkraut wird gepflegt teils durch häufige, wenn nicht gemeine, Vernachlässigung der bürgerlichen Klugheit und der Morallehre; teils durch Privatinteressen (zumindest sichtbare) derer, die einen Gewinn durch diese inneren Geheimnisse des Papsttums in den verschiedenen Klassen der Lehrenden und der Staatsleitenden empfangen.

---

989 *Kühnel*, Das politische Denken von Christian Thomasius (Fn. 56), S. 176.
990 Vgl. oben Thomasius' Ausführungen zur Verjährung in Fn. 806 und zum Eid in Fn. 828.
991 *Thomasius*, De aequitate cerebrina [1706] (Fn. 24), cap. 1, § 24, S. 29.

Thomasius nennt nun die Faktoren, warum das politische Papsttum eine öffentliche Besserung verhindert. Dies geschieht einerseits durch die Vernachlässigung der bürgerlichen Klugheit und Morallehre, andererseits aus persönlichen Interessen, weil sich die genannten „Geheimnisse des Papsttums" gewinnbringend auf die Position der Lehrenden und Staatsleitenden auswirken. Die unterbleibende Besserung des Staates durch das kanonische Recht führt Thomasius also darauf zurück, dass dieses inhaltlich defizitär ist, da es zum einen der bürgerlichen Klugheit ermangelt. Diese benutzt Thomasius synonym für die Gesetzgebungsklugheit, also der Kenntnis einen Staat zu regieren[992], wozu das kanonische Recht nicht in der Lage ist. Zudem vernachlässigt es auch die Morallehre, aus deren Regeln sich die *aequitas* aber gerade zusammensetzt.[993] Das kanonische Recht entspricht also gerade nicht der *aequitas*, weil es nicht die moralischen Normen enthält, sodass es sich im Umkehrschluss dann auch nicht zur Heilung der *aequitas cerebrina* eignen kann.

Zu diesem inhaltlichen Defizit des kanonischen Rechts gesellt sich dann noch die Motivation seiner Anwender, die sich von ihrem Handeln nicht die Verbesserung des Staates, sondern allein einen persönlichen Gewinn versprechen. Aus diesen Gründen eignet sich also das kanonische Recht nicht dazu, die *aequitas cerebrina* durch Gesetze zu korrigieren. Dieses darf lediglich als Ratschlag herangezogen werden, ansonsten stellt es das falsche Heilmittel dar. Dafür, dass ein Gesetz sich zur Behandlung der *aequitas cerebrina* eignet, legt Thomasius nun die Voraussetzungen dar:

Ergo nequaquam leges excludendas volumus in hac cura.	Also wollen wir keineswegs Gesetze bei dieser Behandlung ausschließen.
Adhibeantur saltem ea a Principibus, non ab iis, ad quos ea res non pertinet, nec ante adhibeantur, nisi	Diese sollen nur von Fürsten herangezogen werden, nicht von denen, die diese Angelegenheit nicht

---

992 Vgl. Thomasius' Definition der bürgerlichen Klugheit in *Thomasius*, De Prudentia Consultatoria (Fn. 23), cap. 2, § 51, S. 23 f.: „Civilis autem distinctius considerat regimen civitatis intuitu quorumcunque regalium aut particularum summae potestatis, quae & legislatori solet appellari, quia primaria cura Imperantis est praescribere leges subditis suis & ante omnia curare regulas iusti." – Die bürgerliche [Klugheit] aber betrachtet gesondert die Leitung des Staates in Hinsicht auf irgendwelche königliche oder Teile der höchsten Macht, die auch gesetzgebende [Klugheit] genannt wird, weil es die erste Sorge des Herrschenden ist, seinen Untertanen Gesetze vorzuschreiben und vor allem die Regeln des Gerechten zu pflegen. Siehe dazu auch sogleich.

993 Die Morallehre benutzt Thomasius nämlich synonym für das Naturrecht. Die *aequitas* umfasst dessen Regeln des *iustum* und *decorum*, vgl. oben S. 42 ff.

postquam doctrina genuina de legibus & poenis ex dictamine rectae rationis & natura actionum humanarum secundum regulas prudentiae civilis probe hausta & cognita est.[994]

betrifft, sie sollen nicht früher herangezogen werden, bis die wahre Lehre von den Gesetzen und Strafen aus der Stimme der rechten Vernunft und aus der Natur menschlicher Handlungen nach den Regeln der bürgerlichen Klugheit richtig geschöpft und erkannt ist.

Thomasius betont, dass Gesetze nicht grundsätzlich von der Behandlung der *aequitas cerebrina* ausgeschlossen sind. Stattdessen sind an dieses mehrere Voraussetzungen geknüpft, die eine Geeignetheit als Heilmittel gewährleisten. Zunächst einmal steht es allein dem Fürsten zu, ein Gesetz gegen die *aequitas cerebrina* anzuwenden. Dies soll aber nur geschehen, wenn die Gesetzgebungs- und Straflehre auf die Vernunft und die Natur menschlicher Handlungen zurückgeführt werden kann, und zwar nach den Regeln der bürgerlichen Klugheit. Insofern fasst Thomasius in diesem finalen Satz zum Heilmittel gegen die *aequitas cerebrina* auch die wesentlichen Aspekte im Zusammenhang mit seinem Naturrecht zusammen.

Erstens hat allein der weltliche Fürst die Macht, zwingende Gesetze zu erlassen. Drittens sollen sich die Gesetze auf die Vernunft stützen. Die *aequitas cerebrina*, die gerade mit der *imprudentia* einhergeht[995], darf also nur von einem Gesetz korrigiert werden, welches tatsächlich vernünftig ist. Drittens soll sich das Gesetz an den menschlichen Handlungen orientieren. Diese benötigen nämlich einer Norm[996], weil der Mensch sich zwar aus Verstand und Willen zusammensetzt, aber primär von letzterem gesteuert wird. Verstand und Wille sind Kräfte des Menschen und kommen durch ihre Wirkungen zum Ausdruck, was Thomasius auch als Handlung bezeichnet.[997] An diesen Handlungen von Verstand und Willen sollen sich die Gesetze ausrichten. Sie sollen also da ansetzen, wo der durch den Willen gesteuerte Mensch nicht vernünftig gemäß dem Verstand handelt und daher einer Norm als Handlungsanweisung bedarf.

Viertens ist bei der Gesetzgebung die bürgerliche Klugheit (*prudentia civilis*) zu beachten. Das gesamte Ausmaß dessen lässt sich anhand der *Prudentia consultatoria* ermitteln. Dort erklärt er, dass die Klugheit entwe-

---

994 *Thomasius*, De aequitate cerebrina [1706] (Fn. 24), cap. 1, § 24, S. 29.
995 Siehe zur *aequitas cerebrina* als Gefährtin der *imprudentia* oben S. 135 ff.
996 Vgl. *Thomasius*, Fundamenta (Fn. 23), lib. 1, cap. 4, § 1, S. 117, vgl. Fn. 289.
997 Vgl. oben Fn. 237.

der über vergangene Dinge urteilt, oder über künftige Dinge Rat gibt und daher ratgebend (*consultatoria*) oder urteilend (*iudicialis*) ist.[998] Die ratgebende Klugheit präzisiert Thomasius dahingehend, dass sie eine Eigenschaft des Weisen ist, für zukünftige menschliche Handlungen eine Regel vorzuschreiben, wie diese klug und weise durchgeführt werden sollen.[999] Die ratgebende Klugheit unterteilt er in eine allgemeine (*communis*) und eine bürgerliche (*civilis*), wobei erstere die Handlungen aller Menschen, unabhängig von Stand und Gesellschaft, betrifft.[1000] Davon unterscheidet sich die bürgerliche, oder auch gesetzgebende Klugheit, welche speziell die Regierung des Staates und alle Handlungen der Majestät betrifft.[1001] Mit gesetzgebender und bürgerlicher Klugheit umschreibt Thomasius letztendlich ein und dasselbe Prinzip, nämlich den Bereich der Klugheit, genauer der ratgebenden Klugheit, der sich spezifisch auf das Geben richtiger Gesetze bezieht. Der bürgerlichen Klugheit liegen also dieselben Regeln zu Grunde wie der allgemeinen.[1002] In Thomasius' Klugheitslehre setzt sich somit der Gedanke des Naturrechts fort, dass die *societas civilis* von

---

998 *Thomasius*, De Prudentia Consultatoria (Fn. 23), cap. 1, § 52, S. 11: „Inde divisio prudentiae in iudicialem & consultatoriam. Iudicamus enim praeteritis, consulimus de futuris." – Daher die Unterteilung der Klugheit in eine urteilende und ratgebende. Wir urteilen nämlich über vergangene und beraten über zukünftige [Dinge].

999 *Thomasius*, De Prudentia Consultatoria (Fn. 23), cap. 1, § 53, S. 11: „[...] Consultatoria affectio sapientis, qui iam aliquos progressus fecit in sapientia, normam praescribendi actionibus humanis futuris, sub quibus etiam hic comprehenduntur proxime instantes, ut prudenter & sapienter instituantur." – [...] Die ratgebende eine Eigenschaft des Weisen, der schon irgendwelche Fortschritte in der Weisheit gemacht hat, zukünftigen menschlichen Handlungen eine Norm vorzuschreiben, unter denen werden auch die gleich bevorstehenden begriffen, dass sie klug und weise verrichtet werden.

1000 *Thomasius*, De Prudentia Consultatoria (Fn. 23), cap. 2, § 50, S. 23: „Prudentia consultatoria duplex est vel communis, vel in specie civilis. Communis est, quae regulas dat communes actiones hominum cuiuscunque conditionis, sive in statu libertatis, sive civitatis, sive in societate aequali, sive inaequali ad propositum finem perducendi." – Die ratgebende Klugheit ist doppelt entweder allgemein, oder im Einzelnen bürgerlich. Die ist allgemein, die Regeln für allgemeine Handlungen der Menschen jedes Umstandes, sei es im Stand der Freiheit, oder des Staates, oder in einer gleichen Gesellschaft oder ungleichen vorgibt, um zum bevorstehenden Ziel zu führen.

1001 *Thomasius*, De Prudentia Consultatoria (Fn. 23), cap. 2, § 51, S. 23 f., vgl. Fn. 992.

1002 *Brückner*, Staatswissenschaften, Kameralismus und Naturrecht. Ein Beitrag zur Geschichte der Politischen Wissenschaft im Deutschland des späten 17. und frühen 18. Jahrhunderts, München 1977, S. 139.

Ordnungsprinzipien beherrscht wird, die der Regierung des Staates dieselben Regeln und Moralbegriffe vorschreiben wie der Herrschaft des Hausvaters oder der individuellen Lebensgestaltung.[1003] Indem Thomasius die gesetzgebende Klugheit der Klugheitslehre unterordnet, ist der Versuch erkennbar, die Gesetzgebung auf Basis der allgemeinen Klugheitslehre zu rationalisieren.[1004] Diesem Ansatz, die gesetzgebende Klugheit in der allgemeinen Klugheit zu verankern, folgten im Anschluss an Thomasius sämtliche erschienenen Klugheitslehren, wofür vor allem auch der Anspruch der Aufklärung, einen praktischen Nutzen zu erfüllen, verantwortlich gewesen sein mag.[1005] Somit ist darin vor allem eine rationale Theorie für die politische Praxis zu erkennen.[1006]

Ein Gesetz muss also der Klugheit entsprechen, welche ihrerseits die *aequitas* begleitet. Auch die anderen von Thomasius genannten Voraussetzungen sind ein Ausdruck der *aequitas*. Nur wenn ein Gesetz selbst den Voraussetzungen der *aequitas*, weil es vom Fürsten erlassen wurde, sowie die Vernunft in sich trägt und sich an menschliche Handlungen orientiert, also diesen entsprechend der Klugheit Handlungsanweisungen macht, kann ein somit billiges Gesetz auch die *aequitas cerebrina* bekämpfen. Ansonsten kann ein Gesetz also nicht das geeignete Heilmittel darstellen.

4. Fazit

Thomasius thematisiert in den §§ 21 bis 24 die Behandlung der *aequitas cerebrina*. Hierbei geht er zum einen auf die Personen ein, denen die Behandlung zusteht und zum anderen auf das Mittel, mit dessen Hilfe eine *aequitas cerebrina* bekämpft werden soll. In erster Linie hält er den Fürsten, also den Inhaber der *summa potestas*, für die Behandlung zuständig. Unterstützung erfährt er dabei von den Gelehrten, die ihm beratend zur Seite stehen. Es sind jedoch nicht alle Gelehrte, sondern konkret die Rechtsgelehrten, die sich an der Behandlung beteiligen dürfen, da sie allein sich mit dem Gerechten und Billigen und somit dem Gegenstück der *aequitas cerebrina* befassen. Hierbei kommt es Thomasius jedoch nicht darauf an, dass

---

1003 *Brückner*, Staatswissenschaften, Kameralismus und Naturrecht (Fn. 1002), S. 139 f.
1004 *Kühnel*, Das politische Denken von Christian Thomasius (Fn. 56), S. 126.
1005 *Kühnel*, Das politische Denken von Christian Thomasius (Fn. 56), S. 126, vgl. auch *Brückner*, Staatswissenschaften, Kameralismus und Naturrecht (Fn. 1002), S. 138.
1006 *Kühnel*, Das politische Denken von Christian Thomasius (Fn. 56), S. 126.

die betreffenden Personen auch den Titel eines Rechtsgelehrten tragen, sondern lediglich tatsächlich als Rechtsgelehrte agieren, was er anhand hochrangiger Juristen wie *Conring* oder *Grotius* veranschaulicht, deren Studium nicht (allein) dem Recht gewidmet war. Thomasius gibt also in umgekehrter Form das wieder, was er zuvor als Ursache für die *aequitas cerebrina* formuliert hat: Diese ist praktisch, wenn der Richter fürstliche Gesetze nicht anwendet, weil die Gesetzgebungsmacht allein beim Fürsten liegt und allein die Berater ihm bei der Gesetzgebung zur Seite stehen dürfen. So stellt es sich nun auch andersherum dar, dass die Heilung der *aequitas cerebrina* in Gesetzesform nur durch den Fürsten, unterstützt durch die Berater geschehen darf. Zwar dürfen auch andere Personen die Behandlung der *aequitas cerebrina* vornehmen, allerdings nicht mittels eines Gesetzes. So macht Thomasius letztlich dem kanonischen Recht das Zugeständnis, dass es sich sehr wohl in Form von nicht zwingenden Ratschlägen an der Behandlung der *aequitas cerebrina* beteiligen darf, aber eben nicht in Gesetzesform.

VIII. Nicht jede Uneinigkeit konstituiert eine *aequitas cerebrina*

Thomasius schließt die Betrachtung der *aequitas cerebrina* mit den mahnenden Worten ab, dass nicht jeder Dissens in der Lehre zu einer *aequitas cerebrina* führt. Sie tritt nicht schon deshalb bei Meinungsverschiedenheiten auf, weil eine von zwei widerstreitenden Meinungen als falsch und unbillig zu erachten ist. Hierzu erklärt er zunächst, dass eine bloße Uneinigkeit in der Lehre nicht zur *aequitas cerebrina* führt:

Abstineant porro, qui doctrinam corrigendae aequitatis civilis inculcant, ut non omnem dissensum aliorum in doctrina de iusto & aequo statim pro aequitate cerebrina venditent, etsi suam sententiam argumentis verosimilibus probent ac sententiae dissentienti probabilibus etiam rationibus respondeant.[1007]	Ferner sollen die sich hüten, die die Lehre der Verbesserung der bürgerlichen *aequitas* einschärfen, jeden Widerspruch anderer in der Lehre über das Gerechte und Billige sofort für eine eingebildete *aequitas* zu halten, auch wenn sie ihre Meinung mit wahrscheinlichen Gründen beweisen und der abweichenden Meinung auch mit glaubhaften Begründungen antworten.

1007 *Thomasius*, De aequitate cerebrina [1706] (Fn. 24), cap. 1, § 25, S. 29.

Thomasius macht darauf aufmerksam, dass speziell mit Blick auf die *aequitas civilis*, also die billige Gesetzgebung[1008], nicht schon deshalb eine *aequitas cerebrina* angenommen werden darf, weil jemand in Fragen zum Gerechten und Billigen, von einer anderen Meinung abweicht. Mag eine Meinung noch so gut belegt und gegen die abweichende Meinung ebenso gute Argumente vorbringen, ein Dissens allein darf nicht dazu führen, eine von zwei entgegenstehenden Meinungen als *aequitas cerebrina* zu klassifizieren. Das Vorliegen der *aequitas cerebrina* ist nicht von der Qualität oder Über- bzw. Unterlegenheit eines Arguments abhängig, sondern davon, ob dem Argument ein nachweisbarer Irrtum zugrunde liegt:

Ad errores pertinet aequitas cerebrina evidenter & palpabiliter demonstrabiles.	Die eingebildete *aequitas* betrifft deutlich und greifbar nachweisliche Irrtümer.
Sed non patitur natura iurisprudentiae ut talibus semper accenseri mereatur alterutra sententiarum, ubi ICti dissentiunt.[1009]	Aber die Natur der Rechtswissenschaft gestattet nicht, dass es eine beider Meinungen verdient, immer zu derartigen [Irrtümern] gezählt zu werden, wo Rechtsgelehrte uneinig sind.

Thomasius erklärt, dass die *aequitas cerebrina* deutlich und greifbar nachweisliche Irrtümer betrifft. Mit dem Verweis auf die Irrtümer kehrt Thomasius nun zu seinen anthropologischen Grundsätzen zurück.[1010] Die hier gegenständlichen Irrtümer sind also die Fehler des Verstandes, die dieser abhängig vom ebenfalls beeinflussten Willen macht. In Folge dieser Abhängigkeit kann der Verstand nicht mehr einwandfrei richtig und falsch voneinander unterscheiden, also das naturrechtsmäßige erkennen. Daher ist überhaupt erst eine Norm in Form von Ratschlägen und Gesetzen

---

1008 Vgl. Thomasius' Ausführungen zur *prudentia civilis*, die sich speziell auf den klugen Ratschlag in Form von Gesetzen bezieht in *Thomasius*, De Prudentia Consultatoria (Fn. 23), cap. 2, § 51, S. 23 f., vgl. oben Fn. 992. Da Thomasius mit der *prudentia civilis* die kluge Gesetzgebung beschreibt und er Klugheit und *aequitas* für Begleiter hält, ist davon auszugehen, dass er mit *aequitas civilis* die billige Gesetzgebung meint. Bezugspunkt der *aequitas civilis* ist also ebenfalls die Gesetzgebung.

1009 *Thomasius*, De aequitate cerebrina [1706] (Fn. 24), cap. 1, § 25, S. 29.

1010 Dass es sich bei der *aequitas cerebrina* um einen Irrtum handelt, hat Thomasius bereits zu Beginn seiner Dissertation festgestellt, vgl. Fn. 433. Siehe dazu auch ausführlich oben S. 139 ff.

notwendig, um dem vom Willen abhängigen Menschen die Richtung zu weisen. Die *aequitas cerebrina* betrifft nur Irrtümer, fungiert also allein als Indikator für Widersprüche mit dem Naturrecht. Auf Grundlage dieser anthropologischen und naturrechtlichen Vorstellung lehnt es Thomasius ab, jede abweichende Meinung als *aequitas cerebrina* zu verwerfen, sondern eben nur die Meinung, die dem Naturrecht widerspricht. Uneinigkeiten allein rufen also nicht schon eine *aequitas cerebrina* hervor. Dass eine abweichende Meinung auch nicht zwingend ein Irrtum ist, führt Thomasius darauf zurück, dass die Prinzipien des Rechts und deren Anwendung voneinander abzugrenzen sind:

Sunt certa ac indubitata iuris applicandi principia, sed applicatio eorum non ubivis certa & indubitata est, ob multorum principiorum collisionem, infinitam circumstantiarum in actionibus humanis variationem, ac intellectus humani imbecillitatem. **pp**)[1011]	Die Prinzipien des Rechts sind sicher und unzweifelhaft anzuwenden, aber ihre Anwendung ist nicht überall sicher und unzweifelhaft wegen der Kollision vieler Prinzipien, einer endlosen Veränderung der Umstände bei menschlichen Handlungen und der Schwäche des menschlichen Verstandes. **pp**)

Thomasius erklärt, dass zwar die Prinzipien der Anwendung des Rechts sicher und unzweifelhaft sind, nicht jedoch deren Anwendung. Es ist also klar, dass die Prinzipien angewandt werden sollen, nicht dagegen, wie dies geschehen soll. Er unterteilt also die Rechtsanwendung in zwei Vorgänge. Auf einer ersten (theoretischen) Stufe sieht er das „Ob" der Anwendung dieser Prinzipien. Diese Stufe fasst er als unstreitig auf. Auf einer weiteren (praktischen) Stufe, die sich mit dem „Wie" dieser Anwendung dieser Prinzipien befasst, herrscht diese Einigkeit jedoch nicht. Dies führt Thomasius auf die Kollision vieler Prinzipien, abweichende Umstände menschlicher Handlungen und die Schwäche des menschlichen Verstandes zurück. Durch einen Blick in die *Fundamenta* wird deutlich, dass Thomasius mit der zweiten Stufe, der Anwendung der Prinzipien, die eigentliche Rechtsanwendung meint, da er dort den geringsten Umstand dafür verantwortlich macht, dass sich die Regeln des Naturrechts bzw. deren Anwendung verändern.[1012] Und auch in den *Institutiones* spricht

---

1011 *Thomasius*, De aequitate cerebrina [1706] (Fn. 24), cap. 1, § 25, S. 29.
1012 *Thomasius*, Fundamenta (Fn. 23), lib. 1, cap. 6, § 69, S. 130: „Minima circumstantia variat regula iuris naturalis, vel potius earum applicationem." – Der

Thomasius davon, dass man alle Umstände in Betracht ziehen muss, wenn man Gesetze auf menschliche Handlungen anwendet, weil der kleinste Umstand das Recht ändert.[1013]

Aus beiden Stellen wird deutlich, dass die Modalitäten der Anwendung des Rechts von sich ändernden Umständen, also vom Einzelfall, abhängig sind und daher nicht einheitlich feststehen können. Die Rechtsanwendung verläuft nicht statisch, sondern passt sich flexibel an die Rahmenbedingungen an. Daraus lässt sich schließen, dass Thomasius nun in der Dissertation mit der „Anwendung der Prinzipien" die soeben beschriebene Anwendung des Rechts auf einen realen Sachverhalt meint. Auch dort stellt er diese Anwendung als flexibel dar, die unter anderem wegen sich ändernder Umstände menschlicher Handlungen nicht immer unstreitig ist. Dass Thomasius in der ersten Stufe von „Prinzipien das Recht anzuwenden" spricht, ist mithin missverständlich geäußert. Es ist davon auszugehen, dass er hiermit die theoretische Grundlage zur Anwendung des Rechts meint, die nicht strittig ist. Im Fall eines Widerspruchs kann mit Sicherheit von einer *aequitas cerebrina* gesprochen werden, weil es feststeht, dass das Recht angewandt werden muss. Wie diese Prinzipien im Endeffekt aber angewandt werden, verläuft nicht nach einem festen Muster, weil die Anwendung von verschiedenen Faktoren abhängt. Daher führt Thomasius zufolge nicht jeder Dissens automatisch auch eine *aequitas cerebrina* herbei.

---

kleinste Umstand verändert die Regeln des Naturrechts, oder eher deren Anwendung.

1013 *Thomasius,* Institutiones (Fn. 23), lib. 3, cap. 11, § 6, S. 376: „Ut apte fiat, necesse est ut ex facto, quod defendendum vel iudicandum est, eruantur omnes circumstantiae, etiam minimae, quia minima circumstantia variat ius." – Dass es [die Anwendung] passend geschieht, ist nötig, dass aus einer Tat, die verteidigt oder beurteilt werden muss, alle Umstände ermittelt, auch die kleinsten, weil der kleinste Umstand das Recht verändert.

Dies verdeutlicht Thomasius in der Fußnote **pp**)[1014] wo er seine These bekräftigt, indem er zunächst auf die Deklamationen[1015] von *Seneca* und *Quintilian* verweist. Deklamationen zeichneten sich in Form der *Controversia* dadurch aus, dass verschiedene Perspektiven eingenommen wurden und das Für und Wider eines Rechtsfalles betrachtet wurde.[1016] Da Meinungsverschiedenheiten in der Rhetorik vorgesehen waren und sogar als Lehrmittel benutzt wurden, zieht Thomasius sie hier zurecht heran, um den bloßen Dissens über einen Rechtsfall von der *aequitas cerebrina* abzusondern. Ein weiterer Verweis in **pp**) richtet sich auf die Schrift *Scepticismus Iuridicus Wittebergensis* des Juristen *Georg Michael Heber*[1017], die Thomasius in seiner *Historia sapientiae et stultitiae* aufgenommen und kommentiert hat.[1018] Dort bringt Thomasius zum Ausdruck, dass er die Lehre des Skeptizismus[1019] nicht teilt, aber ihr zumindest darin Recht geben muss, dass es Disziplinen gibt, in denen über eine Wahrscheinlichkeit hinaus keine Gewissheit erlangt werden kann, was für die römische

---

1014 *Thomasius*, De aequitate cerebrina Legis II C. de rescindenda venditione eiusque usu practico (Fn. 24), cap. 1, § 25, Fn. pp), S. 29 f.: „Plura ad hanc meditationem suppedidabunt integri libri declamationum *Senecae & Quintiliani*; *Heberi*, ICti Wittebergensis dissertatio de Scepticismo iuridico, quae extat in *Dn. Praesidis* historia sapientiae & stultitiae." [Hervorh. im Orig.] – Mehr zu diesem Nachsinnen werden die ganzen Bücher der Deklamationen des *Seneca* und *Quintilian*; die Dissertation *Hebers*, des wittenbergischen Rechtsgelehrten, „Über das skeptische Urteil", die aus der „Geschichte der Weisheit und Klugheit" des *Herrn Präses* hervorragt, liefern.

1015 Hierbei handelt es sich um antike Übungsreden, die die höchste Stufe im Rhetorikunterricht ausmachten, indem man die Schüler nach einem Inbegriff von Regeln teils reale, teils fiktive Fälle bearbeiten ließ. Die Quellen hierfür wurden von Seneca d. Ä. und (teilweise vermutet) Quintilian geliefert *Fuhrmann*, Die antike Rhetorik. Eine Einführung, 6. Aufl., Mannheim 2011, S. 65. Zu einer umfassenden Geschichte siehe *Becerra-Schmidt*, s.v. Deklamation, in: *Ueding/Jens (Hg.)*, Historisches Wörterbuch der Rhetorik, Bd. 2: Biel-Eul, Tübingen 1994, Sp. 481 ff.

1016 *Fuhrmann*, Die antike Rhetorik (Fn. 1015), S. 67.

1017 Zur Biographie *Zedler, Johann Heinrich*, Grosses vollständiges Universal-Lexikon aller Wissenschaften und Künste, Bd. 12 H-He, 2., vollst. photomechanischer Nachdr. [der Ausg.] Leipzig/Halle 1735, Graz 1996, s.v. Heber, Georg Michael, Sp. 1024 f.

1018 *Heber*, Scepticismus iuridicus wittebergensis, in: *Thomasius (Hg.)*, Historia sapientiae et stultitiae, tom. 2, Halle 1693, S. 124-134.

1019 Der Skeptizismus bezeichnet eine philosophische Strömung, die den Zweifel zum Prinzip erklärt und auch das sicher Kriterium der Wahrheit anzweifelt m.w.N. *Eisler*, Wörterbuch der philosophischen Begriffe, Bd. 2, 2., völlig neu bearb. Aufl., Berlin 1904, S. 385.

und die heimische Rechtswissenschaft gleichermaßen gilt.[1020] Zwar lässt sich aus seinem Vorwort nicht entnehmen, dass Thomasius die Umstände (*circumstantia*) im Rahmen des Skeptizismus erörtert[1021], er macht aber auf die Möglichkeit von Unstimmigkeiten aufmerksam bzw. darauf, dass nicht immer eine absolute Wahrheit existiert, weil eben lediglich eine Wahrscheinlichkeit feststellbar ist. In seiner Schrift[1022] spricht sich der Skeptiker *Heber* nun dafür aus, dass in ausgeglichenen Fällen ein Urteil ausgesetzt werden müsse.[1023] Auf die eventuelle Widerrede, dass dadurch die Jugend in ihrer Ausbildung verunsichert werde und zur Unsicherheit bei Entscheidungen verleitet werde, entgegnet er mit einem Verweis darauf, dass sich das Recht einerseits und ihre Anwendung unterscheiden lassen.[1024]

1020 *Thomasius*, Historia sapientiae et stultitiae, tom. 2, Halle 1693, S. 125: „Sed uti Scepticismi partes nec hic nec unquam stustinebo, ita sunt tamen quaedam disciplinae, in quibus ultra verosimilia, certi qui sperare non liceat, & in quibus saepe cogimur fateri: non liquere, quod quaerimus. Quas inter, meo quidem iudicio, eminet Iurisprudentia & Romana & Nostra. Causas abunde attuli in naevis Iurisprudentiae, quae proximis nundinis, Deo dante, publici iuris fient." – Aber wie ich Teile des Skeptizismus weder jetzt noch irgendwann stützen werde, so sind jedoch gewisse Disziplinen, von denen über das Wahrscheinliche hinaus, nicht Sicheres erhoffen darf, und von denen wir oft eingestehen müssen: Dass nicht klar ist, was wir wissen. Unter denen stechen, gewiss nach meinem Urteil, die römische und unsere Rechtswissenschaft heraus. Ich habe genug Fälle zu den Makeln der Rechtswissenschaft angeführt, die am nächsten Markttag, durch den willigen Gott, zu veröffentlichten Recht werden.
1021 So aber *Danneberg*, Probabilitas hermeneutica, Aufklärung. Interdisziplinäre Halbjahresschrift zur Erforschung des 18. Jahrhunderts und seiner Wirkungsgeschichte Heft 2 (1993), S. 39.
1022 Siehe zu dem Text von *Heber* ausführlich *Mulsow*, Radikale Frühaufklärung in Deutschland 1680–1720, Bd. 2: Clandestine Vernunft, Göttingen 2018, S. 208 ff. Ebenfalls *Tomasoni*, Christian Thomasius. Geist und kulturelle Identität an der Schwelle zur europäischen Aufklärung, München 2009, S. 83 ff.
1023 *Heber*, Scepticismus iuridicus wittebergensis (Fn. 1018), S. 130 f.: „[...] ut, cum pleraque erunt dicta, quae utrinque afferri possunt, Iudicium suspendam & Pyrrhoniorum illud: *non liquet; Subsisto; Haereo; Assensum sustineo*; usurpem." – [...] dass, weil vieles gesagt wurde, was auf beiden Seiten angewandt werden kann, ich das Urteil aussetzen werde und jenes der Pyrrhonier: es ist nicht klar; ich enthalte; ich schwanke; ich pflichte nicht bei, geltend machen werde.
1024 *Heber*, Scepticismus iuridicus wittebergensis (Fn. 1018), S. 132: „Quod si quis calumniari hoc institutum voluerit et dictitare, sic incertos reddi adolescentum animos, et cum aliquando ad rempublicam in partibus gubernandam erunt admovendi, ignaros dubiosque fore, utrum in cosulendo, respondendo aut iudicando sequi deberent; eum nolim ignorare, aliud me tenere institutum, cum de veritate alicuius rei disceptatur, aliud, cum aliquid ad usum transfe-

Mithilfe der Verweise auf die Deklamationen und die Sichtweise der Skeptiker versucht Thomasius also zu demonstrieren, dass das Recht selbst ein unerschütterliches Konstrukt ist und deutliche Vorgaben macht. Da aber diese Prinzipien oder Normen des Rechts nicht nur in einem theoretischen Vakuum existieren, sondern auf Geschehnisse des wahren Lebens angewandt werden müssen, variiert die Wirkung einer Norm auch in jeder sich ändernden Situation, denn keine Handlung gleicht in ihren Umständen einer anderen Handlung und die Wirkung des Rechts hängt auch von seiner Anwendung ab.

Anders als *Heber* spricht sich Thomasius dann aber nicht für eine vollständige Urteilsenthaltung aus, sondern nutzt diese Divergenz der Umstände, um auch eine divergierende Anwendung des Rechts zu propagieren. Daher hält Thomasius es für ungebührlich und sittenwidrig, wenn eine Partei der widerstreitenden Partei unterstellt, wegen ihrer abweichenden Meinung eine *aequitas cerebrina* zu vertreten:

Incivile hic esset & contra bonos mores, si una pars ab altera dissentiens alteri aequitatem cerebrinam irnputare vellet **qq**).[1025]	Es ist hier ungebührlich und gegen die guten Sitten, wenn eine Partei, die mit der anderen nicht übereinstimmt, der anderen eine eingebildete *aequitas* zuschieben möchte **qq**).

Dass eine entgegenstehende Meinung allein nicht schon als *aequitas cerebrina* bezeichnet werden darf, demonstriert Thomasius anhand eines Beispiels in der Fußnote **qq**)[1026]. Dort schildert er den Fall, dass Titius wegen

---

rendum est."– Wenn also jemand dieses Vorhaben bemäkeln und behaupten will, dass so die Gemüter der Jugend verunsichert werden, und dass, weil sie herangeführt werden sollen, irgendwann den Staat in Gebieten zu leiten, sie unkundig und unsicher werden, was sie beim Raten, Antworten oder Urteilen vertreten sollen; dann will ich, dass er weiß, dass ich das eine als Grundsatz begreife, weil die Wahrheit einer Sache erörtert wird, ein anderes, weil etwas verwendet werden soll.

1025 *Thomasius*, De aequitate cerebrina [1706] (Fn. 24), cap. 1, § 25, S. 29 f.
1026 *Thomasius*, De aequitate cerebrina [1706] (Fn. 24), cap. 1, § 25, Fn. qq), S. 30 f.: „Dicta illustrabit sequens exemplum: impetraverat *Ticius* Arrestum ob debitum *Caii* in huius pecuniam apud *Sempronium* existentem, tum etiam in eius ligna apud *Mevium*, quae Caius Mevio, ut venderet, miserat. Contra idem Mevius intervenerat, praetendens sibi prae Titio ex iisdem Caii lignis satisfieri debere, ob pignus ex iisdem lignis sibi a Caio constitutum. Quaerebatur, an pignus ipsi in lignis constitutum esset? Producebat Mevius litteras Caii varias, in quarum una sic scriptum erat: Je vous prie de m'envoyer aussitost la presente receu 150.

einer Forderung gegenüber Caius einen Arrest in dessen bei Sempronius befindliches Geld und bei Mevius befindliches Holz bewirkte. Dagegen

Risdal en nouveaux *drittels* de Brandenburg, que m'addresseres icy ches Mons. S. *de quoy vous vous rembourseres de la vente, que feres de mes bois.* In secunda haec verba extabant: Je luy ordonne, de m'apporter avec luy encor 200. Risdal en *drittels*, que vous aures la bonté de luy compter aussi, que *passeres avec le reste a comte des Bois.* In tertia: *Vous aures le payement des mairins & planches.* Putavit illustris quaedam Facultas iuridica, quam honoris causa non nomino, in his verbis Mevio tacite pignus in lignis istis esse constitutum. Extatque istud responsum in disputatione de pignore conventionali tacito hoc anno ibidem habita. Retulit tamen mihi *Dominus Praeses*, quod ea opinione non obstante, contrarium responsum fuerit ab inclyta Facultate iuridica Halensi. Hic iniquum foret, si alterutra facultas alteri aequitatem cerebrinam imputaret. Casus dubius erat, & in utramque partem disputabilis ob variantes phrases, quibus Caius usus fuerat. Putarunt Domini ICti nostrates tertiae epistolae verba explicanda esse ex prioribus duabus, ut sensus verborum tertiae: *Vous aures le payement de planches* sit ille: Vous aures le payement de la vente des planches ou du comte des bois vendue. Hoc pacto vero nullum pignus tacite constitutum esse in lignis nondum venditis. Contra Domini dissentientes strictius inhaeserant verbis tertiae epistolae." [Hervorh. im Orig.] – Das Gesagte wird durch folgendes Beispiel illustriert: *Ticius* hatte einen Arrest, wegen einer Schuld des *Caius*, in dessen bei *Sempronius* befindliches Geld bewirkt, dann auch in dessen Holz bei *Mevius*, das Caius dem Mevius, um es zu verkaufen, geschickt hatte. Dagegen schritt Mevius ein, der vorgab sich vor Titius aus demselben Holz des Caius befriedigen zu wollen, wegen eines ihm an demselben Holz von Caius bestellten Pfandes. Es wurde gefragt, ob ihm selbst ein Pfand an dem Holz bestellt sei? Mevius brachte verschiedene Briefe des Caius hervor, in deren ersten so geschrieben war: Ich bitte Sie, mir sofort die jetzige Rechnung in 150 Reichsthalern im neuen Brandenburger Drittel zu schicken, die ich hier an Monsieur S richte, von Ihnen der Verkauf meines Holzes erstattet werden soll. Im zweiten standen diese Worte: Ich befehle ihm, mir noch 200 Reichsthaler im Drittel zu bringen, mögen Sie so freundlich sein von ihm zu zählen, dass der Rest aus der Anzahl des Holzes. Im dritten: *Sie erhalten die Bezahlung der mairins und der Bretter.* Eine gewisse berühmte juristische Fakultät, die ich der Ehren halber nicht benenne, hat geglaubt, dass in diesen Worten dem Mevius still ein Pfand bestellt wurde. Diese Antwort steht in der Disputation „Vom vertraglichen stillen Pfand", die dieses Jahr gehalten wurde. Mir hat jedoch der *Herr Präses* erzählt, dass, trotz dieser Meinung, eine gegenteilige Antwort von der berühmten Fakultät in Halle gegeben wurde. Es wäre unbillig, wenn eine der anderen Fakultät eine eingebildete *aequitas* zuschreiben würde. Der Fall war zweifelhaft und auch in beiden Teilen diskutabel, wegen unterschiedlicher Ausdrücke, von denen Caius Gebrauch gemacht hatte. Die eigenen Rechtsgelehrten glaubten, dass die Worte des dritten Briefes aus den vorherigen zwei zu erklären ist, weil der Wortsinn des Dritten (*Sie erhalten die Bezahlung der Bretter*) jener sei: Sie erhalten die Bezahlung aus dem Verkauf der Bretter oder aus der Anzahl des verkauften Holzes. Durch diesen Vertrag ist tatsächlich nicht auf stille Weise ein Pfand an dem noch nicht verkauften Holz bestellt

intervenierte Mevius, der vortrug, sich vor Titius aus dem Holz befriedigen zu wollen, weil ihm ein Pfandrecht an dem Holz bestellt worden sei. Daher stellte sich die Frage, ob Mevius tatsächlich ein Pfandrecht am Holz erlangt hatte. Als Beweismittel trug dieser drei Briefe des Caius vor. Thomasius schildert, dass eine namentlich nicht genannte Fakultät diesen Briefen entnommen hat, dass dem Mevius ein stilles Pfand bestellt worden sei und verweist auf eine im selben Jahr (an der Universität Gießen) abgehaltene Disputation über das vertragliche stille Pfand[1027]. Auf der anderen Seite hat die hallische Fakultät ungeachtet der Meinung der Gießener Fakultät eine entgegenstehende Antwort hervorgebracht. Daraus schließt Thomasius nun, dass es unbillig wäre, wenn die eine Fakultät der anderen eine *aequitas cerebrina* zuschreiben würde. Es handelt sich hier nämlich um einen zweifelhaften Fall, der in beiden Teilen diskutabel ist, weil Caius verschiedene Redensarten benutzt hat. Die heimischen (hallischen) Rechtsgelehrten hat die Ansicht vertreten, dass sich die Bedeutung des dritten Briefes aus den vorangegangenen zwei Briefen ergibt und Caius dem Mevius daher kein stilles Pfand an dem Holz bestellt hat, wogegen die abweichenden (Gießener) Rechtsgelehrten am Wortlaut des dritten Briefes festgehalten habe und ein stilles Pfand bejahen.

In dem von Thomasius genannten Beispiel geht es also um ein und denselben Sachverhalt, der von den Rechtsgelehrten unterschiedlich bewertet wird, weil sie die Umstände des Sachverhalts unterschiedlich gewichten. Der Inhalt der drei Briefe unterlag der Auslegung. Da die Auslegung der Briefe zu verschiedenen Ergebnissen führte, divergieren auch die Meinungen der hallischen und Gießener Juristen. In diesem Fall ist weder die eine noch die andere Ansicht eine *aequitas cerebrina*. Diese tritt Thomasius zufolge nämlich nur dann bei der Auslegung auf, wenn die Regeln der Auslegung nicht beachtet werden (theoretische *aequitas cerebrina*)[1028], nicht aber wenn die Regeln beachtet und dennoch verschiedene Ergebnisse erlangt werden. Diesen Grundsatz wendet Thomasius auch auf das Verhältnis zwischen römischem und deutschem Recht an:

---

worden. Dagegen hängen die abweichenden Rechtsgelehrten streng an den Worten des dritten Briefes.

1027 Thomasius bezieht sich hier auf die Dissertation *De pignore conventionali tacito*, die unter dem Vorsitz von *Johann Nicolaus Hertius* im Jahre 1706 an der Universität Gießen veröffentlicht wurde. Im Anhang befasst dieser sich dann mit dem von Thomasius geschilderten Fall und nimmt die Bestellung eines stillen Pfandes an, vgl. *Hertius*, De pignore conventionali tacito, Gießen 1706, 2. Appendix, S. 17 ff.

1028 Siehe oben zur theoretischen *aequitas cerebrina* S. 176 ff.

Accidit etiam aliquando, ut cum diversa sint inter se iuris Romani & Germanici principia, non possint non etiam ex diversis istis & saepe oppositis principiis oppositae derivari conclusiones, quae adeo, cum re ipsa sibi non contradicant, neutra etiam aequitati cerebrinae accenseri merebitur. rr)[1029]

Auch geschieht es bisweilen, weil die Prinzipien des römischen und deutschen Rechts einander verschieden sind, dass auch aus diesen verschiedenen und oft entgegengesetzten Prinzipien entgegengesetzte Folgerungen gezogen werden könnten, die es also, weil sie sich in der Sache selbst nicht widersprechen, auch beide nicht verdienen werden, zur eingebildeten *aequitas* gezählt zu werden rr).

Thomasius erklärt, dass auch bei der Kollision zweier unterschiedlicher Rechtsquellen nicht der einen oder der anderen allein aufgrund einer abweichenden Meinung eine *aequitas cerebrina* zugeschrieben werden darf. So kann es auch bei der Anwendung des römischen und deutschen Rechts Differenzen geben. Er weist darauf hin, dass deren Prinzipien unterschiedlich und teilweise sogar entgegengesetzt sind, weshalb sich aus diesen auch entgegengesetzte Rechtsfolgen ergeben können. Da sie sich jedoch in der Sache selbst nicht widersprechen, sollen beide auch nicht zur *aequitas cerebrina* gezählt werden, was Thomasius in der Fußnote rr)[1030] erläutert, wo er erneut die rechtliche Behandlung des Diebstahls zur Erklärung heranzieht.[1031] Dort weist er darauf hin, dass *Hoppe* sich in seinem Institutio-

---

1029 *Thomasius*, De aequitate cerebrina [1706] (Fn. 24), cap. 1, § 25, S. 30 f.

1030 *Thomasius*, De aequitate cerebrina [1706] (Fn. 24), cap. 1, § 25, Fn. rr), S. 31: „Sic Magnis. Dn. Hoppius in comment. ad Inst. § 19 de Obl. qua ex delicto nascuntur latius tractat quaestionem: Utrum fure suspenso heredes eius condictione furtiva conveniri possint ad rei furto ablatae aestimationem? Et affirmativam multis rationibus defendit contra doctrinam ICtorum Saxonicorum, quibus negativa placuerat, confirmata Decis. Elect. 86 quam etiam inter alia incusat, ac si aequitate cerebrina nitatur [...].“ – So behandelt der große Hoppe im Commentatio ad Inst. § 19. de Obl. qua ex delicto nascuntur weiter die Frage, ob nach dem Erhängen eines Diebes seine Erben durch die condictio furtiva für den Wert der durch den Diebstahl entwendeten Sache belangt werden können? Und er verteidigt die bejahende mit vielen Argumenten, gegen die Lehre der sächsischen Rechtsgelehrten, die der verneinenden zustimmten, die die Decis. Elect. 86 bekräftigte, die er auch unter anderem beschuldigt, als würde sie sich auf eine eingebildete *aequitas* stützen [...].

1031 Den Diebstahl hat er bereits zuvor herangezogen, um die offenkundige *aequitas cerebrina* zu demonstrieren, siehe oben S. 223 ff.

nen-Kommentar mit der Frage beschäftigte, ob gegenüber den Erben eines Diebes nach dessen Exekution die *condictio furtiva* geltend gemacht werden kann und dieser die Frage bejaht hat, wogegen sächsische Rechtsgelehrte die Frage verneinten, was auch in der 86. *Decisio electoralis saxoniae* zum Ausdruck gebracht worden ist.

Tatsächlich vertrat *Hoppe* die Ansicht, dass die Erben des Diebes für den Diebstahl zur Verantwortung gezogen werden konnten, obwohl dieser bereits mit dem Tod seine Strafe verbüßt hatte. Unter Bezugnahme auf Normen des *Corpus Iuris Civilis* begründete er seine Position damit, dass die Strafmittel nicht die Verfolgung der Sache ersetzen, weil sie auf die Wahrung der öffentlichen Disziplin abzielen, während die Verfolgung der Sache dem privaten Nutzen diene.[1032] Die Hängung des Diebes habe nämlich für den Bestohlenen keinen Nutzen, obwohl diesem auch Genüge geleistet werden müsse, was er auf Gerechtigkeit und *aequitas* zurückführte, weil diese besagen, dass jedem das zugeteilt werden müsse, was ihm zusteht und niemand auf Kosten eines anderen bereichert werden dürfe.[1033] Daher kam *Hoppe* zu dem Schluss, dass ein Richter, der dem Bestohlene die Klage verweigert, eine *aequitas cerebrina* anwendet.[1034] *Hoppe* machte

---

1032 *Hoppe*, Commentatio ad Institutiones (Fn. 729), lib. 4, tit. 1, § 19, S. 903 f.: „Quoniam enim, ut modo dictum, remedia poenalia non tollunt rei persecutoria, *L. 7. § 1 ff. de condict. furt. L. 45. ff. pro soc. L. un. C. qu. circ. act. crim. praeiud.* cum ad diversa tendant, et illa quidem inserviant disciplinae publicae conservandae; haec vero utilitati privatae, utique haec quaestio erit affirmanda [...] [Hervorh. i. Orig.]." – Nachdem nämlich, wie eben gesagt, die Strafmittel nicht die verfolgte Sache ersetzen, D. 13.1.7.1, D. 17.2.45, C. 9.31.1, weil sie nach verschiedenen streben, und jene gewiss fördern, die öffentliche Ordnung zu wahren; diese tatsächlich dem privaten Nutzen, ist diese Frage durchaus zu bejahen [...].

1033 *Hoppe*, Commentatio ad Institutiones (Fn. 729), lib. 4, tit. 1, § 19, S. 904: „Per suspendium enim satisfactum tantum Reipublicae, non illi, cui furtum factum, utpote cui nihil prodest, quod Fur sit suspensus; Atqui vero huic etiam satisfaciendum esse, ipsa iustitiae aequitatisque dictitat natura, quippe quae unicuique, quod suum est, tribuit, *pr. 1 de I. & I.* nec permittit, ut quisquam cum alterius iactura locupletetur, *L. 5. ff. de Calumniat. L. 16. § fin. & L. seq. ff. Quod met. caus.* [Hervorh. i. Orig.]." – Durch das Aufhängen wird nämlich nur der Staat befriedigt, nicht jener, der bestohlen wurde, weil es ihm nichts nützt, dass der Dieb erhängt wurde; dagegen muss er wirklich befriedigt werden, behauptet die Natur der Gerechtigkeit und *aequitas*, die ja jedem das Seine zuteilt, D. 1.1.1.pr., und nicht erlaubt, dass jemand mit dem Verlust des anderen bereichert wird, D. 3.6.5., D. 4.2.16 und 17.

1034 *Hoppe*, Commentatio ad Institutiones (Fn. 729), lib. 4, tit. 1, § 19, S. 904: „Cavendum itaque omnino hac in re est Iudici, ne ex cerebrina aequitate mitior fit lege, & ius tertio quaesitum sine ullo illius facto ipsi intervertat." – Deshalb

aber auch darauf aufmerksam, dass die Meinungen divergieren. Zwar teilten nennenswerte Juristen wie *Lauterbach* oder *Brunnemann* seine Ansicht, dass der Satz allgemein in der Praxis rezipiert sei und die juristischen Fakultäten in Wittenberg und Leipzig auch danach geurteilt haben.[1035] Er verwies aber zugleich auf die gegenteilige Ansicht anderer Juristen und auf die Handhabe im Kurfürstentum Sachsen, wo gemäß der 86. *Decisio Electoralis saxoniae*[1036] nach der Bestrafung des Diebes eine Inanspruchnahme seiner Erben nicht mehr möglich sein sollte, wenn sie nicht im Besitz der Sache waren.[1037]

Auch Thomasius nennt in Fußnote **rr**) die 86. *Decisio* als Beispiel für eine von *Hoppe* abweichende und dessen Ansicht ablehnende Lehre. Diese besagte tatsächlich, dass die Erben eines Diebes nicht zum Wertersatz verpflichtet werden konnten, wenn dieser gehängt, des Landes verwiesen oder mit dem Gefängnis bestraft worden war und dort verstarb.[1038] Dies sollte

---

muss man gänzlich sicher stellen, dass der Richter nicht aus einer eingebildeten *aequitas* ein Gesetz milder macht und das gesuchte Recht ohne irgendeine Tat dessen entzieht.

1035 *Hoppe*, Commentatio ad Institutiones (Fn. 729), lib. 4, tit. 1, § 19, S. 904 f.: „Quod secus est in Condictione furtiva, quippe quae privatum commodum respicit. Consentiunt nobiscum Lauterbach […] Zieritz […] Brunnem. […] eamque sententiam communiter in Praxi receptam esse, vel inde constare potest, quod ab Ampliss. Facultatibus Iuridicis hinc inde secundum eam iudicatum, uti de Wittenbergensis & Lipsiensi testantur […]." – Das ist anders bei der *Condictio furtiva*, die ja auf den privaten Nutzen sieht. Mit uns stimmen überein Lauterbach […] Zieritz […] Brunnemann […], dass dieser Satz gemein in der Praxis rezipiert ist, und daher kann feststehen, dass von den größten juristischen Fakultäten nun nach diesem geurteilt wird, wie von Wittenberg und Leipzig bezeugt wird.

1036 Bei den *Decisiones* handelt es sich um eine Revision der geltenden Konstitutionen, die über bisher nicht erörterte Rechtsfälle im Jahre 1661 veröffentlich wurden, um Differenzen zwischen den Rechtsgelehrten aus dem Weg zu räumen, vgl. *Stobbe*, Geschichte der Deutschen Rechtsquellen. Bd. 2, Leipzig 1864, S. 365 f.

1037 *Hoppe*, Commentatio succincta ad Institutiones Iustinianeas (Fn. 729), lib. 4, tit. 1, § 19, S. 905: „In Electoratu tamen Saxoniae, si fur laqueo aut fustigatione punitus sit, & res furtiva ad heredem non pervenerit, heredes hac Conditione conveniri non possunt per Decis. Elect. Sax. 86." – Jedoch im Kurfürstentum Sachsen, wenn ein Dieb durch den Strick oder Prügel bestraft wurde, und die gestohlene Sache nicht dem Erben zugefallen ist, können die Erben nicht durch die Klage vor Gericht geladen werden gemäß der 86. Decisio des Kurfürstentum Sachsen.

1038 *Decisio* 86, in: Decisiones Electorales Saxonicae, in: Erledigung, derer in Anno 1653 und 1657 bey gehaltenen Landes Zusammenkunfften von der Landschafft des Chur-Fürstenthumbs Sachsen In Kirchen- Consistorial-Justiz-Poli-

jedoch nicht gelten, wenn er nur zur Verwahrung in Haft gesessen hatte und eine Exekution zwar angekündigt war, er aber vor der Durchführung eines natürlichen Todes verstarb. Dann sollten die Erben dennoch belangt werden können.[1039] Anders als das römische Recht differenzierte das sächsische Recht also nicht zwischen Bestrafung und zivilrechtlicher Restitution, sondern sah diese mit der Strafe als erledigt an, denn nur wenn der Dieb seiner Strafe durch den natürlichen Tod entgangen war, sollten seine Erben belangt werden können, nicht aber wenn er seine Strafe tatsächlich verbüßt hatte. Bei der Behandlung desselben Rechtsfalls kamen römisches und sächsisches Recht folglich zu unterschiedlichen Ergebnissen.

Während *Hoppe* es als *aequitas cerebrina* bezeichnete, wenn ein Richter milder als das Gesetz entschied, weil er dem Bestohlenen sein Recht auf Restitution entwendete[1040], stellt sich Thomasius dieser Ansicht aber entschieden entgegen. Anders als *Hoppe* vertritt er die Ansicht, dass eine divergierende Rechtsauffassung nicht als *aequitas cerebrina* bezeichnet werden darf.[1041]

Zur Erläuterung führt er in Fußnote **rr**)[1042] weiter aus, dass er die bejahende, als auch die verneinende Auffassung für empfehlenswert hält, weil sie sich aus unterschiedlichen Gesetzen ergeben. Die Auffassungen

---

cey: Renth- Kammer- und andern Sachen übergebenen Gebrechen, wie auch zweiffelhafften Rechts-Fällen, Dresden 1693, S. 363 f.: „Wenn ein Dieb gehangen oder mit Stanpenschlägen des Landes ewig verwiesen/ oder an statt der ordentlichen Straffe ihme das Gefängnis zuerkandt/ und er darin versterben wird [...] daß die Erben den Werth derselben zuerstatten/ solches fall nicht angehalten werden sollen."

1039 *Decisio* 86, in: Decisiones Electorales Saxonicae (Fn. 1038), S. 364: „Sofern der Delinquent aber nur der Verwahrung halber in Hafft und Gefängnüs behalten/ und ihme das Urthel oder die zuerkante Straffe des Strangs angekündiget wird/ er aber / ehe die Exekution erfolget/ des natürlichen Todes stirbet/ Auff diesen fall/ zwischen welchen und den vorigen ein grosser unterscheid ist/ seynd die Erben den Werth [...] zu erstatten schuldig."

1040 *Hoppe*, Commentatio ad Institutiones (Fn. 729), lib. 4, tit. 1, § 19, S. 904, vgl. Fn. 1034.

1041 *Thomasius*, De aequitate cerebrina [1706] (Fn. 24), cap. 1, § 25, S. 31, vgl. Fn. 1029.

1042 *Thomasius*, De aequitate cerebrina [1706] (Fn. 24), cap. 1, § 25, Fn. rr), S. 31: „[...] Ego potius utramque conciliarem distinguendo inter iura diversa. Ex principiis Romani iuris haud dubie verior est sententia affirmans. At ex principiis iuris Germanici verior est negativa [...]." – [...] Ich würde eher beide durch die Unterscheidung zwischen verschiedenen Rechten empfehlen. Aus den Prinzipien des römischen Rechts ist ohne Zweifel der bejahende Satz wahrer [...].

des römischen und des deutschen Rechts basieren auf unterschiedlichen Prinzipien, weshalb Thomasius beide mit Blick auf die Befolgung dieser Prinzipien für wahr hält. Aus der Argumentation *Hoppes* ist nämlich erkennbar, dass das römische Recht dem Prinzip folgte, dass Strafe und Restitution unterschiedlichen Zwecken dienen und sich daher nicht gegenseitig aufheben, während aus der 86. *Decisio* deutlich wird, dass dem sächsischen Recht das Prinzip zugrunde lag, dass (zumindest beim Diebstahl) mit der Bestrafung des Täters die Schuld insgesamt beglichen ist. So resümiert Thomasius in Fußnote **rr**)[1043], dass das deutsche Recht dem Prinzip folgt, dass die Erben nicht wegen Diebstahls, Raubes oder Spielschulden zur Verantwortung gezogen werden dürfen, was er den Normen des Sachsen- und Schwabenspiegels[1044] entnimmt[1045]. Als hiervon abweichende Meinung nennt er die Stellungnahme des sächsischen Juristen *Johann Schilter*[1046]. *Schilter* vertrat nämlich in seinen *Exercitationes* ebenfalls die Ansicht, dass ein Delikt eine private und eine öffentliche Komponente in sich trage, weil es sich nämlich aus der Zerstörung einer fremden Sache, also dem Schaden, und dem Unrecht zusammensetze, weshalb sich daraus

---

1043 *Thomasius,* De aequitate cerebrina [1706] (Fn. 24), cap. 1, § 25, Fn. rr), S. 31: „[…] At ex principiis iuris Germanici verior est negativa. Quia hoc iure heredes non tenentur de debito ex furto, rapina, alea contracto. Vid. Ius provinciale Saxon. l. 1. art. 6. & Ius provinc. Suevic. cap. 257. sec. edit. Goldasti, quamvis ICti noviores Saxonici ibidem citati rationem quaerant in suspendio furis, conf. Schilt. Ex. 19. th. 74. & dictata Dn. Praesidis, ad Synops. Schoepferi tit. de Condict. furt.“ – […] Aber aus den Prinzipien des deutschen Rechts ist der verneinende wahrer, weil durch dieses Recht die Erben nicht durch eine entstandene Schuld aus Diebstahl, Raub oder Spielschulden verpflichtet werden sollen. Siehe Ius provinciale Saxon. l. 1. art. 6. & Ius provinc. Suevic. cap. 257. sec. edit. Goldasti, obwohl die ebendort genannten neueren sächsischen Rechtsgelehrten nach dem Grund für die Erhängung des Diebes fragen, siehe Schilt. Ex. 19. th. 74 & die Worte des Herrn Präses zu Synops. Schoepferi tit. de Condict. furt.

1044 Die von Thomasius verwendeten Bezeichnungen *ius provinciale saxonicum* respektive *suevicum* sind gleichlautend mit dem Sachsen- bzw. Schwabenspiegel, vgl. *Hederich,* Lexicon Manuale Latino-Germanicum. Tomus 2, K-Z, Leipzig 1739, Appendix, Sp. 65.

1045 Thomasius' Verweis auf die *Editio Goldasti* lässt darauf schließen, dass er sich um von *Melchior Goldast* herausgegebene Ausgaben des Sachsen- und Schwabenspiegels handelt. Zum Sachsenspiegel vgl. Speculum Saxonum, in: Goldast, Melchior, Collectio consuetudinum et legum imperialium, Frankfurt am Main 1613, lib. 1, art. 6, S. 127 f. Zum Schwabenspiegel vgl. Schwabenspiegel, in: Goldast, Melchior, Reichssatzung Deß Heiligen Römischen Reichs, Band 1, Hanau 1609, cap. 257, S. 85.

1046 Zu diesem siehe *Luig,* Schilter, Johann, NDB (2005), S. 774 f.

auch zwei Pflichten ergeben, nämlich die Wiederherstellung des Schadens und eine strafrechtliche Korrektur.[1047] Die Wiederherstellung sei nicht auf die Person des Delinquenten gerichtet, sondern auf die Güter, die es wiederherzustellen gilt, weshalb der Schädigende verpflichtet sei, den Schaden zu ersetzen und der Geschädigte aus den Gütern des Schädigers befriedigt werden dürfe.[1048] Durch eine Erbschaft gehen auf den Erben nicht nur das Recht zu fordern, sondern auch Pflichten über, weil eine Erbschaft verpflichtet.[1049] Daraus schlussfolgert *Schilter*, dass auch persönliche Schulden auf den Erben übergehen, sofern sie sich nicht aus strafrechtlichen Pflichten ergeben, sondern die Pflicht eine Sache (also deren Ersatz) betrifft, weshalb auch ein Recht an den Gütern einer Person nicht durch dessen

---

1047 *Schilter*, Praxis iuris romani in foro germanico. Iuxta ordinem edicti perpetui et Pandectarum Iustiniani, Jena 1698, ex. 19, thes. 74, S. 176: „Sciendum tamen est, factum istud, sive verum sive quasi delictum, duabus partibus constare, una est ablatio aut corruptio rei alienae, quod proprie damnum dicitur, altera est iniuria, culpa, aut dolus, ex qua delictum verum vel quasi formaliter constat. Pariter igitur se habet etiam obligatio ex isthoc facto orta, & ex duabus itidem constat partibus, respectu rei ablatae aut corruptae, ad damni reparationem, respectu iniuriae, ad correctionem personae & emendationem poenalem [...].“ – Man muss jedoch wissen, dass diese Tat, entweder wahr oder quasi begangen, aus zwei Teilen besteht, einer ist die Wegnahme oder Verderbnis einer fremden Sache, was eigentlich Schaden genannt wird, der andere ist das Unrecht, die Schuld, oder Täuschung, woraus das wahre oder quasi begangenen Delikt besteht. Ebenso verhält sich deshalb auch die Pflicht, die sich aus der Tat ergibt, und sie besteht ebenso aus zwei Teilen, mit Blick auf die weggenommene oder verdorbene Sache, auf den Ersatz des Schadens, mit Blick auf das Unrecht auf die Verbesserung der Person und die strafbezogene Besserung [...].

1048 *Schilter*, Praxis Iuris Romani (Fn. 1047), ex. 19, thes. 74, S. 176: „[...] at prior illa obligationis species, ad damni reparationem non personam respicit delinquentis, sed rem ac bona, ex quibus reparatio est facienda. Sicut igitur damnum dans obligatus est, ad damnum resarciendum ex bonis suis, ita damnum passus habet ius & actionem ad rem ablatam vel corruptam reparandam ex bonis laedendis.“ – [...] aber die erste Art der Pflicht, zur Wiederherstellung des Schadens blickt nicht auf die Person des Verbrechers, sondern die Sache und Güter, aus denen die Wiederherstellung vorzunehmen ist. So ist daher der Schädigende verpflichtet, den Schaden aus seinen Gütern auszubessern, so hat der geschädigte ein Recht und Klage, die weggenommene oder verdorbene Sache aus den Gütern des Verletzenden zu ersetzen.

1049 *Schilter*, Praxis Iuris Romani (Fn. 1047), ex. 19, thes. 74, S. 176: „Utrumque ergo & obligatio & ius petendi transit cum hereditate ad heredes: quum hereditas sit obligata, & per eius aditionem etiam heres.“ – Beides als, die Pflicht und das Recht zu fordern geht mit der Erbschaft auf die Erben über: Weil die Erbschaft verbindlich ist und durch ihr Hinzufügen auch der Erbe.

Tod erlösche.[1050] *Schilter* stellte auch den Vergleich zu deutschen Gesetzen her und erkannte, dass die *lex ripuaria* dies streng sah und ebenfalls die Erben in jeder Hinsicht verpflichten wollte, während die germanischen Rechte etwas milder waren, denn das sächsische, das Wiener und auch das schwäbische Recht schlossen eine Inanspruchnahme der Erben zumindest bei Diebstahl, Raub und Glücksspiel aus.[1051]

Thomasius' Verweis auf die Darstellung *Schilters* am Ende der Fußnote **rr**) macht deutlich, dass sich die Juristen durchaus bewusst waren, dass es unterschiedliche Meinungen zu ein und derselben Rechtsfrage geben kann. Denn *Schilter* hielt die zivilrechtliche Inanspruchnahme der Erben nach der Bestrafung des Täters beim Diebstahl für möglich, während er zugleich auf die divergierenden ablehnenden Ansichten der deutschen Territorien hinwies. Auch *Hoppe* hat eine solche Gegenüberstellung vorgenommen. Im Gegensatz zu ihm gab *Schilter* diese Lage aber nur wieder, ohne die abweichende Lehre des deutschen Rechts als *aequitas cerebrina* abzuwerten. Mittels der Beispiele in Fußnote **rr**) bringt Thomasius also zu Ausdruck, dass auch Meinungsverschiedenheiten auf Grundlage unterschiedlicher Gesetze nicht per se zu einer *aequitas cerebrina* führen dürfen. Auch diese Divergenz betrifft die Frage, wie die Prinzipien des Rechts anzuwenden sind und nicht, ob sie angewandt werden müssen. Da hier die Prinzipien des deutschen und römischen Rechts aufeinandertreffen, führt diese Kollision zu einer Unklarheit über die Anwendung dieser Prinzipien.

1050 *Schilter*, Praxis Iuris Romani (Fn. 1047), ex. 19, thes. 74, S. 176 a.E.: „Imo ipsae etiam personales praestationes ad heredem transmittuntur, quatenus ex obligationibus non poenalibus proveniunt, & non poenae, sed rei praestationem designant, qualis est rei reparatio [...] Porro ius in bonis viventis per solam mortem eius non intervertitur." – Deshalb werden auch persönliche Leistungen auf den Erben übertragen, sofern aus den Pflichten keine strafrechtlichen hervorgehen, und keine Strafen, sondern sie die Leistung der Sache bestimmen, wie es die Wiederherstellung der Sache ist [...] Ferner wird das Recht an Gütern des Lebenden durch dessen bloßen Tod nicht entwendet.

1051 *Schilter*, Praxis Iuris Romani (Fn. 1047), ex. 19, thes. 75, S. 176 f.: „Rigida heic lex Ripuariorum tit. 67 c. 1 [...] Mitiora iura Tetonica, quae non ultra vires rerum mobilium hereditatis volunt teneri heredem, nec ad reparationem damnorum ex furto aut rapina [...] Diebheit/ noch Spil/ noch Raub/ noch Wucher der ist niemant schuldig zu gelten für den andern [...]." – Hier das Strenge Gesetz der Ripuarier [...] Die milderen germanischen Rechte, die nicht wollten, dass der Erbe einer Erbschaft beweglicher Sachen übermäßig verpflichtet wird, und nicht zum Ersatz der Schäden aus Diebstahl oder Raub [...] Diebheit/ noch Spil/ noch Raub/ noch Wucher der ist niemant schuldig zu gelten für den andern [...].

Durch den Verweis auf das Aufeinandertreffen unterschiedlicher Rechtsprinzipien verdeutlicht Thomasius somit seine These aus § 25, dass eine bloß abweichende Meinung keine *aequitas cerebrina* darstellt. Die *aequitas cerebrina* darf also nicht zur Lösung von sich widersprechenden Rechtsauffassungen herangezogen werden. Anhand der rechtlichen Behandlung des Diebstahls macht Thomasius deutlich, dass es sehr wohl unterschiedliche Rechtsquellen geben kann und darf, die auf Grundlage ihrer jeweiligen Prinzipien denselben Rechtsfall unterschiedlich lösen. Eine solche Divergenz hält Thomasius für möglich und lehnt es entschieden ab, dass eine Rechtsauffassung die andere ausschließt. Weder die eine noch die andere ist aufgrund ihrer Abweichung als *aequitas cerebrina* zu bewerten. Schlussendlich wird dadurch auch deutlich, dass Thomasius die *aequitas cerebrina* nicht als einen generellen Maßstab versteht, der ein Gesetz aufgrund einer bestimmten Rechtsvorstellung als richtig oder falsch bewertet. Thomasius akzeptiert, dass gewisse Rechtsprinzipien in einigen Rechtskreisen vorherrschen, in anderen jedoch nicht. Die *aequitas cerebrina* darf dann nicht als Mittel genutzt werden, um ein Prinzip über das andere zu erheben. Er sieht beide Prinzipien grundsätzlich als gleichwertig an, so dass er auch bei einer Kollision vom römischen und deutschen Recht, das römische Recht nicht als *aequitas cerebrina* verwirft. Diese entsteht nicht schon deshalb, weil eine Meinung von der anderen abweicht. Hauptausschlaggebende Voraussetzung ist, dass sie auf einem Irrtum beruht. Andersartigkeit allein ist folglich kein ausreichendes Merkmal für eine *aequitas cerebrina*.

IX. Ergebnis zur *aequitas cerebrina*

Im Ergebnis lässt sich feststellen, dass Thomasius die *aequitas cerebrina* nicht als einen allgemeinen Maßstab versteht, der der von außen auf das Recht appliziert wird. Sie stellt für ihn kein Mittel dar, mit dessen Hilfe Gesetze auf ihre Richtigkeit überprüft werden sollen. Stattdessen hat die *aequitas cerebrina* ihren Ausgangspunkt im Recht selbst. Thomasius macht in seinen Ausführungen dabei die Mannigfaltigkeit und zugleich begrenzte Anwendung der *aequitas cerebrina* deutlich. Das Recht und die Gesetze sind billig, sie entsprechen der *aequitas*. Dies tun sie allerdings nur solange, wie auch die Grundsätze des Naturrechts gewahrt werden. Widerspricht ein Gesetz dem Naturrecht, geht damit auch seine Unbilligkeit einher. Die Güte eines Gesetzes misst Thomasius folglich an den Normen des Naturrechts. Erfüllt ein Gesetz dessen Voraussetzungen nicht, darf es aber nicht allein deshalb verworfen werden. An diesem Punkt setzt die *aequitas cere-*

brina ein. Ihre Anwendung dient nicht dem Zweck eine andere Meinung als falsch zu missbilligen oder ein Gesetz selbst zu kritisieren. Thomasius verwendet diese Begrifflichkeit viel mehr als kritische Bezeichnung des menschlichen Verhaltens gegenüber diesem Gesetz.

So wird aus seinen Schilderungen zu theoretischen und praktischen *aequitas cerebrina* deutlich, dass es nicht um eine Kritik des Gesetzes geht, sondern darum, wie das Gesetz angewandt wird, insbesondere auch dann wenn das Gesetz als unbillig empfunden wird oder es tatsächlich ist. Der Richter, der sich über dieses Gesetz stellt und dieses wegen seiner Unbilligkeit nicht beachtet, produziert selbst eine *aequitas cerebrina*. Ebenso kann die *aequitas cerebrina* auch das Gesetz selbst betreffen. Dies macht Thomasius durch Unterscheidung zwischen offenkundig und subtil deutlich. Wiederum meint er damit aber kein Gütekriterium für das Gesetz selbst, ob dieses dem Naturrecht entspricht oder nicht. Es geht hier nicht darum ein Gesetz auf seinen Inhalt hin zu untersuchen, sondern vielmehr die Entstehung dieses Inhalts, genauer die Motive, die hinter diesem Gesetz stehen. Insbesondere die Kanonisten sieht Thomasius hier in der Verantwortung. Ihm geht es nicht darum, das kanonische Recht inhaltlich zu kritisieren und dessen Rechtsauffassungen zu verwerfen. Er stört sich vielmehr an den Hintergründen seines Inhalts, dem Zweck der mit den kanonischen Rechtsnormen befolgt wurde. Da er ihren eigentlichen Zweck nicht darin sieht, eine billige und gerechte Rechtsordnung zu schaffen, sondern die Normen nur der Machtsicherung dienen, sieht er in der Verwendung des kanonischen Rechts eine *aequitas cerebrina*, aber eben nicht, weil es naturrechtswidrige Prinzipien vertritt, sondern weil sie vom Menschen für naturrechtswidrige Zwecke gebraucht werden. Auch bei der subtilen *aequitas cerebrina* steht also nicht der Inhalt des Gesetzes im Vordergrund, sondern die Handlung des Menschen, der das Recht für seine eigenen Zwecke zu missbrauchen versucht.

Entsprechend ihrer Entstehung hält Thomasius auch mehrere Möglichkeiten der Behandlung der *aequitas cerebrina* bereit. Je nach Art muss sie auf unterschiedlichem Wege bekämpft werden. Wie schon die *aequitas cerebrina* gerade deshalb entsteht, weil der Richter ein Gesetz eigenhändig mildert und dadurch in die Gesetzgebungsmacht des Fürsten eingreift, darf eine Behandlung in Gesetzesform gerade nur durch den Fürsten geschehen. Anderweitig steht die Behandlung auch den Rechtsgelehrten in Form von Ratschlägen offen.

Schlussfazit

Christian Thomasius hat sich im ersten Kapitel seiner Dissertation von 1706 – und in zwei Paragraphen der Dissertation von 1717 – mit der Bedeutung der Begriffe *aequitas* und *aequitas cerebrina* befasst. Aus seiner Darstellung gehen drei Erkenntnisse hervor:

Als erste Erkenntnis lässt sich festhalten, dass Thomasius' Analyse der *aequitas* und *aequitas cerebrina* seine wesentlichen Thesen vorangegangener Werke widerspiegeln. Inhaltlich verbirgt sich nicht Neues hinter dem Begriff der *aequitas*, welche die schon vor allem aus den *Institutiones* und *Fundamenta* bekannten Pflichten gegenüber anderen Menschen beschreibt und den naturrechtlichen Regeln entspricht.[1052] Ihren Ursprung hat die *aequitas* in der menschlichen Seele, welche sich aus Willen und Verstand zusammensetzt, wie ebenfalls bereits in den *Fundamenta* dargestellt wurde.[1053] Dieses naturrechtliche Konstrukt soll dann auch in das menschliche, positive Recht hineinwirken, indem zum einen die *aequitas scripta* beachtet wird und das positive Gesetz selbst die naturrechtlichen Regeln berücksichtigt[1054] und zum anderen mittels der *aequitas non scripta* ein Gesetz dem Naturrecht entsprechend ausgelegt wird[1055], was Thomasius bereits in den *Institutiones* und der *Ausübung der Vernunftlehre* ausführlich dargelegt hat.

Neu ist jedoch die Zusammenfassung und Verbindung all dieser Thesen unter dem Begriff der *aequitas*. Hat Thomasius zuvor naturrechtliche Regeln und menschliches Verhalten getrennt voneinander in unterschiedlichen Werken und Abschnitten behandelt, wird in der Dissertation von 1706 deutlich, dass all dies miteinander verbunden ist und einen einheitlichen Prozess beschreibt, der vom Menschen im Optimalfall vorgenommen wird. Es gibt die Regeln des Naturrechts, welche ein Verhalten des Menschen vorgeben. Dieses naturrechtsgemäße Verhalten ist dann billig, kann also auch als *aequitas* bezeichnet werden. Da das Verhalten aus dem menschlichen Willen und Verstand hervorgehen, hat die *aequitas*, dass bil-

---

1052 Vgl. oben S. 42 ff.
1053 Vgl. oben S. 81 ff.
1054 Vgl. oben S. 106 f.
1055 Vgl. oben S. 108 ff.

lige naturrechtsmäßige Verhalten also seinen Ursprung ebenfalls in Willen und Verstand.

Auch die Untersuchung der *aequitas cerebrina* stellt letztlich eine komprimierte Zusammenfassung früherer Thesen dar, da Thomasius durch diese das naturrechtswidrige Verhalten des Menschen beschreibt, welches naturrechtswidrig ist, aber vom Menschen selbst als billig aufgefasst wird und auch als solches ausgegeben wird. Dies führt er abermals auf das menschliche Wesen zurück. Der Mensch kann billig und unbillig nicht richtig voneinander unterscheiden, da der Verstand vom Willen und dieser wiederum von Affekten abhängig ist[1056], wie Thomasius bereits in der *Ausübung der Sittenlehre* bemerkt hat, aus diesem Grund ist die *aequitas cerebrina* eine Gefährtin der *imprudentia*[1057], und nicht der *prudentia*, wie es die *aequitas* ist. Auch die Begriffe der *prudentia* und *imprudentia* sind bereits aus der *Prudentia consultatoria* bekannt, wo Thomasius diese als die richtigen bzw. falschen Mittel auf dem Weg zur Glückseligkeit bezeichnet.

Mittels der *aequitas* und *aequitas cerebrina* findet Thomasius also letztlich einen Weg seine anthropologischen und naturrechtlichen Thesen miteinander zu verbinden. Er macht deutlich, dass das naturrechtmäßige Verhalten des Menschen als *aequitas* zu bezeichnen ist und dieses Verhalten wiederum seine Quellen im Willen und Verstand des Menschen hat, wenn dieser das begehrt, was billig ist und das auch erkennt. Im Umkehrschluss ist dann die *aequitas cerebrina* ebenfalls eine Beschreibung des menschlichen Verhaltens, welches dem Naturrecht widerspricht und aus Willen und Verstand entstammt. Im weiten Sinne geht es bei der *aequitas* also um einen abstrakten naturrechtmäßigen Zustand. Aus Thomasius' Schilderungen geht aber hervor, dass es sich im engeren Sinne eigentlich um menschliches Verhalten handelt. Er stellt also die Verbindung zwischen einem naturrechtsgemäßen Zustand und dem menschlichen Verhalten her, welches letztlich erst die Existenz des Naturrechts hervorruft.

Die zweite Erkenntnis, die aus Thomasius' Darstellung der *aequitas* hervorgeht, ist die Kongruenz von *aequitas* und Naturrecht. Dies wurde bereits von *Schröder* mit Blick auf die Dissertation von 1717 behauptet,[1058] und findet in der vorliegenden Arbeit nun seine Bestätigung. So beginnt Thomasius seine Betrachtung der *aequitas* bereits damit, sie im Lichte des Naturrechts zu betrachten.[1059] Des Weiteren nimmt er sodann eine

---

1056 Vgl. oben S. 129 ff.
1057 Vgl. oben S. 135 ff.
1058 *Schröder*, Recht als Wissenschaft, Bd. 1 (Fn. 17), S. 115.
1059 Vgl. oben Fn. 92.

Gleichsetzung mit den naturrechtlichen Regeln des *decorum* und *iustum* vor.[1060] Letztlich macht Thomasius diese Überschneidung auch noch einmal bei der Auslegung deutlich, da Thomasius für die Auslegung unter anderem vorschreibt, dass die Auslegung nichts Naturrechtswidriges bzw. Unbilliges ergeben darf.[1061]

Als drittes lässt sich feststellen, dass die Funktion der *aequitas* als Auslegungsmittel zwar ebenfalls keine Erfindung Thomasius' ist, sondern seit Aristoteles auf eine Jahrtausende alte Geschichte zurückblickt. Im Wege der theoretischen *aequitas cerebrina* macht er deutlich, dass der Richter die Einschränkung eines Gesetzes anhand der *aequitas* vornehmen muss, um unbillige Ergebnisse zu vermeiden.[1062] Das Besondere ist hingegen, dass Thomasius die Einschränkung anhand der *aequitas* nicht in ein Lehrwerk für Richter integriert (so nämlich der von Thomasius zitierte *Ziegler*) oder ohne weiteres die Einschränkung in einem naturrechtlichen Hauptwerk einfordert (so *Pufendorf*[1063]). Stattdessen bettet er seine Forderung nach einer Gesetzeskorrektur in eine ganzheitliche Betrachtung der *aequitas* ein und liefert dadurch eine Begründung, warum eine Einschränkung erfolgen muss: Nämlich um einen naturrechtmäßigen Zustand im positiven Recht wiederherzustellen.

Letztlich kann gesagt werden, dass der unbestimmte Rechtsbegriff der *aequitas* durch Thomasius' an Klarheit gewonnen hat, weil er nicht bloß eine leere Worthülse verwendet, sondern er ihn ganzheitlich darzustellen versucht, was sich dahinter verbirgt, wenn etwas als billig beschrieben wird. Dadurch gibt er dem Leser die Möglichkeit, den Begriff der *aequitas* nicht unreflektiert zu verwenden, sondern zu verstehen, aufgrund welcher menschlicher und moralphilosophischer Zusammenhänge ein Verhalten als billig zu bezeichnen ist, was auch aus heutiger Perspektive höchst brisant ist. Nicht zu selten werden gesellschaftliche Vorgänge als gerecht bezeichnet oder Entscheidungen mit der Gerechtigkeit begründet. Die Sittenwidrigkeit wird am Anstandsgefühl der billig und gerecht Denkenden bemessen. Doch wer legt fest, was billig und gerecht ist und was ist der Kerngehalt der Billigkeit und Gerechtigkeit? Thomasius' Lektüre regt dazu an, die Verwendung der Begriffe zu überdenken und sich ihrer Bedeutung zu vergewissern oder zumindest zu hinterfragen. Auch der Begriff der *aequitas cerebrina* ist an Aktualität nicht zu unterschätzen. Im Grunde

---

1060 Vgl. oben S. 48 ff.
1061 Vgl. oben S. 180 ff.
1062 Vgl. oben S. 176 ff.
1063 Vgl. *Pufendorf*, De Iure Naturae (Fn. 490), lib. 5, cap. 12, § 21, S. 557.

genommen macht Thomasius darauf aufmerksam, dass bei der Verbreitung von (Lehr-)Meinungen die Gefahr besteht, dass eine Meinung aus unlauteren Motiven entwickelt und verbreitet wird und aufgrund einer fehlerhaften Auffassungsgabe als richtig wahrgenommen wird. Thomasius beschreibt mit Blick auf die katholische Kirche und ihre vermeintliche Habsucht ein Phänomen, dass auch in der heutigen Gesellschaft (unabhängig vom juristischen Kontext) eine herausragende Rolle spielt: Eine Meinungsbildung ist stark davon abhängig, ob und welche Informationen einem vorliegen. Abhängig von der Perspektive, die man einnimmt, wird ein Vorgang zustimmend oder ablehnend bewertet. Der Begriff der „Fake News" hat Eingang in den Sprachgebrauch und den Duden gefunden. In gesellschaftlichen Debatten streiten unterschiedliche Lager und werfen sich zum Teil gegenseitig vor, eigene Ziele zu verfolgen. Auf sozialen Netzwerken kursieren Videoausschnitte oder Zitate, die losgelöst vom Kontext eine veränderte Aussagekraft haben. All dies sind aktuelle Beispiele dafür, dass ein als richtig, gerecht oder billig bezeichneter Umstand nicht automatisch diesen Kriterien entsprechen muss und einer reflektierten Betrachtung bedarf, damit der Mensch ein zutreffendes Urteil darüber fällen kann. Eben diese Gefahr bei der Urteilsfindung hat auch Thomasius erkannt und mithilfe der *aequitas cerebrina* illustriert. So plädierte er damals für eine (vom Willen und äußeren Umständen) unabhängige Meinungsfindung. Diese Forderung hat in ihrer Aktualität nicht eingebüßt.

Literaturverzeichnis

Ahnert, Thomas, Roman Law in Early Enlightenment Germany. The Case of Christian Thomasius' "De Aequitate Cerebrina Legis Secundae Codicis de Rescindenda Venditione (1706)". Ius Commune 24 (1997), S. 153–170.

Ahnert, Thomas, The Prince and the Church in the Thought of Christian Thomasius, in: *Hunter, Ian; Saunders, David (Hg.),* Natural law and civil sovereignty. Moral right and state authority in early modern political thought, Gordonsville 2002, S. 91–105.

Albrecht, Carl August, Die Stellung der römischen Aequitas in der Theorie des Civilrechts mit Rücksicht auf die zeitgemäße Frage der Codifikation, Leipzig 1969.

Appold, Kenneth G., Orthodoxie als Konsensbildung. Das theologische Disputationswesen an der Universität Wittenberg zwischen 1570 und 1710, Tübingen 2004.

Aristoteles, Nikomachische Ethik. Auf der Grundlage d. Übers. v. Eugen Rolfes hrsg. v. Günther Bien, 4. Aufl., Hamburg 1985.

Armgardt, Matthias; Busche, Hubertus (Hg.), Recht und Billigkeit. Zur Geschichte der Beurteilung ihres Verhältnisses, Tübingen 2021.

Asche, Matthias; Gerber, Stefan, s.v. Universität, in: *Jaeger, Friedrich (Hg.),* Enzyklopädie der Neuzeit, Bd. 13, Stuttgart 2011, Sp. 1009–1035.

Bachovius, Reinhard, Notae et animadversiones ad disputationes Hieronymi Treutleri, tom. 1, Köln 1688.

Baumgart, Peter; Hammerstein, Notker (Hg.), Beiträge zu Problemen deutscher Universitätsgründungen der frühen Neuzeit, Nendeln 1978.

Beaucamp, Eugène, Die Lex Anastasiana von Thomasius zum BGB, Köln 1994.

Becerra-Schmidt, G., s.v. Deklamation, in: *Ueding, Gert; Jens, Walter (Hg.),* Historisches Wörterbuch der Rhetorik, Bd. 2: Biel-Eul, Tübingen 1994, Sp. 481–512.

Becker, Christoph, s.v. Billigkeit, in: *Cordes, Albrecht (Hg.),* HRG. Bd. 1: Aachen-Geistliche Bank, 2., völlig überarbeitete Aufl., Berlin 2008, Sp. 587–592.

Becker, Christoph, Kurzanleitung zur Quellenexegese im Römischen Recht. Mit einem Beispiel zum System der Schuldverhältnisse, 9. Aufl., Berlin 2019.

Becker, Hans-Jürgen, Das Zinsverbot im lateinischen Mittelalter, in: *Casper, Matthias; Oberauer, Norbert; Wittreck, Fabian (Hg.),* Was vom Wucher übrigbleibt. Zinsverbote im historischen und interkulturellen Vergleich, Tübingen 2014, S. 15–46.

Beetz, Manfred, Transparent gemachte Vorurteile. Zur Analyse der praejudicia auctoritatis et praecipitantiae in der Frühaufklärung. Rhetorik 3 (1983), S. 7–34.

Bodin, Jean, De republica libri sex, Editio Tertia, prioribus multo emendatior, Lyon 1586.

Bogisch, Mario, Nemo testis in re sua. Das Problem der Zeugnisfähigkeit bei der Anwendung der deutschen Zivilprozessordnung von 1877, Frankfurt a. M./New York 1998.

Brendle, Franz, Das konfessionelle Zeitalter, Berlin/Boston 2015.

Breßlau, Harry, Conring, Hermann. ADB 4 (1876), S. 446–451.

Brückner, Jutta, Staatswissenschaften, Kameralismus und Naturrecht. Ein Beitrag zur Geschichte der Politischen Wissenschaft im Deutschland des späten 17. und frühen 18. Jahrhunderts, München 1977.

Buchholz, Stephan, Recht, Religion und Ehe. Orientierungswandel und gelehrte Kontroversen im Übergang vom 17. zum 18. Jahrhundert, Frankfurt a. M. 1988.

Bücking, Jürgen, Reformation an den deutschen Universitäten in der frühen Neuzeit, in: *Rabe, Horst; Molitor, Hansgeorg; Rublack, Hans-Christoph (Hg.),* Festgabe für Ernst Walter Zeeden. Zum 60. Geburtstag am 14. Mai 1976, Münster 1976, S. 355–369.

Bühler, Axel, Verstehen und Anwenden von Gesetzen in der juristischen Hermeneutik, in: *Schröder, Jan (Hg.),* Entwicklung der Methodenlehre in Rechtswissenschaft und Philosophie vom 16. bis zum 18. Jahrhundert. Beiträge zu einem interdisziplinären Symposion in Tübingen, 18. – 20. April 1996, Stuttgart 1998, S. 101–116.

Bühler, Axel; Cataldi Madonna, Luigi, Einleitung, in: *Bühler, Axel; Cataldi Madonna, Luigi (Hg.),* Versuch einer allgemeinen Auslegungskunst (1757), Hamburg 1996, S. VII-CII.

Bühler, Christoph, Die Naturrechtslehre und Christian Thomasius (1655–1728), Regensburg 1991.

Busche, Hubertus, Billigkeit bei Melanchthon und Calvin, in: *Armgardt, Matthias; Busche, Hubertus (Hg.),* Recht und Billigkeit. Zur Geschichte der Beurteilung ihres Verhältnisses, Tübingen 2021, S. 229–274.

Carpzov, Benedict, Iurisprudentia Forensis Romano-Saxonica, Leipzig 1673.

Cattaneo, Mario, Staatsräsonlehre und Naturrecht im strafrechtlichen Denken des Samuel Pufendorf und Christian Thomasius, in: *Schnur, Roman (Hg.),* Staatsräson. Studien zur Geschichte eines politischen Begriffs, Berlin 1975.

Cattaneo, Mario, Delitto e pena nel pensiero di Christian Thomasius, Mailand 1976.

Chemnitz, Martin, Locorum theologicorum pars secunda, Frankfurt a. M. 1591.

Chur-Fürstliche Brandenburgische Im Hertzogthume Magdeburg Publicirte Proceß Ordnung. Anno 1686, Halle in Sachsen 1686.

Coing, Helmut, Handbuch der Quellen und Literatur der neueren europäischen Privatrechtsgeschichte, Bd. 1: Mittelalter, München 1973.

Coing, Helmut, Europäisches Privatrecht, Bd. 1: Älteres Gemeines Recht (1500 bis 1800), München 1985.

Conrad, Hermann, Deutsche Rechtsgeschichte, Bd. 2: Neuzeit bis 1806, Karlsruhe 1966.

Danneberg, Lutz, Probabilitas hermeneutica. Zu einem Aspekt der Interpretations-Methodologie in der ersten Hälfte des 18. Jahrhunderts. Aufklärung. Interdisziplinäre Halbjahresschrift zur Erforschung des 18. Jahrhunderts und seiner Wirkungsgeschichte 8 (1993), S. 7–27.

Danneberg, Lutz, Die Auslegungslehre des Christian Thomasius in der Tradition von Logik und Hermeneutik, in: *Vollhardt, Friedrich (Hg.),* Christian Thomasius (1655–1728). Neue Forschungen im Kontext der Frühaufklärung, Tübingen 1997, S. 253–316.

Dannecker, Gerhard, Das intertemporale Strafrecht, Tübingen 1993.

Decisiones Electorales Saxonicae. Oder Erledigung derer zweifelhaften Rechtsfälle [1681], in: Erledigung, derer in Anno 1653 und 1657 bey gehaltenen Landes Zusammenkunfften von der Landschafft des Chur-Fürstenthumbs Sachsen In Kirchen- Consistorial-Justiz-Policey: Renth- Kammer- und andern Sachen übergebenen Gebrechen, wie auch zweiffelhafften Rechts-Fällen, Dresden 1693, S. 249–370.

Decretalium de Gregorii papae IX (Liber Extra), in: *Friedberg, Emil; Richter, Emil Ludwig (Hg.),* Corpus Iuris Canonici. Pars 2: Decretalium collectiones, Secunda editione, Graz Unveränd. Nachdr. der Ausg. Leipzig, 1879 [1959], Sp. 1–928.

Donellus, Hugo, Commentarii de jure civili, 6. Ausg., Nürnberg 1589.

Döring, Detlef, Christian Thomasius und die Universität Leipzig am Ende des 17. Jahrhunderts, in: *Lück, Heiner (Hg.),* Christian Thomasius (1655–1728). Gelehrter Bürger in Leipzig und Halle, Stuttgart 2008, S. 71–97.

Dreitzel, Horst, Justis Beitrag zur Politisierung der deutschen Aufklärung, in: *Bödeker, Hans Erich; Herrmann, Ulrich (Hg.),* Aufklärung als Politisierung – Politisierung der Aufklärung, Hamburg 1987, S. 158–177.

Dreitzel, Horst, Christliche Aufklärung durch fürstlichen Absolutismus. Thomasius und die Destruktion des frühneuzeitlichen Konfessionsstaats, in: *Vollhardt, Friedrich (Hg.),* Christian Thomasius (1655–1728). Neue Forschungen im Kontext der Frühaufklärung, Tübingen 1997, S. 17–50.

Ebner, Wolfgang, Kritik des römischen Rechts bei Christian Thomasius, Frankfurt a. M. 1971.

Eisenhardt, Ulrich, Deutsche Rechtsgeschichte, 7., überarbeitete Aufl., München 2019.

Eisler, Rudolf, Wörterbuch der philosophischen Begriffe, Bd. 2, 2., völlig neu bearb. Aufl., Berlin 1904.

Faber, Antonius, Iurisprudentiae papinianeae scientia, Lyon 1607.

Forster, Valentin Wilhelm, Interpres, sive de interpretatione iuris libri duo, Wittenberg 1613.

Frotscher, Werner; Pieroth, Bodo, Verfassungsgeschichte. Von der Nordamerikanischen Revolution bis zur Wiedervereinigung Deutschlands, 19. Aufl., München 2021.

Fuhrmann, Manfred, Die antike Rhetorik. Eine Einführung, 6. Aufl., Mannheim 2011.

327

García de Saavedra, Juan, De expensis et meliorationibus tractatus, Ed. omnium postrema, Amsterdam 1655.

Gawlick, Günter, Thomasius und die Denkfreiheit, in: *Schneiders, Werner (Hg.),* Christian Thomasius (1655–1728). Interpretationen zu Werk und Wirkung, Hamburg 1989, S. 256–273.

Gilkens, Pieter, Commentaria in praecipuos universi titulos Codicis, Frankfurt a. M. 1606.

Gillis, Fritz, Die Billigkeit. Eine Grundform freien Rechts, Berlin 1914.

Gisawi, Feras, Der Grundsatz der Totalreparation, Tübingen 2015.

Gothofredus, Jacobus, Novus in titulum Pandectarum de diversis regulis iuris antiqui commentarius, Genf 1653.

Gramsch, Werner, Die Billigkeit im Recht, Stuttgart 1938.

Grotius, Hugo, De aequitate, indulgentia et facilitate, in: *ders. (Hg.),* De iure belli ac pacis libri tres, Den Haag 1680.

Grotius, Hugo, De iure belli ac pacis libri tres, Paris 1625.

Grunert, Frank, Normbegründung und politische Legitimität. Zur Rechts- und Staatsphilosophie der deutschen Frühaufklärung, Tübingen 2000.

Grunert, Frank, Bibliographie der Thomasius-Literatur 2002–2005, in: *Lück, Heiner (Hg.),* Christian Thomasius (1655–1728). Wegbereiter moderner Rechtskultur und Juristenausbildung, Hildesheim 2006, S. 393–404.

Grunert, Frank, Äußere Normen und inneres Gewissen. Das Gewissen in der Naturrechtslehre von Samuel Pufendorf und Christian Thomasius, in: *Germann, Michael; Decock, Wim (Hg.),* Das Gewissen in den Rechtslehren der protestantischen und katholischen Reformationen. Conscience in legal teachings of the protestant and catholic reformations, Leipzig 2017, S. 297–312.

Gundling, Nicolaus Hieronymus, Philosophische Discourse. Anderer Theil. Band 2: Cap. XI-XXI, Nachdr. der Ausg. Frankfurt a.M. und Leipzig 1740, Hildesheim/Zürich 2016.

Gundling, Nicolaus Hieronymus, Via ad veritatem. Cuius pars secunda philosophiam moralem genuinis fundamentis superstructam et a praesumptis opinionibus aliisque ineptiis vacuam sistit, hg. von Werner Schneiders und Kay Zenker, Nachdr. der Ausg. Halle 1713, Hildesheim/Zürich 2016.

Günther, Louis, Die Idee der Wiedervergeltung in der Geschichte und Philosophie des Strafrechts. Das deutsche Strafrecht nach der Carolina bis zur Mitte des 18. Jahrhunderts und die juristische und philosophische Strafrechtslitteratur vor Kant, Neudr. d. Ausg. Erlangen 1889, Aalen 1966.

Hager, Gunter, Rechtsmethoden in Europa, Tübingen 2009.

Hähnchen, Susanne, Rechtsgeschichte. Von der Römischen Antike bis zur Neuzeit, 5. Aufl., Heidelberg 2016.

Hammerstein, Notker, Jus und Historie. Ein Beitrag zur Geschichte des historischen Denkens an deutschen Universitäten im späten 17. und 18. Jahrhundert, Göttingen 1972.

Hammerstein, Notker, Die Universitätsgründung im Zeichen der Aufklärung, in: *Baumgart, Peter; Hammerstein, Notker (Hg.),* Beiträge zu Problemen deutscher Universitätsgründungen der frühen Neuzeit, Nendeln 1978, S. 263–298.

Hammerstein, Notker, Die deutschen Universitäten im Zeitalter der Aufklärung. ZFH 10 (1983), S. 73–89.

Hammerstein, Notker (Hg.), Universitäten und Aufklärung, Göttingen 1995.

Hammerstein, Notker, Handbuch der deutschen Bildungsgeschichte, Bd. 1: 15. bis 17. Jahrhundert. Von der Renaissance und der Reformation bis zum Ende der Glaubenskämpfe, München 1996.

Heber, Georg Michael, Scepticismus iuridicus wittebergensis, in: *Thomasius, Christian (Hg.),* Historia sapientiae et stultitiae, tom. 2, Halle 1693, S. 124–134.

Hecht, Christian, s.v. Reformation, in: *Jaeger, Friedrich (Hg.),* Enzyklopädie der Neuzeit, Bd. 10, Stuttgart 2009, s.v. Reformation, Sp. 794–830.

Hederich, Benjamin, Lexicon Manuale Latino-Germanicum. Tomus 2, K-Z, Leipzig 1739.

Helmholz, Richard H., Kanonisches Recht und europäische Rechtskultur, Tübingen 2014.

Hering, Carl Joseph, Die Billigkeit im kanonischen Recht, in: *Hering, Carl Joseph; Fechner, Erich (Hg.),* Aequitas und Toleranz. Gesammelte Schriften, Bonn 1971, S. 68–83.

Hertius, Johann Nicolaus, De pignore conventionali tacito, Gießen 1706.

Hobbes, Thomas, Elementa philosophica de cive, Amsterdam 1647.

Hobbes, Thomas, Opera philosophica quae latine scripsit omnia, Bd. 2, hg. von William Molesworth, London 1839 [1658].

Honsell, Heinrich; Mayer-Maly, Theo; Selb, Walter, Römisches Recht, Berlin/Heidelberg 1987.

Hooper, Horace Everett (Hg.), Encyclopaedia Britannica. Vol. 6: Chatelet-Constantine, 11. ed., Cambridge 1911, s.v. Clément, Jacques, Sp. 490.

Hoppe, Joachim, Commentatio succincta ad Institutiones Iustinianeas, Frankfurt (Oder) 1701.

Horn, Ewald, Die Disputationen und Promotionen an den deutschen Universitäten. Vornehmlich seit dem 16. Jahrhundert, Mit einem Anhang enthaltend ein Verzeichniss aller ehemaligen und gegenwärtigen deutschen Universitäten, Leipzig 1893.

Horn, Norbert, Aequitas in den Lehren des Baldus, Köln/Graz 1968.

Hoyningen-Huene, Gerrick von, Die Billigkeit im Arbeitsrecht, München 1978.

Hugo, Gustav, Beyträge zur civilistischen Bücherkenntnis der letzten vierzig Jahre. Erster Band 1788–1807, Berlin 1828.

Huguet, Edmond, s.v. Cérébrin, in: *Huguet, Edmond (Hg.),* Dictionnaire de la langue française du seizième siècle, 7. Aufl., Paris 1967, Eintrag 8214.

Hunnius, Helfrich Ulrich, De interpretatione et authoritate iuris libri II, Gießen 1615.

Hunter, Ian, The Secularisation of the Confessional State. The Political Thought of Christian Thomasius, Cambridge 2007.

Izumo, Takashi, Die Gesetzgebungslehre im Bereich des Privatrechts bei Christian Thomasius, Frankfurt a. M. 2015.

Kaser, Max, Das römische Privatrecht. 1. Abschnitt: Das altrömische, das vorklassische und klassische Recht, 2. Aufl., München 1971.

Kaser, Max, Das römische Privatrecht. 2. Abschnitt: Die nachklassischen Entwicklungen, 2., neu bearb. Aufl. mit Nachträgen zum 1. Abschn., München 1975.

Kaufmann, Matthias, Das Decorum: Grundlage oder Folgeerscheinung des Rechts?, in: *Lück, Heiner (Hg.)*, Christian Thomasius (1655–1728). Wegbereiter moderner Rechtskultur und Juristenausbildung, Hildesheim 2006, S. 27–38.

Kern, Bernd-Rüdiger, Thomasius und das Deutsche Privatrecht, in: *Lück, Heiner (Hg.)*, Christian Thomasius (1655–1728). Wegbereiter moderner Rechtskultur und Juristenausbildung, Hildesheim 2006, S. 297–308.

Kiss, Géza, Billigkeit und Recht. Mit besonderer Berücksichtigung der Freirechtsbewegung. Archiv für Rechts- und Wirtschaftsphilosophie (1909/1910), S. 536–550.

Kleinheyer, Gerd, Wandlungen des Delinquentenbildes in den Strafrechtsordnungen des 18. Jahrhunderts, in: *Fabian, Bernhard (Hg.)*, Deutschlands kulturelle Entfaltung. Die Neubestimmung des Menschen, München 1980, S. 227–246.

Klueting, Harm, Das Konfessionelle Zeitalter. Europa zwischen Mittelalter und Moderne. Kirchengeschichte und Allgemeine Geschichte, Darmstadt 2007.

Kriechbaum, Maximiliame, Die Stellungnahme der mittelalterlichen Legistik zum kanonistischen Zinsverbot, in: *Drecktrah, Volker Friedrich*; *Willoweit, Dietmar*; *Landwehr, Götz (Hg.)*, Rechtsprechung und Justizhoheit. Festschrift für Götz Landwehr zum 80. Geburtstag von Kollegen und Doktoranden, Köln 2016, S. 23–52.

Kroeschell, Karl, Deutsche Rechtsgeschichte. Band 3: Seit 1650, 5., durchges. Aufl., Köln/Weimar/Wien 2008.

Kühnel, Martin, Das politische Denken von Christian Thomasius. Staat, Gesellschaft, Bürger, Berlin 2001.

Kurbacher, Frauke A., Zur Kritik der gedankenlosen Billigkeit (aequitas cerebrina). Über die Ambivalenz eines Konzepts zwischen Güte und Gedankenlosigkeit von der frühen Neuzeit bis in das 21. Jahrhundert, in: *Armgardt, Matthias*; *Busche, Hubertus (Hg.)*, Recht und Billigkeit. Zur Geschichte der Beurteilung ihres Verhältnisses, Tübingen 2021, S. 455–479.

Lange, Hermann, Ius aequum und ius strictum bei den Glossatoren, in: ZRG. Romanistische Abteilung 71 (1954), S. 319–347.

Liber Sextus Decretalium de Bonifacii papae VIII, in: *Friedberg, Emil*; *Richter, Emil Ludwig (Hg.)*, Corpus Iuris Canonici. Pars 2: Decretalium collectiones, Secunda editione, Graz Unveränd. Nachdr. der Ausg. Leipzig, 1879 (1959), Sp. 929–1124.

Lieberwirth, Rolf, Christian Thomasius. Sein wissenschaftliches Lebenswerk, Eine Bibliographie, Weimar 1955.

Lieberwirth, Rolf, Christian Thomasius und die Gesetzgebung, in: *Schneiders, Werner (Hg.),* Christian Thomasius (1655–1728). Interpretationen zu Werk und Wirkung, Hamburg 1989, S. 173–186.

Link, Christoph, Herrschaftsordnung und bürgerliche Freiheit. Grenzen der Staatsgewalt in der älteren deutschen Staatslehre, Wien/Köln/Graz 1979.

Littré, Emile, Dictionnaire de la langue française, Éd. intégrale, Paris 1956.

Locke, John, An Essay Concerning Human Understanding, 4th ed. with large add., London 1700.

Lück, Heiner, Zur Einführung: Christian-Thomasius-Jahr und Christian-Thomasius-Stätten in Halle an der Saale, in: *Lück, Heiner (Hg.),* Christian Thomasius (1655–1728). Wegbereiter moderner Rechtskultur und Juristenausbildung, Hildesheim 2006, S. 13–26.

Lück, Heiner, Neuere Forschungen zu Christian Thomasius. Versuch einer Bestandsaufnahme, in: *Lück, Heiner (Hg.),* Christian Thomasius (1655–1728). Gelehrter Bürger in Leipzig und Halle, Stuttgart 2008, S. 8–33.

Luig, Klaus, Zur Bewertung von Christian Thomasius' Strafrechtslehren als Ausdruck liberaler politischer Theorie. Studia Leibnitiana (1980), S. 243–252.

Luig, Klaus, Bemerkungen zum Problem des gerechten Preises bei Christian Thomasius (1655–1728), in: *Pollok, Karl-Heinz (Hg.),* Tradition und Entwicklung. Gedenkschrift für Johann Riederer, Passau 1981, S. 167–179.

Luig, Klaus, Der gerechte Preis in der Rechtstheorie und Rechtspraxis von Christian Thomasius (1655–1728), in: Diritto e potere nella storia europea. Atti in onore di Bruno Paradisi, Florenz 1982, S. 775–803.

Luig, Klaus, Wissenschaft und Kodifikation des Privatrechts im Zeitalter der Aufklärung in der Sicht von Christian Thomasius, in: *Horn, Norbert (Hg.),* Europäisches Rechtsdenken in Geschichte und Gegenwart. Festschrift für Helmut Coing zum 70. Geburtstag, München 1982, S. 177–201.

Luig, Klaus, Christian Thomasius, in: *Stolleis, Michael (Hg.),* Staatsdenker im 17. und 18. Jahrhundert. Reichspublizistik, Politik, Naturrecht, 2., erw. Aufl., Frankfurt a. M. 1987, S. 227–256.

Luig, Klaus, Aufklärung und Privatrechtswissenschaft, in: *Hammerstein, Notker (Hg.),* Universitäten und Aufklärung, Göttingen 1995, S. 159–179.

Luig, Klaus, Thomasius als Praktiker auf dem Gebiet des Privatrechts, in: *Vollhardt, Friedrich (Hg.),* Christian Thomasius (1655–1728). Neue Forschungen im Kontext der Frühaufklärung, Tübingen 1997, S. 119–138.

Luig, Klaus, Römisches Recht, Naturrecht, nationales Recht, Goldbach 1998.

Luig, Klaus, Die Auslegung von Willenserklärungen im Naturrecht von Grotius bis Wolff, in: *Schröder, Jan (Hg.),* Theorie der Interpretation vom Humanismus bis zur Romantik – Rechtswissenschaft, Philosophie, Theologie. Beiträge zu einem interdisziplinären Symposion in Tübingen, 29. September bis 1. Oktober 1999, Stuttgart 2001, S. 133–154.

Luig, Klaus, Pufendorf, Samuel von. NDB 21 (2003), S. 3–5.

Luig, Klaus, Schilter, Johann. NDB 22 (2005), S. 774–775.

Lukrez, Von der Natur/De rerum natura, in: *Diels, Hermann (Hg.)*; Lukrez, Von der Natur. Lateinisch-Deutsch, 3. Aufl., Berlin/Boston 2013, S. 6–630.

Lutterbeck, Klaus-Gert, Staat und Gesellschaft bei Christian Thomasius und Christian Wolff. Eine historische Untersuchung in systematischer Absicht, Stuttgart-Bad Cannstatt 2002.

Lutterbeck, Klaus-Gert, Obligationstheorie und Eudämonismus bei Christian Thomasius und im Lichte der neukantianischen Rechtsphilosophie Gustav Radbruchs, in: *Lück, Heiner (Hg.)*, Christian Thomasius (1655–1728). Wegbereiter moderner Rechtskultur und Juristenausbildung, Hildesheim 2006, S. 39–54.

Mantica, Francesco, Vaticanae lucubrationes de tacitis et ambiguis conventionibus. In libros vigintiseptem dispertitae, Cologny 1615.

Martens, Sebastian, Durch Dritte verursachte Willensmängel, Tübingen 2007.

Marti, Hans-Peter, Disputation und Dissertation in der Frühen Neuzeit und im 19. Jahrhundert. Gegenstand der Wissenschaftssprachgeschichte?, in: *Prinz, Michael; Schiewe, Jürgen (Hg.)*, Vernakuläre Wissenschaftskommunikation. Beiträge zur Entstehung und Frühgeschichte der modernen deutschen Wissenschaftssprachen, Berlin/Boston 2018, S. 271–292.

Michaelis, Johann David, Raisonnement über die protestantischen Universitäten. Vierter Teil, Frankfurt/Leipzig 1776.

Mittelstraß, Jürgen (Hg.), Enzyklopädie Philosophie und Wissenschaftstheorie, Bd. 2, 2. Aufl., Stuttgart/Weimar 2005, s.v. ens rationis, S. 328 f.

Mittelstraß, Jürgen (Hg.), Enzyklopädie Philosophie und Wissenschaftstheorie, Bd. 7, 2. Aufl., Stuttgart 2018, s.v. Scholastik, S. 269–275.

Mohnhaupt, Heinz, Potestas Legislatoria und Gesetzesbegriff im Ancien Régime. Ius Commune 4 (1972), S. 188–239.

Mohnhaupt, Heinz, Gesetz und Gesetzgebung im Rahmen einer zu konkretisierenden Rechtsquellenordnung bei Christian Thomasius, in: *Lück, Heiner (Hg.)*, Christian Thomasius (1655–1728). Wegbereiter moderner Rechtskultur und Juristenausbildung, Hildesheim 2006, S. 215–242.

Mohnhaupt, Heinz, Von der Ordnung der Rechte zur Ordnung des Rechts. Zu Theorie und Praxis der Rechtsquellen bei Johann Stephan Pütter, in: *Haferkamp, Hans-Peter; Repgen, Tilman (Hg.)*, Usus modernus pandectarum. Römisches Recht, deutsches Recht und Naturrecht in der frühen Neuzeit; Klaus Luig zum 70. Geburtstag, Köln/Weimar/Wien 2007, S. 109–130.

Moosheimer, Thomas, Die actio injuriarum aestimatoria im 18. und 19. Jahrhundert. Eine Untersuchung zu den Gründen ihrer Abschaffung, Tübingen 1997.

Mühlpfordt, Günter, Die Rivalität zwischen Wettinern und Hohenzollern als Handlungsspielraum, Dienst- und Zensuralternative für Christian Thomasius und andere Autoren, in: *Lück, Heiner (Hg.)*, Christian Thomasius (1655–1728). Gelehrter Bürger in Leipzig und Halle, Stuttgart 2008, S. 34–53.

Müller, Rainer A., Geschichte der Universität. Von der mittelalterlichen Universitas zur deutschen Hochschule, München 1990.

Mulsow, Martin, Radikale Frühaufklärung in Deutschland 1680–1720, Bd. 2: Clandestine Vernunft, Göttingen 2018.

Nagler, Johannes, Die Strafe. Eine juristisch-empirische Untersuchung, Neudr. d. Ausg. Leipzig, 1918, Aalen 1970.

Nörr, Dieter, Die Entstehung der longi temporis praescriptio. Studien zum Einfluss der Zeit im Recht und zur Rechtspolitik in der Kaiserzeit, [138. Sitzung am 21. Februar 1968 in Düsseldorf], Köln 1969.

Oeing-Hanhoff, Ludger, s.v. Gedankending (ens rationis), in: *Ritter, Joachim; Gründer, Karlfried; Gabriel, Gottfried; Oeing-Hanhoff, Ludger (Hg.),* Historisches Wörterbuch der Philosophie online, Basel 2017.

Oestmann, Peter, Rechtsvielfalt vor Gericht. Rechtsanwendung und Partikularrecht im Alten Reich, Frankfurt a. M. 2002.

Oestmann, Peter, Gemeines Recht und Rechtseinheit: Zum Umgang mit Rechtszersplitterung und Rechtsvielfalt in Mittelalter und Neuzeit, in: *Schumann, Eva (Hg.),* Hierarchie, Kooperation und Integration im europäischen Rechtsraum. 17. Symposium der Kommission "Die Funktion des Gesetzes in Geschichte und Gegenwart", Berlin 2015, S. 1–64.

Oldendorp, Johannes, Wat byllick unn recht ys. Eyne korte erklaring allen stenden denstlick, Rostock 1529.

Petrus, Klaus, "Scholastische Pedanterey" und "anklebende credulitas": Für oder wider die Autorität? Aspekte der Philosophie Christian Thomasius', in: Deutsche Vierteljahrsschrift für Literaturwissenschaft und Geistesgeschichte (1994), S. 428–446.

Petrus, Klaus, Rationalität, Wahrheit und Interpretation. Aspekte der Hermeneutik Christian Thomasius' in der Auszübung der Vernunfft=Lehre, in: *Vollhardt, Friedrich (Hg.),* Christian Thomasius (1655–1728). Neue Forschungen im Kontext der Frühaufklärung, Tübingen 1997, S. 317–332.

Phedericis, Stephanus de, De interpretatione iuris commentarii IV, Lyon 1536.

Pierer, Heinrich August, s.v. Verjährung, in: *ders. (Hg.),* Pierer's Universal-Lexikon der Vergangenheit und Gegenwart oder Neuestes encyclopädisches Wörterbuch der Wissenschaften, Künste und Gewerbe, Bd. 18, 4., umgearbeitete und stark vermehrte Aufl., Altenburg 1857, S. 478–483.

Pierer, Heinrich August, s.v. decisio, in: *ders. (Hg.),* Pierer's Universal-Lexikon der Vergangenheit und Gegenwart oder Neuestes encyclopädisches Wörterbuch der Wissenschaften, Künste und Gewerbe, Bd. 4, 4., umgearb. und stark verm. Aufl., Altenburg 1858, S. 782.

Pott, Martin, Aufklärung und Aberglaube: Die deutsche Frühaufklärung im Spiegel ihrer Aberglaubenskritik, Tübingen 2011.

Pufendorf, Samuel, De iure naturae et gentium libri octo, Amsterdam 1688.

Pufendorf, Samuel von, De officio hominis et civis iuxta legem naturalem libri duo, Lund 1673.

Pufendorf, Samuel von, Über die Pflicht des Menschen und des Bürgers nach dem Gesetz der Natur, hg. und übers. von Klaus Luig, 1. Aufl., Frankfurt a. M./Leipzig 1994.

Radbruch, Gustav, Die Peinliche Gerichtsordnung Kaiser Karls des Fünften von 1532, 6., durchges. Aufl., Stuttgart 1984.

Rasche, Ulrich, Die deutschen Universitäten und die ständische Gesellschaft, in: *Müller, Rainer Albert*; *Liess, Hans-Christoph*; *vom Bruch, Rüdiger (Hg.)*, Bilder, Daten, Promotionen. Studien zum Promotionswesen an deutschen Universitäten der frühen Neuzeit, Stuttgart 2007, S. 150–273.

Reinkenhof, Michaela, Parteivernehmung und "Vier-Augen-Gespräche", in: JuS 7 (2002), S. 645–649.

Rennpferdt, Maren, Lex Anastasiana. Schuldnerschutz im Wandel der Zeiten, Göttingen 1991.

Repgen, Tilman, s.v. Billigkeit, in: *Landfester, Manfred (Hg.)*, Der neue Pauly. Enzyklopädie der Antike, Stuttgart 1999, Sp. 515–519.

Reulecke, M., Gleichheit und Strafrecht im deutschen Naturrecht des 18. und 19. Jahrhunderts, Tübingen 2007.

Rüegg, Walter, Geschichte der Universität in Europa, Bd. 1: Mittelalter, München 1993.

Rüegg, Walter, Geschichte der Universität in Europa, Bd. 2: Von der Reformation zur Französischen Revolution (1500–1800), München 1996.

Rümelin, Max, Die Billigkeit im Recht. Rede gehalten bei der akademischen Preisverteilung am 7. November 1921, Tübingen 1921.

Rüping, Hinrich, Die Naturrechtslehre des Christian Thomasius und ihre Fortbildung in der Thomasius-Schule, Bonn 1968.

Rüping, Hinrich, Theorie und Praxis bei Christian Thomasius, in: *Schneiders, Werner (Hg.)*, Christian Thomasius (1655–1728). Interpretationen zu Werk und Wirkung, Hamburg 1989, S. 137–147.

Rüping, Hinrich, Formen staatlicher Strafe im 18. bis 20. Jahrhundert, in: *Schumann, Eva (Hg.)*, Das strafende Gesetz im sozialen Rechtsstaat. 15. Symposion der Kommission "Die Funktion des Gesetzes in Geschichte und Gegenwart", Berlin/New York 2010, S. 35–48.

Scattola, Merio, Die Klugheit in der praktischen Philosophie, in: *Vollhardt, Friedrich (Hg.)*, Christian Thomasius (1655–1728). Neue Forschungen im Kontext der Frühaufklärung, Tübingen 1997, S. 333–363.

Schilter, Johann, Praxis iuris romani in foro germanico. Iuxta ordinem edicti perpetui et Pandectarum Iustiniani, Jena 1698.

Schindling, Anton, Protestantische Universitäten im Heiligen Römischen Reich deutscher Nation im Zeitalter der Aufklärung, in: *Hammerstein, Notker (Hg.)*, Universitäten und Aufklärung, Göttingen 1995, S. 9–48.

Schmitt, Carl, Der Staat als Mechanismus bei Hobbes und Descartes. Archiv für Rechts- und Sozialphilosophie (1936), S. 622–632.

Schmoeckel, Mathias, Humanität und Staatsraison. Die Abschaffung der Folter in Europa und die Entwicklung des gemeinen Strafprozeß- und Beweisrechts seit dem hohen Mittelalter, Köln 2000.

Schneiders, Werner, Naturrecht und Liebesethik. Zur Geschichte der praktischen Philosophie im Hinblick auf Christian Thomasius, Hildesheim 1971.

Schneiders, Werner, Die wahre Aufklärung. Zum Selbstverständnis der deutschen Aufklärung, Freiburg 1974.

Schneiders, Werner, Vernunft und Freiheit: Christian Thomasius als Aufklärer. Studia Leibnitiana (1979), S. 3–21.

Schneiders, Werner, Aufklärung und Vorurteilskritik. Studien zur Geschichte der Vorurteilstheorie, Stuttgart-Bad Cannstatt 1983.

Schneiders, Werner, Die Philosophie des aufgeklärten Absolutismus. Zum Verhältnis von Philosophie und Politik, nicht nur im 18. Jahrhundert, in: *Bödeker, Hans Erich; Herrmann, Ulrich (Hg.),* Aufklärung als Politisierung – Politisierung der Aufklärung, Hamburg 1987, S. 32–52.

Schneiders, Werner, Thomasius politicus. Einige Bemerkungen über Staatskunst und Privatpolitik in der aufklärererischen Klugheitslehre, in: *Hinske, Norbert (Hg.),* Halle. Aufklärung und Pietismus, Berlin/Boston 1989, S. 91–110.

Schönberger, Rolf, s.v. Scholastik, in: *Angermann, Norbert; Bautier, Robert-Henri (Hg.),* Lexikon des Mittelalters, Bd. 7, München 1995.

Schott, Clausdieter, "Rechtsgrundsätze" und Gesetzeskorrektur. Ein Beitrag zur Geschichte gesetzlicher Rechtsfindungsregeln, Berlin 1975.

Schott, Clausdieter, Aequitas Cerebrina, in: Rechtshistorische Studien. Hans Thieme zum 70. Geburtstag zugeeignet von seinen Schülern, Köln/Wien 1977, S. 132–160.

Schott, Clausdieter, Gesetzesinterpretation im Usus modernus. ZNR 21 (1999), S. 45–84.

Schotte, Herbert, Die Aequitas bei Hugo Grotius, Köln 1963.

Schrader, Wilhelm, Geschichte der Friedrichs-Universität zu Halle. Erster Teil, Berlin 1894.

Schröder, Jan, Christian Thomasius und die Reform der juristischen Methode, Leipzig 1995.

Schröder, Jan, Aequitas und Rechtsquellenlehre in der frühen Neuzeit, in: Quaderni fiorentini per la storia del pensiero giuridico moderno, vol. 26, Meiland 1997, S. 265–305.

Schröder, Jan, "Gesetz" und "Naturgesetz" in der frühen Neuzeit, Stuttgart 2004.

Schröder, Jan, "Pluralisierung" als Deutungskonzept für den Wandel der Rechtstheorie in der Frühen Neuzeit?, in: *Müller, Jan-Dirk; Oesterreicher, Wulf; Vollhardt, Friedrich (Hg.),* Pluralisierungen, Berlin/New York 2010, S. 95–118.

Schröder, Jan, Recht als Wissenschaft. Geschichte der juristischen Methodenlehre in der Neuzeit (1500 – 1990), Bd. 1: 1500–1933, 3., überarb. und wesentlich erw. Aufl., München 2020.

Schröder, Peter, Christian Thomasius zur Einführung, Hamburg 1999.

Schubart-Fikentscher, Gertrud, Untersuchungen zur Autorschaft von Dissertationen im Zeitalter der Aufklärung, Berlin 1970.

Schubart-Fikentscher, Gertrud, Christian Thomasius. Seine Bedeutung als Hochschullehrer am Beginn der deutschen Aufklärung, Berlin 1977.

Schwabenspiegel. Das ist keyserliche und königliche Land und Lehenrecht den Schwaben gegeben, in: *Goldast, Melchior (Hg.)*, Reichssatzung Deß Heiligen Römischen Reichs, Band 1, Hanau 1609, S. 31–147.

Scupin, Hans-Ulrich, Der Begriff der Souveränität bei Johannes Althusius und bei Jean Bodin, in: der Staat 4 Nr. 1 (1965), S. 1–26.

Seelmann, Kurt, Gaetano Filangieri und die Proportionalität von Straftat und Strafe, in: ZStW (1985), S. 241–267.

Sewing, Johanna, Studien zur Todesstrafe im Naturrecht, Bonn 1966.

Siems, Harald, Handel und Wucher im Spiegel frühmittelalterlicher Rechtsquellen, Hannover 1992.

Simon, Thomas, s.v. Aufklärung, in: *Cordes, Albrecht (Hg.)*, HRG. Bd. 1: Aachen-Geistliche Bank, 2., völlig überarbeitete und erweiterte Aufl., Berlin 2008, Sp. 332–339.

Speculum Saxonum, in: *Goldast, Melchior (Hg.)*, Collectio consuetudinum et legum imperialium, Frankfurt am Main 1613, S. 126–167.

Steinberg, Georg, Praxis und Theorie: Positives Recht in Naturrecht von Christian Thomasius, in: *Lück, Heiner (Hg.)*, Christian Thomasius (1655–1728). Wegbereiter moderner Rechtskultur und Juristenausbildung, Hildesheim 2006, S. 353–367.

Stobbe, Otto, Geschichte der Deutschen Rechtsquellen. Bd. 2, Leipzig 1864.

Stolleis, Michael, Condere leges et interpretari. Gesetzgebungsmacht und Staatsbildung im 17. Jahrhundert, in: ZRG. Germanistische Abteilung 101 (1984), S. 92–116.

Stolleis, Michael, Reformation und öffentliches Recht in Deutschland, in: Der Staat (1985), S. 51–74.

Stolleis, Michael, Geschichte des öffentlichen Rechts in Deutschland, Bd. 1, 2., ergänzte Aufl., München 2012.

Stolleis, Michael, Reformation und Verrechtlichung am Beispiel der Reichspublizistik, in: *Strohm, Christoph*, Reformation und Recht, Tübingen 2017, S. 53–72.

Strohm, Christoph, Die produktive Kraft konfessioneller Konkurrenz, in: *ders.*, Reformation und Recht, Tübingen 2017, S. 131–172.

Strub, Bettina, Der Einfluss der Aufklärung auf die Todesstrafe, Zürich 1973.

Struve, Georg Adam, Iurisprudentia romano-germanica forensis, Jena 1704.

Stryk, Samuel; Thomasius, Christian; Ludewig, Johann Peter von (Hg.), Consilia Hallensium Iureconsultorum, Bd. 1, Halle im Magdeburgischen 1733.

Symmachus, Quintus Aurelius, Epistolarum ad diversos libri X, Editio Nova: Quam plurimis epistolis numquam editis aucta, Paris 1604.

Taubes, Jacob, Der Fürst dieser Welt. Carl Schmitt und die Folgen, 2., verb. Aufl., München 1985.

Thomasius, Christian, Institutiones iurisprudentiae divinae. In positiones succincte contractae, in quibus hypotheses Illustris Pufendorfii circa doctrinam iuris naturalis apodicte demonstrantur et corroborantur, praecepta vero iuris divini positivi universali primum a iure naturali distincte secernuntur, et perspicue explicantur, Frankfurt/Leipzig 1688.

Thomasius, Christian (Hg.), Historia sapientiae et stultitiae, tom. 2, Halle 1693.

Thomasius, Christian, Fundamenta iuris naturae et gentium. Ex sensu communi deducta, in quibus ubique secernuntur principia honesti, iusti ac decori. Cum adiuncta emendatione ad ista fundamenta Institutionum iurisprudentiae divinae, Halle/Leipzig 1705.

Thomasius, Christian, Primae lineae de iureconsultorum prudentia consultatoria, Halle/Leipzig 1705.

Thomasius, Christian, De aequitate cerebrina Legis II C. de rescindenda venditione eiusque usu practico, Halle 1706.

Thomasius, Christian, Introductio in philosophiam moralem. Sive de arte rationaliter et virutose amandi, tanquam unica via ad vitam beatam, elegantem ac tranquillam perveniendi, Halle 1706.

Thomasius, Christian, Cautelae circa praecognita iurisprudentiae. In usum auditorii Thomasiani, Halle 1710.

Thomasius, Christian, Notae ad singulos pandectarum titulos, varias iuris Romani antiquitates, imprimis usum eius hodiernum in foris Germaniae ostendentes. In usum auditorii Thomasiani, Halle 1713.

Thomasius, Christian, De aequitate cerebrina et exiguo usu practico Legis Anastasianae. Occasione iuris provincialis Prutenici, Lib. IV. Tit. VI Art. V § 3, Halle 1717.

Thomasius, Christian, De singulari aequitate legis unicae Cod. Quando Imper. inter pupillos &c. gnoscat &c. eiusque usu practico, Halle 1725.

Thomasius, Christian, Ausübung der Vernunftlehre, Nachdr. der Ausg. Halle Salfeld 1691, Hildesheim 1998.

Thomasius, Christian, Einleitung zur Vernunftlehre, Nachdr. der Ausg. Halle Salfeld 1691, Hildesheim 1998.

Thomasius, Christian, Ausübung der Sittenlehre, 2. Nachdr. der Ausg. Halle, Salfeld, 1696, Hildesheim 1999.

Thomasius, Christian, Kurzer Entwurf der politischen Klugheit, Nachdr. der Ausg. Frankfurt a. M., 1707, Hildesheim 2002.

Thomasius, Christian, Grundlehren des Natur- und Völkerrechts, hg. und mit einem Vorwort versehen von Frank Grunert, Nachdr. der Ausg. Halle 1709, Hildesheim 2003.

Thomasius, Christian, Lectiones de Prudentia Legislatoria/Vorlesungen über die Gesetzgebungsklugheit, übers. durch Adolf Paul, in: *Paul, Adolf; Mohnhaupt, Heinz (Hg.),* Prudentia Legislatoria. Fünf Schriften über die Gesetzgebungsklugheit aus dem 17. und 18. Jahrhundert, München 2003, S. 95–215.

Tomasoni, Francesco, Christian Thomasius. Geist und kulturelle Identität an der Schwelle zur europäischen Aufklärung, München 2009.

Trusen, Winfried, Die Anfänge öffentlicher Banken und das Zinsproblem. Kontroversen im Spätmittelalter, in: *Lutter, Marcus (Hg.),* Recht und Wirtschaft in Geschichte und Gegenwart. Festschrift für Johannes Bärmann zum 70. Geburtstag, München 1975, S. 113–132.

Tubies, Helga, Prudentia legislatoria bei Christian Thomasius, München 1975.

Tuchtenhagen, Ralph, Grotius (de Groot), Hugo, in: *Bautz, Traugott (Hg.),* Biographisch-Bibliographisches Kirchenlexikon, Herzberg 2000, Sp. 505–508.

Waldberg, Max von, Ziegler, Kaspar. ADB 45 (1900), S. 184–187.

Wartburg, Walther von, s.v. cerebrum gehirn, in: *Wartburg, Walther von (Hg.),* Französisches etymologisches Wörterbuch. Eine Darstellung des galloromanischen Sprachschatzes, Basel 1928 ff., S. 603.

Weber, Wolfgang, Zwischen Fürstenabsolutismus und Räteherrschaft. Zur Rolle der gelehrten Beamten im politischen Denken des Christian Thomasius, in: *Vollhardt, Friedrich (Hg.),* Christian Thomasius (1655–1728). Neue Forschungen im Kontext der Frühaufklärung, Tübingen 1997, S. 79–97.

Wesenberg, Gerhard; Wesener, Gunter, Neuere deutsche Privatrechtsgeschichte. Im Rahmen der europäischen Rechtsentwicklung, 4. Aufl., Wien 1985.

Wieacker, Franz, Privatrechtsgeschichte der Neuzeit. Unter besonderer Berücksichtigung der deutschen Entwicklung, 2. Aufl., Göttingen 1967.

Wieacker, Franz, Römische Rechtsgeschichte, 2. Abschnitt, München 2006.

Wiebking, Wolfgang, Recht, Reich und Kirche in der Lehre des Christian Thomasius, München 1973.

Willoweit, Dietmar, Der Usus modernus oder die geschichtliche Begründung des Rechts. Zur rechtstheoretischen Bedeutung des Methodenwandels im späten 17. Jahrhundert, in: *ders. (Hg.),* Die Begründung des Rechts als historisches Problem, Berlin/Boston 2000, S. 229–245.

Wohlhaupter, Eugen, Aequitas canonica. Eine Studie aus dem kanonischen Recht, Paderborn 1931.

Wolf, Erik, Große Rechtsdenker der deutschen Geistesgeschichte, 4. Aufl., Tübingen 1963.

Zedler, Johann Heinrich (Hg.), Grosses vollständiges Universal-Lexikon aller Wissenschaften und Künste, Bd. 6: Ci-Cz, 2., vollst. photomechanischer Nachdr. [der Ausg.] Leipzig/Halle 1733, Graz 1996, s.v. Clausula de implorando officium iudicis nobile, Sp. 289.

Zedler, Johann Heinrich (Hg.), Grosses vollständiges Universal-Lexikon aller Wissenschaften und Künste, Bd. 12: H-He, 2., vollst. photomechanischer Nachdr. [der Ausg.] Leipzig/Halle 1735, Graz 1996, s.v. Heber, Georg Michael, Sp. 1024 f.

Zedler, Johann Heinrich (Hg.), Grosses vollständiges Universal-Lexikon aller Wissenschaften und Künste, Bd. 37 Send-Si, 2., vollst. photomechanischer Nachdr. [der Ausg.] Leipzig/Halle 1743, Graz 1996, s.v. Sententz (Actenmäßige), Sp. 146 f.

Ziegler, Kaspar, Dicastice sive de iudicum officio & delictis tractatus moralis. In quo tota Iudicis conscientia excutitur, Wittenberg 1672.